A FOLIE BAUDELAIRE

A marca FSC® é a garantia de que a madeira utilizada na fabricação do papel deste livro provém de florestas que foram gerenciadas de maneira ambientalmente correta, socialmente justa e economicamente viável, além de outras fontes de origem controlada.

ROBERTO CALASSO

A Folie Baudelaire

Tradução
Joana Angélica d'Avila Melo

Companhia Das Letras

Copyright © 2008 by Adelphi Edizioni

Questo libro è stato pubblicato grazie ad un contributo per la traduzione della parte del Ministero degli Affari Esteri italiano.

Obra publicada com incentivo à tradução do Ministério das Relações Exteriores da Itália.

Os editores agradecem a Paulo César de Souza pela tradução de trechos da obra de Friedrich Nietzsche.

Grafia atualizada segundo o Acordo Ortográfico da Língua Portuguesa de 1990, que entrou em vigor no Brasil em 2009.

Título original
La Folie Baudelaire

Capa
Rita da Costa Aguiar

Imagem de capa
A banhista de Valpinçon, de Jean-Auguste Dominique Ingres, 1808, óleo sobre tela, 146 × 97 cm © Museu do Louvre, Paris

Preparação
Jane Pessoa

Índice de nomes, lugares e obras
Luciano Marchiori

Revisão
Carmen T. S. Costa
Renata Del Nero

Dados Internacionais de Catalogação na Publicação (CIP)
(Câmara Brasileira do Livro, SP, Brasil)

Calasso, Roberto
    A Folie Baudelaire / Roberto Calasso ; tradução Joana Angélica d'Avila Melo. — 1ª ed. — São Paulo : Companhia das Letras, 2012.

    Título original: La Folie Baudelaire.
    ISBN 978-85-359-2134-2

    1. Arte francesa – Século 19 2. Baudelaire, Charles, 1821-1867 – Crítica e interpretação 3. Poesia francesa I. Título.

12-07832	CDD-841.8

Índices para catálogo sistemático:
| 1. Poesia : Literatura francesa : Século 19 | 841.8 |
| 2. Poetas franceses : Século 19 | 841.8 |

Diagramação Acqua Estúdio
Papel Pólen Soft
Impressão Bartira

[2012]
Todos os direitos desta edição reservados à
EDITORA SCHWARCZ S.A.
Rua Bandeira Paulista, 702, cj. 32
04532-002 — São Paulo — SP
Telefone: (11) 3707-3500
Fax: (11) 3707-3501
www.companhiadasletras.com.br
www.blogdacompanhia.com.br

À memória de Enzo Turolla

Peço a todo homem pensante que me mostre o que subsiste da vida.
Baudelaire

Sumário

1. A obscuridade natural das coisas 11
2. Ingres, o monomaníaco 98
3. Visitas a Madame Azur 144
4. O sonho do bordel-museu 160
5. O lábil sentimento da modernidade 192
6. A violência da infância 288
7. Kamchatka 308

Notas 349
Créditos fotográficos 395
Índice de nomes, lugares e obras 397
Caderno de imagens 413

1. A obscuridade natural das coisas

Baudelaire propunha encontros clandestinos no Louvre à sua mãe Caroline: "Em Paris, é onde melhor se pode conversar; é aquecido, pode-se esperar ali sem se enfadar e, por outro lado, é o lugar de encontro mais conveniente para uma mulher".[1] O medo do frio, o terror ao tédio, a mãe tratada como uma amante, a clandestinidade e a decência conjugadas no ambiente da arte: somente Baudelaire podia combinar esses elementos quase sem perceber, com total naturalidade. Era um convite irresistível, que se estende a quem quer que o leia. E qualquer um poderá aceitá-lo vagando por Baudelaire como por um dos Salons sobre os quais ele escreveu, ou mesmo por uma Exposição Universal; encontrando de tudo, o memorável e o efêmero, o sublime e a quinquilharia; e passando continuamente de uma sala a outra. Mas se o fluido unificador era então o impuro ar do tempo, agora o será uma nuvem opiácea, na qual seja possível se esconder e se fortalecer antes de voltar ao ar livre, às vastidões letais e pululantes do século XXI.

"Tudo o que não é imediato é nulo" (Cioran, certa vez, em conversa). Mesmo não fazendo nenhuma concessão ao culto da expressão bravia, Baudelaire teve, como raros outros, o dom do imediatismo, a capacidade de filtrar palavras que fluem prontamente na circulação mental de quem as encontra. Ali permanecem, às vezes em estado latente, até que um dia voltam a ressoar intactas, dolorosas e encantadas. "Agora ele conversa, em voz baixa, com cada um de nós",[2] escreveu Gide em sua introdução de 1917 a *As flores do Mal*. Frase que deve ter impressionado Benjamin, já que a encontramos destacada entre os materiais para o livro sobre as *passages*. Há em Baudelaire (como, depois, em Nietzsche) algo tão íntimo a ponto de aninhar-se na floresta que é a psique de qualquer um, e de não sair mais. É uma voz "surda como o rumor das carroças na noite dos *boudoirs* acolchoados",[3] diz Barrès, repisando as palavras de um assoprador oculto que é o próprio Baudelaire: "Não se escuta mais do que o rolar de alguns fiacres atrasados e exaustos".[4] É um tom que surpreende "como uma palavra dita a um ouvido num momento em que não era esperada",[5] segundo Rivière. Nos anos por volta da Primeira Guerra, aquela palavra parecia ter se tornado um hóspede indispensável. Repicava num cérebro febril, enquanto Proust escrevia seu ensaio sobre Baudelaire encadeando citações de cor, como se fossem cantilenas infantis.

Para quem está envolto e quase amortecido pela desolação e pelo esgotamento, é difícil encontrar algo melhor do que abrir uma página de Baudelaire. Prosa, poesia, poemetos em prosa, cartas, fragmentos: tudo cai bem. Mas, se possível, prosa. E, na prosa, aquela sobre os pintores. Às vezes sobre pintores hoje desconhecidos, dos quais já não se conhecem senão o nome e as poucas palavras que Baudelaire lhes dedicou. Nós o observamos em sua *flânerie*, misturado a uma multidão exameante, e temos a impressão de que um novo sistema nervoso está se sobrepondo ao nosso, submetendo-o a frequentes e mínimos choques e fisgadas. Assim, um sensório entorpecido e árido é obrigado a despertar.

* * *

Há uma *onda Baudelaire* que atravessa tudo. Origina-se antes dele e se propaga além de qualquer obstáculo. Entre as cristas e as cavas dessa onda reconhecem-se Chateaubriand, Stendhal, Ingres, Delacroix, Sainte-Beuve, Nietzsche, Flaubert, Manet, Degas, Rimbaud, Lautréamont, Mallarmé, Laforgue, Proust e outros, como se tivessem sido acometidos pela onda e submergidos por alguns momentos. Ou como se tivessem sido eles a se chocar contra a onda. Empuxos que se cruzam, divergem, ramificam-se. Turbilhões, sorvedouros imprevistos. Depois o percurso recomeça. A onda continua a viajar, avançando sempre rumo ao "fundo do Ignoto"[6] do qual provinha.

Sentimento de gratidão e de regozijo, quando se leem estas linhas de Baudelaire sobre Millet:

> O estilo lhe é nefasto. Seus camponeses são uns pedantes que têm de si mesmos uma opinião alta demais. Exibem uma espécie de embrutecimento sombrio e fatal que me dá vontade de odiá-los. Quer se dediquem à colheita ou à semeadura, quer levem as vacas a pastar, quer tosquiem animais, parecem sempre dizer: "Mas somos nós, pobres deserdados deste mundo, que o fecundamos! Nós cumprimos uma missão, exercemos um sacerdócio!".[7]

O público circulava nos Salons munido de um livrinho que indicava o tema de cada quadro. Julgar um quadro consistia em avaliar a adequação da representação visual ao assunto ilustrado, o qual era geralmente histórico (ou mitológico). Quanto ao resto, paisagens, retratos ou pinturas de gênero. O nu se insinuava aproveitando qualquer oportunidade oferecida por episódios mitológicos, históricos ou bíblicos (é o caso da Esther de Chassériau, arquétipo régio de toda *pin-up*). Ou então era protegido pela etiqueta do gênero orientalista. Um dia Baudelaire observou dois soldados que visitavam o Salon. Estavam em "contemplação perplexa diante de um interior de cozinha: 'Mas, afinal, onde está Napoleão?', dizia um (o catálogo trazia o número errado, e a cozinha era assinalada pelo algarismo que correspondia legitimamente a uma batalha célebre). 'Imbecil!', disse o outro, 'não vê que estão preparando a sopa para o retorno dele?' E foram embora contentes com o pintor e contentes consigo mesmos".[8]

Os *Salons* de Diderot são o início de toda crítica deambulante, caprichosa, impaciente, instável, que se reporta aos quadros como a quaisquer pessoas, circula curiosa entre paisagens e figuras, usa as imagens como trampolins e pretextos para exercícios de metamorfose aos quais se entrega com a mesma presteza com que depois os descarta. *Fazer um Salon* pode também equivaler a deixar correr diante dos próprios olhos uma sequência de imagens que representam, em fileiras ordenadas, os momentos mais díspares da vida: da mudez inacessível da natureza-morta aos episódios solenes da Bíblia e às cerimônias grandiloquentes da História. Para um homem como Diderot, de mente cambiante e disponível a quase tudo, o Salon tornava-se a oportunidade mais adequada para revelar aquela oficina turbulenta e perenemente ativa que residia em sua cabeça.

Diderot não tinha propriamente *um* pensamento, mas a capacidade de fazer jorrar o pensamento. Bastava dar-lhe uma frase, uma interrogação. A partir daí, se Diderot se abandonasse ao seu impetuoso automatismo, podia chegar a qualquer parte. E, no trajeto, descobrir muitas coisas. Mas não se detinha. Quase não sabia o que descobria. Porque era só uma passagem, um gancho entre muitos. Diderot era o contrário de Kant, que devia legitimar todas as frases. Para ele, toda frase era infundada em si, mas aceitável se impelisse a seguir adiante. Seu ideal era o moto-perpétuo, uma vibração contínua que não permitia recordar de onde se havia partido e deixava o acaso decidir o ponto onde parar. Por isso Diderot disse dos *Salons*: "Nenhuma das minhas obras se parece tanto comigo".[9] Porque os *Salons* são puro movimento: não só passamos incessantemente de um quadro a outro como também entramos nos quadros, saímos — e às vezes nos perdemos neles: "Um método razoavelmente bom para descrever os quadros, sobretudo os campestres, é o de entrar no lugar da cena a partir da direita ou da esquerda e, acompanhando ao longo do avanço a borda inferior, descrever os objetos à medida que se apresentam".[10] O passeio de Diderot pelo Salon, com seu percurso enviesado, entrecortado, turbulento, sujeito a contínuas distrações, digressões, divagações, anuncia o próprio passo que será agora assumido já não pelo pensamento, mas pela experiência inteira. A essa altura, diante do mundo, não se poderá dizer mais do que isto: "Dei à impressão o tempo de chegar e de entrar".[11]

Quando viu pela primeira vez seu nome (então Baudelaire-Dufaÿs) na capa de um livro fininho — o *Salon de 1845* —, Baudelaire esperou de imediato que alguém percebesse a afinidade entre aquelas páginas e Diderot. Expediu este bilhete a Champfleury:

> Se o senhor quiser escrever a meu respeito um artigo de *troça*, concordo, desde que não me faça muito mal.
>
> Mas, *se quiser me agradar*, escreva algumas linhas sérias, e FALE dos *Salons de Diderot*.
>
> As DUAS COISAS juntas, isso *talvez fosse melhor*.[12]

Champfleury respeitou o desejo do amigo e, no *Corsaire-Satan*, poucos dias depois, podia-se ler, num artigo anônimo: "M. Baudelaire-Dufaÿs é audaz como Diderot, mas sem o paradoxo".[13]

Mas o que, em Diderot, atraía Baudelaire? Certamente, não "o culto da Natureza", aquela "grande religião"[14] que associava Diderot a D'Holbach e era totalmente alheia a Baudelaire. A atração devia-se antes a certo passo do pensamento, a certa capacidade de oscilação psíquica, na qual — como escreveu Baudelaire sobre um personagem teatral de Diderot — "a sensibilidade está unida à ironia e ao mais bizarro cinismo".[15] E também: não conviria atribuir às coincidências fatais que justamente Diderot tenha sido um dos primeiros franceses a mencionar o *spleen*? Assim ele escrevera a Sophie Volland, em 28 de outubro de 1760: "A senhora não sabe o que é o *spline* ou os vapores ingleses? Eu também não sabia".[16] Mas seu amigo escocês Hoop iria lhe ilustrar aquele novo flagelo.

Em todos os seus aspectos, Diderot era terreno congenial para Baudelaire, que por fim não conseguiu se conter e abriu o jogo em uma nota do *Salon de 1846*:

> Àqueles que às vezes devem ter se escandalizado com minhas piedosas cóleras, recomendo a leitura dos *Salons* de Diderot. Entre outros exemplos de caridade bem-feita, ali verão que o grande filósofo, a propósito de um pintor que lhe fora recomendado, pois tinha muita gente para alimentar, disse que era preciso abolir os quadros ou a família.[17]

Em vão procurou-se o trecho correspondente nos *Salons* de Diderot. Mas, certamente, assim Baudelaire queria que Diderot escrevesse.

Na corrente de insolência, descaramento e imediatismo que liga os *Salons* de Diderot aos de Baudelaire, há um elo intermediário: a *Histoire de la peinture en Italie* [História da pintura na Itália] de Stendhal. Impresso em 1817 para um público quase inexistente, esse livro deve ter parecido ao jovem Baudelaire um incentivo precioso. Não tanto pela compreensão dos pintores, o que jamais foi o forte de Stendhal, mas por sua maneira impertinente, expedita, presunçosa, como a de quem se dispõe a tudo, mas não a se entediar enquanto escreve. Stendhal havia saqueado Lanzi para se poupar de certas incumbências cansativas (descrições, datas, detalhes) na redação do livro. Já Baudelaire se apropriou de duas passagens do livro de Stendhal por devoção, segundo a regra pela qual o verdadeiro escritor não toma de empréstimo, mas rouba. E o fez no ponto mais delicado do seu *Salon de 1846*, no qual fala de Ingres. Toda a história da literatura — aquela história secreta que ninguém será capaz de escrever jamais, a não ser parcialmente, porque os escritores são muito hábeis em dissimular — pode ser vista como uma sinuosa guirlanda de plágios. Entenda-se: não aqueles funcionais, devidos à pressa e à preguiça, como os operados por Stendhal sobre Lanzi; mas sim os outros, baseados na admiração e num processo de assimilação fisiológica que é um dos mistérios mais protegidos da literatura. Os dois trechos que Baudelaire subtraiu a Stendhal são perfeitamente harmonizados com sua prosa e intervêm num momento crucial da argumentação. Escrever é aquilo que, como o eros, faz oscilarem e torna porosos os anteparos do ego. E todo estilo se forma por sucessivas campanhas — com pelotões de invasores ou exércitos inteiros — em territórios alheios. Quem quisesse dar um exemplo do timbre inconfundível do Baudelaire crítico poderia até escolher algumas de suas linhas que, na origem, pertenciam a Stendhal:

M. Ingres desenha admiravelmente bem, e desenha depressa. Em seus esboços, naturalmente atinge o ideal; seu desenho, em geral pouco carregado, não contém muitos traços; mas cada um restitui um contorno importante. Comparem-nos aos desenhos de todos esses operários da pintura — com frequência, seus alunos; primeiro eles restituem as minúcias, e justamente por isso encantam o homem comum, cujo olho, em todos os gêneros, só se abre para o que é pequeno.[18]

Há também outro caso: "*o Belo não é senão a promessa da felicidade*".[19] Baudelaire devia dar muita importância a essas palavras, que são uma variação a partir de Stendhal, pois citou-as três vezes em seus escritos. Ele as encontrara em *Do amor* [*De L'Amour*], livro que até então circulava no reduzido círculo dos *happy few*. Stendhal não se referia à arte, mas à beleza feminina. Que Stendhal encarava sua célebre definição da beleza sem nela insinuar implicações metafísicas pode-se inferir de uma anotação sua em *Rome, Naples et Florence*. São cinco da manhã e ele sai, ainda fascinado, de um baile da sociedade dos negociantes de Milão. Anota: "Jamais vi em minha vida uma reunião de mulheres tão bonitas; a beleza delas faz baixar os olhos. Para um francês, tem um caráter nobre e nebuloso que faz pensar na felicidade das paixões, bem mais do que nos prazeres passageiros de uma galantaria vivaz e jovial. A beleza nunca é, parece-me, senão uma *promessa de felicidade*".[20] Nota-se de imediato a vivacidade infantil, o *presto* de Stendhal. Baudelaire, com base nessas palavras, percorrerá outra estrada. Stendhal pensa na vida — e sacia-se dela. Baudelaire não pode evitar acrescentar uma reflexão, operando um deslocamento decisivo: desvia as palavras de Stendhal para a arte e não fala de "beleza", mas do "Belo". Agora já não se trata da graça feminina, mas de uma categoria platônica. E aqui advém o choque com a *felicidade*, que a especulação estética — até mesmo em Kant — ainda não conseguira vincular ao Belo. Não só isso, mas também, com essa leve e arrebatadora torção do discurso, a "promessa" desenvolve um halo escatológico. Qual será, afinal, a felicidade que se prenuncia no Belo? Certamente, não aquela celebrada com petulância no século das Luzes. Baudelaire nunca se sentiu atraído, por constituição, a seguir esse caminho. Mas de que outra felicidade pode tratar-se? É como se, agora, aquela *promesse du bonheur* se referisse à vida perfeita. A algo que extrapola o estético e o absorve. É essa — de Baudelaire, bem mais que de Stendhal — a luz utópica na qual a *promesse du bonheur* ressurgirá quase um século mais tarde: em *Minima moralia* de Adorno.

No momento em que aparece a fotografia — e o mundo se prestava a se reproduzir infinitas vezes mais que o costumeiro —, já estava pronta para acolhê-la uma *concupiscentia oculorum* na qual alguns seres se reconheciam com a cumplicidade imediata dos perversos. "Este pecado é o nosso pecado [...]. Nunca um olho foi mais ávido que o nosso",[21] precisou Gautier. E a voz de Baudelaire se confundia com a dele: "Muito jovens, meus olhos cheios de imagens pintadas ou gravadas jamais tinham podido saciar-se, e creio que os mundos poderiam acabar, *impavidum ferient*, antes que eu me tornasse iconoclasta".[22] Em vez disso, formara-se uma pequena tribo de iconólatras, que exploravam os meandros das grandes cidades, imergindo nas "delícias do caos e da imensidão",[23] transbordantes de simulacros.

A avidez dos olhos, nutrida pelos incontáveis objetos de arte garimpados e perscrutados, foi um poderoso estímulo para a prosa de Baudelaire. Ele adestrava sua pena para "lutar contra as representações plásticas".[24] E era uma *hypnerotomachia*, uma "luta de amor em sonho", mais que uma guerra. Inventar a partir do nada não encantava Baudelaire. Precisava sempre elaborar um material preexistente, um fantasma qualquer entrevisto numa galeria, num livro ou na rua, como se a escrita fosse sobretudo uma obra de transposição de um registro das formas para outro. Assim nasceram algumas de suas frases perfeitas, que se deixam contemplar longamente, e fazem esquecer de imediato que também podiam ser a descrição de uma aquarela: "A carruagem leva a galope, por uma alameda zebrada de sombra e luz, as beldades reclinadas como num barquinho, indolentes, escutando vagamente os galanteios que lhes caem nos ouvidos e abandonando-se, preguiçosas, à brisa do passeio".[25] Bem pouco poderá captar de Baudelaire quem não participar, em alguma medida, de sua única devoção, que é voltada para as imagens. Se uma confissão dele deve ser entendida literalmente, e em todas as suas consequências, é aquela declarada numa frase de *Meu coração desnudado* [*Mon cœur mis à nu*]: "Glorificar o culto das imagens (minha grande, minha única, minha primitiva paixão)".[26]

Avia-se a redação de um livro quando quem escreve se descobre magnetizado por certa direção, rumo a certo arco da circunferência, que às vezes é mínimo, delimitável em poucos graus. Então, tudo o que vem ao encontro disso — até um manifesto, ou um emblema, ou um título de jornal, ou palavras ouvidas por acaso num café ou num sonho — deposita-se numa zona protegida como material à espera de elaboração. Assim agiam os Salons sobre Baudelaire. A cada vez, eram um pretexto para que soassem os acordes inconfundíveis de sua prosa em formação — e também dos versos. Observemo-lo em movimento: Baudelaire está passando em revista os quadros no Salon de 1859 e chegou à pintura de assunto militar. Vasta zona deprimente. Porque "este gênero de pintura, se refletirmos bem a respeito, exige a falsidade ou a nulidade".[27] Mas o cronista tem seus deveres e prossegue, encontrando ainda alguma coisa a admirar: um quadro de Tabar no qual os uniformes se destacam como papoulas sobre "um vasto oceano verdejante".[28] É uma cena da Guerra da Crimeia.

E aqui, repentinamente, como um cavalo extravagante, Baudelaire *desvia-se* de seu percurso obrigatório e envereda por algumas linhas definitivas sobre o processo imaginativo:

Porque a fantasia é tão mais perigosa quanto mais fácil e mais aberta; perigosa como a poesia em prosa, como o romance, assemelha-se ao amor que uma prostituta inspira e que cai rapidamente na puerilidade ou na baixeza; perigosa como toda liberdade absoluta. Mas a fantasia é vasta como o universo multiplicado por todos os seres pensantes que o habitam. É a primeira coisa que aparece, interpretada pelo primeiro que aparece; e, se este último não tiver uma alma que lance uma luz mágica e sobrenatural sobre a obscuridade natural das coisas, ela é uma inutilidade horrível, é a primeira coisa a ser contaminada pelo primeiro a chegar. Aqui, portanto, já não existe analogia, a não ser por acaso; mas, ao contrário, perturbação e contraste, um campo variegado por ausência de uma cultura regular.[29]

São linhas que, de repente, se projetam muito longe. É uma mistura de autobiografia, história literária e metafísica, como ninguém havia ousado até aquele momento. E que, plausivelmente, ninguém notaria naquela crônica de um Salon semelhante aos muitos que o tinham precedido e que se lhe seguiriam. Mas justamente aqui, como os uniformes-papoulas de Tabar, "uma luz mágica e sobrenatural" avulta sobre a "obscuridade natural das coisas". Nestas quatro últimas palavras ressoa um daqueles acordes que *são* Baudelaire. Em vão iremos procurá-lo sob os dedos de Hugo ou de Gautier. A "obscuridade natural das coisas": é a percepção mais comum, aquela que reúne todos. Mas, para que ganhasse um nome, devia-se chegar a Baudelaire. E ele devia esconder essas palavras no comentário sobre um quadro entre os muitos de tema militar. Algo semelhante ocorre na maneira pela qual o próprio Baudelaire se deixa perceber. Com frequência através de pedaços de versos, fragmentos de frases dispersas na prosa. Mas é o suficiente. Baudelaire age como Chopin (o primeiro que aproximou os dois nomes foi Gide, em nota a um artigo de 1910).

Penetra aonde outros não chegam, como um sussurro insuprimível, porque sua fonte sonora é indefinida e muito próxima. Reconhecemos Chopin e Baudelaire sobretudo pelo timbre, que pode sobrevir em lufadas vindas de um piano escondido atrás de persianas entrecerradas ou destacar-se da poeira da memória. E, mesmo assim, fere.

O que Baudelaire queria dizer ao escrever: "Aqui, portanto, já não existe analogia, a não ser por acaso"?[30] Era uma conclusão brusca, resolutiva. O subentendido? Se não há analogia, não há pensamento, não há modo de tratar, de elaborar a "obscuridade natural das coisas".[31] *Analogia*, esta palavra mal-afamada entre os filósofos das Luzes, pouco rigorosa, não confiável, assentada — como a metáfora — no vasto território daquilo que é impróprio, revelava-se agora, para Baudelaire, a única chave capaz de alcançar aquele conhecimento "que lança uma luz mágica e sobrenatural sobre a obscuridade natural das coisas".[32] E por acaso existem outras formas do conhecimento? Certamente, mas não aquelas que podem atrair Baudelaire. Para ele, a analogia é uma ciência. E talvez até a ciência suprema, se a imaginação é a "rainha das faculdades".[33] De fato — como Baudelaire explicará na memorável carta a Alphonse Toussenel —, "a *imaginação* é a mais *científica* das faculdades, visto que é a única a compreender a *analogia universal*, ou aquilo que uma religião mística denomina *correspondência*".[34] Daí o sentimento de desconforto, de intolerabilidade, de repulsa, quando alguém usa uma *falsa analogia*. É como assistir a um cálculo baseado num erro evidente, que repercute sobre todas as coisas, mas que é suportado porque a maioria considera a analogia algo de ornamental e não compromissivo. Naquelas linhas de uma carta ocasional a um fourierista antissemita e cultor de uma zoologia fantástica, Baudelaire havia aproveitado a ocasião para evocar sua Musa, que se chamava Analogia.

Mas como aflorou a *analogia* em Baudelaire? Era uma concepção que ele poderia encontrar em Ficino ou em Bruno, em Paracelso ou em Böhme, em Kircher ou em Fludd. Ou também, anos mais recentes, em Baader ou em Goethe. Baudelaire, porém, quis encontrá-la — inicialmente — ainda mais perto, em alguém que oscilava entre o estro visionário e a insipiência: Fourier. Nos mais variados lugares da obra desse maçante incurável, de fato menciona-se com frequência a *analogia universal*, como resposta para qualquer questão. Inútil sondar-lhe a urdidura especulativa, inconsistente como sempre em Fourier. Mas certa vez Baudelaire aludiria, de passagem mas com segurança, aos motivos daquela sua fugaz inclinação juvenil: "Fourier veio um dia, com demasiada pompa, revelar-nos os mistérios da *analogia*. Não nego o valor de algumas de suas minuciosas descobertas, embora acredite que seu cérebro estava excessivamente tomado de exatidão material para não cometer erros e para atingir de pronto a certeza moral da intuição".[35] E atrás de Fourier perfilava-se logo a sombra de um outro excêntrico, bem mais afinado com Baudelaire: Swedenborg. "Aliás, Swedenborg, que possuía uma alma bem maior, já nos ensinara que *o céu é um homem muito grande*; que tudo — forma, movimento, número, cor, perfume —, tanto no *espiritual* como no *natural*, é significativo, recíproco, converso, *correspondente*."[36] E esta última é a palavra reveladora. *Analogia* e *correspondências* são, para Baudelaire, termos equivalentes ("Fourier e Swedenborg, um com as suas *analogias*, o outro com as suas *correspondências*, encarnaram-se no vegetal e no animal que surge diante dos vossos olhos e, em lugar de ensinarem pela voz, doutrinam-vos pela forma e pela cor").[37] Escrevendo sobre Wagner, Baudelaire recorre a um estratagema singular. Para reforçar sua argumentação — e como se apelasse a uma autoridade anônima —, cita os dois primeiros quartetos do soneto "Correspondências", que se planta na soleira de *As flores do Mal* como o psicopompo do lugar. E a frase que precede e introduz aqueles versos afirma, mais uma vez, o entrelaçamento indissolúvel das correspondências com a analogia: "Visto que as coisas sempre se expressaram por uma analogia recíproca, desde o dia em que Deus proferiu o mundo como uma complexa e indivisível totalidade".[38]

Em outras épocas — e pela última vez no pansófico século XVII —, sobre a base de semelhantes axiomas construíam-se arquiteturas mesopotâmicas, com tábuas giratórias de *signaturae*, capazes de conectar em minuciosa contabilidade todos os estratos do cosmo. Mas no tempo de Baudelaire? Com os credores insistentes e *Le Siècle* proclamando a cada dia os fastos do progresso, este "fanal escuro" que "lança trevas sobre todos os objetos do conhecimento"?[39] Na época de Baudelaire, quem pensa é obrigado a cometer um "pecado infinito"[40] — aquele que, segundo Hölderlin, tivera origem em Édipo: *interpretar infinitamente*, sem *primum* e sem desfecho, num movimento incessante, abrupto, fragmentado e recursivo. O verdadeiro *moderno* que ganha forma em Baudelaire é essa caça às imagens, sem início nem fim, aguilhoada pelo "demônio da analogia".[41] Para que as correspondências possam colocar-se em seu justo *locus*, é necessário um cânone ao qual se referir. Mas já no tempo de Baudelaire era óbvio que todo cânone havia submergido. E, em consequência, tal condição se tornaria a própria normalidade. Não mais subsistia nenhuma ortodoxia da interpretação, como, ao contrário, ocorria na China arcaica, onde a *etiqueta* permitia transmitir, nas formas devidas, um pensamento preexistente, fundamentado numa teia de correspondências. Agora, se certos cânones tentavam se impor, era obrigatório desfazer-se deles, por serem seguramente insuficientes (daí a intolerância de Baudelaire pelos sistemas de qualquer espécie). Assim, só restava proceder através de uma multiplicidade de planos, de signos, de imagens, sem nenhuma garantia nem quanto ao ponto inicial, sempre arbitrário, nem quanto ao ponto final, que, à falta de um cânone, nunca se podia ter certeza de haver alcançado. É a condição inevitável de quem quer que viva — ao menos desde o tempo de Hölderlin. E talvez essa condição jamais tenha se manifestado como em Baudelaire, no traçado de suas reações nervosas. Agudizando-se, exacerbando-se. E isso pode também ajudar a explicar a intacta potência totêmica de Baudelaire diante daquilo que aparece, que é novo, que é fugidio. Cento e cinquenta anos não bastaram para atenuar esse poder. E nenhum outro escritor contemporâneo está ainda em condições de exercê-lo. É um fato que não diz respeito à potência ou à perfeição da forma. Diz respeito à sensibilidade. No sentido preciso que Baudelaire dava a essa palavra ("Não desprezem a sensibilidade de ninguém. A sensibilidade de cada um é o seu gênio").[42] Uma vez despida aquela camisa de força que é qualquer sistema, o que viria a acontecer? Baudelaire o descreveu partindo da ironia e aproando à máxima gravidade: "Condenado ininterruptamente à humilhação de uma nova conversão, tomei uma grande decisão. Para fugir ao horror dessas apostasias filosóficas, resignei-me orgulhosamente à modéstia: contentei-me com sentir; voltei a buscar um asilo na impecável ingenuidade".[43] Raras vezes Baudelaire havia revelado tanto de si. "Contentei-me com sentir" poderia ser seu mote — e também a explicação para aquele senso de indubitabilidade que frequentemente emana de suas palavras.

Quando Baudelaire entrou na paisagem da poesia francesa, os pontos cardeais se chamavam Hugo, Lamartine, Musset, Vigny. Qualquer posição podia ser definida em relação a eles. Para onde quer que se olhasse, o espaço já estava ocupado, observou Sainte-Beuve. Mas somente na horizontal. Baudelaire escolheu a verticalidade. Era preciso introduzir na língua uma gota de metafísica, que até então faltava. E Baudelaire a secretava em si, bem antes de encontrar Poe e Joseph de Maistre, que o ensinaram a pensar, para seu reconhecimento. Como John Donne, Baudelaire era um poeta naturalmente metafísico. Não tanto porque frequentasse muito os filósofos (no conjunto, ignorava-os). Nem porque se inclinasse a construir especulações audazes, a não ser por jorros e acessos, que se extinguiam em poucas linhas, na maioria em escritos com destinação jornalística. Baudelaire tinha algo de que seus contemporâneos parisienses careciam — e que faltava até a Chateaubriand: a antena metafísica. Nietzsche, quando escrevia que Baudelaire era "já totalmente alemão, à parte certa morbosidade hipererótica, com sabor de Paris",[44] queria dizer isso. Os outros, em torno dele, até podiam ter prodigiosos dotes inventivos, como Hugo. Baudelaire tinha a capacidade fulgurante de perceber aquilo que é. Como John Donne, não importava sobre o que escrevesse, fazia ressoar em seu verso, em sua prosa, uma vibração que invadia todos os cantos — e logo desaparecia. Preliminar a todo pensamento, em Baudelaire metafísica é a sensação, a pura apreensão do instante, a congênita inclinação a surpreender-se em certas ocasiões nas quais a vida, como que desenrolando um longo tapete, revela a profundidade indefinida dos seus planos. "Contentei-me com sentir":[45] palavras de falsa modéstia que revelam toda a enormidade de seu risco.

Analogia universal: basta pronunciar essa expressão e evoca-se, como uma vasta arquitetura submersa, o que foi o esoterismo da Europa a partir do início do século xv. As formas que ele assumiu foram numerosas — do platonismo mórbido de Ficino àquele, áspero e egípcio, de Bruno, da teosofia mosaico-naturalística de Fludd àquela teutônico-cósmica de Böhme, até Swedenborg e Louis-Claude de Saint-Martin. As doutrinas eram díspares, às vezes opostas. Mas nenhum desses pansóficos pôs em dúvida em momento algum o princípio da analogia universal. O próprio pensamento se oferecia como uma variação sobre o "imenso teclado das *correspondências*",[46] que implicava uma resposta, uma atração e uma repulsão entre os elementos dispersos da manifestação. Não era preciso mais do que isso para inocular no existente a ambrosia — e o veneno — do significado.

Baudelaire, portanto, não era senão um dos últimos elos de uma longa corrente. Sua peculiaridade residia no acréscimo de um elemento que até então estivera ausente ou latente, ou pelo menos jamais fora reivindicado como tal: a literatura. Isso faz com que dez linhas de Baudelaire sejam mais eficazes e memoráveis do que cem páginas de Swedenborg. Apesar disso, os significados dessas dez linhas e dessas cem páginas podem concordar. Ainda que Baudelaire, graças ao salvo-conduto da literatura, se permitisse divagações e errâncias que outros esotéricos se haviam proibido, certamente em seu próprio detrimento.

Sobre a analogia, a palavra decisiva — pacata, precisa, resolutiva — está em Goethe:

> Cada existente é um análogo de todo o existente; por isso aquilo que existe sempre nos aparece ao mesmo tempo isolado e entrelaçado. Se seguirmos demais a analogia, tudo coincide no idêntico; se a evitarmos, tudo se dispersa no infinito. Em ambos os casos a contemplação se estanca, uma vez porque demasiado viva, outra vez porque foi morta.[47]

Como muitas vezes em Goethe, a surpresa vem de uma simples e breve aparição, no final. Na frase bem ponderada, o choque é transmitido pela última palavra: *getötet*, "morta". Como se mata a contemplação? E isso para Goethe equivale a dizer: como se mata a vida mesma? *Evitando a analogia.* Quem evita a analogia pode ridicularizar a excessiva vivacidade — febril, quase delirante — de quem, ao contrário, se abandona totalmente a ela. Todos sabem que a analogia não é obrigatória. Pode-se simplesmente ignorá-la. E esse gesto de omissão terá uma potência desmesurada, como o golpe desferido por um assassino.

Baudelaire era um cultor da *profundidade*, entendida em sentido estritamente espacial. Esperava, como um prodígio sempre pronto a desencadear-se, certos momentos nos quais o espaço fugia à sua costumeira platitude e começava a revelar-se numa sucessão de coxias potencialmente inexauríveis. Então as coisas — cada particular e irrelevante objeto — assumiam de repente um relevo insuspeitado. Nesses momentos, escrevia: "O mundo externo se oferece com um poderoso relevo, uma nitidez de contornos, uma riqueza de cores admiráveis".[48] É como se só fosse possível pensar quando o mundo se apresenta desse modo. São também esses "os momentos da existência nos quais o tempo e a extensão são mais profundos, e o sentimento da existência, imensamente acrescido".[49] Assim, em termos ocidentais, Baudelaire se aproximava de descrever aquilo que foi, para os videntes védicos e mais tarde para o Buda, a *bodhi*, o "despertar". E, com literalismo igualmente ocidental, fazia-o coincidir com o despertar fisiológico, com o momento em que "as suas pálpebras se libertam do sono que as chumbava".[50] Para isso servem as drogas: o ópio torna profundo o espaço ("o espaço é aprofundado pelo ópio"),[51] enquanto o haxixe "estende-se então sobre a vida como um verniz mágico"[52] (talvez semelhante àquele sobre o qual Vauvenargues escreveu: "A nitidez é o verniz dos mestres"?).[53] Embora fazendo notar que as drogas são apenas um sucedâneo da fisiologia, visto que "todo homem traz em si a sua dose de ópio natural, incessantemente secretada e renovada".[54]

Mas por que o descortinamento das profundidades do espaço deveria ser um fenômeno tão precioso para o pensamento? Baudelaire o revela num parêntese: "profundidade do espaço, alegoria da profundidade do tempo".[55] Exemplo iluminador de uso da analogia. Só no momento em que o espaço se descerra numa sucessão de planos nos quais as figuras individuais se delineiam com uma nitidez inebriante e quase dolorosa, só então o pensamento consegue capturar, embora fugidiamente, algo daquilo que é seu primeiro e seu último objeto: o tempo, o Pai Tempo que tudo elude e vigia. A alegoria é o artifício que serve para operar essa delicada passagem. E então se revelará também sobre o que fala Baudelaire quando menciona "os anos profundos".[56] Expressão ao mesmo tempo evidente e misteriosa, que aparecia em seus escritos sempre em passagens decisivas. E pressupunha a existência — talvez alegórica, também ela — de um personagem que, posto diante do "aumento monstruoso do tempo e do espaço", fosse capaz de contemplá-lo "sem tristeza e sem medo".[57] Seria possível dizer então: "Ele olha com certa delícia melancólica através dos anos profundos".[58]

Num momento em que sua primeira preocupação era a de resgatar alguns artigos de vestuário que havia empenhado, e que nesse meio-tempo já tinham sido revendidos — exceto a peça "mais indispensável, uma calça"[59] —, Baudelaire recebeu de Fernand Desnoyers o convite para enviar-lhe "versos sobre a *Natureza*"[60] destinados a um pequeno volume que ele estava preparando. Baudelaire não se furtou, e até acabou participando do livro — que era uma homenagem a Claude-François Denecourt, *dit le Sylvain*, cândido descobridor e espírito tutelar da floresta de Fontainebleau — com dois poemas e dois poemetos em prosa. Mas acompanhou-os com uma carta de estrepitoso *persiflage*, que parece dirigir-se, mais que ao pobre Desnoyers, expoente da *bohème chantante*, a uma vasta assembleia dos mundos futuros. Sobre que coisas deveria escrever?, pergunta Baudelaire. "Sobre os bosques, os grandes carvalhos, o verdor, os insetos — sobre o sol, certamente?"[61] Agora o tom é insolente. Em seguida Baudelaire passa a uma declaração de princípios: "o senhor bem sabe que eu sou incapaz de me enternecer com os vegetais e que minha alma é rebelde a esta singular religião nova, que terá sempre, me parece, para todo ser *espiritual*, um não sei quê de *shocking*".[62] Aqui, o poder divinatório é manifesto, por trás da formulação zombeteira. Já se entrevê o *naturismo*, aquela forma de aviltamento intelectual que havia aflorado no território da sensibilidade que se estende entre Rousseau e Senancour e que mais tarde se difundiria em vagas sucessivas até tornar-se um possante empreendimento econômico. Baudelaire sabia muito bem que não estava falando de uma inócua voga da *bohème* parisiense, mas de uma "singular religião nova". Antecipava o culto das *vacances*, o tom respeitoso com que essa palavra seria pronunciada 150 anos depois, o devocionismo para com "os legumes santificados".[63] Não será Baudelaire a encorajar tal culto. E obviamente a natureza não tinha nada a ver com isso. Se havia um poeta que sabia nomear a natureza, nas raras vezes em que lhe fora concedido vê-la — e isso desde a subjugante visão daquele lago nos Pireneus ao qual dedicou um de seus poemas juvenis —, este era Baudelaire. Mas a ideia de que a Natureza, agora com maiúscula e acompanhada por um cortejo de nobres emoções, voltasse a expandir-se sobre todas as coisas como a imagem mesma do Bem não era feita para ele, que tão frequentemente se via em descompasso até com as manifestações atmosféricas mais comuns. A ponto de escrever: "Sempre pensei, ademais, que havia na *Natureza*, florescente e rejuvenescida, algo de impudente e aflitivo".[64]

Mas nas intemperanças de Baudelaire em relação à Natureza também se esconde algo mais — e é o fio áureo da poesia que se chamou moderna. Fio que se entrelaça com matérias mais vis numa exuberante meada, mas que às vezes se desvencilha de todo o resto e vibra solitário. Assim ocorre em outra carta, escrita 82 anos depois daquela de Baudelaire, por outro poeta. De Gottfried Benn ao seu amigo Oelze. Com o mesmo aparato de harmonias e dissonâncias, com as mesmas intolerância e insolência soberanas:

> Senhor Oelze, de novo ficou-me claro o grande embuste da natureza. A *neve*, mesmo quando não se derrete, não oferece afinal muitas deixas linguísticas nem emotivas, pode-se muito bem liquidar mentalmente, de casa, toda a sua indubitada monotonia. A natureza é vazia, deserta; somente os burguesinhos aí veem alguma coisa, pobres patetas que devem continuamente ir até ela para espairecer [...] Fuja da natureza, que arruína os pensamentos e estraga notoriamente o estilo! Natureza — um feminino, óbvio! Sempre ocupada em gotejar sementes e usar o homem para o concúbito, a extenuá-lo. Mas, enfim, a *natureza* é *natural*?[65]

A "Natureza" de que fala Baudelaire em "Correspondências",[66] aquela tecida de analogias como uma imensa teia, é a natureza sacra e secreta, de cuja presença a maioria nem sequer se apercebe. Ao passo que a "*Natureza*" (sempre com maiúscula, mas em itálico) que Baudelaire repele com sarcasmo na carta a Desnoyers é aquela crença recente na qual se reúnem "as ações e os desejos do puro homem natural"[67] — e só pode ser "horrenda",[68] embora a época predisponha a colori-la de idílio. A existência de uma contradição entre a veneração à primeira e a execração à segunda dessas duas Naturezas podia ser um tormento apenas para Benjamin, ainda assoberbado por uma herança iluminista que o obrigava a ver na natureza sacra e secreta — aquela do mito — somente um *Verblendungszusammenhang*, uma "concatenação da cegueira",[69] como a definiria Adorno, usando ao limite máximo as potencialidades da língua alemã. Portanto, não era Benjamin que descobria uma contradição invencível em Baudelaire. Mas era

Baudelaire que convidava Benjamin a explorar um território que de outro modo suscitava nele um terror arcano. Como um menino que canta no escuro, Benjamin escreveu então que justamente naquela zona convinha "avançar com o machado afiado da razão, sem olhar nem para a direita nem para a esquerda, para não sucumbir ao horror que acena das profundezas da selva".[70] Essa exploração jamais se concluiu — e de pouco teria servido qualquer "machado afiado" contra aquele que Benjamin definia como "o matagal do desvario e do mito".[71]

Que não existe contradição entre a Natureza salpicada de "florestas de símbolos"[72] e a Natureza como fundo deteriorado do homem, mas sim que esta última é uma entre as muitas partes da outra, aparece com plena evidência no final da carta a Toussenel, quando Baudelaire sugere que, no reino animal, "os bichos nefastos e repugnantes" podiam não ser mais do que "a vivificação, a corporificação, a eclosão para a vida material, dos *maus pensamentos* do homem".[73] E aqui o círculo se fechava, fazendo coincidirem Swedenborg e Joseph de Maistre: "Assim a *natureza* inteira participa do pecado original".[74] Se a natureza nasce impregnada de culpa, o privilégio do homem não poderá ser o de introduzir a culpa no mundo, mas somente o de elaborá-la. De dar-lhe forma — e esta já era uma primeira definição da literatura. Assim a metafísica clandestina de Baudelaire se conectava à teoria védica do sacrifício, da qual ele não tinha noção (muito poucos daqueles textos estavam então disponíveis). Também por isso, Baudelaire foi o mais arcaico entre os modernos.

Para Baudelaire, os versos fluíam irregularmente, brotando de um mecanismo rangente, frequentemente enguiçado, parcialmente enferrujado. Uma de suas virtudes peculiares era certa falta de "desenvoltura" ao produzir versos (a Poulet-Malassis: "Por acaso o senhor acha que eu tenho a desenvoltura de Banville?").[75] Não é difícil dar-lhe crédito quando escreve: "Estou me debatendo com uns trinta versos insuficientes, desagradáveis, malfeitos, mal rimados".[76] No amigo Banville, ao contrário, a palavra fluía sob comando. Ele era uma máquina automática de fornecimento de versos, que hoje deslizam sobre o leitor geralmente sem deixar vestígios. Ao passo que os versos memoráveis de Baudelaire são outros tantos *djim* que escapam ocasionalmente de um laboratório cheio de fios descobertos e frasquinhos de corantes. Em um canto, um catre desfeito.

Baudelaire escreveu numerosos versos banais, descartáveis, confundidos na massa versificada de sua época. Mas justamente esse pano de fundo descorado, genérico, anônimo, ressalta ainda mais seus *outros* versos, aqueles que se perfilam como sua passante inalcançável em meio à multidão, aquela que tem no olhar "a doçura que envolve e o prazer que assassina".[77] São versos — ou às vezes fragmentos de versos — que estabelecem uma relação osmótica com o leitor; afloram irresistivelmente, sobretudo no lugar onde nasceram, e ainda vagam como gênios protetores, entre "aquelas ruas e aqueles albergues que adquiriram a pátina cinzenta das insônias que hospedaram" (Paris segundo Cioran).[78] Assim o jovem Barrès anotava:

> Prazer amargo e dos mais doces, o de se repetir certo verso de Baudelaire ao amanhecer da noite parisiense, na sombra cortada por carruagens agora raras e pela luz cada vez mais pálida dos lampiões, ao longo dos bulevares desertos, enquanto um esgotamento de nervos exaustos, uma lembrança das horas insípidas, das cumplicidades equívocas e da luta tão mesquinha e tão vã nos invade, sempre igual, arrastando consigo um ardor insaciado, uma irritação que contamina.[79]

Abertura do *Journal* de Renard: "A frase pesada, e como que carregada de fluidos elétricos, de Baudelaire".[80] Definição magnífica, posta por um mestre da prosa seca, aguçada e leve na soleira do seu laboratório (que viria a ser sua obra maior), como uma homenagem a quem seguiu outro caminho. Aqueles "fluidos elétricos" são o que faltava aos contemporâneos de Baudelaire. No fundo da geração romântica francesa — dos exaltados e dos desiludidos — encontra-se muitas vezes algo de insípido, de inconsistente, de flácido. No fundo de Baudelaire sempre há pelo menos uma tempestade magnética.

A questão do *peso* no verso de Baudelaire se reapresenta quase cem anos depois com Julien Gracq: "Nenhum verso é *pesado* como o verso de Baudelaire, pesado daquela gravidade característica do fruto maduro que está para soltar-se do ramo que ele verga [...] Versos que se curvam continuamente sob o peso das lembranças, dos tédios, dos pesares, das volúpias rememoradas".[81] Renard e Gracq falam de dois pesos diferentes. Um é atmosférico; o outro, vegetativo. Coexistentes em Baudelaire. Sua palavra é *carregada*, diga-se o que se disser. Há um acúmulo de linfa, um adensamento de energia, uma pressão do ignoto que a sustentam — e terminam por abatê-la.

Continuando no *Journal* de Renard, encontra-se esta anotação de 12 de janeiro de 1892:

> — Detesto, diz Schwob, essas pessoas que me chamam de "caro confrade", que desejam absolutamente me incluir na mesma classe delas.
>
> Depois diz:
>
> — Baudelaire, numa cervejaria, afirmava: "Há um odor de destruição". — "Mas não", respondiam-lhe, "há um odor de chucrute, de mulher acalorada." Porém Baudelaire repetia com violência: "Digo a vocês que há um odor de destruição".[82]

O que era para ele "A destruição",[83] Baudelaire lhe demonstrou no soneto que traz esse título. É um demônio no ar, algo *que se respira*. Semelhante a um vírus, "E nada ao meu redor como um ar impalpável;/ Eu o levo aos meus pulmões, onde ele arde e crepita".[84] Algo semelhante acontece com a morte — e Baudelaire já o mencionara nos primeiros versos de *As flores do Mal*: "E, ao respirarmos, dos pulmões a morte desce/ Rio invisível, com lamentos indistintos".[85] O mal é algo físico, que poderíamos até ver e reconhecer se nossos olhos tivessem uma capacidade maior de discernir o minúsculo. Também por isso as aflições de Baudelaire têm uma vibração tão urgente, torturante. São reações a potências que se apoderam do corpo, antes mesmo de insidiar a mente. Os depoimentos sobre Baudelaire assemelham-se em geral às reações de seus companheiros de cervejaria. Todos preocupados em incluí-lo "na mesma classe deles".[86]

Somente em Proust pode-se dizer que Baudelaire encontrou sua voz antifonal, que retoma e interliga aquilo que fora traçado no "deserto de homens".[87] Não tanto através da forma — embora sejam incontáveis os momentos em que sentimos Proust prolongar o andamento, as sonoridades de Baudelaire —, mas da força. Aquela "feitiçaria evocatória",[88] que é o ato de escrever, investia suas palavras do poder de imprimir-se sobre a matéria da memória com uma nitidez e uma peremptoriedade não alcançadas por nenhum outro, nem mesmo por Rimbaud, nem mesmo por Mallarmé. Por isso Proust fala de Baudelaire como daquele que "momentaneamente havia sido detentor do verbo mais potente que já ressoara sobre lábios humanos".[89] Expressão solene e, por esta vez, enfática, mas encerrada entre parênteses, como se Proust desistisse de fazer compreender — e por isso quisesse repetir do modo mais seco — aquilo que para ele era o caráter peculiar de Baudelaire: "aquela subordinação da sensibilidade à verdade" que é "no fundo uma marca do gênio, da força, da arte superior à piedade individual".[90] Essa é a potência que pressiona por trás dos "grandes versos"[91] e os lança na corrida, como carros que devoram uma "pista gigantesca".[92] Imagem que dá uma impressão simultânea de fulminância e vastidão. Se Proust insiste tanto sobre esse aspecto de Baudelaire, é porque o mesmo se poderia dizer um dia da *Recherche* — imensa arcada de palavras sustentadas por um só impulso, como um cataclismo astral que continua a reverberar em ondas constantes de luz.

A linha divisória entre Baudelaire e Proust está na composição. Foi o próprio Proust quem observou que Baudelaire procede "com certezas de execução no detalhe e incerteza no plano".[93] Salvo alguma grandiosa exceção ("O cisne", "A viagem"...), não há lírica de Baudelaire que se firme de uma a outra ponta por sapiência de composição. Muitas vezes percebe-se um estrondo surdo que se propaga num verso ou num aglomerado de versos memoráveis e depois se retrai — ou recai em fórmulas mais fracas, assimiláveis ao jargão poético da época. Mas um desenho do conjunto está ausente — ou é irrelevante. Não é isso o que se busca em Baudelaire. Em Proust, ao contrário, age o senso demoníaco da grande composição, cheia de apelos, de retornos, de revérberos. A abundância luxuriante do detalhe é cultivada quase com coquetismo, porque o narrador sabe que por trás daquela selva se entreveem regularmente as possantes nervuras da construção. Tudo é predisposto para ser observado ao microscópio — ou, alternadamente, a grande distância. E ambas as visões provocam uma sensação de vertigem que paralisa. Mas logo recomeça o curso vivaz da narração, ondeante e sinuoso, como uma prolongada confidência noturna.

Segundo Baudelaire, "quase toda a nossa originalidade vem da estampilha que o *tempo* imprime sobre as nossas sensações".[94] Para ele, essa "estampilha" se tornou uma figura intricada como uma tatuagem dos maoris, e brutal como o ferro sobre um búfalo do Texas. Baudelaire não conseguia escrever uma linha sem que tal presença se fizesse notar. Talvez também por isso, mesmo abominando grande parte do *novo* que a época produzia incessantemente, ele o tenha escolhido como última palavra de *As flores do Mal*.

"O escritor dos nervos":[95] Poe definido por Baudelaire. Definição que ele poderia aplicar também a si mesmo. Com a segurança de ser reconhecido, Baudelaire se apresentava sob a máscara do "homem nervoso e artista".[96] Mas a insistência na fisiologia também ia além, até uma palavra que ainda não tinha sido admitida no léxico poético: *cérebro*. Não mais o *Idéal*, não mais o *Rêve*, não mais o *Esprit* (com ou sem maiúsculas), mas o cérebro parecia agora atrair irresistivelmente o apelativo de "misterioso". Ou falava-se até do cerebelo. "No laboratório angusto e misterioso do cérebro"…[97] "As misteriosas aventuras do cérebro"…[98] "Na geração de todo pensamento sublime há um abalo nervoso que se faz sentir no cerebelo".[99] A massa cerebral é habitada. Não só pelo tradicional "povo de demônios",[100] mas também por criaturas já lautreamonianas: "E a muda multidão das aranhas sombrias/ Estende em nosso cérebro uma espessa teia".[101] Quase contemporaneamente, Emily Dickinson escrevia: "I felt a Funeral, in my Brain".[102] Mas não era a metafísica a se tornar fisiologia. Era, antes, a fisiologia a estabelecer um pacto com a metafísica. E a poesia o respeitaria.

"O gênio não é senão a infância formulada com nitidez."[103] Certas definições fulminantes de Baudelaire (e a *arte da definição* era aquela em que ele mais sobressaía) podem ser encontradas de lado ou num canto, às vezes amalgamadas quase inseparavelmente nos escritos de um outro (que aqui é De Quincey) ou mimetizadas num texto de ocasião, composto com ânimo recalcitrante.

E geralmente não são frases isoladas, de pretensão aforística, mas nacos de frases das quais devem ser destacados para que sua luminosidade se expanda. É o modo de Baudelaire proteger os segredos, não os ocultando por trás de barreiras esotéricas, mas, ao contrário, lançando-os num ambiente promíscuo, no qual facilmente podem se perder, como um rosto na multidão da grande cidade, voltando assim a respirar sua vida inadvertida e irradiante. Assim, a célula que emite vibrações não é o verso nem sequer a frase, mas a *definição suspensa*, que podemos encontrar em qualquer parte, engastada numa crônica assim como num soneto, numa digressão ou num apontamento:

> [...] o gesto e a atitude solene ou grotesca dos seres e sua explosão luminosa no espaço;[104]
>
> [...] as festas do Bairam, esplendores profundos e cintilantes, no fundo dos quais aparece, como um sol pálido, o tédio permanente do sultão defunto;[105]
>
> Uma imensidão, às vezes azul e frequentemente verde, se estende até os confins do céu: é o mar;[106]
>
> [...] a atitude misteriosa que os objetos da criação assumem diante do olhar do homem;[107]As trevas verdes nos serões úmidos da bela estação.[108]

Em todos esses fragmentos de frases se reconhece uma constelação perceptiva que jamais se cristalizara antes. Nem em Chateaubriand, nem em Stendhal, nem em Heine — para mencionar apenas três escritores afinados com Baudelaire, incompatíveis entre si. Eram acercamentos de sensações, sintagmas, fantasmagorias, palavras isoladas, sentimentos, ideias, que se distanciavam dos traçados correntes, mas sem prejudicar muito a forma. Acercamentos inacessíveis também a Hugo, que no entanto dispunha de uma imponente quantidade de registros e esguichava versos como um cetáceo esguicha água. Tudo isso não era, a não ser em pequena parte, o resultado de uma vontade e de um desígnio. Era, antes, a consequência da ruinosa exposição de Baudelaire à vida de todos os dias. O fenômeno mais singular, porém, não é a cristalização dessa sensibilidade, mas sua resistência ao tempo. Hoje sua substância persiste, quase ilesa, como se pode verificar imediatamente nas prosas críticas. Ao passo que, nos versos, convém conceder uma parte àqueles temas obrigatórios que a época insinua no berço de todo poeta.

Baudelaire e Flaubert nasceram no mesmo ano, 1821. E tornaram-se escritores nos mesmos meses de sua infância. Flaubert tem nove anos quando manda uma carta ao amigo Ernest Chevalier: "Se você quiser que nos associemos para escrever, eu escreverei comédias e você escreverá seus sonhos e, como há uma senhora que vem visitar papai e sempre nos conta asneiras [*bêtises*], eu as escreverei".[109] Alguns meses depois, Baudelaire descreve ao meio-irmão Alphonse a viagem a Lyon com a mãe. Fala como um adulto que conhece o mundo, como se talvez já estivesse um pouco cansado dele e protegesse a mãe com afetuosa ironia: "Primeiro estouvamento de mamãe: enquanto faz carregarem as bagagens na imperial,* percebe que não tem mais seu manguito e grita, com um golpe de cena: 'E o meu manguito?'. E eu lhe respondo tranquilamente: 'Sei onde está e vou buscá-lo'. Ela o tinha deixado no escritório, em cima de um banco".[110] São os primeiros acordes da história entre o filho Charles e a mãe Caroline. O que se segue é a entrada de Baudelaire na literatura, através da nobre via da *enumeración caótica*:

* Em carruagens, diligências ou veículos similares, parte superior, destinada às bagagens. (N. T.)

Subimos à diligência, finalmente partimos. De minha parte, num primeiro momento, estava de péssimo humor por causa dos manguitos, das bolsas de água quente, dos abrigos para os pés, dos chapéus de homem e de mulher, dos mantôs, dos travesseiros, das cobertas em quantidade, das boinas de todos os feitios, dos sapatos, pantufas acolchoadas, botinas, cestos, geleias, feijões, pão, guardanapos, galinhame enorme, colheres, garfos, facas, tesoura, linha, agulhas, alfinetes, pentes, vestidos, saias em quantidade, meias de lã, meias de algodão, espartilhos um sobre o outro, biscoitos, o resto não consigo lembrar.[111]

Flaubert deixa que o pequeno Chevalier anote os próprios sonhos e, como material para si, reivindica as *bêtises* que capta da amiga dos pais. Baudelaire dá a precedência à desmesura incôngrua do existente. Mas logo se livra dela: "Bem depressa voltei a ser alegre como de hábito".[112] E passa a relatar o serão, com o "belo espetáculo"[113] do ocaso: "Aquela cor avermelhada formava um singular contraste com as montanhas, que eram azuis como a calça mais escura".[114] Somente um escritor — somente aquele escritor que viria a ser Baudelaire — podia se permitir associar um pôr do sol à cor de uma calça. As frases seguintes já pertencem ao Baudelaire de *As flores do Mal*, e se fecharão no signo da *viagem*: "Depois de colocar o barretinho de seda, entreguei-me ao encosto da carruagem e me pareceu que viajar sempre seria levar uma vida que me agradaria muito; de fato gostaria de lhe escrever mais sobre isso, porém um *maldito tema* me obriga a encerrar aqui a minha carta".[115] Muitos outros *malditos temas* se seguiriam.

"Mamãe, não lhe escrevo para pedir perdão, porque sei que você não acreditaria em mim; escrevo para lhe dizer que esta é a última vez em que serei proibido de sair [do colégio], que de agora em diante quero trabalhar e evitar todas as punições que poderiam somente retardar minha saída."[116] São as primeiras palavras escritas por um Baudelaire de treze anos à mãe Caroline. Mas poderiam ser também as derradeiras da última carta, trinta e tantos anos depois. Desde o início, trata-se de culpa, de aprisionamento, de trabalho, de promessas. Trata-se também de acreditar e de sair. Sair (do colégio) equivale a libertar-se das dívidas, anos depois, ou do curador judiciário. E as dívidas são a culpa e ao mesmo tempo a punição.

Quando Baudelaire for morar sozinho em Paris — e a autoridade punidora já não será o colégio, mas o curador, na pessoa do tabelião Ancelle —, irá acrescentar-se apenas um último traço à relação com Caroline: a clandestinidade. Como um amante turbulento e infeliz, Baudelaire atravessava o Sena e se apresentava na Place Vendôme, no apartamento do general Aupick, preocupando-se em não ser notado: era uma "grande casa fria e vazia, onde não conheço ninguém afora minha mãe",[117] escrevia. E depois: "Só entro ali com precaução, e só saio furtivamente".[118] Não apenas com a mãe, mas com qualquer fato da vida, aquela clandestinidade seria a regra, para ele, como se toda graça tivesse de ser subtraída a uma potência inimiga onipresente.

O desprezo pelas maneiras burguesas no interior da burguesia nasce com as *précieuses* de Molière ("*Magdelon*: Ah, meu pai, o que o senhor está dizendo é altamente burguês."),[119] mas é somente nos anos de Luís Filipe que o Burguês se eleva à categoria universal e alastrante, suscitando também uma rejeição igualmente vasta, que irrompe eminentemente na França, ou seja, em Paris, capital do século. Desde o início o Burguês se mostra emparelhado com a *bêtise* (ou *sottise*, como dizia ainda Baudelaire — e é o primeiro substantivo que se encontra no primeiro verso de

As flores do Mal), como potência motriz da história e de seu progresso. Não se teme, no Burguês, uma classe social, mas um novo ser que elimina todas as categorias precedentes, absorvendo-as sem impedimentos numa nova humanidade, de perfil indefinido porque sempre mutável. A visão era exata e corresponde ao estado normal das coisas um século e meio depois, quando as sociedades dominantes se veem estabelecidas sobre aproximações, por excesso ou por falta, a um ubíquo estrato médio.

Mas, no intervalo, o que aconteceu com a *bêtise*? A partir de Baudelaire na Bélgica (refração astutamente distorcida de Paris), através de Barbey d'Aurevilly, e mais tarde dos imponentes materiais recolhidos por Flaubert para *Bouvard et Pécuchet*, até a exegese dos lugares-comuns em Bloy, expande-se seu epos, o único em que a modernidade sobressai. Mas isso também, como tudo o mais, se despedaça em 1º de agosto de 1914. O que se segue, embora impregnado da *bêtise* até nas mínimas engrenagens, não pode mais ser corroído pelos mesmos ácidos estilísticos. Kraus já não poderá tratar Hitler como Baudelaire tratava os livre-pensadores belgas. Contudo, a *bêtise* que assediava Baudelaire e Flaubert permanecerá como plataforma invisível e subentendida pujante, sem a qual seria difícil orientar-se no novo mundo. E, num como noutro, o termo mantém sempre uma carga de mistério, quase de um cósmico arcano.

"A grande poesia é essencialmente *bête*, *acredita*, e é isso que faz sua glória e sua força": Baudelaire, 1846.[120] "As obras-primas são *bêtes*. — Têm o ar tranquilo como as próprias produções da natureza, como os grandes animais e as montanhas": Flaubert, 1852.[121] À distância de seis anos, um numa resenha, outro numa carta, e obviamente ignorando-se, os dois aedos da *bêtise* escrevem frases afins, que acrescentam a esse termo uma dimensão ulterior. Não se trata então de pura "estupidez", como as outras línguas são obrigadas a traduzir *bêtise*. Mas de algo no qual permanece um obscuro fundo animal, como se, chegada ao seu ápice, a arte reencontrasse algo do belo de natureza, mas velado por uma película opaca, impenetrável, refratária a prestar contas à inteligência. Nisso, a arte é assimilável à mulher, tão celebrada por Baudelaire em 1846: "Há pessoas que enrubescem por ter amado uma mulher, no dia em que percebem que ela era *bête*".[122] Não há nada mais condenável, porque "a *bêtise* é muitas vezes o ornamento da beleza; é a *bêtise* que dá aos olhos aquela limpidez sombria dos tanques enegrecidos, e aquela calma oleosa dos mares tropicais".[123] E isso confirma a sutil distinção entre *bêtise* e *sottise* que Mme. de Staël havia sugerido: "A *bêtise* e a *sottise* diferem essencialmente nisto, que os *bêtes* se submetem de bom grado à natureza e os *sots* sempre se gabam de dominar a sociedade".[124]

Mas o significado da *bêtise* sofre oscilações contínuas. Uma carta de Baudelaire, de 1860, a Soulary tem o efeito de um choque elétrico: "*todos os grandes homens são bêtes*; todos os homens representativos, ou representativos de multidões. É uma punição que Deus lhes inflige".[125]

Baudelaire nunca escreveu os feios versos dos adolescentes. Tampouco a vocação poética se lhe apresentou como irresistível. Depois do *baccalauréat*, ele ainda anotava: "Não sinto em mim vocação alguma".[126] Quando se apartou da família, disse apenas que queria "ser autor".[127] Entre os escritores modernos que reconhecia ter lido com paixão, mencionava apenas Chateaubriand (*René*), Sainte-Beuve (*Volupté*), Hugo (dramas e poesia). Quanto ao resto, dizia à mãe: "Aprendi a me enfastiar da literatura moderna".[128] O caráter daquelas "obras modernas" lhe parecia "falso, exagerado, extravagante, empolado".[129] A prática da poesia chegou a Baudelaire por uma via oblíqua: a partir da composição em versos latinos. Na qual se distinguia (e ele não se distinguia em mais nada). Toda a sua poesia é como que traduzida de uma língua morta e inexistente, mesclada de Virgílio e liturgia cristã.

Que aspecto de *Volupté* — desse romance de um narrador estreante, publicado sem grande clamor, e que simplesmente havia "passado depressa, *como uma carta no correio*",[130] segundo a expressão usada pelo próprio Sainte-Beuve —, que aspecto desse livro, escrito por alguém que nunca mais se arriscaria a publicar outro romance, havia impregnado tão profundamente o liceal Baudelaire? Aquelas páginas lhe haviam "trabalhado o fundo da mais sutil artéria",[131] efeito mais radical e abrangente do que aquele atribuído por ele ao *René* de Chateaubriand, do qual — tanto quanto incontáveis coetâneos seus — "decifrava correntemente os suspiros".[132] O nível da assimilação é diferente. Aqueles "suspiros" já eram "um princípio de despertar",[133] segundo Marc Fumaroli. Mas aquele "fundo da mais sutil artéria" só podia ser alcançado mergulhando uma sonda na parte mais escondida de uma sensibilidade. Por quais caminhos *Volupté* a alcançara? Basta abrir a advertência, assinada S.-B.: "O verdadeiro objeto deste livro é a análise de uma inclinação, de uma paixão, até mesmo de um vício, e de todo o lado da alma que esse vício domina, e ao qual dá o tom, do lado lânguido, ocioso, cativante, secreto e privado, misterioso e furtivo, sonhador até a sutileza, terno até a moleza, voluptuoso enfim".[134] Aqui não sabemos ainda de que coisa se está falando. Mas sabemos que será esse o território de Baudelaire. Ao menos enquanto perdura o equívoco sobre o título. Sainte-Beuve, que possuía um talento de funâmbulo para proteger a própria respeitabilidade, vai logo advertindo: "Daí o título *Volúpia*, que tem contudo o inconveniente de não se oferecer por si mesmo no justo sentido, e de fazer nascer a ideia de algo mais atraente do que aquele que seria apropriado. Mas esse título, publicado num primeiro momento um pouco irrefletidamente, não pôde ser retirado depois".[135] Sainte-Beuve, segundo uma técnica que mais tarde viria a aperfeiçoar, joga a pedra e logo esconde a mão. Nisso, Baudelaire era o oposto. Reivindicava as pedras mais arriscadas — e ainda lhe eram atribuídas outras, que ele nunca havia lançado. Assim, não deixaria de entender a *volúpia* num sentido "mais atraente do que aquele que seria apropriado". Mas isso aconteceria a seguir.

Agora, enquanto ele enlanguescia nos corredores do liceu Louis-le-Grand, tratava-se em primeiro lugar de embrenhar-se numa plaga de palavras — sobretudo substantivos e adjetivos — que se aproximavam seguindo trajetórias inusuais. Palavras que na prosa e no verso de Baudelaire logo encontrariam nova linfa. É fácil listá-las, extraindo-as da primeira frase de *Volupté*: *lângui-do, ocioso, cativante, secreto, privado, misterioso, furtivo* — e também a continuação: "sonhador até a sutileza, terno até a moleza, voluptuoso enfim".[136] Daquela pura sucessão de acordes seria fácil passar ao juízo, até sobre os "tempos que vivemos",[137] dos quais Baudelaire ainda só sabia o pouco que se filtrava pelos muros enegrecidos do colégio — e que no entanto se lhe apresentaria desde então, sempre seguindo a trilha de Sainte-Beuve, como uma "confusão de sistemas, de desejos, de sentimentos ilimitados, de confissões e de nudez de toda espécie".[138] Assim se encerrava a advertência a *Volupté*. E era já o pressuposto de *As flores do Mal*.

Por isso, não é de espantar que o poema inaugural de Baudelaire seja aquele dedicado a Sainte-Beuve: perfeitamente maduro, um dos mais intensos que ele algum dia iria escrever. Baudelaire o enviou ao destinatário como um remetente desconhecido, acompanhando-o com uma carta que se abria com estas palavras: "Senhor, Stendhal disse em algum lugar mais ou menos isto: *Escrevo para umas dez almas que eu talvez não veja nunca, mas que adoro sem as ter visto*".[139] Quase tudo estava dito, inclusive a imprudência de mencionar Stendhal logo de saída ao se apresentar a Sainte-Beuve, que certamente não o *adorava* — e se empenhava em manter a obra dele à distância, exatamente como iria fazer um dia com o próprio Baudelaire. Naquele momento Baudelaire residia no Hôtel Pimodan. Ainda não tinha publicado nada sob seu nome. Anônimo ou pseudônimo — e também aceitavelmente dúbio — o seu início. Os *Mystères galants des théâtres de Paris*, nos quais colaborou sem assinar, eram uma publicação veladamente extorsionária. Às vezes Baudelaire lia seus poemas para os amigos, mas o projeto de um livro ainda não se manifestara. No entanto, as maiúsculas — aquelas maiúsculas tônicas, imprevisíveis, ominosas, que sempre constelaram seus versos — já aparecem, como um sinete. E se depositam sobre estas palavras: *Solitude, Enfant, Mélancolie, Doute, Démon* [Solidão, Criança, Melancolia, Dúvida, Demônio].[140] É quase um horóscopo. E já aparece fixada a distância da qual provém a voz. Paradoxal fenômeno, pelo qual esta irrompe como um sussurro do interior de quem a escuta e ao mesmo tempo chega de longe, exaurida por uma longa viagem.

Crescido "sob o céu quadrado das Solidões"[141] (o céu é "quadrado" porque cingido pelo quadrângulo de um pátio de colégio), Baudelaire mantém sempre algo de adolescente, uma certa turbulência temerária e desolada. Jamais descreveu aqueles anos, mas aludiu a eles por interposta pessoa, como lhe era costumeiro, atribuindo seus sentimentos de então a Poe. Também ele havia sofrido aquelas "torturas da juventude"[142] que lavram o terreno para toda literatura ("As horas de castigo, o desconforto da infância débil e abandonada, o terror do mestre, nosso inimigo, o ódio dos colegas tirânicos, a solidão do coração").[143] Para Baudelaire — como para o jovem Talleyrand, como para o Louis Lambert de Balzac —, o colégio é o laboratório onde se realiza uma dissociação irreversível em relação ao circunstante. No fundo do corredor perfila-se a alucinação meridiana de uma jovem sentada com o queixo apoiado numa das mãos e "a fronte ainda úmida dos langores das suas noites":[144] é a Melancolia.

Na origem, o Hôtel Pimodan —* 17, quai d'Anjou, na Île Saint-Louis — pertencera ao duque de Lauzun, amor contrariado da Grande Mademoiselle. Depois, de proprietário em proprietário, acabara nas mãos do barão Pichon, diplomata, funcionário do Estado, bibliófilo. Baudelaire foi seu inquilino por algum tempo. Tinha pouco mais de vinte anos, destacava-se pela beleza e elegância. No térreo habitava um adeleiro, Arondel, que logo se tornou um dos mais assediantes credores de Baudelaire. Por este foi insultado, junto com Pichon, nos anônimos *Mystères galants des théâtres de Paris*. Arondel descobriu o jogo e Baudelaire teve de enviar a Pichon uma humilhante carta de desculpas. Mas o senhorio não conservou uma boa recordação de seu inquilino. Muitos anos depois, escreveria a um amigo: "Se o senhor soubesse o que significava ser o senhorio de Baudelaire, e a vida que ele levava! Tinha como amante uma negra horrível e negociava quadros com Arondel".[145]

---

* As imagens estão também reproduzidas em cores no final deste volume. (N. E.)

47

No Hôtel Pimodan, Baudelaire ocupava três aposentos aos quais se chegava por uma escada de serviço. O escritório dava para o Sena. Banville declarou certa vez que "jamais havia visto uma casa que se parecesse tanto com seu proprietário".[146] Nas paredes, um papel com floreado vermelho e negro. Cortinas de damasco antigo. Litografias de Delacroix. Os móveis, escassos e imponentes. Uma grande mesa oval, de nogueira. Não havia biblioteca nem se viam livros ao redor. Ficavam todos fechados num armário, em posição horizontal, ao lado de umas garrafas de vinho. Um grande leito de carvalho, sem pés ou colunelos, lembrava um sarcófago monumental. O escritório (e quarto de dormir) era "iluminado por uma única janela cujos vidros, até os penúltimos inclusive, eram esmerilados, 'para ver somente o céu', dizia".[147]

Bastava descer ao *piano nobile* e chegava-se ao "clube dos Haxixeiros"[148] (a definição foi divulgada por Gautier, que era um deles). O Hôtel Pimodan era uma maravilha malcuidada, um "túmulo dourado no fundo da velha Paris",[149] quando foi alugado por Roger de Beauvoir, fundador do clube. Miasmas nauseabundos se espalhavam, vindos das instalações de um tintureiro no andar térreo. O mato crescia entre as lajes do pátio. Mas pela escada da direita, passando por uma porta de veludo verde-claro, tinha-se acesso a um antro de delícias. Um salão soberbo, um *boudoir*, um quarto de dormir. Tudo era enegrecido, pelos anos e pela incúria, mas tudo era um encanto. Estuques, relevos em pedra, dois Hubert Robert, uma tribuna para músicos no salão, em um nicho suspenso. A decoração invadia cada canto, como uma vegetação tropical. Só se deixava interromper por alguns espelhos da Boêmia, que a multiplicavam. No teto: Amor vence o Tempo. Ninfas perseguidas por Sátiros entre caniços. Monogramas, cupidos, galgos, folhagens espiraladas. No *boudoir* se reuniam os haxixeiros. Nenhum pano de fundo podia ser mais adequado a que o olho ali se perdesse e esquecesse tudo, ajudado pelo *dawamesk*, sob a forma de um "doce esverdeado, mais ou menos do tamanho do polegar".[150] Gautier observou como "o tempo, que escoa tão veloz, parecia não ter passado por aquela casa, e seus ponteiros, como os de um relógio de pêndulo ao qual nos esquecemos de dar corda, marcavam sempre a mesma data".[151] No período encantado do Hôtel Pimodan, a jovenzinha Aglaé-Joséphine Savatier frequentava a escola de natação dos banhos Deligny, pouco distante do palacete. Radiosa e gotejante, às vezes aparecia nas instalações do "clube dos Haxixeiros", onde por algum tempo viveu seu amante Boissard. Gautier recordava que ela estava presente quando encontrou Baudelaire pela primeira vez. Anos depois, foi o mesmo Gautier quem a chamou "la Présidente" — e Baudelaire dedicaria a ela um breve e lacerante cancioneiro amoroso.

O *boudoir* do Hôtel Pimodan era em puro estilo Luís XIV, mas parecia cogitado deliberadamente para as visões provocadas pelo *dawamesk*. Gautier, que o frequentara tanto quanto Baudelaire, encontrou a descrição do lugar num episódio de *Os paraísos artificiais* em que o autor pretende relatar as experiências com o haxixe por parte de "uma mulher um pouco madura, curiosa, de ânimo excitável". Aquela mulher "um pouco madura" era o próprio Baudelaire, aos 23 anos. A descrição reconstrói o perfil das paredes com a amorosa insistência de um olhar que se serviu delas para imergir:

> Este *boudoir* é muito pequeno, muito estreito. Na altura da cornija o teto se curva em abóbada; as paredes são revestidas por espelhos estreitos e alongados, separados por painéis nos quais estão pintadas paisagens no estilo desenvolto da decoração. Na altura da cornija, nas quatro paredes, estão representadas várias figuras alegóricas, algumas em atitude de repouso, outras correndo ou esvoaçando. Acima delas, aves esplendorosas e flores. Atrás das figuras ergue-se uma latada em *trompe-l'oeil*, que acompanha com naturalidade a curva do teto. Esse teto é dourado. Todos os interstícios entre as barras e as figuras são recobertos de ouro, e no centro o ouro só é interrompido pelo entrelaçamento geométrico da latada simulada.[152]

E depois, dirigindo-se a uma amiga desconhecida: "Como a senhora vê, tudo isso se assemelha um pouco a uma *gaiola* muito refinada, a uma belíssima gaiola para uma ave enorme".[153] Camuflado de dama "um pouco madura, curiosa, de ânimo excitável",[154] Baudelaire havia, sem saber, seguido o ensinamento de Santo Inácio sobre a *composição do lugar* e nele se insinuara, como uma "ave enorme", prazerosamente prisioneira. No entanto, aquele lugar também existia fora de sua mente. Estava escondido na velha Paris, protegido pelas águas do Sena. Até por isso Paris se tornava, para Baudelaire, tão facilmente uma alegoria.

Quando, aos 24 anos, tenta o suicídio, Baudelaire acompanha o gesto com uma carta de adeus endereçada ao tabelião Ancelle, na qual escreve que se mata não porque experimenta "alguma daquelas perturbações a que os homens chamam *desgosto*",[155] mas porque "a fadiga de adormecer e a fadiga de despertar" são para ele "insuportáveis".[156] Além disso, mata-se porque é "*perigoso para si mesmo*".[157] Por fim, afirma: "*Mato*-me porque me creio imortal, e porque *espero*".[158] Muitos julgaram esse gesto uma rudimentar encenação. Mas, quaisquer que sejam suas motivações, quer esteja sendo sincero ou atuando, escritor é aquele que revela e se revela inevitavelmente através da palavra escrita. Naquele bilhete de despedida, Baudelaire transmite a marca daquela rede de nervos e gloriosos *non sequitur* que o acompanharia a cada instante de sua vida subsequente.

Sobre essa tentativa de suicídio permanecem dois testemunhos. Um é a carta de Baudelaire ao tabelião Ancelle, indubitável como um fragmento de Pascal, modulada como uma sequência de pontadas, lancinante em sua plena lucidez. O outro é o de Ménard, impregnado de má vontade, como tudo o que o "pagão místico" escreveria sobre seu colega de colégio. Mas há um detalhe em seu relato, retomado quase com as mesmas palavras por Philippe Berthelot e Rioux de Maillou, que parece uma invenção do Baudelaire extremo, ultrajantemente sarcástico.

Naquela noite, ao que parece, Baudelaire se encontrava com Jeanne num local da Rue Richelieu. A certa altura, tentara se esfaquear. Depois havia desmaiado. Despertaria sob o olhar de um comissário de polícia, que lhe dizia: "O senhor cometeu uma má ação; deve doar-se à sua pátria, ao seu bairro, à sua rua, ao seu comissário de polícia".[159] O mundo estava pronto para acolher de novo o jovem poeta, desde que ele aceitasse *dar-se* aos braços maternos do comissário de polícia.

Conta Gautier que a principal preocupação de Baudelaire era a de não se confundir com os artistas em seu aspecto. Evitava tudo o que fosse pitoresco. Embora passasse a vida em meio a todo tipo de *demi-monde*, do das redações ao dos cafés e dos teatros, notava-se claramente nele "a intenção de separar-se do gênero artista, com chapéus moles de feltro e paletós de veludo".[160] Pertencia "àquele dandismo sóbrio que raspa as roupas com lixa para tirar-lhes o aspecto endomingado e de novo em folha".[161]

Por outro lado, Baudelaire nunca fez nada para ter acesso à alta sociedade, o que poderia conseguir sem grande esforço. Bastaria secundar seu padrasto, o general Aupick, que "queria vê-lo chegar a uma elevada posição social", além do mais "sendo [o general] amigo do duque de Orléans"[162] — recordaria um dia, pertinazmente, a mãe Caroline. Mas, para ele, certa aura de desclassificado — como acontecia à *intelligentsia* russa que se formava nos mesmos anos — era irrenunciável.

Se, caso raríssimo, não demonstrava indícios de atração pela alta sociedade, Baudelaire tampouco se inclinava para a baixa, em meio à qual se movia tão frequentemente, pelas circunstâncias de sua vida. Champfleury, velho amigo da *bohème*, que Baudelaire definira certa vez com álgida neutralidade como "um dos principais adeptos da escola dita *Realista*, que pretendia substituir pelo estudo da natureza e pelo estudo de si mesmo a loucura *clássica* e a loucura *romântica*"[163] (sarcasmo em cada palavra), não era feito para compreendê-lo. Assim, houve entre eles um bate-boca, porque Baudelaire lhe escrevera que não gostava da baixa sociedade. Mas o motivo subentendido era que Champfleury queria tramar o encontro entre Baudelaire e uma certa "mulher filosofante"[164] — e o amigo recalcitrava teimosamente. Voltando ao tema da "baixa sociedade",[165] Baudelaire precisou: "Meu amigo, sempre tive horror a isso; a crápula e a tolice, e o crime, têm atrativos que podem agradar por alguns minutos; mas a baixa sociedade, mas estas espécies de remoinhos de espuma que se formam nas bordas da sociedade!, impossível".[166] De fato, tudo era *impossível* para ele.

Não havia ocasião em que Baudelaire se sentisse à vontade em alguma companhia.

Sinal decisivo da soberania *d'en bas* de Baudelaire era sua total indiferença a qualquer forma da vida mundana. À diferença de Mérimée, que sempre encontrou acesso aos salões certos, até aos imperiais, e de Flaubert, que não conseguia esconder seu deleite por pertencer ao círculo da princesa Mathilde, Baudelaire nunca procurou ser *reçu*. Os favores que solicitava tinham sempre um só objetivo: o dinheiro. Desde o início, e com naturalidade, foram suas as volúpias da abjeção. Se se misturava aos jornalistas, tratava-se facilmente daqueles que podiam descambar para a chantagem. E a primeira publicação na qual foi reconhecida a mão de Baudelaire é um panfleto alusivo que pretende propagar insinuações sobre a vida privada de uma atriz, Rachel. Enquanto o único esboço de romance um dia publicado por Baudelaire conta a história do jovem almofadinha Samuel Cramer, que fala mal de uma atriz — a Fanfarlô — para fazer-se notar por ela e, por fim, cair nas suas graças como amante, protegido e protetor.

Baudelaire tinha dificuldade de suscitar respeito. Era como se todos o considerassem num estado de menoridade perene. Até o nada brilhante Maxime Du Camp se permitia defini-lo como "ignorante",[167] talvez porque houvesse notado a intolerância de Baudelaire a perseguir qualquer estudo metódico ("A história, a fisiologia, a arqueologia, a filosofia, lhe escapavam: para dizer a verdade, ele jamais lhes prestara atenção.")[168] E Du Camp escrevia isso em 1882, quando a glória de Baudelaire já estava conquistada. Mas na lembrança logo se impunha a imagem do poeta enquanto "tentava despistar seus credores, que eram numerosos".[169] (Du Camp havia sido um deles, por algumas centenas de francos que afinal conseguiu receber do tabelião Ancelle.) Compreendem-se bem, então, certas palavras lancinantes de Baudelaire:

"Aqueles que me amaram eram pessoas desprezadas, eu até diria 'desprezíveis', se pretendesse lisonjear *as pessoas de bem*".[170]

Muitos entendiam como pose de Baudelaire as atitudes que eram apenas tentativas de mantê-los a certa distância. Quando Baudelaire era acusado — por Champfleury e por alguns outros — de ser um mistificador ou um ator, pode-se ter certeza de que aludia a episódios nos quais ele simplesmente havia sido mal interpretado no gesto e na palavra. Isso devia acontecer com bastante frequência. Ademais, talvez por puro esgotamento, Baudelaire pode também ter inventado alguma mistificação. Não faria diferença, afinal. E, por outro lado, podia haver algum minúsculo prazer no escárnio.

Mas, uma vez cessada a vociferação das testemunhas, começou finalmente a se desenhar o perfil daquele que havia sido Charles Baudelaire. E foi grande o estupor. Porque, se é verdade — como escreveu o próprio Baudelaire — que Balzac era o maior entre os personagens de Balzac, ninguém podia comparar-se a Baudelaire como personagem, pela diversidade e pela peculiaridade de seus elementos, pelo tenaz impulso centrífugo destes, que parecia opor-se a qualquer acomodação. No entanto, aquela figura tinha uma unidade impressionante, tão sólida e tão profunda que cada sílaba sua era reconhecível, como se bastasse observá-la em transparência para captar uma onipresente filigrana. Certa vez Eugène Marsan passou em revista, com olhar seguro, o guarda-roupa de Baudelaire, e mostrou como ele diferia do de Barbey d'Aurevilly, que se mantinha sempre incuravelmente pitoresco e jamais alcançava o pico da elegância, que é "a simplicidade 'absoluta'"[171] — como Brummell havia ensinado. Mas qual era o recurso decisivo em Baudelaire, que lhe permitia destacar-se tão nitidamente até de seus seguidores? Uma altíssima afinidade química entre elementos discordantes. O *novo* de Baudelaire devia ser buscado naquela direção: "suas mulheres e seu céu, seus perfumes, sua nostalgia, seu cristianismo e seu demônio, seus oceanos e seus trópicos, compunham uma matéria de clamorosa novidade".[172]

Baudelaire foi um supremo perito da humilhação. Nenhum outro escritor, por mais atormentada que tenha sido sua vida, pode competir com ele na prática desse estado. Baudelaire o conheceu em todos os âmbitos: na família (pela presença do padrasto, general Aupick); nas finanças (por sua contínua dependência do curador Ancelle e pela luta contra as dívidas); na vida amorosa (pela convivência com Jeanne, que não o valorizava); na vida literária (pelas relações com os jornais, as revistas, os editores, a Académie e a República das Letras em geral). Não havia ângulo no qual lhe fosse concedido respirar livremente. Inútil perguntar-se — como aconteceu a Sartre, aluno inconsciente de uma escola noturna "Querer é poder" — em que medida Baudelaire *quis* tudo isso. Certamente ele teria podido, em muitos momentos, recuperar uma existência dentro da ordem estabelecida. Teria podido imitar Mérimée, a quem admirava e por quem não era admirado. Mesmo sendo artista em cada fibra, Mérimée construíra para si uma existência de *grand commis*, que o protegia como uma carapaça impenetrável. Mas Baudelaire não teria resistido. Seria sufocado antes de alcançar algum status tranquilizador. Não menos que o *ennui*, inspirava-o a humilhação. Interligável à abjeção, misterioso sentimento — ativo e passivo —, que parece conatural à "vida moderna" e desde então permeou a literatura. É um sopro pernicioso que começa a circular depois de meados do século XIX e impregnará de maneiras diferentes alguns autores inevitáveis: Dostoiévski e Gógol sobretudo (para os russos, a abjeção é o próprio ar que se respira); Melville (em *Bartleby*); Lautréamont, em cada sílaba; Hamsun e Strindberg, numa versão hiperbórea, alucinada; e também Rilke (no *Malte Laurids Brigge*). E outros ainda. Mas o protótipo, que havia adensado a tempestade magnética sobre si, continuava sendo sempre Baudelaire.

Baudelaire foi o solitário, impávido defensor do direito irrenunciável de se contradizer: "Na numerosa relação dos *direitos do homem* que a sabedoria do século xix retoma com tanta frequência e tanta satisfação, dois muito importantes foram esquecidos, que são o direito de se contradizer e o direito de *ir embora*".[173] Sobretudo este último poderia ser a preciosa contribuição de Baudelaire à sempre incerta doutrina dos direitos do homem.

A *indústria cultural* — expressão de Adorno e Horkheimer que já soava obsoleta pouco tempo depois de ser introduzida — teve seu início oficial em Paris, nos primeiros anos de Luís Filipe. Deram-se naquele momento as condições indispensáveis para que o fenômeno se manifestasse: para começar, a imprensa cotidiana, que no futuro se ramificaria na pluralidade das *media* mas então as compreendia todas, aumentou fortemente as tiragens e baixou de igual modo os preços, recorrendo, pela primeira vez de maneira sistemática, à publicidade. A qual engenho se devia essa inovação fatal? Sobretudo a Émile de Girardin, que cortou pela metade o preço da assinatura da *Presse*, graças aos anúncios pagos. Simultaneamente a essa medida, houve outra novidade: a introdução do romance em capítulos, o *feuilleton*, primeiro em revistas como *La Revue de Paris* e depois em jornais como *Le Siècle* e *La Presse*. Três anos depois, em 1839, Sainte-Beuve podia publicar seu ensaio "De la littérature industrielle" na *Revue des Deux Mondes*. Era a primeira e magistral amostra daquela triste disciplina que viria a ser a sociologia da literatura. E era também a descrição altamente perceptiva de uma mudança de época na paisagem literária, que ninguém conhecia nos detalhes e perscrutava tão diuturnamente quanto Sainte-Beuve. Assim, ao lado da máquina a vapor e da fotografia, a publicidade assumiu um lugar entre as novidades decisivas na primeira metade do século XIX. Publicidade significa sobretudo que certos objetos começam a falar e a produzir imagens. É um processo risível e desajeitado no início, mas de desenvolvimentos incalculáveis. Nascida como apêndice da produção, a publicidade conseguirá um dia inverter a relação: os objetos são produzidos para que certas imagens, certos nomes, certas palavras encontrem um suporte. A moda é um estratagema para tornar mais erótico esse contínuo transbordamento das imagens, assimilando-o à incessante mutabilidade do desejo. Modelo e fundamento da publicidade é a inquietação insanável da vida mental, cuja pátria de origem é a *delectatio morosa*. Os Padres do Deserto não dispunham de objetos ao seu redor porque precisavam de uma superfície uniforme e despojada, no exterior, a fim de isolar, no interior, o mecanismo mental que gera os simulacros. Teriam considerado a publicidade uma sutil réplica teológica aos seus exercícios. Mas Nadar ainda observava: "Mais uma palavra nova: a *réclame*; fará fortuna?".[174]

O jornalista era pago por linha e o tradutor, por página. Quando alguém o criticava pelo excesso de advérbios, que preenchiam certas frases cartilaginosas de sua lavra, Nodier respondia que aqueles incômodos polissílabos ajudavam-no a preencher as linhas com rapidez. E cada linha valia um franco. Balzac, que naqueles anos intervinha com frequência — até por ser lesado pessoalmente — nas questões de direito autoral, falava tranquilamente de escritores que "*oferecem à exploração uma certa superfície comercial*",[175] introduzindo uma expressão que os gerentes editoriais, dois séculos mais tarde, ainda lhe invejariam. Daí já se podia inferir a alternativa oprimente em que vinham a se encontrar os escritores que por alguns anos — logo após 1830 — haviam se iludido de poder abandonar-se para sempre a uma irresponsável vida de *bohème*. Agora a situação tinha mudado radicalmente — e Albert Cassagne a descreveu com precisão epigramática: "O *bohème* é ou um artista sem talento — ou seja, para usar a expressão de Balzac, sem superfície comercial —, ou um artista de talento que não soube explorar sua superfície comercial";[176] por conseguinte, um desajustado, alguém que se arrisca a não mais encontrar um lugar próprio na máquina social. Haviam bastado poucos anos — e tudo tinha desabado. Foi nesse momento que entrou em cena o jovem Baudelaire. Ele declarava: "Eu que vendo meu pensamento, e quero ser autor"[177] — e enquanto isso se aprestava a entrar, sem lamentar-se em absoluto, numa cruel engrenagem produtiva, que parecia feita de propósito para maltratá-lo.

Era a primeira idade dos "prostitutos da inteligência",[178] como definia a si mesmo o crioulo Privat d'Anglemont, sob cujo nome, protegendo-se com um escudo equívoco, Baudelaire publicaria alguns de seus primeiros poemas. Mas era Théophile Gautier o exemplo mais claro de como um escritor brilhante, de muitos talentos, podia deteriorar-se dia após dia pela obrigação de produzir colunas de palavras em jornais e revistas, salpicadas de observações complacentes. Ele chegara a sentir uma repulsa física pelo ato de ir ao teatro, antes mesmo de escrever sobre o assunto. Assim, o "mago perfeito *ès lettres françaises*"[179] (é a definição um tanto pomposa na dedicatória de *As flores do Mal*) passou a maior parte da vida com a obsessão do *pisseur de copie*. E foi justamente Baudelaire quem lhe assestou a chicotada mais dura, quando citou um julgamento dele, iluminado e severo, sobre Delaroche, mas acrescentando poucas palavras letais: "Como disse, creio, Théophile Gautier, numa crise de independência".[180] Uma daquelas crises que, com o tempo, se tornavam cada vez mais raras.

* * *

Orate sine intermissione: o preceito paulino, que viria a ser o fundamento da prece hesicástica, transforma-se com Baudelaire em outra fórmula: "Inebriem-se sem trégua".[181] Se o elemento metafísico que fere toda aparência é a pura passagem dos instantes, será preciso que em cada instante a aparência seja envolvida, como num manto protetor, pela impenetrável película da embriaguez. Que, porém, doravante, já não terá nenhum suporte ritual ou litúrgico, como acontecia às Bacantes e aos monges. Agora, "quando vocês despertarem na solidão sombria de seu quarto",[182] recuperar a embriaguez será mesmo "a única questão",[183] como se nada mais no mundo importasse, mas já não haverá arrimos seguros, cerimoniais e tradicionais para o empreendimento. Será preciso abandonar-se "a tudo o que foge, a tudo o que geme […] a tudo o que fala",[184] para que estimule a reconquista daquele estado de exceção que parece ser a única normalidade tolerável. *As flores do Mal* são a crônica dessas tentativas sempre precárias, lábeis, intermitentes. Cada verso pode encaixar-se entre aqueles que os químicos definem como *compostos instáveis*. Mas a aspiração da qual eles nascem é a mais próxima possível da fórmula de são Paulo. Um dia Baudelaire escreveu a Flaubert: "O senhor diz que eu trabalho muito. É uma zombaria cruel?".[185] E prosseguia, com palavras que poderiam ser de Evágrio: "Trabalhar significa trabalhar sem trégua; significa não ter mais sentidos nem quimeras; e significa ser uma pura vontade sempre em movimento".[186]

Para desmentir todos os que se mostraram inclinados a considerar a relação de Baudelaire com Jeanne Duval um prolongado exercício de autossujeição a um ídolo rude e talvez nem sequer muito atraente, bastam poucas linhas da carta de setembro de 1856 na qual Baudelaire anuncia à mãe o fim de sua relação quase como se falasse à própria Jeanne, uma Jeanne ausente e muda. Aquela ruptura irreparável — "jamais a ideia de uma separação irreparável havia entrado claramente em minha mente",[187] diz — havia produzido nele "uma espécie de véu escuro diante dos olhos e uma eterna barulheira nos ouvidos".[188] E acrescentava poucas palavras diretas e definitivas: "Ainda hoje, e no entanto estou totalmente calmo, surpreendo-me pensando, quando vejo um belo objeto, uma bela paisagem, ou qualquer outra coisa agradável: por que ela não está comigo, para admirar isto comigo, para comprar isto comigo?".[189]

Há também um pentimento de Courbet. Se experimentarmos entrar no *Atelier* seguindo a sugestão de Diderot, e começarmos a circular por aquele vasto e despojado aposento lotado de personagens, partícipes de vidas diferentes e incomunicantes, mas provisoriamente bloqueados ao redor do artista que, com incongruente segurança, está pintando uma luminosa paisagem sob o olhar de uma modelo nua que o observa (modelo que Courbet havia retratado com base numa fotografia, novidade técnica do momento), uma vez chegados à extremidade direita da cena encontraremos um jovem sentado em cima de uma mesa e totalmente absorto na leitura de um livro. É Baudelaire, o único entre os presentes a ostentar a própria ausência. Mas, ao lado de seu rosto, um procedimento fotográfico revelou outro, que o próprio Courbet descreveu como o de "uma negra que se olha num espelho com muito coquetismo":[190] é Jeanne, a amante indecorosa, que Courbet teve de cancelar, por insistência de Baudelaire e assim se transformou em anjo oculto e em espectro. Quando a imagem finalmente aflora da tela, seus traços se sobrepõem a dois esboços a bico de pena que Baudelaire traçaria dela poucos anos depois. Em um dos quais pode-se ler: *quaerens quem devoret*, "procurando alguém para devorar", Musa e vampiro.

    O tabelião Narcisse Ancelle e o general Aupick foram os dois arcontes mais próximos e ameaçadores para Baudelaire. Ambos atravessados por um traço de ridículo, já no nome. Ambos inadequados à majestade de sua tarefa. Faziam o mal com paternalismo. Isso os tornava ainda mais intoleráveis e denunciava sua cumplicidade com o pano de fundo parisiense sobre o qual se recortavam. Eram *como tantos outros*, notáveis inseridos em seu nicho social — eminente, o do general; médio, o do tabelião —, satisfeitos com suas funções e igualmente incapazes de imaginar como alguém podia não se sentir assim. Mas isso não diminuía a intensidade das torturas que eles podiam infligir. Quando condensava a Revolução de 1848 (e toda revolução) no incitamento: "É preciso fuzilar o general Aupick!",[191] Baudelaire não tinha qualquer ilusão de que sobre o general se apoiassem os poderes existentes. Ainda assim, seu grito permanece desde então como o mais eficaz e também o mais preciso — de toda revolta social. Quanto à lembrança das humilhações sofridas, esta não se embotava com o tempo. Assim, Baudelaire escrevia à mãe, a propósito do tabelião Ancelle: "Se você soubesse quanto ele me fez sofrer por anos! Houve um período em que minha pessoa, minhas opiniões e meus afetos eram um perpétuo motivo de chacota para sua horrível esposa, sua pavorosa filha e aqueles seus horrendos fedelhos".[192] Retrato de família em meados do século XIX.

Morto o general, Baudelaire foi obrigado a reconhecer o Mal em Ancelle, aquele tabelião de subúrbio, dominado por uma "curiosidade pueril e provinciana",[193] naquele homem "ao mesmo tempo louco e estúpido",[194] tergiversador por vocação, ávido sobretudo por tagarelar com qualquer um, pelo puro prazer de acumular pequenas informações. Quando Baudelaire se encontrava com algum de seus conhecidos, Ancelle logo se intrometia. Instalava-se em casa de Gautier, de Jeanne — e falava, falava. Era o *voyeur* da vida de Baudelaire. Era o burguês que quer sentir o artista depender dele, ainda que só para sobreviver, mas não quer perder a oportunidade de imiscuir-se, graças ao artista, em lugares que de outro modo lhe seriam inacessíveis. Em relação a Baudelaire, Ancelle não era nada menos que *o mundo*. Ainda que certamente se esquivasse, por falsa modéstia. Mas Baudelaire sabia com quem estava lidando. Uma vez escreveu isso totalmente em maiúsculas: "É O MEU PRINCIPAL INIMIGO (não por maldade, eu sei)".[195] E um dia, nos ambientes subversivos, alguém falaria do *inimigo principal*.

O tabelião Ancelle queria sobretudo puxar longas e tediosas conversas com qualquer um. Melhor ainda se fosse com os amigos de Baudelaire no ambiente artístico, porque depois poderia vangloriar-se de conhecê-los. Às vezes, porém, bastava-lhe o dono de um restaurante. Desde que pudesse conversar, desde que pudesse informar-se. Sua técnica tinha aspectos perversos, que exasperavam Baudelaire. Com os intelectuais, Ancelle punha-se a falar sem se apresentar, usando um modo todo seu que parecia subentender um conhecimento de velha data. E sobretudo dava a entender que ninguém estava tão a par quanto ele, e desde sempre, de todos os detalhes da vida de Baudelaire. A presença de Ancelle não era abertamente malévola, mas algo pior: tirava o ar. Tudo alimentava sua curiosidade e oferecia pretexto para satisfazê-la. Com impotente desconsolo, Baudelaire comunicava à mãe suas conclusões: "Compreendi que ele queria me arrancar os nomes das pessoas com as quais tenho certos negócios tão complicados unicamente para MEXERICAR com elas".[196] Se não fosse evidente sua função fatal na vida de Baudelaire, Ancelle até poderia ser um personagem de irresistível comicidade, prenunciador de certas aparições em Feydeau ou Courteline. Mas é justamente essa inocuidade enganosa que lhe confere um halo ainda mais sinistro, assim como a brusca bonomia do general Aupick torna sua sombra ainda mais opressiva.

O primeiro pecado de Ancelle era o de não ter "nenhum respeito"[197] pelo tempo alheio. Seu método de tortura, a tergiversação. Sua arma, um balbucio lerdo, com o qual mantinha Baudelaire, que dependia dele para embolsar alguma modesta soma, suspenso durante horas. Permaneceu até uma amostra — irresistível — de sua maneira de conversar. Baudelaire escreve a Caroline: "Eu bem que gostaria de prescindir totalmente daqueles 500 francos. Teria sem dúvida preferido isso, a vê-lo e ouvi-lo *balbuciar lentamente, durante horas*: 'O senhor tem uma excelente mãe, verdade? *O senhor quer bem à sua mãe?* — ou então: *O senhor acredita em Deus?*, existe um Deus, não é? ou então: *Luís Filipe foi um grande rei*. Um dia lhe farão justiça…'. Cada uma dessas frases se prolonga por uma meia hora. Durante todo esse tempo, sou esperado em vários bairros de Paris".[198]

Um serão no Bósforo: o Ministro Plenipotenciário da França, general Aupick, e Senhora recebem dois jovens literatos que estão fazendo sua *voyage en Orient*, como outros antes deles faziam o Grand Tour na Itália. Chamam-se Maxime Du Camp e Gustave Flaubert. O general se compraz em se mostrar homem aberto e curioso pelas coisas do mundo. Sabe que fatalmente a conversa deverá conceder alguma coisa ao ofício dos dois convidados. Após o jantar, em tom ríspido e protetor, lança uma pergunta de circunstância: "A literatura fez algum bom recruta desde quando os senhores deixaram Paris?".[199] Pergunta que não pedia necessariamente uma resposta precisa. Ou melhor, uma resposta obrigaria a entrar em detalhes, o que é sempre penoso, numa noite como aquela. Maxime Du Camp, porém, sentiu-se no dever de gaguejar alguma coisa: "Recentemente, em casa de Théophile Gautier, conheci um certo Baudelaire, que fará falar de si".[200] Embaraço repentino. A embaixatriz baixa o olhar. O general tem a cara de quem está prestes a reagir a uma provocação. Pouco depois, quando o general e Flaubert já conversavam sobre outra coisa, Mme. Aupick se aproxima de Maxime Du Camp e lhe cochicha:

"Não é verdade que ele tem talento?".[201] Somente no final do serão, diante da coleção de lepidópteros do coronel Margadel, Maxime Du Camp viria a saber que Charles Baudelaire era filho de Mme. Aupick e que o general, padrasto dele, tinha-o condenado e banido — e não tolerava ouvir pronunciarem seu nome.

De volta a Paris em março de 1853, agora não mais consorte do embaixador em Madri, mas do recém-nomeado senador Aupick, Caroline encontrou Charles num "estado doloroso",[202] consequência de um ano que devia ser considerado "um verdadeiro desastre".[203] E mostrou inicialmente uma "admirável indulgência".[204]

Mas urgia uma questão: segundo Caroline, muitas das dores de Charles resultavam da falta de sapatos com sola de borracha. Também nisso, a mãe tinha de ser desmentida. Dessa vez, com o orgulho do verdadeiro miserável, Baudelaire lhe explicou que já se tornara muito hábil em tapar com palha, ou mesmo com papel, os buracos de seus sapatos. Fazia — explicou meticulosamente — verdadeiras "solas de palha ou até de papel".[205] Não só isso: agora sabia "ajustar muito bem duas camisas sob uma calça e uma casaca rasgadas que o vento atravessa".[206] Desse modo, reivindicava, "quase só sinto as dores morais".[207] Não acrescentava — mas talvez subentendesse — que essa observação podia ser logo captada por uma mulher sobre a qual lera num jornal que "os pobres de Madri teriam saudade dela".[208]

Logo depois, na mesma carta, Baudelaire se descrevia num desenho rapidíssimo (quase um Guys da derrelição), que se fixa na memória de quem quer que o encontre: "Todavia, devo confessar, cheguei ao ponto em que já não ouso fazer movimentos bruscos e nem mesmo caminhar muito, por medo de me rasgar ainda mais".[209] Há um homem jovem, belo e elegante, que caminha com excessiva cautela, como que impedido por um estorvo invisível. É Baudelaire aos 32 anos. Ninguém sabe que ele só pensa nos vários rasgões de seus trajes "que o vento atravessa". É um primeiro Buster Keaton de redingote, que se afasta — lentamente — pelas ruas de Paris.

"O elemento material sobre o qual devia assentar-se a vida espiritual era para a tragédia raciniana aquela forma da sociedade humana que se chama vida de corte, aquela concentração dos valores, da beleza, do ser de um país num pequeno espaço, em torno de um rei, tudo o que alcança sua perfeição nos primeiros vinte anos do reinado pessoal de Luís XIV. Pois bem, Paris, como capital, ocupa no século XIX na Europa e no mundo o mesmo lugar que a corte de Luís XIV no século XVII."[210] Paris como equivalente moderno de Versalhes: essa intuição de Thibaudet é o pressuposto do título de Benjamin: *Paris, capital do século XIX*. E a base da afinidade profunda entre Baudelaire e Racine, que notamos continuamente no ar dos alexandrinos deles, mas que não é fácil de captar. Para Racine, a humanidade devia ser observada no interior da corte de Versalhes, porque aquele lugar, justamente por seu artificialismo (que era o de todas as molduras), exaltava a evidência das paixões, submetidas a uma portentosa lente de aumento. Baudelaire viveu em Paris como um cortesão prisioneiro de Versalhes. Tudo aquilo sobre o qual escrevia pressupunha um terreno preparado e macerado, o único que não concedia evasões, a não ser ilusórias.

A Paris de Baudelaire é caos dentro de uma moldura. É essencial o reconhecimento do caos, do pulular das forças e das formas, da hospitalidade benévola dada a todas as variantes do monstruoso. Mas é igualmente essencial a presença da moldura, desse artifício que delimita e separa. E do qual Baudelaire tinha bem claro o significado metafísico, como primeiro recurso que estabelece um desnível naquilo que é, correspondente àquilo que se produz na mente assim que se desemparelham o olho que vê e o olho que é visto. A moldura pode aplicar-se a um quadro, a uma mulher (e então é todo o aparato ornamental que a envolve — e se torna um poderoso artifício erótico), a uma cena qualquer da vida. Em cada caso, conseguirá acrescentar àquilo que ela delimita "Isolando-o da imensa natureza/ Um não-sei-quê de mágica textura".[211] É essa a operação decisiva: o gesto com o qual alguma coisa — qualquer coisa — é recortada do ambiente informe e observada em si, como uma pedra recolhida na mão. Se toda a poesia de Baudelaire tende a se apresentar como *tableau parisien*, é porque sempre se trata de quadros nos quais a moldura age liberando no próprio quadro uma energia cuja origem não seria captada de outro modo.

Tudo o que acontece no interior da moldura exalta os elementos que estão circunscritos ali, obriga-os a se tornarem híbridos em combinações nunca experimentadas. Assim nasce o novo. Assim ocorre que a pura mudança da "forma de uma cidade"[212] escancare na memória uma voragem que permite alcançar, num instante, a prisioneira Andrômaca a contemplar desolada uma Troia reconstruída em miniatura em Butroto, lugar do vão desejo, que "fecundou-me de súbito a fértil memória"[213] — diz Baudelaire — enquanto atravessa "o novo Carrousel".[214] E Andrômaca não tem nada dos floreios de época que costumavam acompanhar a evocação dos nomes da história, mas sim aparece com a mesma imediatez de uma "negra, enferma e emagrecida, pés sob a lama, procurando, o olhar febril, os velhos coqueirais de uma África esquecida por detrás das muralhas do nevoeiro hostil".[215] Esses versos magníficos, se forem dispostos — como aqui — em prosa, num discurso contínuo, não escandido sequer pelas maiúsculas no início, revelam ainda mais claramente o que está por trás de ambas as figuras: a perda, uma irreparável perda, que somente para quem vaga pela grande cidade sabe tornar-se lancinante.

Nenhum cenário de natureza saberia atiçar — e nem sequer mitigar — uma dor tão aguda, que não espera ser sanada.

Se perguntássemos qual é a primeira lírica de Baudelaire que vem à mente, muitos diriam "O cisne". Seria difícil tirar-lhes a razão. Aquele entrecruzar-se e colidir-se de planos distantes e díspares, na memória e na percepção, é algo que somente com Baudelaire se perfila em literatura — e depois dele não mais se apresentaria com semelhante *páthos* e dentro de uma moldura formal tão antiga.

O início é candente: "*Andromaque, je pense à vous!*".[216] Andrômaca não é o nome da amada, embora seja invocada com tais subitaneidade e intimidade. É uma personagem épica, tem milhares de anos. E não é sequer a Andrômaca de Racine. E tampouco a de Homero. É somente a Andrômaca de um episódio menor da *Eneida*, que quase todos esqueceram. É a mulher que foi passada como "gado vil"[217] de um homem a outro, depois de ter sido "às carícias do esposo arrancada",[218] Heitor. E agora vive em terra estrangeira, terra de inimigos, o Epiro. Ao seu redor, um minúsculo simulacro de Troia, que deveria mitigar, mas, ao contrário, exaspera a dor pela Troia incendiada e desaparecida.

Mas agora já ninguém pensa em Andrômaca. Não, porém, Baudelaire, enquanto atravessa o novo Carrousel. O leitor hodierno não pode avaliar a implicação dramática dessas palavras. Hoje, o lugar indicado por Baudelaire é uma via expressa de trânsito. Ao passar, mal se tem tempo de ver a fila serpenteante para o Louvre, mergulhando sob a pirâmide de Pei. Ali, outrora, pululava uma vida totalmente diversa. Adjacente ao coração metafísico de Paris, que é o Palais-Royal, a Place du Carrousel tinha de ser atravessada por quem quisesse ir às Tulherias. Gravitando ao redor da praça havia um bairro que foi demolido para que se criasse uma ligação entre o Louvre e as Tulherias, e portanto "um vasto paralelogramo" no qual se abrigavam "o soberano, os grandes poderes do Estado, os tesouros das artes, como uma Acrópole que encerra aquilo que o império contém de mais sagrado, de mais augusto e de mais precioso".[219] Quem escreve assim não é outro senão Gautier, agora reduzido pelo Segundo Império a ser uma pena disponível. No entanto, aqueles locais tinham significado para ele, assim como para Baudelaire, algo muito diferente. Alfred Delvau, cronista daqueles anos, recordava-os assim: "Era encantadora, antigamente, aquela Place du Carrousel — hoje povoada pelos grandes homens de pedra de Saint-Leu. Encantadora como a desordem e pitoresca como as ruínas! [...] De fato, era uma floresta — com seu emaranhado inextricável de tendas feitas com tábuas e de casebres de taipa, habitados por uma multidão de pequenos industriais e de pequenas indústrias [...] Eu passeava com frequência por esse caravançará do bricabraque, através desse labirinto de tábuas e desse zigue-zague de lojinhas, e conhecia quase intimamente seus seres — homens e animais, animais e coisas, coelhos e papagaios, quadros e *rocailleries...*".[220]

Entre os dois palácios que representavam os ramos primogênito e caçula da soberania régia — as Tulherias e o Palais-Royal —, erguia-se um agregado da vida mais informe e caótica, um fragmento de "floresta" proliferante ao lado do coração da ordem. No meio daquela mixórdia, na Rue du Doyenné, Gautier e Nerval habitaram por algum tempo. Foi aquele o precário epicentro da *bohème galante*. O velho salão decadente havia sido restaurado e pintado por alguns amigos: dois painéis com paisagens provençais de Corot, um Chassériau com Bacantes que mantinham tigres atrelados como cães, o *Monge vermelho* de Châtillon, que lia a Bíblia apoiando-a no flanco encurvado de uma mulher nua. Havia também um retrato de Théophile (todos compreendiam que se tratava de Gautier) vestido à espanhola. Ali enxameavam seres que se chamavam Cydalise I (como uma imperatriz) ou Lorry ou Sarah la Blonde. E assim aconteceu — recordava Nerval —

que "o *horrível* proprietário, que vivia no térreo, mas sobre cuja cabeça dançávamos com demasiada frequência, após dois anos de sofrimento, que o tinham induzido a nos despejar, mandou depois cobrir aquelas pinturas com uma camada de têmpera, pois afirmava que aquelas nudezes o impediam de alugar aos burgueses".[221] Mas não teve muitas oportunidades. Nerval logo readquiriria dos demolidores algumas daquelas *boiseries* pintadas. Mais tarde, tudo desapareceria. "Éramos jovens, sempre alegres, frequentemente ricos... Mas acabo de tocar a corda triste: nosso palácio foi arrasado. No último outono pisei seus escombros."[222] Então Nerval decidiu: "No dia em que cortarem as árvores do picadeiro, irei reler na praça *A floresta cortada* de Ronsard:

> 'Écoute, bûcheron, arreste un peu le bras;
> Ce ne sont pas des bois que tu jettes à bas;
> Ne vois-tu pas le sang, lequel dégoutte à force,
> Des nymphes, qui vivaient dessous la dure écorce?'".[223]

> Escuta, lenhador, detém um pouco o braço;
> Não é madeira isso que derrubas;
> Não vês o sangue, que goteja farto,
> Das ninfas, que viviam sob a dura casca?*

Elegia que se encerra com palavras fustigantes, a mais dura proclamação antiplatônica:

> La matière demeure et la forme se perd!.[224]

> A matéria permanece e a forma se perde!

---

* Os poemas que não foram editados no Brasil são apresentados neste livro em traduções livres. (N. E.)

Nerval leria novamente Ronsard. Sobre o mesmo local, Baudelaire escreveria "O cisne". Dois gestos de despedida. Em vez do sangue das Ninfas, as lágrimas de Andrômaca, magro riacho. Num daqueles dias, Nerval encontraria Balzac: "Onde você perdeu tantas coisas belas?, me disse um dia Balzac. — 'Nas desgraças!', respondi, citando uma de suas tiradas prediletas".[225] Balzac sabia algo sobre aqueles lugares, porque ali havia feito habitar a prima Bette. E tinha antecipado — ou melhor, quase desejado — a destruição deles: "A existência do bloco de casas que fica ao longo do velho Louvre é um daqueles protestos que os franceses gostam de fazer contra o bom senso, para que a Europa se tranquilize quanto à dose de *esprit* que lhes é atribuída e não mais precise temê-los".[226] Formidável sarcasmo: o bairro do Carrousel seria um testemunho da loucura que ainda medrava em Paris, e por conseguinte uma oportuna garantia para os estrangeiros intimidados pelo *esprit*. E Balzac já sente que aquela estranheza está destinada a ser varrida logo: "Nossos sobrinhos, que sem dúvida verão o Louvre concluído, se recusarão a crer que semelhante barbárie tenha subsistido por trinta e seis anos, no coração de Paris, diante do palácio onde três dinastias receberam, no decorrer destes últimos trinta e seis anos, a elite da França e a da Europa".[227] Mas ao seu olhar visionário não escapava que o significado ulterior daqueles locais respondia à "necessidade de simbolizar no coração de Paris a íntima aliança entre a miséria e o esplendor que caracteriza a rainha das capitais".[228] Miséria e esplendor. Já estamos muito próximos a Baudelaire, que caminha e pensa em Andrômaca.

E não só nela. Dessa lembrança improvável brotam outras imagens, outros seres de altíssimo *páthos*. Todos emanados de algo "ridículo e sublime".[229] Porque doravante, na nova idade de Paris e do mundo, nada pode tender ao *sublime* se não for acompanhado pelo ridículo, como outrora pelo terror. O primeiro desses seres é um cisne, fugido de alguma feira modesta sediada na praça, o qual, alongando convulsivamente o pescoço, em vão abre o bico junto de "um regato seco"[230] e recorda com desespero "o lago de onde viera".[231] E depois uma anônima africana, magra e consumida, que procura lugares desvanecidos.

O que une essas figuras, o que liga indissoluvelmente a princesa, o animal e a escrava, não é somente o exílio ou a estranheza ao mundo. Algo de mais grave e irreparável se entrevê neles. É o puro luto por aquilo que desaparece. Enquanto caminha pelo novo Carrousel, que outros definiam naqueles anos como "uma das glórias da nossa época",[232] Baudelaire sente que seus pés pisam algo que se tornou para sempre invisível, como acontece ao cisne, cujas patas raspam "ásperas lajes"[233] da velha Place du Carrousel. Seja qual for o lugar, seja qual for a condição, há sempre *outro* lugar, há sempre *outra* condição, que estão perdidos para sempre. Nenhuma infelicidade pode medir-se com esta, que é a pura constatação de uma ausência. Também o exílio, também a vida de inevitável estrangeiro, que pertence a quem escreve, não são mais do que uma primeira revelação — ainda atribuível a circunstâncias ou má sorte — de algo que, ao contrário, é de todos e de qualquer momento. Algo que pertence igualmente, distribuído com magnanimidade equânime, a quem quer que viva no tempo. Foi esse o fundo rochoso que Baudelaire alcançou em sua perambulação desde o Hôtel Voltaire, atravessando o Sena pela Pont du Carrousel, até o novo Louvre recém-restaurado. E isso explica por que no final se apresentarão em torno dele, evocadas do invisível, não somente as sombras de Andrômaca, do cisne e da negra doente, mas também as de uma turba de anônimos, como no Hades. As sombras de "alguém [todos aqueles] que perdeu o que o tempo não traz".[234] Portanto, de todos os que viveram. Ainda que as primeiras a se apresentarem sejam as sombras dos "marujos esquecidos numa praia",[235] dos "galés", dos "vencidos".[236] Mas a multidão é muito maior. São todos os mortos.

E assim as últimas palavras podem ser as mais comuns e prosaicas, mas, aqui, sublimes e agora não mais — pela extrema tristeza — ridículas. A visão se expande, divisam-se as sombras "e outros mais ainda!".[237]

É natural perguntar-se por que Andrômaca — aquela certa Andrômaca da *Eneida* — era tão presente, tão familiar e quase consanguínea para Baudelaire. Por acaso ele frequentava Virgílio com tal assiduidade? Não parece — embora o poema lhe prestasse homenagem, num primeiro momento, na epígrafe: "*falsi Simoentis ad undam*".[238] Mas havia outra sombra que se interpunha entre Baudelaire e Andrômaca. Alguém que, quanto mais passavam os anos, mais Baudelaire sentia como afim: o criador da "grande escola da melancolia",[239] o "grão-senhor suficientemente grande para ser cínico",[240] o "grande fidalgo das decadências"[241] (o "grande" era obrigatório para Baudelaire, quando falava dele). Enfim, o "*pai do Dandismo*":[242] Chateaubriand. Mais do que em Virgílio, era em poucas linhas do *Génie du christianisme* que Baudelaire havia encontrado Andrômaca: "Andrômaca dá o nome *Simoente* a um *regato*. E que comovente verdade *nesse pequeno regato*, que reproduz um *grande rio* da terra natal! Longe das margens que nos viram nascer, a natureza é como que diminuída, e já não nos parece senão a sombra daquela que perdemos".[243] Esta última frase foi decisiva para Baudelaire. O que está ausente, o que desapareceu — portanto, todo o passado — é confiado a uma inexistência insanável. Mas o que existe é condenado a ser uma versão *diminuída* de tudo isso. Assim, toda natureza é uma natureza atenuada, que já perdeu algo de sua cor. São inexauríveis as consequências desse paradoxo da ausência. Chateaubriand o formulara, mas aplicando-o ao "instinto da pátria",[244] que é somente uma entre as muitas aplicações daquele paradoxo. Baudelaire, com sua antena metafísica, extraíra dele todas as desesperadoras consequências. E assim escreveu "O cisne".

Para Baudelaire, o desaparecimento da velha Place du Carrousel, "campo de tendas",[245] montoeira informe de homens e animais, acúmulo de destroços, é como, para Andrômaca, o desaparecimento de Troia; como, para o cisne transportado a uma feira, o "lago de onde viera";[246] como, para a "negra, enferma e emagrecida"[247] em Paris, a "soberba África"[248] de sua lembrança; como, para qualquer um, a coisa que não será reencontrada "nunca mais";[249] como, para aqueles que "das lágrimas bebem",[250] para os "órfãos que definham mais do que uma flor!",[251] para os "marujos esquecidos numa praia",[252] para os "galés", para os "vencidos"[253] e para "outros mais ainda"[254] — aquilo que perderam. Esta é a equação do "Cisne". Onde o que se destaca é a aceleração turbilhonante, pela qual o primeiro a lamentar uma perda, aparentemente menor — o próprio Baudelaire, que não reencontra um fragmento demolido de Paris —, por sua vez, acaba perdendo-se numa massa interminável de mortos e de vivos. E depois o cruel efeito nivelador da ausência, pelo qual as altas muralhas de Troia e as tábuas pintadas de algumas tendas, certas dores inomináveis e os genitores ou as liberdades perdidas, são todos como "os coqueirais ausentes"[255] dos quais nos separa as "muralhas do nevoeiro hostil".[256] Ou melhor, em relação à majestade dessa névoa, que é o centro escuro para onde todos convergem, Troia ou Paris ou a África ou a própria liberdade, parecem quase indiferentes, porque o traço decisivo de qualquer coisa é justamente o de desaparecer.

Baudelaire tinha um talento especial para atolar-se em histórias grotescas e desesperadoras, das quais não conseguia sair depois. Na primavera de 1853, com seu amigo Philoxène Boyer, *bohémien* douto e porcalhão, decidiu lançar-se numa expedição a

Versalhes para compor uma obra cujo sucesso lhe parecia garantido para além de qualquer dúvida (assim disse Boyer ao amigo Geidan antes de partir — e enquanto isso lhe filava uma camisa emprestada). Por trás das palavras de Boyer tem-se a impressão de escutar Baudelaire quando, um mês antes, assegura à mãe que no último ano "foi-me *demonstrado* que eu podia realmente ganhar dinheiro e, com aplicação e continuidade, muito dinheiro".[257] Pois bem, a excursão a Versalhes era uma oportunidade. Tratava-se, sempre segundo Boyer, de "ir a Versalhes e ali preparar uma história de Luís xiv tomando por bases de nosso trabalho a vida e os atos dos diferentes personagens cujos retratos ilustram as galerias do castelo".[258] Boyer considerava o projeto "muito original, muito interessante".[259] Permanece obscuro por que a iniciativa estaria fadada a um sucesso *seguro*.

O primeiro passo foi o de se instalar num "grande hotel de Versalhes".[260] Passo primeiro e último, porque ali — reconhece Boyer — "nossos recursos se esgotaram depressa".[261] Por conseguinte, o proprietário os expulsou, retendo como garantia a "modesta bagagem"[262] dos hóspedes. E aqui entra em cena o estro de Baudelaire. Solitários, "com os bolsos vazios"[263] em Versalhes, o que podiam pensar os dois amigos? Refugiar-se num prostíbulo, foi a sugestão de Baudelaire, que quis permanecer ali "em penhor".[264] Neste ponto seria necessária uma pausa, para apreciar a perfeição do procedimento: não podendo pagar a um credor, Baudelaire considerou que o único lugar protetor é uma casa de prostituição, onde tudo está à venda e tudo se paga. E ali transforma a si mesmo em garantia física do pagamento. Aqui há uma lógica perversa em ação, que somente as anotações de *Meu coração desnudado* poderão iluminar. Assim, o pobre Philoxène se dirigiu a Paris a fim de conseguir algum dinheiro. Voltou três dias depois. Baudelaire o tratou mal, porque achava a "soma insuficiente".[265] Ou, quem sabe, porque gostaria de demorar-se mais naquele limbo de irresponsabilidade? Afinal, naqueles dias havia escrito talvez três dos mais belos poemas de *As flores do Mal*. Em todo caso, Philoxène foi intimado a ficar, enquanto Baudelaire assegurava que ele mesmo conseguiria o resto do dinheiro em Paris, até a noite. "Mas não reapareceu e meus hospedeiros me lançaram à porta da rua como um malfeitor",[266] confidenciou mais tarde Boyer a Geidan, que assistira ao início da aventura.

"*After a night of pleasure and desolation, all my soul belongs to you*":[267] palavras que lemos em epígrafe ao poema enviado plausivelmente de Versalhes a Mme. Sabatier e mais tarde publicado em *As flores do Mal* sob o título "A aurora espiritual" (mas sem a epígrafe). O sabor de tais palavras é mais agudo se supusermos que foram escritas no bordel de Versalhes. E não se atenua se reconhecermos nelas o decalque de uma frase de Griswold em seu relato sobre a morte de Poe: "*After a night of insanity and exposure…*".[268] A *aurora espiritual* a que o título alude é o resultado "por obra e graça de um mistério vingador".[269] Mas qual? É um mistério que Joseph de Maistre havia denominado "*reversibilidade*",[270] ousando defini-la como "o grande mistério do universo".[271] A reversibilidade se refere a isto: culpas e méritos se comunicam, por isso "*os méritos do inocente podem servir ao culpado*",[272] e até resgatá-lo. É esta circulação subterrânea entre o crime e o bem, e nas duas direções, que confere ao mundo uma "incompreensível unidade, base necessária da *reversibilidade* que explicaria tudo, se se pudesse explicá-la".[273] Já pelo tom de Maistre compreende-se que aqui se entra numa zona mais escura e perigosa do que se pode pensar. E o fato de ela permanecer escura não é coisa que possa desagradar a Maistre, convencido como está de que "quanto mais a inteligência conhece, mais é capaz de ser culpada".[274]

Baudelaire não tinha tais escrúpulos, mas compartilhava com Maistre a doutrina, ou melhor, descobrira-a nos livros dele. E jamais revelou isso em poesia tanto quanto nas três líricas para Mme. Sabatier escritas no bordel de Versalhes. Uma das quais declara seu segredo no título que mais tarde lhe foi dado em *As flores do Mal*: "Reversibilidade". Sem esse título — só compreensível à luz da teoria de Maistre —, o poema poderia parecer a invocação dirigida a uma amada que aparece como um "anjo de alegria"[275] a um amante atormentado pela "desgraça,/ Os soluços, o tédio, o remorso, as vergonhas,/ E o difuso terror dessas noites medonhas".[276] O mecanismo da reversibilidade só se desencadeia no final, quando o amante diz: "Mas a ti só imploro as tuas orações".[277] Há portanto uma troca que poderia ocorrer, entre a amada ignara e feliz e o amante torturado: aos padecimentos dele poderiam servir de contrapeso as preces dela. E assim a vida poderia prosseguir, em vez de paralisar-se. É uma versão íntima e cifrada (tanto mais cifrada quanto a amada que não sabe *quem* se dirige a ela) de uma outra balança, cósmica e meta-histórica, da qual Maistre havia falado: "De um lado todos os crimes, do outro todas as satisfações; deste lado as boas obras de todos os homens, o sangue dos mártires, os sacrifícios e as lágrimas da inocência que se acumulam incessantemente para equilibrar o mal que, desde a origem das coisas, verte na outra bacia suas ondas envenenadas".[278] Troca que pode acontecer nos dois sentidos, quando as preces da amada resgatam os males do amante, mas também quando o amante, para fazer da amada sua cúmplice, dispõe-se a abrir nela "uma ferida larga e profunda",[279] na qual possa "*T'infuser mon vénin, ma sœur!*"[280] (verso que horrorizou o tribunal e o induziu a incluir esta lírica nas *pièces condamnées*. Os juízes não o disseram explicitamente, mas, em compensação, o próprio Baudelaire deixou claro numa nota à segunda edição de *As flores do Mal*: nada era mais fácil — e falso — do que dar àquele *veneno*, que "significa *spleen* ou melancolia",[281] uma "interpretação sifilítica").[282]

Filha de um governador de província e de uma roupeira, ou, para o registro civil, filha de um militar das guerras napoleônicas, que oportunamente servira de escudo ao governador, Aglaé-Joséphine Savatier se tornou em Paris, para onde sua mãe se transferira ao vir das Ardenas, Apollonie Sabatier. O sobrenome, ela corrigiu por conta própria; o nome lhe foi conferido por Théophile Gautier, que também decidiu chamá-la "la Présidente". E assim ficou conhecida num círculo de amigos que incluía Flaubert, rodeado por Bouilhet e Du Camp, além de pintores e musicistas do momento. Aos dezoito anos era uma amante — e como tal permaneceu por toda a vida. Sem acritude, sem ostentação, sem ilusões. Mme. Sabatier foi uma amante como alguém pode ser cirurgião ou botânico ou soldado da engenharia militar. Era um dos ofícios possíveis, que podiam ser praticados com maior ou menor graça. Provavelmente por uma decisão de lúcida estrategista, ela escolheu mostrar-se sobretudo alegre. Sua beleza opulenta e acetinada lhe concedeu uma preciosa ajuda. Os vários depoimentos concordam em afirmar que Apollonie alcançou soberbamente seu intento. Introduzida aos dez anos pela Présidente à Rue Frochot, Judith Gautier, filha de Théophile — que era o *spiritus rector* do lugar —, assim se recordava dela: "Era bastante alta e de belas proporções, com articulações muito finas e mãos encantadoras. Seus cabelos, muito sedosos, de um castanho-dourado, dispunham-se como que por si mesmos em ricas ondas semeadas de reflexos. A tez era clara e compacta, os traços regulares, com algo de travesso e espirituoso, a boca pequena e sorridente. Seu ar triunfante criava ao seu redor um halo de luz e de felicidade".[283] Esta última frase se liga diretamente a Baudelaire, para o qual Mme. Sabatier — esta mulher *qui n'était pas son genre* — emanava aquela rara espécie de felicidade que não lhe provocava aversão, uma aura que podia parecer-lhe algo de benéfico pelo simples fato de existir.

Quando suas cartas não assinadas já se sucediam havia mais de um ano, Baudelaire escreveu a Mme. Sabatier a frase que revelava sua primitiva idolatria: "Aliás, sem nenhuma dúvida a senhora foi a tal ponto inundada, saturada de lisonjas, que doravante uma só coisa pode lisonjeá-la: saber que faz o bem — mesmo sem o saber — mesmo dormindo — simplesmente vivendo".[284] A pura existência, o feliz alento de Mme. Sabatier deviam agir, na economia cósmica intuída por Baudelaire, como potência capaz de opor-se aos pontuais flagelos que a cada dia se abatiam sobre ele.

Isso explicaria por que, quando Baudelaire viu aproximar-se a data do processo contra *As flores do Mal* e se deu conta de sua debilidade mais grave ("*Falta-me uma mulher*",[285] escrevia naqueles dias à mãe), seu pensamento não pôde deixar de voltar-se para Mme. Sabatier. Flaubert, em seu processo (por *Madame Bovary*), tinha sido salvo pela intervenção da princesa Mathilde. Baudelaire pensou em recorrer a uma dama do *demi-monde* (que os Goncourt, em sua malevolência sempre vigilante, definiam como "uma vivandeira de faunos").[286] E a ligação não era assim tão infundada, porque afinal vivia-se no tempo de Offenbach e o amante *en titre* de Mme. Sabatier era irmão da amante, havia muitos anos, do duque de Morny — o homem que a voz popular considerava, por esta vez com razão, o mais poderoso do Segundo Império. Mas, como todas as iniciativas de Baudelaire a favor de si mesmo, aquela não podia dar certo. Ao contrário, obrigou-o a se apresentar a Mme. Sabatier de rosto descoberto, embora já tivesse certeza de que fora reconhecido (Bébé, a irmã mais nova de Apollonie, dissera-lhe um dia: "*O senhor continua apaixonado pela minha irmã, e continua a lhe escrever cartas soberbas?*").[287] Embora, dessa vez, o motivo das cartas fosse um pedido urgente de ajuda, Baudelaire não renunciava a recorrer a alguns dogmas de sua teologia amorosa (*"a fidelidade é um dos sinais do gênio"*[288] — ou a alusão a si mesmo como alguém a "que a senhora desagrada um pouco por sua maliciosa *alegria*"[289]). Mas é na despedida que a carta ilumina, com soberba simplicidade, qual função obscura e altíssima Mme. Sabatier cumpria para Baudelaire: "A senhora é minha Companhia constante, e meu Segredo. Foi esta intimidade, na qual dialogo comigo mesmo há tanto tempo, que me deu a audácia deste tom tão familiar".[290] Depois de Petrarca, ninguém soubera falar de modo tão desarmante à Musa, *"née* linguagem",[291] que como tal é o precedente de toda amada.

Baudelaire nunca usou os poemas para Mme. Sabatier como "arte aplicada"[292] no sentido de Brodsky, ou seja, como pretexto e artifício para conquistar a amada. Durante seis meses, com longas pausas, mas obstinadamente e com perfeita coerência no tom e nas imagens, elaborou um breve ciclo de variações em torno de um fantasma mental. Tais e tantas eram as ocasiões que poderiam aproximá-lo de Mme. Sabatier, tão numerosos eram os amigos comuns, de Gautier a Flaubert, que convém acreditar em Baudelaire quando ele escreve que por muito tempo seus esforços se concentraram em inventar estratagemas para *não* vê-la. Por isso, ainda em 1857, Mme. Sabatier podia encontrar Baudelaire na rua e cumprimentá-lo com um fugidio *"Bonsoir, Monsieur"*,[293] como a um conhecido vago e indistinto, embora "com aquela voz amada cujo timbre encanta e dilacera".[294] Se o processo contra *As flores do Mal* não tivesse interferido, se Baudelaire — em todo caso, demasiado tarde — não tivesse pensado nela como último socorro para alguma iniciativa entre os poderosos, talvez as líricas dedicadas a Mme. Sabatier tivessem continuado a destilar-se como obra de um daqueles "poetas que viveram toda a sua vida com os olhos fixados numa imagem querida".[295] Ou então teriam secado para sempre, como uma nascente perdida entre as sarças.

Pouco mais de três anos haviam se passado desde sua última carta sem assinatura a Mme. Sabatier quando Baudelaire lhe escreveu de novo, dessa vez assinando e atribuindo-se todas as cartas precedentes. Agora, porém, o motivo, como quase sempre nas cartas de Baudelaire, era eminentemente prático. Dois dias depois haveria o julgamento do processo contra *As flores do Mal* e Baudelaire tinha dificuldade de imaginar que seria absolvido. Não o absolviam em nenhuma circunstância da vida, por que deveriam fazê-lo nesta, que era simbólica? Então ele tomou da pena e escreveu a Mme. Sabatier, para que ela interviesse em seu favor junto a algum poderoso. O resultado foi uma carta de amor ainda mais lancinante do que as anteriores, assim como o eram algumas cartas a Caroline, ligadas a febris pedidos de dinheiro. Afinal, Mme. Sabatier podia servir para alguma coisa, seus benefícios podiam não se limitar à sua pura existência e ao seu venturoso alento: era o suficiente para aproximá-la do tom mais usual em Baudelaire, que era o de um homem atormentado. Assim, também poderia ser posto à prova o poder último de Mme. Sabatier: já não o fato de ser "uma imagem sonhada e querida"[296] (quantas mulheres o tinham sido, entre Musset e Lamartine…), mas algo bem mais arcaico e vinculante, que só Baudelaire podia adorar: uma superstição. "A senhora é mais do que uma imagem sonhada e querida, é minha *superstição*."[297] E aqui Baudelaire acrescentava um trecho no qual se percebe um vestígio vibrante de infância: "Quando faço uma grande tolice, digo a mim mesmo: Meu Deus! se ela soubesse!".[298]

No decorrer de um ano e meio, com remessas distanciadas em alguns meses, Baudelaire endereçou a Mme. Sabatier sete poemas, acompanhados por uma ou outra linha em prosa, sem jamais revelar o próprio nome. Ao fazê-lo, obedecia a um roteiro arcaico, nem sequer muito diferente do de Dante com Beatriz na *Vita nuova*, embora adequado à época. E, por isso, servindo-se do correio. A primeira lírica — "À celle qui est trop gaie" — oferece o acorde gerador de todas as outras: à amada não se pede mais do que deixar-se punir porque é "demasiado alegre".[299] Por trás da escaramuça galante, que Sainte-Beuve entendeu imediata e corretamente como uma variação alexandrina, entreviam-se as relações tormentosas entre o poeta e — nada menos que — a natureza. Mais precisamente: "A insolência da Natureza".[300] Diferentemente dos iluministas, Baudelaire sabia que a natureza era portadora sobretudo da culpa, seguida pelo cortejo de todos os males. Mas isso não bastava para tirar dela uma pátina de esplendor, que muitos viam equivocadamente, considerando-a sinal de inocência. Assim, ocorria que a primavera e o verdor exuberante *humilhassem* o coração do poeta. O qual, como sempre, queria ser entendido ao pé da letra: o aspecto zombeteiro da natureza está em sua capacidade de ignorar o *spleen* que, no entanto, dela se propaga. Por isso a mulher, presta-nome da natureza, é acusada principalmente de não ter um elemento essencial: a melancolia. É fácil, quase obrigatório, traduzir isso em termos psicológicos um tanto levianos. E Baudelaire tampouco o impede; ao contrário, quase o encoraja, excogitando sua maquinação de cartas anônimas dirigidas a uma dama muito conhecida no incorrigível *demi-monde* dos artistas. Por um sortilégio cujo segredo ele guardava, em sua obra, a máxima aproximação à mulher angelizada (um verso dedicado a ela diz até: "À carne etérea deu-lhe um Anjo seu frescor")[301] é oferecida por uma representante da *haute bicherie*, a qual, numa famigerada escultura de Clésinger, permitira que os parisienses espreitassem a imagem daquilo que por excelência é indecoroso mostrar (o orgasmo feminino).

Há também outro detalhe. Num poema dos mais maltratados e mais belos no cancioneiro de Mme. Sabatier, "Confissão", Baudelaire dá voz pela primeira vez — e será a única — a uma mulher. É como se a encantadora e desconhecida passante da lírica assim intitulada se tivesse apoiado no braço de Baudelaire para lhe sussurrar alguma confidência, que Jean Prévost considerou de "extrema banalidade".[302] Com excessiva pressa, porque antes do conceito era preciso escutar o ritmo, que não se cancela. Eis as palavras de Mme. Sabatier no passeio noturno evocado — e talvez inventado — por Baudelaire:

> *Que c'est un dur métier que d'être belle femme,*
>   *Et que c'est le travail banal*
> *De la danseuse folle et froide qui se pâme*
>   *Dans un sourire machinal;*

> Ser bela é ofício cujo preço se conhece,
>   É o espetáculo banal
> Da bailarina louca e fria que fenece
>   Com um sorriso maquinal;[303]

Será mesmo tão banal essa tarefa duríssima, essa missão militar de "ser bela mulher"? E quando lemos indefectivelmente, nos testemunhos a respeito de Mme. Sabatier, sobre suas eternas alegria, disponibilidade, benevolência, quando lemos as trivialidades que seus fiéis se permitiam com ela, certos de que não seriam recriminados, por acaso não nos voltam à mente as palavras de Baudelaire como a autêntica "medonha confidência" que poderia ter sido sussurrada "Ao coração que a escuta agora"[304] por Mme. Sabatier, esta mulher de quem nada sabemos a não ser que, como tantas outras, agrada a muitos e cuja voz só se faz ouvir em poucas linhas extraídas de três cartas a Baudelaire hoje perdidas?

∗ ∗ ∗

Os fiéis de Mme. Sabatier se reuniam ritualmente para jantar na casa dela nas noites de domingo e, a uma só voz, declaravam adorá-la. Mas em todos Mme. Sabatier suscitava irresistivelmente alguma piscadela desastrada, como testemunham as *Lettres à la Présidente* de Gautier, nas quais, mais do que a insistência sobre o obsceno, são desoladores a puerilidade e o deleite do artífice ante o próprio gracejo. Não sabemos como essas cartas de Gautier eram acolhidas pela destinatária, porque sobre seus amigos a Présidente não deixava transpirar nada além de palavras benévolas.

Somente por intermédio de Baudelaire, quando o poeta anônimo se revelou e, numa noite amorosa seguida por alguns dias turbulentos de agosto, a paixão deles irrompeu e se extinguiu, podemos ouvir — ainda que por pouco tempo — a voz de Mme. Sabatier, em três fragmentos de cartas que afortunadamente sobreviveram. Voz que se revelava harmonizada com seu amante. Até na ironia, quando ela o repreendia por mostrar "demasiada sutileza para com uma paspalhona de [sua] índole".[305] E logo prosseguia com palavras das quais se depreende que nada lhe fugira do angustiante processo psicológico que constrangia Baudelaire a recuar com a máxima presteza de uma história que ameaçava ofendê-lo com a insolência da felicidade: "Que frio mortal soprou sobre esta bela chama? Será simplesmente o efeito de sensatas reflexões?".[306] Para Baudelaire, as "sensatas reflexões" implicavam a decisão de renunciar a pôr as mãos sobre "certos nós difíceis de desatar"[307] que havia anos lhe impediam o movimento. Jeanne, os credores, o curador Ancelle: por um vicioso e tortuoso raciocínio não verbalizado, aquele esgotamento cotidiano amedrontava-o menos do que a "tempestade"[308] da qual Mme. Sabatier era portadora. E a essa altura Baudelaire acrescentava a frase que valia a despedida definitiva: "Mas o que bem sei é que tenho horror à paixão — porque a conheço, com todas as suas ignomínias".[309]

"Não há talvez algo de essencialmente cômico no amor?",[310] escrevia Baudelaire a Mme. Sabatier, ainda protegido pelo anonimato: exemplo de uma daquelas frases irresistíveis, que brotam em qualquer lugar — numa carta ou num soneto — e com frequência são frases que até então ninguém conseguira dizer, por algum obstáculo mental ou fisiológico, por algum temor de ofender as conveniências e os gêneros. Frases, no entanto, das quais não se podem prescindir, correspondentes a algo de inevitável, a uma experiência à espreita de todos, e que de outro modo permaneceria muda.

Somente com Baudelaire a "massa masculina"[311] da poesia iria reconhecer a própria inadequação — enquanto mãos femininas não interviessem para moldá-la. No início de tudo há o contato físico com aquele "aparato ondulante, cintilante e perfumado"[312] que é o fundamento de toda percepção erótica. Sem o "gosto precoce pelo *mundo* feminino, *mundi muliebris*",[313] insinua Baudelaire, sem uma atração, antes mesmo do que pela mãe, "pelas cócegas agradáveis do cetim e da peliça, pelo perfume do colo e dos cabelos, pelo tilintar das joias, pelo jogo das fitas etc.",[314] até "o gênio mais áspero e mais viril permanece, relativamente à perfeição na arte, um ser incompleto".[315] Aqui se erradica pela primeira vez uma espécie de desajeitada *pruderie* masculina, que se encontrava por toda parte ao redor de Baudelaire — e certamente não havia sido conspurcada nem por Heine nem por Hugo. É esse o pressuposto da *dernière mode* de Mallarmé, é isso que triunfará em Odette e nos enquadramentos de Max Ophuls. É isso que torna inconfundíveis algumas de suas aparições femininas, que em Baudelaire podem também apresentar-se como alegorias. Nos casos piores, elas se assemelham às figuras dos monumentos nas grandes cidades, destinadas a dividir um tráfego ensurdecedor e indiferente; ou têm algo de cemiterial; ou de decorativo. E, ainda assim, de solene e impreciso. Por exemplo, a Beleza, evocada no soneto homônimo de *As flores do Mal*, depois de declarar que une "o alvor do cisne a um coração de neve",[316] até confessa sua debilidade, quando reconhece que seus "gestos de eloquência"[317] parecem ser tomados de empréstimo "aos das estátuas mais altivas semelhantes".[318] Aqui a figura alegórica parece antecipar, com lucidez, a paródia de si mesma.

Mas há também casos opostos — os mais surpreendentes, os peculiarmente baudelairianos. Então a alegoria se deixa absorver numa figura singular, irrepetível, individualizada até no mínimo detalhe do gesto. É o que acontece em "O amor à mentira", seis quartetos alegóricos quase sem maiúsculas (há somente um perdido "Céus"[319] no vigésimo verso). A alegoria é declarada no título: toda a lírica é um gesto de amorosa homenagem à *mentira*. Mas observemos o memorável início:

> *Quand je te vois passer, ô ma chère indolente,*
> *Au chant des instruments qui se brise au plafond*
> *Suspendant ton allure harmonieuse et lente,*
> *Et promenant l'ennui de ton regard profond;*

> Quando te vejo andar, minha cara indolente,
> Em meio ao som da orquestra que se perde no ar
> Movendo os passos harmoniosa e lentamente,
> E passeando esse tédio de teu fundo olhar;[320]

Aqui ninguém pensa numa alegoria. É inevitável entrever uma *mulher*, captada no seu ritmo secreto, enquanto atravessa um cenário aos sons de uma música "que se perdem no ar".[321] De fato os comentadores se empenharam em identificar quem era: talvez Marie Daubrun? Ou uma certa Madame B…, a quem é dedicado um outro poema de Baudelaire? Ou uma atriz desconhecida? Uma dançarina? Sensatamente, Claude Pichois conclui: "Assim, por enquanto devemos resolver ignorar a identidade da heroína".[322] A única certeza é que se trata de uma mulher de beleza madura, no mínimo porque aparece como uma Cibele torreada. O "halo de áureo esplendor"[323] que pousa sobre sua cabeça é o "diadema maciço". E aqui já entramos — quase sem nos apercebermos — na alegoria. A figura feminina não está mais desfilando diante de nós, com passo lento e indolente. Agora está imóvel, frontal. Vemos seu coração, que sem dúvida não é o incongruente "coração de neve" da Beleza, mas se apresenta "tal como um pêssego maduro" (toque do Baudelaire perfeito). E seus olhos revelam o estranho fenômeno de uma *melancolia vazia*. Ora, a qualidade mais preciosa que Baudelaire negava à mulher era justamente a melancolia. Mas aqui sentimos ter ido além do ser feminino: estamos numa terra de "belos escrínios, mas sem joias de valia".[324] É a terra da pura aparência, prazerosamente alheia a toda substância. A terra cobiçada por um coração que "vive apenas da incerteza".[325] E que, nesse profundo vazio, *se regozija*. Singular sensação. Atribuível também a um outro visitante solitário daquela terra: Nietzsche. Seria ele a escrever: "Temos a arte para que a verdade não nos destrua".[326]

Comovido pelo contato com essas volúpias que pareciam recordações, enternecido pela impressão de um passado mal vivido, um passado de tantos erros, de tantas disputas, de tantas coisas a serem reciprocamente escondidas, ele se pôs a chorar; e suas lágrimas quentes correram, nas trevas, pelo ombro nu de sua querida e ainda atraente amante. Ela estremeceu: também sentiu-se enternecida e emocionada. As trevas abrandavam-lhe a vaidade e o dandismo de mulher fria. Esses dois seres decaídos, mas que, pelo que lhes restava de nobreza, ainda sofriam, abraçaram-se espontaneamente, confundindo, na torrente de suas lágrimas e de seus beijos, as tristezas de seu passado com as suas esperanças — bastante incertas — de futuro. É de se presumir que, para eles, a volúpia nunca tenha sido tão agradável quanto nessa noite de melancolia e de caridade — volúpia saturada de dor e de remorsos.

Através da escuridão da noite, ele contemplava à sua retaguarda os anos profundos, depois se jogava nos braços de sua culpada amiga para neles encontrar o perdão que concedia a si próprio.[327]

Essas linhas se encontram, como um meteorito, entre as páginas de *Rojões* [*Fusées*]. O que são? O início de um romance? O fim? Baudelaire afirmava ter "uns vinte romances"[328] na cabeça, com os quais gostaria de "subjugar os ânimos, espantá-los, como Byron, Balzac ou Chateaubriand".[329] Mas deles não resta muito mais do que alguma lista de títulos. E o pesar não é agudo. Baudelaire era impaciente, e até pouco hábil, quando se tratava de urdir histórias. Não era propenso ao romance. Só podia falar de "situações eternas",[330] que ignoram todo "desenlace".[331] Somente "o irremediável"[332] era sua Musa. Existe algo de estático e hipnótico nos quadros que ocupam suas páginas. Reunidos por uma "atmosfera de verdade que paira sobre todo o conjunto",[333] a mesma que Baudelaire reconhecia nas visões de De Quincey. Mas não há desfecho, nem este é desejado, porque estragaria o encanto obscuro da evocação. Baudelaire era incompatível com qualquer forma de desenvolvimento linear, mesmo que polifônico. Era o homem do aprofundamento, no tempo e no espaço; da visão instantânea que descobre múltiplos bastidores e neles se perde. Por isso aquelas poucas linhas naufragadas em *Rojões* podem valer como exemplares de um seu hipotético romance. Em vão procuraremos, nos narradores daqueles anos, uma tal fusão narrativa entre sexual e sentimental. É o eros impregnado na "benevolência singular"[334] proporcionada pelo haxixe, como se esboça em *Os paraísos artificiais*: "Uma espécie de filantropia feita mais de piedade do que de amor (é aqui que se manifesta o primeiro germe do espírito satânico)".[335] Parêntese no qual se reconhece o frio olhar teológico de Baudelaire, que isola o primeiro germe de Satanás na prevalência da piedade sobre o amor. Mas a benevolência é mesclada ao remorso como "singular ingrediente do prazer",[336] cuja "análise voluptuosa"[337] o haxixe encoraja. Está em ação aqui uma sutil química da mente, paralela àquela que Dostoiévski experimentaria com a abjeção. Se algum romance de Baudelaire devesse existir, seria este.

Em três folhas do caderno no qual Baudelaire anotava, em sequências sempre mutáveis e sempre semelhantes, a relação dos seus credores, com as respectivas somas e lembretes sobre coisas a fazer, encontram-se listas de nomes femininos, vez por outra seguidos de endereços. Jean Ziegler afirma plausivelmente tratar-se de "*bonnes adresses*",[338] entrincheirando-se atrás das aspas. Se assim era, Baudelaire não foi apenas cliente, mas às vezes também credor e amigo daquelas *filles* (por exemplo, de Louise, a quem dedica *As flores* de 1861 com as palavras: "*À ma chère et bonne Louise, vieille amitié. C. B.*")[339] Provavelmente a destinatária era Louise Villedieu, "puta de cinco francos",[340] que um dia acompanhou Baudelaire ao Louvre, onde nunca estivera. Diante dos corpos nus, enrubescia, puxava o amigo pela manga e perguntava-lhe continuamente "como podiam exibir publicamente semelhantes indecências".[341]

* * *

Durante quinze dias Baudelaire hesitou em enviar as *As flores do Mal* à mãe. O exemplar em *grand papier* que ele lhe havia prometido acabou nas mãos do ministro Achille Fould, que deveria agir como alto protetor diante dos ameaçadores reveses judiciários. Havia sempre algum impedimento. De natureza erótica, reconheceu Baudelaire no momento em que decidiu mandar — finalmente — o livro a Caroline: "O pudor seria de minha parte tão bobo quanto a *pruderie* da sua".[342] Mas, falando à mãe, não quis poupá-la da precisão, da incisividade cruel ao definir seu livro. Concedia-lhe apenas uma frase acautelatória: "A senhora sabe que eu jamais considerei a literatura e as artes senão como voltadas a um objetivo estranho à moral, e que a beleza de concepção e de estilo me basta".[343] Palavras que poderíamos encontrar, em posição estratégica, em qualquer um dos ensaios de Baudelaire. Enquanto o que se segue é dirimente, em sua secura, e sela a fatalidade do momento: "Mas este livro, cujo título *As flores do Mal* diz tudo, é revestido, a senhora verá, de uma beleza sinistra e fria; foi feito com furor e paciência".[344]

Até a morte do general Aupick, Baudelaire se dirigia à mãe como um amante turbulento e ocasional, que no entanto sempre reaparecia, e geralmente com pedidos de dinheiro. Com a morte do padrasto, que ele encarou como "uma coisa solene",[345] sua atitude mudou. Viu naquele evento um "chamado à ordem".[346] Com gravidade impassível, propunha-se à função de terceiro marido de sua mãe, depois do pai, Joseph-François, e do general Aupick. Sentia-se "de agora em diante naturalmente responsável"[347] pela felicidade de Caroline. Assim, escrevia-lhe com o tom de um homem maduro, protetor, solícito, que deseja cuidar de uma mulher jovem e desorientada: "Tudo o que for humanamente possível, a fim de lhe criar uma felicidade particular e nova para a última parte de sua vida, *será feito*".[348] Se em algum momento ainda pudesse surgir o equívoco de que tais propósitos fossem entendidos como "dever filial",[349] ele se apressava a dissipá-lo: "A venda, suas dívidas (do momento), sua saúde, seu isolamento, tudo me interessa; o que é grande ou importante, o que é banal e pequeno, disso me ocupo, acredite; não por dever filial, mas por paixão".[350]

Na desmesurada carta de 6 de maio de 1861 a Caroline, em meio a listas de dívidas e promissórias, como entre espinheiros e sarças, encaixa-se um parágrafo que é uma vibrante e descarada declaração de amor, de amante para amante, mas desta vez do filho quarentão à mãe: "Houve em minha infância uma época de amor apaixonado por você; escute e leia sem medo. Nunca lhe falei tanto disso. Lembro-me de um passeio de fiacre; você saía de uma casa de saúde onde havia sido relegada, e me mostrou, para me provar que havia pensado em seu filho, uns desenhos a bico de pena que fizera para mim. Não acha que eu tenho uma memória terrível? Mais tarde, a Place Saint-André-des-Arcs em Neuilly. Longos passeios, ternuras perpétuas! Lembro-me do cais, que era tão triste à tardinha. Ah! esse foi para mim o bom tempo das ternuras maternas. Peço-lhe perdão por chamar de *bom tempo* àquele que sem dúvida lhe foi ruim. Mas eu estava sempre vivo em você; você era unicamente minha. Era ao mesmo tempo um ídolo e um amigo. Talvez lhe cause espanto que eu possa falar apaixonadamente de um tempo tão remoto. Eu mesmo fico espantado. Talvez seja porque concebi, mais uma vez, o desejo da morte, que as coisas antigas se pintam com tanta vivacidade em minha mente".[351] Intensidade pura, ainda não dissociada em sentimento e pensamento. É a palavra *paixão* — em outros momentos denegrida por Baudelaire — que desencadeia tudo; desenvolver, exercitar, exasperar uma "memória terrível" é a única contribuição que a arte do escritor pode conceder à sua manifestação. Palavras que têm o capricho e a veemência de uma onda: dos oceanos celestes vêm arrebentar-se sobre um penhasco friável do Calvados.

Depois de enviuvar, Caroline se instalou em Honfleur, numa *villa* que Baudelaire definiu como a "casa-brinquedo". Para ele, esse podia ser o único refúgio seguro, o abrigo do "horror da face humana".[352] A *villa* ficava "empoleirada acima do mar"[353] e o jardim parecia um pequeno palco. Baudelaire havia concluído logo: "É disso que eu preciso".[354] Desde então seus dias seriam pontilhados por projetos e promessas de ir a Honfleur. E mais ainda por remessas de caixotes de utensílios, desenhos, mapas e anúncios de procrastinação. Mas o símbolo está à espreita em toda parte. A casa ameaçava desabar, abalada por constantes deslizamentos da falésia. O jardim ia sendo erodido aos poucos. Obsedava Baudelaire: "A única coisa séria que me impressionou em sua carta *foi a falésia*".[355] Em Paris, ele se movimentava como entre areias movediças. E se agora o refúgio longínquo desmoronasse? A ironia do símbolo continuou agindo até mesmo a título póstumo. Após a morte de Mme. Aupick, a "casa-brinquedo" foi adquirida pelo asilo de Honfleur. No final, não restou nada dela. E no local foi edificado o pavilhão dos contagiosos.

O ar de Honfleur era benéfico, mas não alterou em profundidade os humores de Baudelaire, que facilmente reencontrava a si mesmo: "Estou bem sombrio, meu caro, e não trouxe ópio, e não tenho dinheiro para pagar o meu farmacêutico em Paris"[356] (a Poulet-Malassis). Mas havia pelo menos um pouco mais de respiro, certa capacidade de se distrair, ainda que somente conversando com os operários que trabalhavam no jardim da *villa*. E de repente se esboçava o desenho de uma história, uma daquelas narrações abreviadas e repentinas nas quais Baudelaire teria sido mestre, se tivesse tido tempo de praticá-las. Carta a Asselineau: "Crônica local: Eu soube por uns operários que trabalhavam no jardim que tempos atrás a mulher do prefeito foi surpreendida fodendo num confessionário. Isso me foi revelado em razão de eu ter perguntado por que a igreja Sainte-Catherine permanece fechada nos horários em que não há ofícios. Parece que, desde então, o padre tomou precauções contra o sacrilégio. Trata-se de uma mulher insuportável, que recentemente me dizia ter conhecido o artista que pintou o frontão do Panthéon, mas que deve ter uma bunda soberba (ela). Essa história de fodas provincianas, num lugar sagrado, não tem todo o sal clássico das velhas safadezas francesas?".[357] Além do mais, o pároco de Sainte-Catherine era o diretor espiritual da mãe Caroline. Baudelaire falava dele então como de um "bravo homem […] quase um homem notável e até erudito".[358] Mas logo o definiria como "aquele maldito padre".[359] Ao que parece, o sacerdote teria querido queimar um "exemplar precioso"[360] de *As flores do Mal*, dado pelo filho à mãe. Ou melhor, talvez o tenha feito ("Quanto a queimar livros, ninguém faz mais isso, exceto os loucos que desejam ver papel em chamas").[361] Tudo se repetia, até naquele cantinho do Calvados onde Baudelaire só esperava obedecer à *Musa do Mar*. E a "casa-brinquedo"[362] de Honfleur era também um modesto paralelo da residência de Hugo exilado em Guernesey. No fundo, ambos olhavam o mar — ou melhor dizendo: o oceano. Claro, Hugo era, como sempre, bem mais imponente. Suas rochas eram sólidas e desafiavam os vagalhões. Ao passo que o jardim de Caroline se deixava erodir dia após dia.

Houve ainda outro paralelismo inquietante. Justamente quando Baudelaire residia em Bruxelas, cuspindo diariamente bílis e acrimônia, Hugo também decidiu estabelecer-se lá. Dois poetas abandonavam o oceano: bom tema para dissertação. Baudelaire, que sabia ser oportunamente um cronista venenoso, tomou nota do evento: "A propósito, este último [Victor Hugo] virá morar em Bruxelas. Comprou uma casa no bairro Léopold. Parece que ele e o Oceano estão rompidos. Ou ele não teve forças para suportar o Oceano, ou o *próprio* Oceano se entediou dele. — Valia mesmo a pena dispor cuidadosamente um palácio sobre um rochedo! Quanto a mim, sozinho, esquecido por todos, só venderei a casinha de minha mãe no último momento. — Mas tenho ainda mais orgulho do que Victor Hugo, e sinto, sei que jamais serei tão estúpido [*bête*] quanto ele. — A pessoa pode ficar bem em qualquer lugar (desde que esteja com saúde e tenha livros e gravuras), *mesmo diante do Oceano*".[363]

Não há nenhum indício de que Baudelaire aspirasse a alguma vida familiar (nem sequer um suspiro como o de Flaubert: "Eles estão certos"). No máximo, desejava uma vida doméstica tranquila, bem ajustada, repetitiva: o oposto daquela que se lhe oferecia todos os dias. Os períodos demasiado breves com a mãe em Honfleur foram o único aceno nessa direção, como se se tratasse da convivência de um casal amadurecido, só incomodado com os vexames de alguma dívida a pagar, quando os oficiais judiciários vinham bater também à porta da "casa-brinquedo". Completados os quarenta anos, Baudelaire não perdia a oportunidade de se declarar "*um velho*".[364] Os cabelos começavam a ficar grisalhos. "Para torná-los brancos"[365] pensou em empoá-los. Um modo como qualquer outro de se assimilar a Caroline. Assim, talvez os dois pudessem ser tomados por um casal que passou por muitas coisas, agora retirado na província. Ele se desculpou com a mãe por essas "fatuidades de velho".[366]

Em algumas das líricas acrescentadas às *Flores do Mal* na segunda edição de 1861 — seja qual for o tema delas, de "A viagem" e do "Cisne" aos "Os sete velhos" e "As velhinhas" — nota-se uma mudança de pressão. O manômetro sobe até a última marca antes do intolerável. A direção era uma só: dar mais alguns passos rumo ao "atroz".[367] Baudelaire o indicava com impassível ironia: "Tento fazer como Nicolet, cada vez mais atroz".[368] Nicolet era um ator de teatro que, para atrair o público, a cada apresentação, acrescentava chistes e excessos. Daí o dito: "Sempre mais forte como Nicolet". Um ímpeto contínuo — mas para acabar onde? Baudelaire não deixou de esclarecer também isso, escrevendo ao seu editor Poulet-Malassis: "Novas *Flores do Mal* feitas. Quebram tudo, como uma explosão de gás num vidraceiro".[369]

Baudelaire foi dândi sobretudo na ruína. Nada se assemelha tanto ao seu exílio voluntário em Bruxelas quanto os últimos anos de Brummell em Caen. Perseguidos pelos credores, ambos obedeceram ao impulso da mesma perversão: escolheram um lugar de não mitigada esqualidez, que eles tinham certeza de detestar. O *Ennui*,[370] o tédio, potência tutelar de *As flores do Mal*, não remonta apenas ao René de Chateaubriand. O som mais afinado, mais penetrante e mais amargo dessa palavra está numa carta de Brummell enviada de Caen, na qual ele fala de sua perambulação "pelas regiões desoladas do *ennui*".[371] Há um sinal lancinante da deterioração física de Baudelaire em Bruxelas, nos meses que antecederam a crise: um *lapsus calami*. Numa das muitas cartas em que infatigavelmente voltava a falar dos contratos a caminho para seus livros, ao pretender dizer que seus artigos de crítica eram de *saída fácil*, ele escreveu que eram de *derrota fácil*.[372] Prenúncio do esfacelamento iminente.

"Vertigens e tombos": assim Baudelaire descrevia a Sainte--Beuve os primeiros sintomas do mal que o abateria poucas semanas depois em Namur. Na mesma carta, enunciava (referindo-se a autores emproados como Thiers ou Villemain) a primeira pergunta que convém fazer a respeito de quem quer que leia um livro ou observe um quadro: "Esses senhores sentem realmente *a fulminação e o encantamento de um objeto de arte?*".[373]

Em 15 de março de 1866, Baudelaire voltou a Namur, sobretudo para ver a igreja de Saint-Loup, raríssima gema no horror da Bélgica. Enquanto mostrava aos amigos Rops e Poulet-Malassis os confessionários da igreja ("todos de um estilo variado, fino, sutil, barroco, uma *antiguidade nova*"),[374] tropeçou e caiu. Não riu de si mesmo, como deveria, segundo seus próprios preceitos, se fosse filósofo. Mas tranquilizou os amigos, dizendo que havia simplesmente escorregado. Aquele instante, porém, havia sido o anúncio do fim. Depois daquele dia, ele não se recuperaria mais. Ao cair, Baudelaire experimentava acomodar-se no último leito, porque para ele Saint-Loup era um "terrível e delicioso catafalco".[375] Mais precisamente: "O interior de um catafalco bordado de *negro*, de *rosa*, e de *prata*".[376] Queria acabar no lugar que mais se aproximava da essência de sua obra de escritor, também ela definível — não menos do que Saint-Loup — como "maravilha sinistra e galante".

Por duas vezes, quando tentou o suicídio aos 24 anos e quando escreveu uma longa carta inconscientemente testamentária, poucos dias antes da queda em Namur, Baudelaire escolheu como destinatário de suas palavras o tabelião Ancelle. Este exasperante homem de bem, que era "*a horrível chaga*"[377] de sua vida, por algum motivo obscuro, podia também assumir, oportunamente, a função de confessor e companheiro extremo. Afinal, Baudelaire o definia como o "único amigo" a quem podia "injuriar".[378] O que vinha logo depois — e encerrava a carta — não era senão o julgamento final de Baudelaire sobre sua época. Julgamento diante do qual, em todos os detalhes, somos obrigados a nos curvar: "À exceção de Chateaubriand, Balzac, Stendhal, Mérimée, de Vigny, Flaubert, Banville, Gautier, Leconte de Lisle, toda a gentalha moderna me horroriza. Seus liberais, horror. A virtude, horror. O vício, horror. O estilo fluente, horror. O progresso, horror. Nunca mais me fale dos declamadores de bobagens".[379] Muitas críticas à própria época se seguiram desde então. Mas nenhuma que soubesse alinhar, entre os horrores, o "estilo fluente".

Foram inumeráveis as tentativas de submeter Baudelaire a alguma dissecção psicológica. Indefectivelmente inábeis e descabidas. A psicologia se detém antes da literatura. E Baudelaire tinha ido além da literatura. Mas permanece indubitável que de cada frase sua se desprenda o perfil de uma pessoa, de um clima psíquico, de um certo modo de se sentir vivo. Ao sair de uma exposição sobre Baudelaire, Cioran recordou que certa vez havia escrito, num de seus livros romenos: "De Adão — até Baudelaire".[380] Ênfase balcânica? Não, algo que soa exato.

2. Ingres, o monomaníaco

Ingres pertencia àquela raríssima categoria dos que são *somente* gênio. Quanto ao resto, seria até fácil demais enfurecer-se contra sua rigidez, sua angústia, arrogância, pompa, às quais o gênio se justapunha com o mesmo caráter de "fatalidade"[1] que, segundo Baudelaire, era justamente o que faltava a Ingres. Notável bizarria. Se Ingres não tivesse existido, o século XIX resultaria ainda mais desesperadoramente oitocentista, desfalcado daquela luz metálica e abstrata que não é natural nem sobrenatural nem artificiosa, mas tem algo da exibição tautológica que se dá em Elinga ou em Torrentius.

"Um pintor chinês perdido, no século XIX, nas ruínas de Atenas":[2] essa definição de Ingres, formulada por Théophile Silvestre quando o artista ainda era vivo, repercutiu até hoje. No entanto, Ingres não mostrou nenhum interesse pela China nem pelas chinesices. Sua devoção, como todos sabiam, era voltada sobretudo a Rafael e aos gregos. Por que, então, ele devia aparecer como um chinês a um seu contemporâneo não desprovido de perceptividade? Talvez este fosse um modo tortuoso de aludir ao fato mais desconcertante: quanto mais humildemente Ingres se submetia a cânones variados — e era grego com os gregos, ou então nazareno ou gótico ou renascentista, segundo a época que representava —, tanto mais evidente resultava sua estranheza a tudo. Seu olhar pousava sobre os sucessivos cartões da história como o de um chinês "de coração límpido e fino"[3] (precisaria um dia Mallarmé) que registra tudo e se propõe a decalcar tudo, mantendo, porém, uma incomensurável distância em relação ao objeto. Tal distância é intrínseca à pintura de Ingres — e está inervada nela tão profundamente que o próprio artista jamais deu indícios de percebê-la. Pelo contrário, declarava, com vigor, regras e princípios que a excluiriam e a condenariam, como uma perversão recente.

Nos quadros mais felizes de Ingres, o que chega à tela não parece ter passado por nenhum filtro verbal ou conceitual; antes assume a natureza de um ectoplasma realçado. Desde o início, os críticos se empenharam em identificar nele alguma insuficiência congênita. Falta a natureza — diziam —, embora o artista continuasse a reportar-se à santidade desta. Ou pelo menos constatavam em sua obra uma "incapacidade radical de perceber quase tudo o que faz a alegria dos olhos na natureza",[4] como escrevia Robert de la Sizeranne em 1911, dando voz a uma opinião difundida havia décadas. No entanto, esse juízo tinha algo de não convincente até para quem o reivindicava. Porque, como observava o próprio Sizeranne, "este diabo de homem soube, mais fortemente do que qualquer outro, expressar o pouco que percebia".[5] Mas o que terá sido esse *pouco*, essa fatia do real que apesar de tudo, em Ingres, se impunha com tal evidência? E o que mais — do real — podia pretender? Perguntas que desde sempre eram sufocadas. Talvez porque já não sejam sequer perguntas artísticas, mas metafísicas. Provocadas por alguém sobre quem se pode afirmar, sem medo de desmentido, que da metafísica ignorava impassivelmente tudo.

* * *

Segundo Valéry, que o escutara de Degas, "Ingres dizia que o lápis deve ter sobre o papel a mesma delicadeza da mosca que vaga sobre uma vidraça".[6]

Théophile Thoré é lembrado sobretudo por ter sido ele que, bem antes de Swann, *reconheceu* Vermeer e o subtraiu a uma obscuridade na qual tudo era incerto, a começar pela grafia do nome. Mas Thoré também foi muito mais. Quando Baudelaire estreou com os *Salons* de 1845 e 1846, o único de seus rivais de quem se podia esperar algo comparável era Thoré. Baudelaire o frequentava naquele período, antes que motivos políticos empurrassem Thoré para o exílio na Bélgica, onde, muitos anos depois, Baudelaire o reencontrou com "imenso prazer".[7] Numa carta a Ancelle, descrevia-o com uma admirável *pointe*: "Thoré, embora republicano, sempre teve maneiras elegantes".[8]

No *Salon* de 1846, tanto um quanto outro só podiam mostrar-se, por princípio, hostis a Ingres. Para Baudelaire, convinha enfileirar-se clamorosamente ao lado de Delacroix; para Thoré, Ingres era o novo tirano que, quando "as cinzas de Louis David e de sua dinastia"[9] estavam "ainda quentes", já se apoderava da coroa. Mas nada se escreveu então para glória de Ingres que fosse tão preciso e exaltante quanto as observações malévolas de Baudelaire e de Thoré. Ninguém soube descrever os quadros de Ingres como Baudelaire, ainda que por escorços rapidíssimos e quase a contragosto. E ninguém iluminou como Thoré a teoria à qual Ingres obedecia secretamente — enquanto professava outra, totalmente oposta. Com segurança — e também com desenvoltura, quase como se isso fosse uma obviedade —, Thoré reconheceu em Ingres a fisionomia exemplar do *fanático da forma*. E é a única que sobrevive, a que confere a esse artista uma perenidade egípcia: "No fundo, M. Ingres é o artista mais romântico do século XIX, se o romantismo é amor exclusivo pela forma, indiferença absoluta a todos os mistérios da vida humana, ceticismo em filosofia e em política, desinteresse egoísta por todos os sentimentos comuns e solidários. A doutrina da arte pela arte é, com efeito, uma espécie de bramanismo materialista, que absorve seus adeptos, não tanto na contemplação das coisas eternas, mas na monomania da forma exterior e perecível".[10] Não há palavra que não esteja certa — e as últimas são quase alarmantes pela exatidão. No entanto, nada é tão distante daquela que era a opinião difundida, em torno da qual se batiam desgraciosamente o próprio Ingres e seus adversários. A doutrina da *art pour l'art* havia sido excogitada por Gautier — a partir do prefácio a *Mademoiselle de Maupin*, que é de 1835 — como estratagema defensivo a usar, porque se adensavam cada vez mais as hordas de obtusos que exigiam que a arte fosse *útil*. Contudo, havia também um aspecto esotérico da doutrina, que acenava para outra coisa: a emergência do fanatismo da forma, com exclusão de qualquer outra preocupação.

Mas, quando Thoré escrevia, ninguém havia pensado nem sequer longinquamente na possibilidade de aplicar a doutrina da *art pour l'art* a Ingres. Ao qual se atribuía de preferência a imagem grandiloquente e desdenhosa de um defensor incansável da classicidade de *qualquer* classicidade — contra a corrupção dos novos tempos, que encontrava sua bandeira em Delacroix.

Ingres havia atravessado as épocas mais turbulentas sem deixar um mínimo indício — nem mesmo no cantinho de uma carta — do qual se pudesse induzir que percebia algo daquilo que o circundava. No máximo, as mudanças de regime significavam para ele a redução ou o aumento do volume de clientes. Somente por isso a queda de Murat devia ser incluída em sua vida entre os eventos funestos (ao menos porque implicou o desaparecimento da esplêndida *Adormecida de Nápoles* que ele havia pintado para Caroline Murat e nunca foi reencontrada). Thoré era um republicano ferrenho — "sempre republicano, antes, durante e depois".[11] E após 1848 sofreria as consequências de sua ação política. Por isso, não simpatizava em absoluto com o modo de ser de Ingres. Mas devemos a ele um primeiro esboço de fisiognomonia do artista monomaníaco: "Assim, M. Ingres está totalmente na contramão da tradição nacional, e particularmente da doutrina recente de Louis David. No entanto, é isto o que deveria sobreviver de David na escola francesa: o amor às coisas generosas, o entusiasmo por todas as abnegações heroicas. A Bruto, a Sócrates, a Leônidas, sucederam as Odaliscas. O artista já não tem opinião; só se atém à sua fantasia, e assim, isolado dos outros homens, despreza, do alto de seu orgulho, todos os acidentes da vida comum".[12] Diagnóstico perfeito, formulação de involuntária comicidade. Finalmente os Brutos e os Leônidas se recolhem e a cortina se descerra sobre as Odaliscas. É a aurora de uma arte nova, introduzida por um pintor que investia diariamente *contra o novo*. Encantador jogo de equívocos, suspenso entre as salas de um Salon e não percebido por ninguém. Mas Thoré não havia captado apenas aquela singular transmissão de cargo entre duas formas opostas de arte. Seu olhar também sabia colher, especificamente nos quadros de Ingres, algo que os outros não viam: "A pintura de M. Ingres relaciona-se mais do que se pensa com as pinturas primitivas dos povos orientais, que são uma espécie de escultura colorida. Entre os indianos, os chineses, os egípcios, os etruscos, por onde começam as artes? Pelo baixo-relevo sobre o qual se aplica a cor; depois, suprime-se o relevo, e só restam o contorno exterior, o traço, a linha; apliquem a cor dentro desse desenho elementar, e eis a pintura; mas o ar e o espaço não estão ali em absoluto".[13] Ora, aquela exclusão do ar e do espaço, aquela transposição para uma natureza segunda, sem atmosfera e sem profundidade, era justamente o que Ingres buscava havia anos, embora continuasse a se declarar "*peintre de haute histoire*"[14] e cobiçasse encomendas oficiais para solenes temas celebrativos. Mas, enquanto isso, fizera as Odaliscas ocuparem discretamente o lugar reservado à gesta dos heróis.

Ingres correspondia plenamente à descrição de Thoré sobre o fanático da forma. Mas não o sabia, nem se preocupava com isso. Ou, pelo menos, não mais que com saber o que acontecia nele enquanto respirava. Respirava e pronto. Quanto ao resto, possuía um repertório próprio de princípios sólidos não de evidente interesse teórico — que ele desembainhava sempre que possível, com o ar de quem, por uma razão ou por outra, está sempre ofendido. Os contemporâneos acreditaram nele. E sobretudo acreditaram que sua pintura era fiel às suas palavras. Assim atravessou sua época, qual um navio de inaudita novidade que os observadores tomavam por uma velha galera.

Os testemunhos são unânimes em apresentar Ingres como um personagem cômico. Mas certamente Théophile Silvestre demonstrou excesso de zelo (talvez para agradar Delacroix) ao traçar um retrato do mestre que soava ultrajantemente malévolo, cáustico e hiper-real:

M. Ingres é um robusto ancião de setenta e cinco anos, baixinho, rechonchudo e mal-ajambrado; de uma vulgaridade externa que contrasta espantosamente com a elegância afetada de suas obras e de suas tendências olímpicas; ao vê-lo passar, imagina-se alguém que vive de rendas depois de retirar-se dos negócios, ou antes um padre espanhol em trajes burgueses; tez morena, biliosa; olho negro, vivaz, desconfiado, colérico; sobrancelha rala, contrátil; testa estreita, recuada até o topo do crânio pontudo como um cone;

cabelo curto, cerrado, outrora muito negro, hoje grisalho, dividido em duas partes iguais, à moda das mulheres; grandes orelhas; veias pulsantes nas têmporas; nariz saliente, algo recurvado e aparentemente curto por causa da distância que o separa da boca; faces musculosas, desbordantes; queixo e maçãs do rosto muito marcados, maxilar rochoso, lábio espesso e enfarruscado.

Este elefantinho burguês, feito de cotos informes, avança compacto, em movimentos bruscos e sincopados sobre suas pernas curtas, desce uma escada a galope sem apoiar-se ao corrimão, lança-se à carruagem com um salto, de cabeça baixa. Com menos violência no sangue, viveria um século. Os cuidados perfeitos que dedica à sua pessoa e seus modos desconcertantes reduzem-lhe a idade em pelo menos vinte anos. É difícil permanecer sério na presença dessa majestade trivial que traz na fronte, como tríplice coroa, a boina de algodão, o ramo de louro e a auréola. Quase não ri, por medo de comprometer sua dignidade; mas revela-se de amável familiaridade com as modelos, as donas de casa ou o alfarrabista vizinho.[15]

E aqui Silvestre se detém, como que para retomar o fôlego, depois de sepultar Ingres no grotesco.

Mas pouco depois recomeça o ataque, deslocando-o para o plano da teoria: "David pusera a forma a serviço do pensamento, agora M. Ingres vinha estabelecer o culto da forma através da abolição do próprio pensamento; reduzir a missão da Arte a uma voluptuosa e estéril contemplação da matéria bruta, a uma indiferença gelada ante os mistérios da alma, as agitações da vida, os destinos do homem, a intimidade da criação; e perseguir, por meio de linhas retas e curvas, o absoluto plástico, considerado como princípio e fim de todas as coisas. Mas, depois de criar seus novos Adão e Eva, ele nem sequer devia perceber que se esquecera de lhes dar uma alma. A que aberrações arrastou a escola francesa, e que responsabilidade recairá sobre ele!".[16]

Como provado por altíssimos exemplos (entre os quais o Wagner de Nietzsche e o Stravinski de Adorno), o elogio mais significativo pode vir dos adversários mais ferozes — e exatamente no momento em que pensam assestar o golpe mais duro. Claro, Théophile Silvestre não é Nietzsche nem Adorno, como já se pode inferir de sua prosa. Mas, se isolarmos alguns fragmentos, talvez nos aproximemos mais do mistério de Ingres. "O culto da forma através da abolição do próprio pensamento": não é já uma formulação que sugere aquilo que diferencia Ingres de seus contemporâneos? Aquela soberana e inflexível "abolição do pensamento" entendida como homenagem última, em sentido litúrgico, que se pode prestar à forma é o ponto decisivo, no qual Ingres se destaca solitário. É o *no mind* dos mestres zen aplicado ao "culto da forma". Algo semelhante a uma doutrina secreta da pintura ocidental, já perceptível em Vermeer ou em Chardin. Mas, aqui, aventada também nos retratos com um nome e uma história, nos quais a figura humana pretende o máximo de significação. E no fim não é cancelada, mas sim encontra seu lugar ao lado de um vaso, de um xale, de alguma dobra na seda. Enquanto todos os elementos se orientam, por uma obscura e imotivada cumplicidade, para "o absoluto plástico, considerado como princípio e fim de todas as coisas".[17] Justamente como havia dito Théophile Thoré. E aquela "voluptuosa e estéril contemplação da matéria bruta"?[18] Assim se assinala um modo novo de se aproximar do inanimado. Quanto à "indiferença gelada pelos mistérios da alma":[19] aqui se apresentava Ingres até como dândi involuntário, ainda mais admirável no incessante e indecoroso transbordamento de almas ao seu redor.

Ingres: um "homenzinho obeso e atarracado",[20] desprovido de senso do ridículo, atravessava correndo seu estúdio em Villa

Medici, pensando ser Seleuco, e despencava sobre um colchão para criar um efeito interessante nas dobras de um lençol.

Ingres se declarava — e se comprazia em ser declarado — estranho ao próprio tempo. Mas um espírito dissimulado e malévolo como Sainte-Beuve não caía na armadilha: "M. Royer-Collard, exatamente como M. Ingres, ainda é deste tempo, nem que seja pelo cuidado perpétuo de se distanciar dele [...] A pessoa ainda tem a ver com seu tempo, e muito intensamente, mesmo quando o rejeita".[21] Pelo menos esse ponto foi esclarecido, assim que se passou a outros tempos: o *extremismo* de Ingres é algo que pressupõe o moderno — ou ao menos aquele breve momento em que na palavra "moderno", quando pronunciada por Baudelaire, se percebe uma vibração totalmente envolvente, fascinante e temerária. Ingres podia falar de Rafael e da "probidade"[22] do desenho o quanto quisesse: mas aquela vibração importuna e possante continuava a emanar dele.

Ingres era mais parecido com Bronzino do que com o venerado Rafael. Ou melhor, de Rafael tinha bem pouco. Não possuía sua suavidade, sua fluidez. Seu mundo era feito de metal, de pedras duras, tecidos, esmaltes. A psique aparecia ali como uma irresistível voragem em direção ao visível, e não porque subsistisse em si. Mesmo sem deixar de homenagear o belo ideal, à semelhança de tantos contemporâneos seus, Ingres mostrava na tela uma provocadora indiferença e estranheza à ideia, como se esta fosse um elemento perturbador, pouco propício ao puro e soberano exercício da pintura. Claro, suas sentenças e seus anátemas subentendem algo muito diferente, mas no fundo um pintor membro de todas as possíveis academias como Cabanel não seria, poucos anos depois, menos drástico e furibundo ao condenar as degenerações da pintura ao seu redor (em seu caso, tratava-se de

Manet). Cada um escolhia para si as medidas exorcísticas mais congeniais ante aquilo que o circundava. Em geral, tanto mais estentóreas quanto mais vácuas.

No fundo, Ingres era inculto — ou melhor, refratário à cultura, assim como Baudelaire era naturalmente impregnado de cultura, sem necessidade de cultivar-se. Claro, Ingres ostentava venerar os clássicos e sempre mantinha alguns junto de si (não muitos, uns vinte volumes, e somente os mais óbvios e nas edições menos rigorosas). Mas, quando tomava a pena, só sabia usar uma "língua violenta, atormentada, de energia selvagem, e sem ortografia nem gramática".[23] É como se em sua cabeça ainda agisse poderosamente um estrato antiquíssimo — algo semelhante ao cérebro ofidiano, com exclusão maciça do hemisfério esquerdo. Ingres foi só aparentemente um contemporâneo de sua época. Ao passo que teria podido encontrar um lugar e um papel próprios em qualquer civilização devotada não tanto à arte, mas à produção e ao uso de talismãs.

Por puras razões de registro civil, coube-lhe viver sob todos os regimes que foram atravessados também por Talleyrand e por Chateaubriand. Ou melhor, um a mais, em relação a eles. Do Antigo Regime ao Segundo Império, percorreu todas as Fases Canônicas do moderno, com o acréscimo de uma primeira repetição paródica delas. Mas com Ingres não se apresentaram questões de fidelidade ou traições ou metamorfoses. Homem inteiriço, se é que existiu algum, "com imparcialidade absoluta havia servido com o lápis e o talento todos os poderes, o primeiro Império, a Restauração, a dinastia de Julho, sem fazer qualquer diferença entre os princípios que esses governos representavam, exceto por sentir uma inclinação maior para o despotismo".[24] É o que testemunha Charles Blanc, com seu tom devoto, que facilmente pode se tornar pernicioso. E nenhum dos adversários de Ingres soube apresentá-lo sob uma luz ridícula tanto quanto este seu temível paladino: "No que concerne às questões de direito público, Ingres tinha as ideias estreitas do burguês mais limitado; beirava o Prud-homme. O mínimo movimento que viesse perturbar o aparente equilíbrio das coisas lhe parecia um crime imperdoável e o lança-va numa espécie de epilepsia. Ele, que não mataria uma mosca, em sua fúria infantil só falava de prender, de executar e de exter-minar todo o universo".[25]

Ingres corrigia os desenhos de seus alunos com a unha do polegar, "deixando um traço profundo"[26] sobre o papel. Esse *traço profundo*, gravado sem recorrer a nenhum instrumento, era uma última marca da forma como potência ainda muda e autossufi-ciente, que impregna a psique e *precede* toda arte. "A exatidão des-sa correção espantava todos nós",[27] anotou Amaury-Duval.

Essa era a obra silenciosa de Ingres. Se, porém, ele falasse, "não passava de palavras soltas, exclamações, gestos, braços no ar",[28] por exemplo quando discutia inutilmente com o facundo Thiers sobre Rafael. Não importava que tivesse razão: em todo caso, jamais conseguiria fazê-la valer. Inarticulado na palavra, In-gres era dominado por um só pensamento, que de todo modo seria inacessível à palavra: a perfeição. Ou melhor, uma certa es-pécie de perfeição: "Aquela multidão de traços preciosos, ou por tudo o que custaram ou porque não custaram nada".[29] Traços que em geral escapam, exceto a poucos conhecedores que "os desfru-tam sozinhos e em segredo".[30] Os outros os ignoram. Mas a que coisa aludia Ingres? Essas palavras parecem a premissa de uma doutrina esotérica, que nada tem a ver com as proclamações so-bre o desenho como "probidade da arte"[31] e sobre o dever de imi-tar a natureza.

É como se Ingres nos avisasse que seu segredo é tão grande sobretudo para ele. Já numa carta, havia aludido às suas "incompreensíveis sensações",[32] que o opunham a tudo o que o circundava. Em seu modo inopinado de se enunciar, tais palavras recordam como, num dia qualquer de seu diário de viagem italiano, Stendhal se detém e diz bruscamente: "Esses segredos fazem parte daquela doutrina interior que jamais se deve comunicar".[33] No caso de Ingres, pode-se supor que agiam simultaneamente uma doutrina exterior, várias vezes exposta sob forma apodíctica e, no conjunto, de modesto interesse, e uma "doutrina interior", tão secreta a ponto de não chegar, exceto por raros clarões, à sua consciência verbal, mas capaz de guiar inflexivelmente sua mão na obra pintada e desenhada.

"Quem sabe copiar sabe fazer",[34] parece que repetia constantemente Lorenzo Bartolini, quando estava na escola de David, junto com Ingres. Mas, para Bartolini, aquele mote não teve consequências dignas de nota. Com Ingres, porém, assumiu um sentido metafísico, que lhe escapava em primeiro lugar e escapou depois a quase todos os seus contemporâneos. Hoje o tempo o transformou no "*misterio palese*"[35] de Ingres, que se oferece quase como desafio a quem olhar seus retratos e muitos outros quadros seus (quando fogem ao *style troubadour*).

"Havia erigido em princípio absoluto a regra de copiar, copiar servilmente aquilo que se tinha sob os olhos":[36] misturado aos alunos no estúdio de Ingres, Amaury-Duval escutara várias vezes essas palavras — e as reproduzia na forma mais enxuta. A força diruptiva de Ingres não residia na fidelidade à natureza, que ele mesmo proclamaria várias vezes, confiando em que a palavra "natureza" conferisse ao preceito um halo mais nobre. Mas sim no ato de copiar, ou melhor, de "copiar servilmente".[37] E copiar *tudo*. A máxima que Ingres havia retomado de seu amigo Bartolini talvez fosse o único princípio desse homem que pretendia ser feito somente de princípios. É como se Ingres quisesse aproveitar, com fúria devoradora, o último segmento de tempo concedi do ao mundo antes de entrar na era da multiplicação indefinida das imagens, para mostrar que tudo podia ser reproduzido também *de outro modo*: já não dispersando e disseminando-lhe o poder, mas concentrando-o numa cópia, por paradoxo, *única*. Essa submissão servil ao visível — qualquer que fosse este — permitia sobrepor-lhe uma lâmina refulgente que se fechava em si mesma, com um estalido metálico, sem remeter a mais nada. O que os malévolos criticavam na pintura de Ingres era uma irremediável falta de relevo. Mas, passado o tempo, Ingres se mostra "chinês"[38] por motivo totalmente diverso: como mestre da cópia e emissário de uma civilização que tendencialmente cancela a diferença entre cópia e original. Nada disso perpassava a mente de Ingres — e nada lhe soaria tão aberrante. Mas aquele outro ser que, nele, movia a mão — e a unha que traçava um sulco sobre o papel — agia nesse sentido. E os dois seres não interferiam nem se reconheciam, por um pacto secreto sobre o qual se baseava a arte de Ingres.

Os *ditos* de Ingres — ou pelo menos aqueles que tradicionalmente passam por tais — mostram a mesma discordância estridente entre sua obra que se observava e seu aspecto físico. Até Charles Blanc, celebrador de Ingres, via-o assim:

De pequena estatura, atarracado, brusco de maneiras, desprovido de distinção, Ingres tinha em sua pessoa tudo o que podia contrastar com a elegância de seus pensamentos e a venustidade de suas figuras femininas. A cabeça, que apresentava maxilares largos e um crânio estreito, cabelos híspidos sobre uma fronte baixa, nariz curto, maçãs enormes, boca grande, sensual e amuada, a uma distância desmesurada das narinas, a cabeça, dizia eu, que era o inverso da beleza, tinha muita personalidade e uma força espantosa; mas a expressão era ordinariamente dura, e se o olho negro, penetrante e perscrutador, anunciava um homem bem acima do vulgo, nem por isso revelava a menor tendência à graça, e indicava antes a extrema suscetibilidade de um espírito arisco.[39]

Retrato zoológico, de rara vivacidade, que faz pensar num delicioso quadro de Jean-Baptiste Deshays no qual se representa um macaco ocupado em pintar uma mulher nua vista de costas. Embora as mulheres pintadas por Ingres fossem bem mais atraentes.

Falar de Ingres significa falar das mulheres de Ingres. Baudelaire insinuava isso, quando escrevia, referindo-se ao artista, sobre seu "gosto intolerante e quase libertino pela beleza".[40] Um libertino fanático, a máxima aproximação — em pintura — ao fetichista. Não, porém, no sentido da voluptuosidade setecentista. Em Ingres agia algo de irredutivelmente primitivo, que o aparato da glória tentou cancelar, como uma vergonha. Mas só aquele fundo mudo e dissociado da cultura permite compreender a intensidade que o fetiche assumia para ele. Ingres era fundamentalmente estranho à palavra, no sentido da língua articulada. Os amigos e os fiéis ocultaram tanto quanto possível o fato de que o pintor venerado jamais alcançou um conhecimento aceitável da ortografia francesa. Mas há sempre uma fresta pela qual essas alusões transpiram. Charles Blanc não conseguiu conter-se e esclareceu numa nota que Ingres havia "quase sempre estropiado os nomes próprios. Por exemplo, nunca soube a grafia correta do nome de seu melhor amigo, M. Gatteaux".[41]

Sem um pano de fundo erótico e maníaco, a pintura de Ingres se endurece num "imenso abuso da vontade".[42] Mas tudo muda quando se descobre, por trás das trovejantes declarações sobre o Belo, uma devoção fundamentalista ao ser feminino. Assunto que os contemporâneos deixaram de lado, mas não Baudelaire, que o explicitou pelo menos uma vez:

Em nossa opinião, uma das coisas que distinguem particularmente o talento de M. Ingres é o amor pela mulher. Sua libertinagem é séria e cheia de convicção. M. Ingres nunca é tão feliz nem tão poderoso como quando seu gênio se vê às voltas com os atrativos de uma jovem beldade. Os músculos, as dobras da carne, as sombras das covinhas, as ondulações montuosas da pele, nada falta. Se a ilha de Citera encomendasse a M. Ingres um quadro, certamente este não seria jovial e risonho como o de Watteau, mas robusto e substancial como o amor antigo.[43]

Isso já poderia bastar, como início ousado (quem fala é o Baudelaire de 25 anos que ainda assina Baudelaire-Dufaÿs no *Corsaire-Satan*), mas logo se acrescenta uma nota que penetra na intimidade: "No desenho de M. Ingres há requintes de um gosto especial, finezas extremas, devidas talvez a recursos singulares. Por exemplo, não nos surpreenderíamos se ele se servisse de uma negra para realçar mais vigorosamente na *Odalisca* certos detalhes e certas esbeltezas".[44] É como se Baudelaire quisesse propor Jeanne Duval a Ingres como modelo.

"Ser terrível e incomunicável como Deus",[45] oscilante entre uma vacuidade uniforme e uma "cintilação de todas as graças da natureza condensadas num único ser",[46] a mulher é um escândalo teológico, não apenas por sua contribuição à encenação do pecado original, que só a inépcia especulativa das Luzes ousara negar, mas também porque seu corpo tem a capacidade singular de prolongar-se no metal e no mineral como nas "nuvens de tecidos nas quais se envolve".[47] A cumplicidade da mulher com a natureza é tal que todos os materiais por ela usados como ornamento se tornam parte de sua fisiologia. É esse o prodígio incessante da moda, como apropriação progressiva e sistemática da matéria inanimada por parte de um agente da espécie humana, a qual, sem isso, correria o risco de perder contato com o mundo externo.

Essa visão da mulher, aplicada por Baudelaire às figuras de Constantin Guys, podia ser sufragada sobretudo pelos retratos de Ingres. Nunca, em outro lugar, aparecera em tão plena evidência a misteriosa relação entre a carnação feminina e as pedras preciosas ou os xales ou as plumas ou os tecidos ou os estuques ou as madeiras ou os metais que a envolvem ou emolduram ou lhe servem de fundo. Mais uma vez, enquanto a prosa de Baudelaire e a pintura de Ingres pareciam nascidas para se exaltar reciprocamente, nas declarações de intenções a oposição era total: de um lado, Ingres com suas asfixiantes proclamações de fidelidade a Rafael; de outro Baudelaire levando seu gesto provocador — e justamente à margem de suas divagações sobre as mulheres e sobre a moda — ao ponto de afirmar que de Rafael (e de Winckelmann) "não temos o que fazer aqui",[48] ao passo que se dispunha a graves renúncias desde que mantivesse o privilégio de "saborear um retrato de Reynolds ou de Lawrence".[49] Mas as intenções são a parte mais caduca e inerte na história da inteligência e da sensibilidade. Os cruzamentos, as verificações, as coincidências se dão muito mais frequentemente entre seres inimigos ou ignaros um do outro do que no círculo dos supostos afins.

A assinatura do autor é inevitavelmente um ponto fraco do quadro, a menos que o pintor consiga inventar um artifício adequado. O mais elegante de todos foi imaginado por Ingres para o retrato de Mme. de Senonnes. Esta dama de olhar assimétrico e de vida turbulenta, nascida em Lyon mas que viveu em Roma o suficiente para se fazer passar por uma trasteverina, "não posa como uma mulher que é olhada; ao contrário, parece olhar vagamente o espectador e conversar com ele sobre aquelas ninharias

que perpassam o pensamento e quase não alteram o rosto"[50] — sem distrair o espectador da exibição de seus anéis (são onze, distribuídos por cinco dedos um tanto grossos, já que Ingres nunca edulcora aquilo que vê) e do decote, que ela apenas finge esconder com uma gorjeira de gaze que as camponesas do Midi chamam *modestie*. Ao trabalhar no retrato, Ingres não perdeu a oportunidade de dedicar a Mme. de Senonnes um encantador desenho no qual os seios aparecem totalmente descobertos e sus-

tentados apenas pelo vestido de veludo vermelho ornado por faixas de cetim.

Atrás da dama, que parece soerguer-se num ondulado planalto de almofadas de seda cor de âmbar, escancara-se um grande espelho, no qual a vemos refletida em perfil perdido e reconhecemos o contorno de uma pilastra. O resto, porém, mergulha em vasta escuridão, como se as almofadas nas quais se apoia Mme. de Senonnes se debruçassem sobre um abismo. O corpo feminino não poderia ter evidência maior, mas os cabelos corvinos não se distinguem do fundo do espelho, de um negro compacto no qual só reluzem as gemas do diadema. Como numa alegoria, o reflexo acrescenta a parte da treva à plena luz da figura. Mas não deram importância a isso os parentes do visconde de Senonnes, que por muito tempo esconderam num sótão o retrato daquela intrusa de reputação dúbia.

Enfiado na moldura do espelho, embaixo, como a mensagem de um amante ou pelo menos de um visitante muito familiar, reconhecemos um cartãozinho levemente dobrado, no qual se lê: "Ing., Roma".

No dia de Natal de 1806, a cabeça de Ingres estava cheia de pensamentos pagãos. De Roma, ele escreve aos amigos Forestier:

> Então pensei que quando Tétis sobe até Júpiter, cinge-lhe os joelhos e o queixo por seu filho Aquiles [...] seria um belo tema para um quadro, e totalmente digno dos meus projetos. Ainda não entro com o senhor nos detalhes desse quadro divino, que emanaria perfume de ambrosia a uma légua, nem de todas as belezas dos personagens, de suas expressões e formas divinas. Deixo que o senhor imagine. Além disso, haveria uma tal fisionomia de beleza que todos, até os cães raivosos que querem me morder, deveriam ser tocados por ela. Já o tenho quase composto em minha cabeça e o vejo.[51]

Jovem pensionista na Villa Medici, Ingres queria portanto pintar um quadro que pudesse "emanar perfume de ambrosia a uma légua". Mas como conseguir? A Antiguidade, na época, significava David. Poses eloquentes, gestos congelados. Ingres sabia algo disso: tinha-o praticado. Mas e a ambrosia? Ausente por princípio. Havia incompatibilidade entre a ambrosia e a Antiguidade de David. Naquele período, Ingres anotava num caderno eventuais temas mitológicos: Hércules e Aqueloo, Hebe e Hércules, Pandora e Vulcano, e até vários episódios da vida de Aquiles. Nenhum desses temas o satisfazia. Sua atenção se fixou *naquele gesto* descrito por Homero: Tétis faz súplicas a Zeus em favor de seu filho Aquiles, que "com a mão esquerda lhe agarrou os joelhos, enquanto com a direita o segurava sob o queixo".[52] Hera, enquanto isso — sempre segundo Homero —, espia a cena. Ingres fizera um sinal a lápis ao lado do trecho, em seu Homero traduzido por Bitaubé.

Nenhum pintor, ao longo dos séculos, havia ousado representar esse gesto atendo-se à letra do texto homérico. E, possivelmente, como insinuou Caylus, os pintores o tinham ignorado porque consideravam esse modo de postar-se "simples demais, familiar demais, talvez grosseiro demais para evitar a crítica das pessoas do meio".[53] Pouco antes de Ingres, Flaxman se aventurara no assunto, mas com timidez. A mão de Tétis ficava no ar — e Zeus levava a *própria* mão ao queixo, como um patriarca perplexo.

Ingres, ao contrário, faz um dedo de Tétis chegar quase aos lábios de Zeus. O seio cândido da nereida se acomoda sobre a coxa do soberano dos deuses, com a familiaridade que existe entre velhos amantes. E seu hálux direito roça o de Zeus. O eros neoclássico jamais fora tão longe. O que Ingres havia composto em cada detalhe dentro de sua cabeça devia ser uma epifania expandida sobre uma dimensão imponente (mais de três metros por mais de dois e meio). É como se o quadro inteiro, perfeitamente definido em seus detalhes, tivesse se destacado da mente de Ingres para depositar-se na tela, sem passar pela mediação da mão que pinta.

Mas a obra foi mal acolhida, em Paris, em 1811. Suscitava um sentimento oscilante entre o temor e o embaraço. Além disso, quando se leem os comentários do relatório da Académie des Beaux-Arts, vem a suspeita — que se renovará muitas outras vezes, nos anos subsequentes — de que os contemporâneos estivessem sofrendo de escotoma diante dos quadros de Ingres. E sobretudo não percebessem neles a *cor*, como se esta fosse ultrajante demais para ser registrada. Certa vez Baudelaire se enfureceu diante daquela cegueira — e escreveu: "É coisa adquirida e reconhecida que a pintura de M. Ingres é cinzenta. — Abram o olho, bando de patetas, e digam se já viram pintura mais fulgurante e mais vistosa, e mesmo uma maior busca de tons".[54] No entanto, a Académie des Beaux-Arts sentenciou sobre *Júpiter e Tétis*: "Desprovido em geral de relevo e de profundidade; não tem massa alguma: o tom da cor é fraco ou igual. O céu azul apresenta uma tonalidade uniforme e dura".[55] "Fraca ou igual", que cor? Se alguma vez incômoda, na ostentação de seu excesso. O Estado francês, que já possuía o quadro, restituiu-o a Ingres. Não sabia o que fazer com ele. Mas, 23 anos depois, recomprou-o e, após uma laboriosa troca, a obra foi parar no museu de Aix-en-Provence, graças a uma maquinação do velho amigo Granet, a quem Ingres havia dedicado um de seus grandes retratos masculinos. Ainda passariam várias décadas até que Louis Gillet ousasse explicitar o que desconcertava nessa tela: "Aquela cena mais que humana, aquelas dimensões gigantescas e vagamente aterrorizantes, aquela águia selvagem, aquele Empíreo de um ultramarino feroz e quase negro, acima da região das tempestades e dos vapores".[56] O pintor que pregava a devoção inabalável à classicidade e ao equilíbrio oferecia uma visão na qual "tudo é insólito, tudo é feito de propósito para fazer ranger os dentes: aquela cor provocante, aquele ozônio, aquele éter cruel, aquela combinação de índigo e ouro".[57] Ainda mais do que — um dia — no *Déjeuner sur l'herbe* de Manet, naquele quadro se poderia encontrar ocasião de escândalo. Se isso não aconteceu, foi porque o Estado o encerrou em seus esconderijos e ninguém ousava associar ao nome de Ingres *aquele* tipo de escândalo — erótico, cromático, teológico. O escândalo do "éter cruel". Mas o quadro também apresenta outra anomalia: sua desconexão total da história anterior e posterior da pintura. Se *Júpiter e Tétis* antecipa alguma coisa ou alguém, é somente um ilustrador americano que os historiadores da arte não estão habituados a frequentar: Maxfield Parrish. Sem isso, o quadro até poderia ser um fragmento metafísico.

Hoje, quem se postar diante de *Júpiter e Tétis* tem a impressão de se encontrar não diante de um quadro, mas de uma enorme decalcomania. Alguma coisa destaca aquele retângulo de mais de três metros de altura de todo o resto, no espaço e no tempo. O céu que se expande por trás do soberano dos deuses não tem nada a ver com o que se vê da janela do museu. Aquele céu é um esmalte que não se arranha, imutável, talvez descido — como diz Homero — "no píncaro mais elevado do Olimpo de muitos cumes".[58] Quanto a Zeus e Tétis, já não são aqueles personagens de David que Ingres também costumava pintar em seus primórdios, prontos a emitir sentenças solenes. Pelo contrário: sua mudez é profunda, como se eles pertencessem a uma era geológica em que a palavra ainda não nasceu e pareceria supérflua. Têm uma carno-sidade mineral. Zeus apoia o braço esquerdo sobre nuvens densas, que o sustentam como rochas. Se o dedo mínimo de um de seus pés parece monstruoso, por ser muito pequeno em relação aos outros, é porque então eles nasciam assim. O olhar da águia de Zeus e o de Hera, a qual desponta de uma borda do céu como um obus suspenso no ar, absorta e calma em seus pensamentos de vingança, convergem para o braço de Tétis, desprovido de ossos, estendido em sua brancura até penetrar na barba de Zeus. São olhares levemente oblíquos, como a eclíptica em relação ao eixo do mundo, que é o raio imponente de Zeus, estreitado em sua mão direita. O que se faz notar de imediato é justamente o que os acadêmicos consideravam ausente: o relevo, a profundidade, a massa, a vibração. Só se pode concordar com eles nisto: o céu tem uma "tonalidade uniforme e dura".[59] Uma dureza com sabor de ambrosia.

Ingres escolheu o tema de Zeus e Tétis porque seu olhar havia isolado um gesto em Homero. E a ele se ateve, sem ceder. Não se inclinava a ulteriores considerações mitológicas e teológicas, mas, com a temerária inconsciência dos grandes, havia deparado de imediato com um ponto de alto risco.

Zeus e Tétis são o único casal erótico do classicismo que ele chegou a pintar. Suas figuras femininas são solitárias ou aparecem circundadas por outras mulheres — à exceção de Afrodite *ferida* por Diomedes e de Angélica à espera de ser *libertada* por Rogério. Em ambos os casos, o pressuposto é alguma violência. Ao passo que Zeus e Tétis são captados numa situação de intimidade amorosa (Antíope, ao contrário, não é senão uma odalisca espiada por Zeus).

Mas Zeus e Tétis são também o primeiro e supremo entre os casais impossíveis. Zeus desejava Tétis, mas teve de renunciar a ela porque, segundo a profecia de Têmis (e de Prometeu), Tétis geraria "um filho mais forte que o pai"[60] e destinado a suplantá-lo. Zeus foi obrigado a ver em Tétis o fim de seu reinado. Nesse *único* caso, teve de refrear seu desejo.

Se observarmos o quadro de Ingres, perceberemos que Zeus, mesmo emanando uma energia prodigiosa, parece inerme. A vastidão de seu torso está exposta, passiva, imóvel. O único — e mínimo — movimento está em Tétis. Os dedos de uma mão que penetram como um polvo macio na barba de Zeus, o outro pulso apoiado sobre a coxa dele, um hálux que toca o hálux do deus. Zeus, neste único caso, não pode agir. Se cedesse totalmente às seduções de Tétis, seria o seu fim. Ao mesmo tempo, é evidente que Zeus deseja Tétis. Seu olhar está fixo, voltado para frente, e nada vê do corpo dela. Não emana somente força, mas também uma abissal melancolia. Já o percebera Charles Blanc, que no entanto ignorava o motivo mítico dessa atitude, quando falou daquele "rosto ao mesmo tempo formidável e de uma tristeza infinita".[61] Mas o deus aprova o prazer sutil daquele contato mínimo: os dedos que brincam na barba, o braço apoiado sobre a coxa, o hálux que o toca. Agora começa a revelar-se por que emana do quadro uma extrema e quase dolorosa tensão erótica. O que se mostra é um desejo carregado de intensidade e gravidade. Porque a visão é altamente paradoxal. A cena representa algo proibido ou pelo menos secreto: o desejo insaciado do deus soberano. Aquele que havia espiado, assediado, possuído Ninfas e princesas, o único sedutor invencível, que só precisava preocupar-se em fugir do olhar de Hera, evidentemente podia encontrar, também ele, um obstáculo. E ali se atingia o limite do politeísmo, sua dependência dos ciclos cósmicos, a qual submete toda soberania a uma potência superior: Tempo. Não é seguro em absoluto que Ingres soubesse do vínculo oculto entre Zeus e Tétis. Ou melhor, é altamente plausível que o ignorasse. Mas as imagens míticas vivem de uma força própria — e podem guiar o pincel de um pintor tanto quanto o delírio de um esquizofrênico.

Em sua tela imensa, que invade o campo visual do espectador e o magnetiza, Ingres havia mostrado o *nefas* do desejo. Transpondo assim a fronteira do que é admitido. Durante toda a vida do pintor, o quadro não foi exposto ao público e jamais encontrou comprador. Muitos críticos o ignoraram. Delaborde, autor da primeira monografia marcada por uma total devoção a Ingres, a custo o menciona. E ainda hoje, no volumoso *Oxford Guide to Classical Mythology in the Arts*, estão registrados todos os quadros mitológicos de Ingres, menos este, que é o mais grandioso. A profecia de Têmis e Prometeu não atingiu somente o deus, mas também seu simulacro.

A banhista de Valpinçon [*Baigneuse Valpinçon*] de Ingres poderia ser uma modelo qualquer, vista de costas. Levemente adiposa — e indubitavelmente menos atraente do que Kiki de Montparnasse, a quem Man Ray fez assumir uma pose semelhante para *O violino de Ingres* [*Violon d'Ingres*]. Mas o quadro tem uma absolutez inatacável. Entre todos os nus femininos, é o mais próximo de um Vermeer. Em primeiro lugar, pelos panos que o cingem e — marginalmente — o envolvem. A cabeça é parcialmente coberta por um lenço branco de listras vermelhas, enrolado à maneira de um turbante. É "a única nota aguda dessa pintura refinada, circunspecta e sem rumor".[62] Confirma que ninguém sabia ornar como Ingres a cabeça de uma mulher. Mas, até esse ponto, estamos na ordem tradicional. A cabeça raramente é mostrada sem ornamentos, em pintura. Pode-se recorrer a fitas, faixas, arcos, tiaras, redes, tecidos, penteados arquitetônicos. E, para Ingres, a cabeleira flui em liberdade só duas vezes: na *Odalisca com escrava* e em *Júpiter e Antíope*.

Se, porém, reparamos no busto da *baigneuse*, o olhar encontra outro tecido: claro, delicado, envolvendo o cotovelo esquerdo da mulher e depois caindo até o solo. Sua função é imperscrutável. E é obscuro o motivo pelo qual ele foi parar em torno daquele cotovelo. A menos que tenha sido isto: para ressaltar o acabamento uniforme que, da nuca da *baigneuse*, escorre sobre o dorso, as nádegas, as coxas, até chegar aos pés, Ingres precisava de franzidos. Colocou-os no início, no lenço enrolado como turbante, e no centro do corpo, com aquele tecido em torno do cotovelo, que talvez seja mais erótico do que o corpo da jovem. Mas isso não é tudo. Esse tecido acaba por acomodar-se sobre o pavimento, cobrindo um pé da *baigneuse*, que, em última análise, aparece-nos em sua plena e tranquila nudez, exceto em três pontos: a parte posterior da cabeça (com aquela zona delicadíssima que é a juntura da nuca); o cotovelo esquerdo; um pé. Existe algo de maravilhosamente incongruente nessa disposição. No entanto, damo-nos conta disso lentamente, porque cada detalhe se impõe exatamente onde está. Aqui, o tecido — esse remoto expediente da humanidade para mover-se no mundo — celebra sua emancipação ante qualquer funcionalidade. Agora, só existe para contrapontear uma epiderme, para que a continuidade da carne seja modulada por meio de pregas, enrugamentos, encrespamentos. E assim deixa-se evocar algumas sombras — e, através das sombras, aquilo que é a substância soberana do quadro, sem que nunca possamos dizer de onde provém: a luz.

O segredo de *A banhista de Valpinçon* é o espaço em que ela se encontra: não um quarto, mas um cantinho reservado, protegido por cortinas e banhado por uma luz clara e uniforme. É inevitável supor que ninguém tem permissão para olhar esse refúgio, exceto o pintor e, depois dele, o espectador. Igualmente ignorados pela *baigneuse*. Há também outra singularidade nesse espaço: o fundo do quadro, que no início se mostra como uma cortina cinzenta encrespada de pregas, a Charles Blanc parecia ser "uma parede que desgraçadamente é de um cinzento um pouco frio".[63] Mas uma parede que se encrespa, esboçando as dobras de um tecido, não existe na natureza. No entanto, a ilusão em que Blanc cai tem um fundamento. No ponto onde encontra o pavimento, a cortina não se distingue de uma parede cinzenta. Junto dela, descobre-se um orifício pelo qual a água se derrama num recipiente. Estamos num *hammam*. É o primeiro indício daquele *banho turco* que continuará a se expandir por mais de cinquenta anos na mente de Ingres. Mas a origem permanecerá. No *Banho turco* de 1862, a figura maior e mais próxima do espectador é uma variante da banhista de 1808, que, dessa vez, muniu-se de um bandolim a fim de tocar para as companheiras, mas não renunciou ao lenço branco de listras vermelhas, enrolado sobre a nuca, exatamente como 54 anos antes. Agora, porém, alguém abriu a cortina e, da solidão tácita e completa, passa-se a uma cena que compreende 24 mulheres nuas. Contudo, esses corpos *não formam um grupo*. Cada um manteve algo do isolamento meditabundo e autossuficiente de *A banhista de Valpinçon*. É como se, uma a uma, com extremos vagar e silêncio, aquelas 24 mulheres tivessem se reunido no mesmo lugar no decorrer de 54 anos, enquanto lá fora Napoleão triunfava e caía, sucediam-se os regimes, nascia a fotografia — e de tudo isso elas não soubessem ou não quisessem saber nada, absortas somente na alta incumbência de fixar sua postura numa tela, que no final viria a ser redonda como a pupila que as observara desde sempre.

A *banhista de Valpinçon* não teria culminado no *Banho turco* senão através de etapas intermediárias, como que para tomar fôlego, saindo da água da mente. Em 1828, Ingres pinta de novo a

Banhista, sempre com o lenço branco de listras vermelhas que desce sobre a nuca, as mesmas babuchas vermelhas de vinte anos antes e o mesmo leito de repouso (até as pregas continuaram intactas). Mas o travesseiro desapareceu. E, sobretudo, a cortina se descerrou como um pano de boca, deixando aparecer uma cena que talvez estivesse ali desde sempre. Ao fundo, reconhecem-se seis figuras. Entre elas, uma mulher imersa na piscina.

Seguiram-se outros 23 anos de ocultamento. Mas, em 1851, a banhista reemergeria numa variante ulterior, hoje perdida, mas testemunhada por uma gravura de Réveil e por uma aquarela de Ingres conservada em Bayonne. Aqui, a cena se modifica de novo. *A banhista* mantém inalterados sua posição e seu lenço branco de listras vermelhas, mas o leito desapareceu. Agora é substituído por um escabelo turco, parcialmente coberto por roupas abandonadas. Uma destas continua fielmente envolta em torno do cotovelo esquerdo da banhista. Ao fundo, agora, há oito mulheres, uma das quais está dançando, e a piscina. Era esta a última epifania antes que os corpos femininos se multiplicassem, ocupando todo o espaço até as bordas do quadro, que então era retangular. "É demais", decretou a princesa Clotilde. Assim, Napoleão I, a quem o quadro se destinava, teve de expulsá-lo do Palais-Royal. Depois de voltar ao estúdio de Ingres, que ainda trabalharia nele transformando-o em um medalhão, o quadro seria adquirido por Khalil-Bey, depositário de tudo o que na época parecia inaceitável por excesso de audácia erótica (inclusive *A origem do mundo* de Courbet), e finalmente leiloado por ele em 1868, num catálogo prefaciado por Théophile Gautier. O comprador, que o obteve por 20 mil francos, foi Constant Say. Khalil-Bey comentou com um amigo: "Que coisa engraçada, a vida! As mulheres me enganaram, o jogo me traiu e meus quadros me renderam dinheiro!".[64]

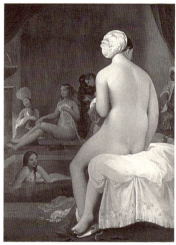

O *Banho turco* parece ter o dom de remexer uma matéria que raramente chega à superfície da psique. Até o impecável mundano Jacques-Émile Blanche se sente obrigado a desculpar-se pelas imagens que sua pena busca imediatamente, quando ele fala do quadro: "Estas damas de olhos inquietos são animais de prazer, gatas amorosas cujos membros se confundem num emaranhado de vermes, se é que posso me expressar assim a respeito dessas condenadas…".[65] O que perturba Blanche não é a vibração erótica, mas aquele "emaranhado de vermes",[66] como se a parte inferior do *Banho turco* fosse algo que ainda pertence a uma fase remota da evolução zoológica, anterior a toda individualização. Mulheres ou cilióforos: a distância até poderia não ser muito grande. Talvez aqueles bustos e aqueles rostos de "animais de prazer"[67] brotem de uma matéria pululante e indiferenciada. É isso o que o *Banho turco* emana. Trata-se, acrescenta Blanche, com repentina irritação, da "visão mórbida e perversa de um velho que foi um arrebatado sacerdote da beleza feminina".[68] Esse sobressalto inoportuno deveria encerrar o caso.

O percurso de *A banhista Valpinçon* até o *Banho turco* testemunha a monomania de Ingres. As imagens se gravavam nele ocupando definitivamente um espaço que mais tarde poderia expandir-se ou variar, mas sempre seguindo um traçado já definido e quase tatuado em sua mente. Dois meses antes de morrer, Ingres ainda retocava um estudo de Júpiter composto 56 anos antes para o *Júpiter e Tétis* que ninguém havia querido, durante décadas, e a propósito do qual o pintor Martin Drolling, quando o vira pela primeira vez na Villa Medici, havia escrito ao filho: "Será que Hingres [sic] quer zombar de todos?".[69] Certamente, Ingres jamais quis zombar de ninguém, até porque ignorava qualquer forma de humor. Mas quis sempre e somente aquilo que sua monomania lhe impunha.

Assim nasceu o *Banho turco*: 24 nus femininos sem um centro. Haviam pousado na tela ao longo de mais de cinco décadas, como moscas sobre papel mata-moscas. Se elas não tinham um centro, ainda assim este existia, mas deslocado para a esquerda. É o grande vaso chinês de figuras azuis, no nicho. Sua posição é comparável à do ovo pendurado no *Retábulo de Brera* de Piero della Francesca. Somente na superfície do vaso se percebe um reflexo: única suspeita restante de que ainda exista um mundo exterior.

Ingres tinha 82 anos quando concluiu o *Banho turco*, agora redondo e já não quadrado. Desde então a obra permaneceu invisível ao público durante quase meio século. Até que, no Salon d'Automne de 1905, "uma sala foi reservada a dois pintores dos quais se espera muito".[70] Eram Ingres e Manet. Os visitantes pareciam fascinados pelo *Banho turco*. Paul-Jean Toulet, delicioso cronista nessa ocasião, observou que o público "se acotovelava ali, mas tão de perto que parecia querer lambê-lo".[71]

Numa gaveta da *secrétaire* de Ingres foram encontrados, poucos anos atrás, dois daguerreótipos. Um, obra de Désiré-François Millet, reproduz um quadro desaparecido, apoiado sobre um cavalete. Ao fundo se reconhece o retrato de Mme. Moitessier, hoje na National Gallery de Washington. O lugar é indubitavelmente o estúdio de Ingres em Paris. O quadro desaparecido representa uma mulher nua, estendida sobre a cama. O braço esquerdo atrás da cabeça, a mão direita entre o umbigo e o púbis. Pelo rosto, que tem os olhos fechados, e pelo corpo reconhece-se a primeira mulher de Ingres, Madeleine Chapelle. O pintor teria dado sumiço ao quadro — e só conservaria dele o daguerreótipo, escondido numa gaveta — por ocasião de seu segundo casamento. Por discrição. É o que sugere o descobridor da imagem, Georges Vigne, até em razão da proximidade entre a data do daguerreótipo e a do segundo casamento de Ingres. A imagem, se a olharmos sem saber nada dessas circunstâncias, aparece de imediato como uma das mais eróticas dos primórdios da fotografia. Sua estranheza notável é dada pela posição da mulher, que não está deitada na cama e tampouco acomodada sobre um flanco, mas sim conseguiu um equilíbrio improvável, em que aparece apoiada quase verticalmente sobre um flanco diante do observador e, ao mesmo tempo, distendida. O efeito é dado por um certo ângulo formado pelo corpo, que gera a ilusão de uma dupla postura. Em vão procuraríamos na história da pintura uma mescla tão bem-sucedida entre um nu deitado e um apoiado sobre o flanco. Mas havia um motivo

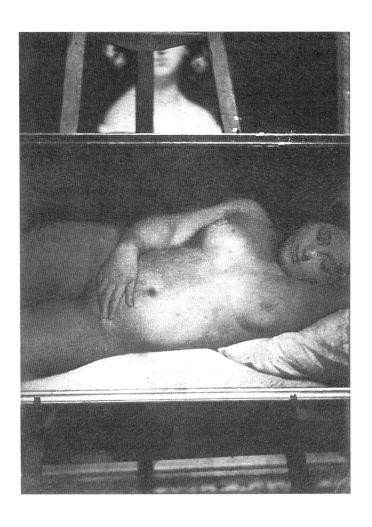

para escolher esse ângulo? Pode-se dizer apenas que essa postura mostra a maior superfície possível do corpo — e toda com o mesmo e tênue valor luminoso, enquanto o foco da luz se concentra transversalmente entre o seio direito e a parte esquerda do ventre. O centro da composição é o umbigo da mulher, cujas pálpebras estão abaixadas, para confirmação de uma sentença de Ingres: "O umbigo é o olho do torso".[72] O efeito é o de uma visão total, como teríamos se contemplássemos o corpo do alto. Ao passo que, aqui, o corpo está voltado para o observador. Resta perguntar por que, anteriormente, nenhum pintor descobriu ou buscou esse ângulo. E por que Ingres quis fazer esse quadro desaparecer, embora mantendo, como testemunho, uma fotografia dele. Veículo que além do mais, como muitos dos artistas seus contemporâneos, ele declarava detestar, a ponto de assinar em 1862, com outros 26 artistas, um protesto solene "contra qualquer assimilação da fotografia à arte".[73] Há também um detalhe resultante do acaso: à carnação escura, quase de mulata, da mulher representada, correspondem embaixo a brancura do lençol e do travesseiro, e no alto, encerrada entre duas traves do cavalete, a brancura — ainda mais acentuada — dos ombros opulentos e arqueados de Mme. Moitessier. Também isso acentua o forte aspecto fantasmático da imagem.

O artifício usado por Ingres na pose de seu nu desaparecido de Madeleine pressupõe um desvio significativo em relação à história da pintura. A mulher nua deitada e apoiada sobre travesseiros é um tema recorrente que aparece, entre suas supremas variações, em três quadros: a *Vênus adormecida* de Giorgione, a *Vênus de Urbino* de Tiziano e *Olympia* de Manet. Nos três casos, mesmo na disparidade das escolhas estilísticas, observam-se algumas constantes: a mão que cobre o púbis é a esquerda — e o braço direito pode cingir a cabeça (Giorgione) ou apoiar-se nos travesseiros (Tiziano e Manet). Seja como for, o seio esquerdo da mulher aparecerá de perfil, dando assim à figura inteira o caráter de uma visão enviesada. Ingres respeita aparentemente seus dois ilustres predecessores (Giorgione e Tiziano, ao passo que Manet pintou *Olympia* dez anos depois do daguerreótipo do nu desaparecido de Ingres), ou melhor, sobretudo segue Giorgione, de quem retoma três elementos: os olhos fechados, o braço atrás da cabeça, a mão sobre o púbis. Mas para desviá-los, transforma a visão oblíqua em visão frontal, que é obtida levando ao púbis a mão direita em vez da esquerda — e atrás da cabeça o braço esquerdo.

Assim, os dois seios aparecem frontalmente e o perfil que se desenha sobre o fundo escuro é formado por um relevo que passa do braço à coxa direita de Madeleine. As *Vênus* de Giorgione e Tiziano, e mais ainda a *Olympia* de Manet, não se negam ao mundo, e muito menos o negam. A *Vênus de Urbino* e *Olympia* estão prontas a voltar-se para quem entrasse em seu quarto; a *Vênus* de Giorgione poderia despertar do sono e perceber imediatamente se um passante se aventurasse em sua paisagem. A Madeleine de Ingres, ao contrário, em sua frontalidade compacta, é como uma figura de baralho, fechada em si mesma e em suas pálpebras cerradas. Quer somente expor a uma luz tênue a expansão de sua epiderme, mas como se, para além das dobras do seu leito, não houvesse um aposento, e sim o vazio. Ingres parecia querer eliminar nada menos que o espaço. Não há mais a paisagem arejada de Giorgione; não há mais a ampla sala de Tiziano, onde duas mulheres ao fundo se ocupam ao lado de uma arca; já não há sequer o antro estreito e escuro onde Olympia espera seus clientes. Há o puro encontro entre um corpo feminino (que se interrompia na

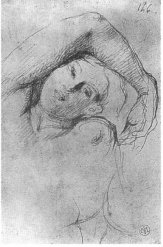

metade das coxas, mesmo tendo o quadro — presumivelmente — mais de um metro como base) e um olhar, que é invadido por ele.

Se do nu desaparecido de Ingres — tal como nos revela a fotografia de Désiré-François Millet — eliminassem a moldura, o cavalete e o fragmento de retrato de Mme. Moitessier que se entrevê em segundo plano, o corpo nu de Madeleine Chapelle sobre o leito poderia ser tomado por algo que nasce como daguerreótipo, assimilável àqueles de certas modelos que aparecem nas fotografias de Durieu, como a celebrada Mlle. Hamely, incluída no álbum preparado por Durieu para Delacroix e por este reproduzida na *Odalisca* de 1857. Assim, um quadro de Ingres poderia ter se tornado material fotográfico para Delacroix, e os dois inimigos mortais se veriam comunicando-se na substância fantasmática de um corpo feminino, o da primeira mulher de Ingres, assim como um gesto de Mlle. Hamely, odalisca de Delacroix — o braço elevado em torno da cabeça —, pode renovar-se no desenho número 2001 de Ingres.

Quando falou dos Ingres na Exposição Universal de 1855 — 43 quadros pendurados um ao lado do outro como selos, segundo o uso da época: a *Grande odalisca* esmagada pela *Joana d'Arc* rósea e couraçada, que a obrigava a tocar-lhe o pé; a respeitabilíssima Mme. Gonse embaixo da desnuda Vênus Anadiomene, Cherubini e Monsieur Bertin oprimidos pela *Apoteose de Napoleão I*, enquanto, ao lado, o dorso de *A banhista de Valpinçon* respondia ao ventre abaulado da Vênus adolescente —, Baudelaire introduziu logo o adjetivo "*heteróclito*"[74] para definir o pintor, acrescentando que Ingres já gozava "de uma imensa, de uma incontestável fama".[75] Como se quisesse dar a entender que aquela fama difundida e adquirida se baseava numa incompreensão radical. E especificava, reforçando ainda mais a observação, que Ingres obrigava a

enfrentar "um *heteroclitismo* bem mais misterioso e complexo do que o dos mestres da escola republicana e imperial, da qual, no entanto, ele tomou seu ponto de partida".[76] Em suma, aquele pintor que já era celebrado por todos — nobres, burgueses e acadêmicos — era tudo o que de mais *estranho* a pintura havia produzido, desde os tempos de David, "astro frio",[77] que já era desconcertante e tinha encorajado outros pintores a imergir seus improváveis personagens "numa luz esverdeada, tradução bizarra do verdadeiro sol".[78] Tão *estranho* que, ao pôr os pés no "santuário atribuído às obras de M. Ingres",[79] o visitante era invadido por um raro "mal-estar",[80] uma espécie de desfalecimento semelhante aos causados "pelo ar rarefeito, pela atmosfera de um laboratório de química, ou pela consciência de um ambiente fantasmático".[81] Bastam essas palavras para nos projetar muito longe de qualquer possível *natureza*. No entanto, está se falando de um pintor que se referia obsessivamente à *natureza*. Ninguém, aliás, havia jamais contestado. Ao passo que agora Baudelaire falava de um "ambiente fantasmagórico", usando um adjetivo que fazia sua primeira aparição num escrito sobre pintura (e é uma deliciosa ironia que fosse aplicado a Ingres). A palavra não prometia muito, e de fato o texto acrescentava que aquele ambiente era habitado por "uma população automática e que perturbaria nossos sentidos por sua estranheza excessivamente visível e palpável".[82] A descrição parecia referir-se a uma fileira de mutantes: mas trata-se dos personagens de Ingres (damas da burguesia e da nobreza, homens ilustres, deusas ou heróis da história). Tudo o que Baudelaire iria escrever sobre os contos de Poe é menos inquietante do que aquelas poucas palavras, que correspondem a uma "sensação poderosa",[83] uma espécie de terror primordial. Não, porém, uma sensação nobre, como se esperaria de uma obra de arte, mas algo "de uma ordem inferior, de uma ordem quase doentia".[84] Do *belo ideal*, de que ainda se falava entre os modestos epígonos de Winckelmann ainda imperantes (Baudelaire acabava de anotar: "[Epígonos] dos quais estamos lotados, a nação os possui em abundância, os preguiçosos são loucos por eles"),[85] cai-se na psicopatologia. Como entender isso? Baudelaire propõe então uma explicação temerária: a inegável potência de Ingres seria por causa de uma amputação. Sua pintura pressupõe um evento que pareceria infausto: "A imaginação, esta rainha das faculdades, desapareceu".[86] Com isso, Baudelaire já disse o suficiente para desorientar seus leitores, certamente os daquele tempo, mas também os de hoje. Mas quer dar um passo à frente na provocação ao aproximar Ingres do pintor mais incompatível com ele: o ainda cru, o fascinante Courbet. O que os dois teriam em comum? As obras deles teriam "isto de singular: manifestam um espírito de sectário, massacrador de faculdades".[87] Após o subentendido psicopatológico, Baudelaire passa ao subentendido político. Ingres e Courbet prefiguram aqueles que um dia viriam a ser os niilistas russos e os agentes da Okrana: devotados a objetivos opostos, mas prontos a usar os mesmos meios. E, para a pintura, o que conta são justamente os meios: "Em sua guerra à imaginação, obedecem a móveis diferentes; e dois fanatismos inversos os conduzem à mesma imolação".[88]

Não é de surpreender que o artigo sobre Ingres tenha sido recusado pela direção do *Pays*. Não deviam ter entendido muita coisa, mas seguramente perceberam que naquelas páginas havia algo — nada desprezível — de irregular e irreverente. A crítica de arte ali praticada por Baudelaire era metafísica camuflada, ou seja, não se percebia, mas desarrumava a ordem da prosa. E Baudelaire só elaborava a metafísica daquela forma, insinuando-a em frases sobre a pintura, a psique, a política ou qualquer outro assunto. Não poderia fazer diferente. No mesmo artigo sobre a Exposição Universal de 1855, havia confessado: "Tentei mais de uma vez, como todos os meus amigos, encerrar-me num sistema para nele pregar à vontade. Mas um sistema é uma espécie de danação que nos leva a uma abjuração perpétua; é sempre necessário inventar outro, e essa fadiga é um castigo cruel".[89] O sistema, portanto, não era adequado para Baudelaire. Para ele, a metafísica era antes uma poderosa droga destilada na solidão, uma doutrina abundante de paralogismos, não menos do que os sonhos. Mas era também a única possibilidade que o mantinha sempre aberto para captar todo "produto espontâneo, inesperado, da vitalidade universal".[90] E essa era a única potência perante a qual se inclinava: "O belo multiforme e variegado, que se move nas espirais infinitas da vida".[91] Na Exposição Universal, ao lado de Ingres, isso podia ser representado por um conjunto de objetos de arte chinesa (a coleção de Montigny, ex-cônsul em Xangai) que os críticos da época ignoraram compactamente, à exceção de Gautier. Ou então podia revelar-se numa daquelas "flores misteriosas cuja cor profunda entra despoticamente na visão, enquanto sua forma espicaça o olhar".[92] Mais uma vez, natureza e arte se sucediam como formas alternantes da "vitalidade universal".

Mas não era só a aversão a todo sistema que mantinha Baudelaire longe do "filosofismo".[93] Com doloroso *understatement*, ele escrevia: "Não tenho tempo, nem talvez a ciência suficiente, para investigar quais são as leis que deslocam a vitalidade artística".[94] Aludia assim ao fato de jamais ter tido tranquilidade ou disposição para elaborar teoria de maneira articulada, equilibrada, exaustiva. Devia sempre aproveitar a ocasião — um Salon, um livro a resenhar, uma exposição — para invadir a cena, de surpresa e de viés, com seus pensamentos repentinos, insinuantes e frequentemente remotos em relação ao objeto que se empenhara em analisar. Por isso o pensamento era sempre um clandestino, que devia avançar por alguns parágrafos, divagar febrilmente — e depois desaparecer ou esconder-se. Abandonadas as salas de aula da filosofia, o pensamento entrava numa fase de ocultamento, de disfarces sucessivos, de mimetização, como se quisesse regenerar--se em muitas vidas sob nome falso.

Ingres proclamava que "o desenho compreende três quartos e meio do que constitui a pintura"[95] e passou a vida condenando os coloristas, atrás dos quais escondia a todo custo o inimigo principal: Delacroix. Mas quem olha hoje os quadros de Ingres pensa logo no uso genial da cor. Ou melhor, o abalo inicial, ao menos nos retratos, pode vir mais da cor do que do desenho. Esse é um dos exemplos mais clamorosos de como Ingres se obstinava em não compreender a si mesmo. Mas o caso é ainda mais complicado. Porque sobre este ponto, excepcionalmente, Ingres concordava com a tendência do século. Para a maioria dos seus contemporâneos e dos primeiros pósteros, a cor de Ingres era frequentemente motivo de escárnio, como se o artista fosse incapaz de lidar com ela, por causa de sua devoção cega ao desenho. Robert de la Sizeranne ainda achava que, no excelente retrato da princesa de Broglie, Ingres faz "gritar [...] os azuis e os amarelos",[96] referindo-se à relação entre o damasco amarelo da poltrona em que a princesa se apoia e seu soberbo vestido azul. Relação hipnótica, que não nos cansamos de admirar. Em raras ocasiões a mudança que o tempo impõe nos aparatos perceptivos se deixa captar com tanta evidência.

A cor de Ingres incomodava, e por isso não queriam percebê-la. No *Salon de 1846*, Baudelaire começa a explicá-la (embora com alguns toques de malevolência, porque aquele *Salon* estava centrado na exaltação de Delacroix): "M. Ingres adora a cor, como uma vendedora de modas. É doloroso, e ao mesmo tempo prazeroso, contemplar os esforços que ele faz para escolher e combinar seus tons. O resultado, nem sempre dissonante, mas amargo e violento, com frequência agrada aos poetas corrompidos; mesmo assim, depois de se comprazer por muito tempo nessas lutas perigosas, o fatigado ânimo deles deseja absolutamente repousar num Velásquez ou num Lawrence".[97] O subentendido é o mais oposto possível à visão então corrente sobre Ingres. Ninguém ousaria dizer que a cor oferecida por ele era "amarga e violenta". Ou, pior, que essa cor podia agradar "aos poetas corrompidos". Contudo, quem mais se aproximava da imagem do "poeta corrompido", senão o próprio jovem Baudelaire, na Paris de 1846, ainda não suficientemente intoxicada de *décadence*, e onde já se anunciava um seu livro de poemas intitulado *Les Lesbiennes*? A direção em que se movem os acenos de Baudelaire é clara: a cor de Ingres é algo de altamente inatural, um exagero que tem algo de inquietante, talvez sinistro — e serve para nos introduzir num espaço no qual "todas essas coisas só nos aparecem numa luz quase assustadora; porque não é nem a atmosfera dourada que banha os campos do ideal, nem a luz tranquila e comedida das regiões sublunares".[98] Palavras temerárias, que Baudelaire precisa mimetizar em sua crônica, passando adiante de imediato.

$*$ $*$ $*$

A linha contra a cor, a cor contra a linha: essa disputa, que atravessa como uma cicatriz a história da pintura, celebra novos fastos com Delacroix e Ingres. Formam-se duas facções, que trocam impropérios e condenações. Doravante, ninguém se pergunta o que são linha e cor sem lançar-se em apelos à natureza, chantagistas como sempre. Sobre o desenho, pelo menos, um dia Valéry se arriscará a dizer: "O desenho é um ato da inteligência".[99] Mas e a cor, então? Deverá ser, enquanto inimiga, subtraída à inteligência? E por que sempre se adverte um fundo *moral* nessa disputa? Sobretudo nos pomposos apotegmas de Ingres: "O desenho é a probidade da arte"[100] — exemplo célebre.

Mas, mesmo que se evite toda moralização, o conflito permanece. Poussin e Rubens indicam de fato dois caminhos divergentes e opostos. O mesmo se dá com Delacroix e Ingres. Chegada a tais pontos de conflito insanável, a pintura se introduz em estratos da sensibilidade nos quais se chocam imagem contra imagem e percepção contra percepção, quase já sem recorrer à palavra. É fácil constatar tudo isso em Ingres. Seu reino é fechado à palavra — à sua e à dos contemporâneos. O que acontece com ele é um ato de submissão e devoção ao visível que tem a violência e a angústia de uma superstição arcaica. Com Ingres, triunfa a mística da tautologia. Ela já fora notada, dois séculos antes, em certos interiores holandeses. Mas agora é uma tautologia onipresente. Invadiu a vida da sociedade e da família. Está pronta a sair para um *dîner en ville* ou um baile. Com equanimidade, investe luvas, dobras do cetim, xales, *lorgnons*, leques, fitas, camafeus, franjas, laços, lenços, anéis, plumas, gorjeiras. E também os seres femininos que com eles se revestem. Objetos, pedras, tecidos e pessoas possuem uma mesma natureza. A natureza do fetiche.

* * *

Alguns retratos de Ingres transmitem certo sentido de indubitabilidade, como ocorre com Velázquez. No entanto, são dois pintores opostos. De Velázquez, foi dito que era capaz de *pintar o ar*. E Thoré tentava até explicar de que modo: "Trata-se de 'criar o vazio' em torno das figuras e das coisas materiais, para que pareçam no ar. Velázquez nunca arrisca uma cor positiva em seus fundos, sempre neutralizados por colorações mistas e inapreensíveis, às vezes de um verde fosco ou de um rosa sujo, ou por uma velatura de pérola e de prata".[101] Descrição impecável, que não poderia ser transferida para Ingres. Porque, em Ingres, *não existe ar*. Mas nem por isso se tem uma sensação de opressão. Ocorre então a dúvida de que, nele, o vazio não esteja somente em torno das figuras, mas também atrás delas. Como se todas, mesmo na precisão de cada uma de suas rugas e dobras, fossem de natureza alucinatória. Isso não implica que não tenham substância psicológica, às vezes imperiosa, como em Monsieur Bertin. É antes como se algum sinal secreto nos avisasse que os caracteres individuais são outros tantos emissários do jogo das formas, em relação às quais a função social daqueles que posam — e isso vale também para o duque de Orléans — se torna um pretexto, como se eles fossem modelos profissionais que se alternam entre os panos do estúdio. Todos aqueles cujo retrato Ingres pintou constituem uma população à parte no reino animal, geneticamente distinta, como poucas palavras clarividentes de Baudelaire haviam insinuado: "Suas figuras têm a aparência de moldes de forma corretíssima, preenchidos por uma matéria mole e não viva, estranha ao organismo humano".[102] Se "o pintor dos pintores",[103] como o chamou Manet, é Velázquez — o pintor sem adjetivos, sem definições, sem qualidades —, seu correspondente num planeta sem oxigênio é Ingres. Opostos em tudo, ambos alcançam por vias diferentes, sobre as quais nada nos transmitiram, a meta última da pintura: a evidência.

Ingres não *reage* à fotografia, como aconteceria aos pintores seus contemporâneos — e geralmente com repulsa, salvo exceções como Delacroix. Ingres *incorpora* a fotografia à sua pintura muito antes que ela seja inventada.

Charles Blanc observou isso um dia, quando olhava, no apartamento de Ingres — 11, Quai Voltaire —, o retrato em grafite da família Forestier "reunida num pequeno salão burguês: o pai, de cabeça descoberta, segurando sua caixa de rapé, a mãe vestida para a ocasião, uma jovem ao clavecino e um visitante"[104] (mas também aparece a governanta na porta, surpreendida no ato de voltar-se). Então Blanc disse: "O senhor tinha adivinhado a fotografia trinta anos antes de existirem fotógrafos".[105] Naturalmente, Ingres negou e falou da natureza: "Esse desenho que o senhor admira, eu o encontrei já pronto na natureza: não alterei nada".[106] Mas Blanc estava certo. De outro modo, é difícil definir o motivo pelo qual os retratos de Ingres em grafite se destacam tão nitidamente da secular tradição que os precedeu. Para medir essa distância repentina e abissal, basta comparar o da família Forestier, que é de 1806, com os de Alexandre Lenoir e de sua mulher, desenhados por David em 1809.

Ingres crescera na escola de David. A ele deve ser atribuído, ao que parece, o candelabro no retrato de Mme. Récamier. Mas quase não tivera tempo nem necessidade de se emancipar, uma vez que o retrato de Barbara Bansi — assinado "Ingres. Aluno de David" e datado de 1797 porque ao fundo se entrevê o primeiro paraquedas, experimentado por André-Jacques Garnerin em outubro daquele ano — já mostra em ação aquela divergência radical. Os retratos de David se ligam a Fragonard, ao menos na técni-

ca dos sombreados paralelos e esgarçados, assim como Fragonard se ligava a Watteau. Ao passo que, com Ingres, entramos em outro espaço. A sala dos Forestier é sugerida apenas pelo clavecino e pela ombreira de uma porta, e no entanto sua presença é palpável. A família, inclusive o cãozinho aos pés de Mme. Forestier, é flagrada num instantâneo, ainda que depois de uma pose prolongada. E é a imagem da nova universalidade burguesa, em suas múltiplas variações. Em contraposição, o casal Lenoir desenhado por David se oferece sobre o papel como o último descendente de uma estirpe que foi retratada geração após geração, a cada vez com estilo levemente diferente e trajes adequados à época.

Assim como o irrefletido *style troubadour* dos quadros históricos de Ingres pressupõe a adjacência do melodrama e de Walter Scott, seus desenhos em grafite entreabrem o grande verão do romance. As turistas inglesas em Florença, que lhe pagavam

42 francos por um busto e 63 por um retrato em pé, assim que saíam de seu estúdio iam inscrever-se no registro civil da República dos Narradores, à espera de serem convocadas às páginas de Austen e das irmãs Brontë ou às de Stendhal e de Balzac, até às páginas dos ainda não nascidos Henry James e Proust.

Ingres costumava definir-se como "*peintre de haute histoire*",[107] e nada o enfurecia mais do que ouvir alguém bater à sua porta perguntando: "É aqui que mora o desenhista de pequenos retratos?".[108] No entanto, se todos os seus quadros de tema histórico desaparecessem, a pintura e o olhar poderiam até alegar não haver percebido. Mas e se fossem cancelados os cerca de 450 retratos em grafite, aos quais Ingres se dedicava geralmente por dinheiro? Seria uma catástrofe, como o desaparecimento de uma espécie zoológica desprovida de linhagens vizinhas e que se destacasse por sua perfeição e autossuficiência. Ou a extinção de uma língua litúrgica. Amaury-Duval já dizia que, daquela parte da obra dele, "não há nada de análogo em nenhuma época".[109] A população dos desenhos de Ingres não pertence à *haute histoire*, mas à *alta vida* — se é que algo do gênero pode subsistir —, como uma *comédie humaine* muda e indelével.

No ano [1824] em que Ingres expôs seu *Henrique IV brincando com seus filhos*, outros 21 quadros com episódios da vida desse rei foram apresentados no Salon (sente-se um calafrio ao pensar nisso). Ao escolher os temas, Ingres apenas seguia a onda da época. Obedecia e executava. Sofria, caso não fosse adequadamente apreciado. Mas, simultaneamente, agia nele um outro ser que sabia muito bem do poder hipnótico emanado dos retratos em grafite — e justamente por isso não quis incluí-los em sua retrospectiva de 1855 ("não veriam outra coisa", disse).[110]

Pode-se também supor outra razão, mais velada, desse seu modo de eludir e deixar de lado o assunto. Um dia, Amaury-Duval lhe perguntou se ele havia terminado o retrato em grafite de uma dama de suas relações. Ingres respondeu: "Ah, meu amigo, nem me fale... está muito ruim. Não sei mais desenhar... Não sei mais nada... Um retrato de mulher! Nada no mundo é mais difícil, é impraticável... Tentarei de novo amanhã, porque vou recomeçá-lo... Dá vontade de chorar".[111] Amaury-Duval acrescenta que de fato, nesse momento, os olhos do artista se encheram de lágrimas.

Se existiu uma *doutrina secreta* de Ingres — e a imensa divergência que se observa entre sua obra e suas declarações iniciais induz a pensar assim —, esta devia incluir, como primeiro artigo, que o retrato de uma mulher é o empreendimento mais difícil do mundo, por razões teológicas e cósmicas que talvez os artigos seguintes da doutrina, por nós desconhecidos, explicassem. Daí a obstinação, a tenacidade e a suprema mestria de Ingres ao representar mulheres, por toda a vida. E talvez um motivo pelo qual o *Banho turco* o acompanhou até o fim tenha sido justamente o fato de aquele lugar ser o próprio emblema do desafio — e por isso também o lugar mais almejado. Segundo certas fontes que Ingres tinha em mente, no *Banho turco* poderiam ser vistas juntas até "duzentas banhistas".[112] Assim, o momento mais terrível — o instante em que o ordálio começava — se repetia a cada vez em que uma desconhecida senhora da alta sociedade vinha posar para ele a fim de obter um retrato seu em grafite.

Podemos considerar como últimas palavras de Ingres as que ele disse no portão de sua casa do Quai Voltaire, aonde havia acompanhado suas convidadas, após um serão de música, para ajudá-las a vestir as peliças, enquanto um ar gélido de janeiro atacava o grupo e todos insistiam que o dono da casa se retirasse logo: "Ingres viverá e morrerá como servo das mulheres".[113] Poucos dias depois, morreria.

3. Visitas a Madame Azur

Fazia tempo que Delacroix e Ingres se batiam diante de um público que os circundava e instigava como a "dois lutadores".[1] E Baudelaire se declarara, de imediato, completamente seguro do lado de Delacroix. Mas por que sua prosa era tão aguçada e precisa quando falava de Ingres, ao passo que se tornava nebulosa e enfática ao tratar de Delacroix? Delacroix tinha a desvantagem de não ser somente um pintor, mas também uma causa. Cabia-lhe representar "a parte melancólica e ardente do século".[2] Parte que de outro modo arriscava-se a permanecer sufocada, tratando-se de um "século para o qual nada é difícil de explicar, graças a seu duplo caráter de incredulidade e de ignorância".[3] Com Delacroix, no entanto, era-se tomado por um impulso e um frêmito. Mas em direção a quê? Não estava claro. Baudelaire o sabia — e certa vez se traiu. Escreveu que Delacroix era o único capaz de "*faire de la religion*".[4] Justamente. A "religião" tornara-se um *gênero*. E Delacroix não era sequer o primeiro. Chateaubriand já fora mestre em "*faire de la religion*", a partir do *Génie du christianisme*.

Enquanto Delacroix viveu, Baudelaire seguiu atrás do nome dele como atrás de um estandarte suntuoso e ensanguentado. E, nesse ínterim, formulava sua metafísica da arte. Delacroix se tornava então, antes mesmo que um pintor, o devoto da "rainha das faculdades",[5] a imaginação, entendida como capacidade de assimilar e elaborar, usando os recursos da *composição*, aquele interminável estoque de imagens e de sinais que, por brevidade, é chamado "natureza". Processo que era a variante moderna do *opus* alquímico, prática teúrgica sugerida por um novo Giordano Bruno.

Mas o modo de descrever Delacroix é bem diferente no ensaio escrito por ocasião da morte do artista. Aqui, ao enamorado da paixão e das coisas ardentes são logo atribuídas algumas características que haviam pertencido de maneira eminente ao seu (já então) suposto pai: Talleyrand. Estes são os primeiros toques: "Eugène Delacroix era uma curiosa mistura de ceticismo, polidez, dandismo, vontade ardente, astúcia, despotismo".[6] A marca setecentista era nítida nele — e, paradoxalmente, mais afinado com Voltaire do que com Rousseau. Sua ascendência genética em Talleyrand às vezes se esboçava beirando a insolência: Delacroix "tinha pelo menos vinte maneiras diferentes de pronunciar '*mon cher monsieur*', que representavam, para um ouvido treinado, uma curiosa gama de sentimentos".[7] Mas já se tornara lendário como Talleyrand dispunha de outras tantas fórmulas para oferecer um prato de assado, dependendo das pessoas. É possível que Delacroix e Baudelaire fossem ocultamente congeniais também ao vago aroma do século precedente que os acompanhava: Delacroix, como filho hipotético e ilegítimo de Talleyrand; Baudelaire, como "filho de um velho [...] que havia visto os *salons*"[8] (o pai tinha 62 anos quando ele nasceu). Daí também os equívocos mais banais: "Sua polidez pareceu amaneirada porque era uma herança do século XVIII".[9]

Com sua "tez de peruano ou de malaio",[10] Delacroix circulava por um vasto estúdio do qual estava banido todo bricabraque e onde ainda se respirava "a particular austeridade da velha escola".[11] Era "demasiadamente *homme du monde* para não desprezar o mundo".[12] Assim, temia abandonar-se ao prazer da conversação como a uma libertinagem fascinante, mas danosa porque dispersiva. A herança talleyrandiana e a altivez do dândi culminavam num traço que só Baudelaire nos revelou: "Uma das grandes preocupações de sua vida, creio, foi a de dissimular as cóleras de seu coração e de não parecer um homem de gênio".[13]

Certo domingo, no Louvre, Baudelaire entreviu Delacroix. O artista se ocupava em explicar "os mistérios da escultura assíria"[14] a uma mulher que o seguia com cândida atenção. Nela Baudelaire reconheceu Jenny, "a ama de grande coração"[15] que servia a Delacroix havia trinta anos.

Delacroix era desconfiado em relação a Baudelaire. Mantinha-o à distância, como se temesse ser descoberto. Aqueles elogios tinham sempre algo de insinuante, que perturbava. Como quando Baudelaire havia celebrado as mulheres nos quadros de Delacroix, afirmando que "quase todas são doentes, e resplandecem de certa beleza interior".[16] "No final, ele me deixa aborrecido",[17] disse a respeito Delacroix, segundo o testemunho de Buisson. Irritava-o sutilmente que em sua pintura achassem louvável um "não sei quê de doente, a falta de saúde, a melancolia obstinada, a lividez da febre, a luminescência anormal e bizarra da doença".[18] Baudelaire sondava as zonas proibidas de Delacroix — e Delacroix, até em seu diário, defendia-se chamando-o *Monsieur* Baudelaire (e, na abertura de suas cartas, "*Mon cher Monsieur*").

Em geral, as relações de Delacroix com as mulheres nunca haviam sido nem muito fáceis, nem muito felizes. Quando Baudelaire escreveu, no epicédio dele: "Sem dúvida, [Delacroix] tinha amado muito as mulheres nos momentos agitados de sua juven-

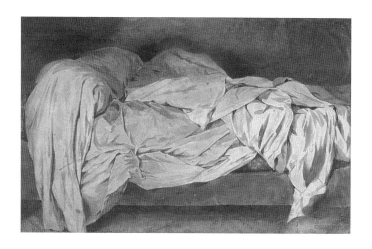

tude. Quem não se sacrificou demais a esse ídolo temível? E quem não sabe que justamente aqueles que a serviram melhor são os que mais se queixam dela? Mas, muito tempo antes de seu fim, ele já excluíra de sua vida a mulher".[19] Essa segurança divinatória *in psychologicis* certamente não teria agradado a Delacroix, desde sempre entrincheirado atrás de sua máscara de felino arisco.

Por volta dos 25 anos, Delacroix era atormentado pelo seu corpo, "companheiro mudo, exigente e eterno".[20] E, em seu léxico particular, corpo significava *sexo*. "Foi sem dúvida por uma brincadeira de mau gosto que o céu nos permitiu assistir ao espetáculo do mundo por essa ridícula janela",[21] associada a dois terrores: a sífilis e a impotência. Ainda assim, o desfile das modelos — Laure, Adeline, Millie, Hélène, Sidonie — era frequentemente acompanhado por uma anotação em um italiano dúbio: "*Dolce chiavatura*",*[22] seguida das tarifas do serviço duplo. O artista era meticuloso. De vez

---

* Do verbo *chiavare*, que significa pregar, cravar e, em linguagem vulgar, trepar. Mas, neste último sentido, o substantivo correspondente seria *chiavata*. (N. T.)

em quando se entristecia: "Fiquei duas horas em meu estúdio. Grande carência de sexo. Estou totalmente abandonado".[23]

A pintura vivera vários séculos sem sentir a necessidade de representar um leito desfeito. Depois, repentinamente, por volta de meados do século XIX, dois pintores distantes por educação e por gosto — Delacroix e Menzel — traçam sobre o papel a imagem de um leito desarrumado. Quase parecem representar, com radical diversidade de estilo, e variando o ângulo de observação, a mesma cama. É o mundo amarrotado e abandonado pela presença humana que finalmente se mostra em sua integridade autossuficiente, sem exigir um suplemento de significado. Ou melhor, quase elevado e liberado de qualquer função de suporte e de fundo. Somente um leito desfeito nos concede esse prodígio: a ausência da figura humana — e ao mesmo tempo a marca dos corpos. Era esse o Delacroix que se escondia por trás das coruscantes fantasmagorias históricas ou literárias que invadiam suas telas mais celebradas. E talvez fosse esse seu aspecto de maior afinidade com Baudelaire.

∗ ∗ ∗

O jovem Odilon Redon foi avisado de que, num baile da administração departamental — era o ano de 1859 —, Delacroix estaria presente. Reconheceu-o imediatamente. Era "belo como um tigre; a mesma altivez, a mesma elegância, a mesma força".[24] Mais sobriamente: "Estatura média, magro e nervoso",[25] cabelos longos e escuros. Mantinha-se à parte. Redon e seu irmão Ernest não o perderam de vista em nenhum momento: "Nós o espiamos por toda aquela noite, em meio à multidão, a ponto de sairmos na mesma hora, e o seguimos. Ele atravessou sozinho a Paris noturna, de cabeça baixa, caminhando como um gato pelas calçadas mais estreitas. Um cartaz no qual estava escrita a palavra 'quadros' chamou-lhe a atenção; ele se aproximou, leu e continuou o trajeto com seu sonho, quero dizer, sua ideia fixa. Atravessou a cidade até a porta de um apartamento à Rue La Rochefoucauld, onde já não morava. O hábito o distraíra demais! Voltou tranquilamente até a pequena e silenciosa Rue Furstenberg, onde vivia então".[26]

"Não há nada mais cosmopolita do que o Eterno",[27] escreveu Baudelaire certa vez, resolvendo com um gesto fulminante graves questões que inutilmente abarrotariam a mente de muitos antropólogos do século seguinte. Há problemas que não encontram resposta porque não a pedem. Entre outros, o da evidente afinidade entre os mitos da espécie humana. Para Baudelaire, esses mitos deviam ser encarados como os ramos de "uma árvore que cresce em toda parte, em qualquer clima, sob qualquer sol, espontaneamente e sem mudas".[28] Se os mitos são — como certa vez sugeriu Lévi-Strauss — *aquilo que não se perde em tradução*, pode-se dizer que, entre becos sem saída, florestas, tendas e caravançarás, tais histórias foram também a mais segura e talvez a única língua franca usada desde os primórdios, com eficácia e sem interrupções. Claro, quando se chegava à Bélgica, para Baudelaire o centro geométrico da *bêtise* moderna, tudo isso se tornava pouco claro. Ou matéria para professores. Então ressoou seu veredicto sobre os belgas, duas frases separadas por uma pausa sagaz:

"Tudo o que eles não compreendem é mitologia.

"E há muita."[29]

Após a morte de Delacroix, Wagner havia assumido o lugar dele no teatro mental de Baudelaire. A peculiaridade de sua música era esboçada em algumas palavras — "*vontade, desejo, concentração, intensidade nervosa, explosão*"[30] — que lembravam algo: eram as mesmas que, anos antes, haviam definido Delacroix. Mas, ao mesmo tempo, Baudelaire captava as novidades irredutíveis de Wagner. Somente a ele dedicou uma digressão sobre o mito ("o *mito* como matéria ideal do poeta"),[31] a qual, para Delacroix, ficaria deslocada. E logo iluminava o sentido dos *Leitmotiven* como insígnias, emblemas que se confrontam, algo mais próximo dos hexagramas do *I Ching* (do qual ainda não existia uma tradução) do que das árias do melodrama. Os personagens de Wagner não eram senão os veículos dessas potências: "Todo personagem é, por assim dizer, brasonado pela melodia que representa seu caráter".[32]

Quando já trabalhava em sua última grande obra, a *Chapelle des Saints-Anges*, na igreja de Saint-Sulpice, Delacroix anotou no diário de 1º de janeiro de 1861: "A pintura me persegue e me atormenta de mil maneiras, para falar a verdade, como a amante mais exigente; há quatro meses, escapo ainda de madrugada e corro para esse trabalho sedutor, como para os pés da amante mais querida".[33] E poucos dias depois, numa carta a George Sand, voltava a falar da pintura em termos eróticos: "Essa distração contínua e o ardor que dedico à minha tarefa de cavalo de tração me fazem acreditar ter voltado àquela idade encantadora na qual corremos sempre e sobretudo para as traidoras que nos assassinam e nos enfeitiçam".[34] Levantava-se às cinco e, na lama e no frio, dirigia-se aos andaimes de seu afresco, hirta couraça voltada para o mundo.

Delacroix se transferiu para a Rue Furstenberg a fim de estar mais próximo da Saint-Sulpice. Mandara construir um estúdio que dava para um jardinzinho. A luz plena do meio-dia era filtrada por uma cortina. Do estúdio chegava-se diretamente ao jardim. Redon anotou: "Nenhum ruído de fora penetra ali; tem-se a impressão de estar longe de Paris. Cartas do solitário, escritas a um amigo distante, mostram que ele se sentia muito bem no silêncio daquele lugar calmo, onde foram meditados e realizados seus últimos trabalhos".[35]

Delacroix costumava dizer: "Descansem com frequência".[36]

Com alarmante segurança, Baudelaire consegue relacionar — ou melhor, sobrepor — dois seres tão diferentes quanto Delacroix e Stendhal. Ambos veneravam a paixão, embora sob formas e com gestos bem distintos. Mas, sobretudo, eram roídos pelo mesmo tormento: "Pode-se dizer dele [Delacroix], assim como de Stendhal, que tinha muito medo de ser enganado".[37] Mas enganado pelo quê? Pela própria paixão, pela alma, pelo sobrenatural, que irrompiam em sua pintura. Manchas rutilantes, vapores ensanguentados, labaredas — na tela. Mas moderação e desconfiança na mente do pintor. E a essa altura sobrevém a frase decisiva: "Cético e aristocrático, ele só conhecia a paixão e o sobrenatural por intermédio de seu convívio forçado com o sonho".[38] Sem querer sublinhá-lo, Baudelaire ofereceu aqui a fórmula que permite acompanhar a obstinada, secreta, árdua busca de Delacroix: "Era um convívio forçado com o sonho", como se o sonho não fosse algo que, por definição, vem nos visitar, mas algo que procuramos desencavar.

Sobre Delacroix, nunca foi dita uma frase tão precisa — e que fosse tão longe.

Stendhal a chamava de Madame Azur, porque o endereço dela era 11, Rue Bleue. "Nem pudica nem piegas"[39] (segundo Mérimée), Alberthe de Rubempré foi, aos 24 anos e em rápida sucessão, amante de Delacroix, Stendhal, Mérimée. Cada um falara muito bem dela ao amigo mais dileto — e por este havia sido prontamente suplantado. Duas revoluções depois (1830 e 1848), Delacroix foi visitá-la certa noite:

> Fui ver a boa Alberthe, que encontrei sem fogo, em seu grande quarto de alquimista, e com uma daquelas roupas bizarras que a fazem parecer uma maga. Ela sempre gostou desse aparato necromântico, mesmo nos tempos em que a beleza era sua magia mais verdadeira. Ainda recordo aquele quarto forrado de preto e de símbolos fúnebres, seu vestido de veludo negro e aquela caxemira vermelha enrolada em torno da cabeça, todos os tipos de acessórios que, mesclados ao círculo de admiradores que ela parecia manter à distância, me haviam empolgado temporariamente. Onde está o pobre Tony [Johannot]? Onde está o pobre Beyle?… Hoje ela é louca pelas mesas de três pés: contou-me coisas inacreditáveis. Os espíritos se aninham ali dentro; você pode obrigar a lhe responder, como preferir, ora o espírito de Napoleão, ora o de Haydn e de muitos outros! Cito os dois que ela mencionou. Como tudo se aperfeiçoa! Até as mesas de três pés fazem progressos! […] Falou-me de grossos manuscritos cujos autores são essas mesas, e que sem dúvida farão a fortuna das pessoas suficientemente dotadas de fluido para infundir à matéria todo esse espírito. Assim, será possível ser um grande homem sem muita dificuldade.[40]

Também Hugo se beneficiaria disso.

* * *

Havia ainda o sangue. "Lago onde os anjos maus banham-se em sangue"[41] é a cártula fulgurante que, em "Os faróis", oferece em palavras a essência de Delacroix. Definição que faz estremecer, porque nos introduz na psique do pintor, antes mesmo que em sua obra. O próprio Baudelaire quis explicá-la: "*Lago de sangue*: o vermelho; — *assombrado pelos anjos maus*: sobrenaturalismo"[42] (termo decisivo que Baudelaire retomava de um texto francês de Heine). Mas o ponto delicado continuava sendo o lago. Aquele vermelho não era somente a cor que tão frequentemente impregna as telas de Delacroix. Era sangue. Ninguém se detivera no fato de que *A morte de Sardanapalo*, mais do que representar o fim do déspota, exibia a carnificina que o precedia. Cena em que Sardanapalo ainda mantinha o papel de quem observa, quase como se fosse o posto avançado do espectador do quadro. Na fonte de Delacroix (um drama de Byron, por sua vez baseado em poucas palavras de Ctésias), nada disso aparecia. Dizia-se apenas que Sardanapalo, para não se render, havia desaparecido numa fogueira com suas concubinas. Ao passo que o quadro de Delacroix fixava o momento em que uma concubina ia ser degolada, outra estava prestes a se enforcar, e a lâmina de um escravo afundava no peito de um cavalo branco. Era como se todo o quadro não tivesse sido concebido para mostrar uma pira coletiva, mas apenas o momento em que um indivíduo assiste à matança das criaturas a quem ama. Sobretudo aquela simultaneidade ao fazer jorrar o sangue da mulher e o do cavalo tinha algo de arcaico e terrífico, bem distante dos inócuos quadros históricos que ocupavam os Salons.

Um oculto furor sacrificial se estendia na base de toda a pintura de Delacroix, mas só em casos raros tinha licença para se expor. *A morte de Sardanapalo* foi sua oportunidade exemplar. Nunca mais Delacroix tentaria algo tão ousado, assim como nunca mais mostraria a Liberdade com o seio nu sobre as barricadas de Paris (embora, em 1848, Thoré lhe tivesse pedido isso). No entanto, ninguém se deteve nos detalhes de sua ferocidade. O olhar era distraído pelas cascatas de gemas e baixelas que as concubinas pisoteavam e pela encantadora postura da favorita, que se prostrava sobre o leito para pedir clemência ao déspota.

"Rever o *Sardanapalo* é reencontrar a juventude",[43] escreveu Baudelaire muitos anos depois, em pleno Segundo Império. Mas o quadro não ressuscitava somente o "tempo feliz"[44] da grande escola romântica. O vínculo era ainda mais íntimo: "Muitas vezes", escrevia ainda Baudelaire, "meus sonhos foram povoados pelas formas magníficas que se agitam nesse vasto quadro, ele mesmo maravilhoso como um sonho".[45] Naquela coruscante cena onírica, Delacroix e Baudelaire se comunicavam. Talvez demais — e Delacroix se inquietava justamente por isso. Como se já conhecesse algumas palavras reveladoras que Baudelaire escreveria em sua memória: "Mais de uma vez me aconteceu, ao olhar para ele, imaginar os antigos soberanos do México, aquele Montezuma cuja mão hábil nos sacrifícios podia imolar, num só dia, três mil criaturas humanas sobre o altar piramidal do Sol".[46]

Numa nota do *Salon de 1846*, Baudelaire recordava: "Disseram-me que, tempos atrás, Delacroix havia feito, para seu *Sardanapalo*, uma grande quantidade de estudos maravilhosos de mulheres, nas mais voluptuosas atitudes".[47] Assim era: Delacroix tinha desenhado vários nus para seu *Sardanapalo*, exatamente como, cerca de trinta anos depois, Degas desenharia alguns esboços magníficos das mulheres atormentadas por flechas em sua *Cena de guerra na Idade Média*. Era como se, por duas vezes, a imagem mais intensa e mais perfeita do corpo feminino só pudesse aparecer um instante antes de seu massacre. Em Degas, aqueles corpos vêm a assumir, no quadro, posturas muito semelhantes às dos desenhos, exceto uma figura, que no quadro finalmente desaparece.

No *Sardanapalo*, ao contrário, a composição era muito mais incerta e algumas debilidades se mostravam evidentes: o cavalo jamais encontraria seu espaço, a figura de um homem com o braço erguido à direita resultaria incongruente. O próprio Delacroix era cheio de dúvidas quanto ao êxito da obra. E pode-se entender por quê. Enquanto, em Degas, a disposição das figuras corresponde a um momento de terror que imobiliza a cena, Delacroix havia concebido o *Sardanapalo* como uma espécie de vórtice, uma espiral ciclônica que tivesse no centro o olho de Sardanapalo. Isso se deixa depreender também de um desenho em bico de pena de formidável audácia, que faz pensar no melhor Picasso. Mas ainda era cedo demais para que algo semelhante pudesse ser apresentado no Salon. Desse modo, o quadro, no fim, resultou de um compromisso com os cânones da pintura histórica. Mas a Baudelaire não escapou seu elemento mais escandaloso: aquele "déspota asiático [...] de barba negra e entrançada"[48] também era "belo como uma mulher".[49] Ou melhor, aparecia "envolto em suas musselinas, com uma atitude de mulher",[50] como se aquele cír-

culo de voluptuosidade e massacre fosse autossuficiente e peculiarmente feminino. O papel masculino se reduzia ao puro imperativo da autodestruição.

Uma amizade apaixonada ligava Delacroix e Chopin. Mas entre os dois subsistia uma diferença delicada: Delacroix "não se cansa de escutar Chopin; saboreia-o; sabe-o de cor",[51] observava George Sand. Ao passo que Chopin olhava os quadros de Delacroix sem conseguir articular uma palavra. Não porque os desaprovasse, mas por total insensibilidade à arte em geral. Tudo lhe parecia excêntrico, e "tudo o que lhe parece excêntrico o escandaliza"[52] — outro esclarecimento de George Sand, que acrescentava: "Ele se fecha em tudo o que há de mais estreito no convencionalismo".[53] Chopin não gostava sequer que lhe dissessem que "seu gênio é o mais original e o mais individual que existe".[54] Isso lhe parecia suspeito. E arregalava os olhos, perplexo, quando Delacroix falava do "mistério dos reflexos",[55] aplicando-o também à música. Como se pensasse: "Bah, é um artista…".

Delacroix ia prazerosamente visitar George Sand e Chopin por alguns dias em Nohant, nos confins do Berry. Ocupava-se em pintar flores, das quais admirava — dizia — "a bela *arquitetura*".[56] Havia também o bilhar, o baralho, os passeios. Ou então as pessoas se recolhiam aos seus quartos. E podia haver momentos suspensos, perfeitos. Então — Delacroix escrevia a Pierret —, "por instantes, pela janela aberta sobre o jardim chegam lufadas da música de Chopin; isso se mescla ao canto dos rouxinóis e ao perfume das roseiras".[57]

O Enfado, o Tédio que Baudelaire instalou como divindade tutelar na soleira de *As flores do Mal* era o subentendido, a língua franca de todas as sensibilidades. Era a perfuração do terreno que permitia chegar a uma camada comum, o equivalente da luta de classes para Marx.

Delacroix vai visitar Chopin enfermo, poucos meses antes da morte: "Serão em casa de Chopin; encontrei-o muito prostrado, quase sem respirar. Pouco depois, minha presença o revigorou. Ele me dizia que o tédio era seu tormento mais cruel. Perguntei-lhe se não conhecia antes esse vazio insuportável que eu sinto às vezes. Respondeu que sempre sabia se ocupar com alguma coisa. Por menos importante que seja, uma ocupação preenche os momentos e afasta esses vapores. Bem diferentes são as dores".[58]

Em sua amizade, Delacroix e Chopin viram-se compartilhando muitas intimidades, até das mais desagradáveis. E talvez jamais como naquela noite em que George Sand teve a ideia de infligir ao amante e a Delacroix uma sessão de leitura em voz alta de trechos de seu romance *Lucrézia Floriani*, no qual havia ridicularizado Chopin o quanto podia, sob as vestes do príncipe Karol. Delacroix confidenciou um dia a Madame Jaubert: "Aquela leitura era para mim um suplício".[59] Mas como reagiam os outros dois?, perguntaram-lhe. Delacroix respondeu: "Acreditem, eu não saberia dizer; o carrasco e a vítima me surpreendiam igualmente. Madame Sand parecia absolutamente à vontade, e Chopin não parava de admirar a narrativa. À meia-noite nos retiramos juntos. Chopin quis me acompanhar, e aproveitei a oportunidade para sondar suas impressões. Ele estaria representando um papel diante de mim? Não, realmente não havia compreendido, e persistiu em seu entusiástico elogio do romance".[60] Deveriam ser outros amigos a esclarecê-lo quanto ao assunto. Pouco tempo depois, entre soluços e crises de sufocação, o musicista deixou para sempre o Square d'Orléans, onde vivera com a fecunda romancista.

Mas, quando estavam a sós e aliviados do peso da sociedade, Delacroix e Chopin também conversavam sobre coisas bem diferentes. Tem-se disso um indício precioso numa anotação do diário de Delacroix. Era o dia 7 de abril de 1849, Chopin já gravemente enfermo. Os dois amigos deram uma longa volta de carruagem, para além dos Champs-Élysées e da Étoile. Delacroix se sentia feliz por "poder ser útil a ele em alguma coisa".[61] Naquele dia, Chopin falou por muito tempo, e Delacroix, que no entanto relutava em abrigar argumentações difusas — próprias ou alheias — em seu diário, quis transcrever as palavras do outro em detalhes, com rara participação. Convém escutá-las como se fossem um dos *Études*. E então veremos aquela dupla, que uma tradição estúpida vinculava ao culto exclusivo de sentimentos e paixões, inflamar-se ao pensamento de uma consequencialidade quase científica na arte (em qualquer arte), de um conhecimento que permita tratar com impaciência até mesmo a inspiração.

Com o que sonham os românticos? São *jeunes filles* rigorosas, que falam de lógica e de "leis superiores",[62] exatamente como fará Proust um dia. E, neste caso, pode-se tranquilamente escutar a voz que fala como uma *voz dupla*, de Chopin mas igualmente de Delacroix: "Ao longo do dia, ele me falou de música e isso o reanimou. Perguntei-lhe que coisa estabelecia a lógica em música. Ele me fez entender o que são harmonia e contraponto; que a fuga é como a lógica pura em música, e que ser competente na fuga é conhecer o elemento de toda razão e de toda concatenação em música. Pensei em quanto me sentiria feliz por me instruir em tudo isso que os musicistas vulgares abominam. Esse sentimento me deu uma ideia do prazer que os doutos, se dignos de tal nome, encontram na ciência. O fato é que a verdadeira ciência não é aquilo que comumente se entende por essa palavra, isto é, uma parte do conhecimento que difere da arte. Não, a ciência assim encarada, demonstrada por um homem como Chopin, é a própria arte, e arte já não é então aquilo que o vulgo acredita, ou seja, uma espécie de inspiração que vem não sei de onde, que avança ao acaso, e só apresenta o exterior pitoresco das coisas. É a própria razão ornada pelo gênio, mas que segue um caminho necessário e regido por leis superiores".[63]

Quando, três anos depois, cuidou de introduzir Poe na França, Baudelaire não deixou de opô-lo à negligência formal de George Sand, precursora daquelas escritoras cujo "estilo se arrasta e ondula como seus vestidos".[64] Ao passo que "nos livros de Edgar Poe o estilo é denso, *concatenado*; a má vontade do leitor ou sua preguiça não conseguirão passar através das malhas dessa rede tecida pela lógica".[65] Assim, Chopin e Baudelaire se reuniam numa *aurea catena* através de Delacroix. Chopin, que Baudelaire só mencionou uma vez, em poucas palavras. Mas que palavras… Falavam de sua "música leve e apaixonada que lembra um pássaro brilhante a esvoaçar sobre os horrores de um abismo".[66]

4. O sonho do bordel-museu

Em 13 de março de 1856, uma quinta-feira, Baudelaire foi acordado às cinco horas por Jeanne, que fazia barulho arrastando um móvel em seu quarto. O despertar interrompeu um sonho complicado. Baudelaire logo o transcreveu numa carta a Asselineau, o amigo fiel que um dia cuidaria de reunir os papéis dele. Baudelaire dava muita importância às boas maneiras. Sabia muitíssimo bem que, em geral, as pessoas que contam os próprios sonhos são importunas. Monsignor Della Casa* também era dessa opinião. Por que, então, Baudelaire escolheu Asselineau para contar logo e em todos os detalhes (nunca mais o faria, nem jamais o fizera antes) aquele seu sonho? "Já que os sonhos o divertem":[1] são as primeira palavras da carta e aludem a um subentendido: Asselineau era o cúmplice de Baudelaire nos sonhos. Dois anos antes, havia publicado numa revista um conto, "La Jambe" [A perna], no qual se lia uma cena de preparativos para o fuzilamento

---

* Nome pelo qual se tornou conhecido o religioso, literato e escritor italiano Giovanni della Casa (1503-1556), autor do manual de boas maneiras *Galateo ovvero de' costumi*. (N. T.)

de um general nas Tulherias. Poderíamos defini-lo como o sonho do fuzilamento não ocorrido do general Aupick: sonho *emprestado* da psique de Baudelaire à do amigo. Talvez também porque o autor do empréstimo não poderia contá-lo em primeira pessoa. Mas um dia iria isolá-lo do contexto e comentá-lo numa resenha que é também o texto ao qual Baudelaire confiou suas palavras mais penetrantes sobre o sonho em geral.

SONHO DE ASSELINEAU

Um dia, sonho que assisto, na grande alameda das Tulherias, no meio de uma multidão compacta, à execução de um general. Um silêncio respeitoso e solene reina na assistência.

O general é trazido dentro de uma mala. Pouco depois sai dela, em uniforme de gala, cabeça descoberta, salmodiando em voz baixa um canto fúnebre.

De repente avista-se um cavalo de guerra, selado e caparazonado, corcoveando na esplanada à direita, do lado da place Louis xv.

Um gendarme se aproxima do condenado e lhe entrega respeitosamente um fuzil carregado: o general faz pontaria, atira, e o cavalo cai.

E a multidão se dispersa, e eu mesmo me retiro, bem convencido internamente de que era *de uso, quando um general era condenado à morte, que, se seu cavalo viesse a aparecer no local da execução e ele o matasse, o general estaria salvo.*[2]

Durante a insurreição de fevereiro de 1848, quando Jules Buisson encontrou o dândi Baudelaire na Rue de Buci, empunhando um "belo fuzil"[3] e incitando os revoltosos a irem fuzilar o general Aupick, quem o escutava provavelmente não se opunha, em princípio, à ideia de que se devia atirar num general, mas, com igual probabilidade, nem sequer sabia quem era o general Aupick, que — com sua costumeira sorte — naquele momento não morava em Paris, nem por algum outro motivo era suficientemente conhecido das massas. E, sobretudo, quem por acaso encontrasse Baudelaire ignorava que a culpa original do general Aupick era a de ter desposado Caroline Baudelaire em segundas núpcias.

Entre aquele dia revolucionário e a resenha sobre Asselineau, passaram-se onze anos. No intervalo, Baudelaire chegara à conclusão de que "1848 só foi atraente pelo excesso mesmo do Ridículo".[4] Permanecia, contudo, um ponto fixo: o general Aupick. Toda revolução é a tentativa renovada de encenar o sacrifício de um rei. E, assim como um rei pode ser substituído por um general seu (portanto, também pelo general Aupick), também o general pode ser substituído por seu cavalo, que é o animal mais próximo do homem segundo a doutrina dos Brâmanes, e, por isso, aquele que pode substituí-lo no sacrifício. Era esse o fundamento do *aśvamedha*, o sacrifício do cavalo, que é o rito fundador da soberania na Índia védica. Se, no fim de uma sequência complicadíssima e minuciosa, que durava um ano, o cavalo fosse sacrificado, o rei obtinha a soberania sobre tudo. Mas, na época de Baudelaire, a Índia védica era o que podia haver de mais remoto, pois os textos que contam o *aśvamedha* ainda não tinham sido traduzidos. No entanto, o sonho parece saber tudo isso — e o adapta aos novos tempos. Agora o rei não é sacrificado, mas guilhotinado na place Louis xv (Place de la Concorde), para onde se move o cavalo. E, para evitar a execução do rei, será preciso condenar à morte um general dele, assim como, para evitar a morte do general, será preciso matar seu cavalo com um tiro de fuzil. Ou melhor, será preciso que o próprio general (substituto do rei) mate o animal com seu fuzil, assim como, na Índia antiga, para evitar o sacrifício do rei sacrificava-se o cavalo — e era o próprio rei quem predispunha o rito. Na passagem do sacrifício à condenação à morte cumpre-se fulminantemente a passagem dos tempos antigos aos tempos novos, que divergem em tudo, exceto num ponto, porém essencial: a exigência da substituição da vítima. Baudelaire consegue reconhecer essa vertiginosa abreviação de toda a história através do sonho de um amigo. Ou melhor: através do sonho que o amigo Asselineau relatava num conto seu, mas que Baudelaire parecia entender como um sonho próprio, *substituindo* o amigo por um daqueles "monstruosos paralogismos"[5] que o sonho mesmo faz aceitar como "coisas totalmente naturais"[6] — e que mais tarde, através de uma rede de canais subterrâneos, acabam por nutrir toda a literatura.

Agora, ao contrário, Baudelaire assumia a tarefa de contar a Asselineau um sonho próprio, "ainda quente".[7] Assim o definia: fragmento de "uma linguagem quase hieroglífica da qual não tenho a chave".[8] Uma sucessão de "insólitos enredos",[9] como os que emanam do templo da natureza em "Correspondências". O sonhador é circundado por eles, observa-lhes os "olhos familiares".[10] Reconhece que são hieroglíficas, e portanto imagens carregadas de significado. Sabe que não tem a chave que as decifraria. Pode apenas contemplá-las demoradamente; pode apenas apresentá-las em sucessão, e portanto *narrá-las*, como naquele momento Baudelaire tenta fazer para Asselineau. Tal é a condição crônica de sua vida, imersa na "obscuridade natural das coisas".[11] Como a vida de todos, até dos que ignoram viver em meio a hieróglifos. Mais uma vez, a diferença decisiva está somente na consciência, como entre o puro mal e a "consciência dentro do Mal".[12] O ato de contar é a primeira — e talvez também a última — forma da consciência.

Por isso Baudelaire senta-se à sua mesa, às cinco da manhã, e escreve a Asselineau. Ele não era um narrador. Passou anos prometendo romances, em vão (a si mesmo, à mãe, a diretores de revistas). Mas sua obra romanesca conflui toda para este sonho, como para seu estuário.

SONHO DE BAUDELAIRE

Eram (no meu sonho) 2 ou 3 horas da manhã, e eu passeava sozinho pelas ruas. Encontro *Castille*, que tinha, creio, várias incumbências a cumprir, e eu lhe digo que o acompanharei e aproveitarei a carruagem para executar um encargo pessoal. Então, tomamos uma carruagem. Eu considerava meu *dever* oferecer à dona de uma grande casa de prostituição um livro meu que acabava de sair. Ao olhar meu livro, que eu trazia na mão, *aconteceu* ser um livro obsceno, o que me explicou *a necessidade* de oferecê-lo a essa mulher. Ademais, em minha mente, essa necessidade era no fundo um pretexto, uma oportunidade de trepar, já que estava ali, com uma das moças da casa, e isso implica que, sem a necessidade de oferecer o livro, eu não ousaria ir a semelhante casa. Não digo nada de tudo isso a *Castille*, mando a carruagem parar à porta daquela casa e deixo *Castille* na carruagem, prometendo a mim mesmo não fazê-lo esperar muito. Logo depois de tocar e entrar, percebo que meu pau pende da abertura desabotoada da calça, e julgo indecente me apresentar assim, mesmo num lugar daqueles. Além disso, ao sentir meus pés muito molhados, percebo que tenho os *pés nus*, e que os meti numa poça úmida na base da escada. Bah! — digo a mim mesmo —, vou lavá-los antes de trepar, e antes de sair da casa. Subo. A partir desse momento, o livro não aparece mais.

Encontro-me em vastas galerias, comunicantes entre si — mal iluminadas —, de aspecto triste e decadente, como os velhos cafés, os antigos gabinetes de leitura, ou as casas de jogo vagabundas. As moças, espalhadas por essas vastas galerias, conversam com uns homens, entre os quais vejo alguns colegiais. Sinto-me muito triste e muito intimidado; temo que vejam meus pés. Olho para estes e percebo que *um* traz um sapato. Pouco depois, percebo que ambos estão calçados.

O que me impressiona é que as paredes dessas vastas galerias estão ornadas de desenhos de todo tipo — emoldurados. Nem todos são obscenos. Há até desenhos de arquitetura e figuras egípcias. Como me sinto cada vez mais intimidado, e não ouso abordar uma moça, divirto-me em examinar minuciosamente todos os desenhos.

Numa parte recuada de uma dessas galerias, encontro uma série muito singular. Em meio a uma multidão de pequenas molduras, vejo desenhos, miniaturas, provas fotográficas. Representam pássaros coloridos com plumagens muito brilhantes, e cujo olho é *vivo*. Às vezes, *há somente metades de pássaros*. Às vezes representam imagens de seres estranhos, monstruosos, quase *amorfos*, como *aerólitos*. No canto de cada desenho, há uma anotação. — *Tal moça, de tal idade…, deu à luz este feto em tal ano* — e outras anotações do gênero.

Vem-me a reflexão de que esse tipo de desenho não é nem um pouco feito para inspirar ideias de amor.

Outra reflexão é esta: Realmente só existe no mundo um jornal, e é *Le Siècle*, que possa ser suficientemente estúpido para abrir uma casa de prostituição e para instalar ali, ao mesmo tempo, uma espécie de museu médico. De fato, penso de repente, foi *Le Siècle* que financiou esta especulação de bordel, e o museu médico se explica por sua mania de *progresso, de ciência, de difusão das luzes*. Então reflito que a estupidez e a tolice modernas têm sua utilidade misteriosa, e que muitas vezes, por uma mecânica espiritual, aquilo que foi feito para o mal se transforma em bem.

Admiro em mim mesmo a justeza de meu espírito filosófico.

Mas, entre todos aqueles seres, há um que viveu. É um monstro nascido na casa, e que se mantém eternamente sobre um pedestal. Embora vivo, faz parte do museu. Não é feio. Seu aspecto é até gracioso, muito moreno, de uma cor oriental. Há nele muito rosa e muito verde. Está agachado, mas numa posição esquisita e contorcida. Além disso, há algo negrusco que faz várias voltas em torno dele e de seus membros, como uma grande serpente. Pergunto-lhe o que é aquilo, e ele me diz que é um apêndice monstruoso que parte de sua cabeça, algo elástico como borracha, e tão comprido, tão comprido, que se ele o enrolasse na cabeça como se fossem cabelos, o peso seria muito grande e absolutamente impossível de aguentar, e que por isso é obrigado a enrolá-lo ao redor dos membros, o que, aliás, faz um efeito mais bonito. Converso longamente com o monstro. Ele me informa de seus tédios e de seus pesares. Já faz muitos anos que é obrigado a permanecer naquela sala, sobre aquele pedestal, para a curiosidade do público. Mas seu principal aborrecimento é a hora da ceia. Como é um ser vivo, é obrigado a cear com as moças do estabelecimento, a caminhar cambaleando, com seu apêndice de borracha, até a sala da ceia, onde precisa mantê-lo enrolado em torno de si ou instalá-lo como uma pilha de cordas sobre uma cadeira, porque, se o deixasse arrastar-se pelo chão, isso faria sua cabeça tombar para trás. Além disso, é obrigado, pequeno e atarracado como é, a comer ao lado de uma moça alta e bem-feita. De resto, me dá todas essas explicações sem amargura. Não ouso tocá-lo, mas me interesso por ele.

Nesse momento (isto já não é sonho), minha mulher faz barulho com um móvel em seu quarto, o que me acorda. Acordo exausto, prostrado, com as costas, as pernas e os flancos moídos. Presumo que estava dormindo na posição contorcida do monstro.[13]

Esse sonho deve ser contemplado sobretudo como um conto. Um conto espantoso. Talvez o mais ousado do século XIX. Em comparação, as *Histórias extraordinárias* de Poe soam antiquadas e tímidas, a narração se revela submissa a certas cadências obrigatórias, assim como a certa adjetivação altissonante. O sonho de Baudelaire, ao contrário, é sucinto e enxuto, a prosa, atravessada por guinadas nervosas e encabritamentos. *Interpretar* esse sonho — no sentido de pretender obter aquela "chave"[14] para os hieróglifos, a qual Baudelaire reconhecia não possuir — seria uma grave indelicadeza. Uma espécie de falta metafísica de tato. Implicaria admitir a existência de uma mente através da qual a mente de Baudelaire poderia ser lida em transparência. Por sorte, a *communicatio idiomatum* entre uma mente e outra não admite uma tal promiscuidade. E não admite sequer uma plena promiscuidade da mente individual consigo mesma, na medida em que a parte ignota permanece sempre dominante. Mas pode-se ao menos acompanhar, percorrer de novo, passo a passo, o sonho de Baudelaire. Pode-se deixar que ele emita seus numerosos tentáculos, filamentos e pseudópodes; pode-se observá-lo enquanto captura outros fragmentos de imagens, mesmo desconexos, já que no sonho vale "a legitimidade do absurdo e do inverossímil".[15]

São duas ou três da madrugada e Baudelaire caminha sozinho pelas ruas de Paris. Tem ainda um "encargo pessoal"[16] a cumprir. Para ele, cada dia traz "seu contingente de raivas, de brigas, de aborrecimentos, de tarefas e de trabalho".[17] E aquele pelotão persecutório continua agindo até em plena noite. Em seguida Baudelaire encontra Castille (romancista, seu velho conhecido). Castille também tem algumas obrigações a cumprir. Dois literatos que avançam noite adentro por causa de encargos. Baudelaire se junta ao amigo. A certa altura desce da carruagem, prometendo a si mesmo "não fazê-lo esperar muito".[18] Só o tempo de oferecer um livro à gerente da casa de prostituição e de "trepar, já que estava ali, com uma das moças da casa".[19] A carruagem de Castille deveria assinalar o início e o fim da história. Que se revelará, porém, longa demais e será casualmente interrompida. Mas por que Baudelaire encontra justamente Castille?, e por que escreverá três vezes o nome dele em itálico, sem razão aparente? Muitas vezes a retórica do sonho considera os nomes mais importantes do que as coisas. Mais ainda nos sonhos de um escritor. Dessa vez, a pessoa *Castille* parece ser o mero suporte de seu nome. Que logo evoca a Espanha (Castela) e um castelo espanhol (*castillo*). Talvez Castille seja o guardião da entrada de um *château en Espagne*. Expressão antiga (já se encontra no *Roman de la Rose*) que designa projetos quiméricos, irrealizáveis. A origem da expressão é discutida, mas tudo parece indicar que se trata de propriedades que alguém se atribui num país estrangeiro ainda a conquistar, a preço de sangue. Embarcar na carruagem de Castille significaria então entrar na quimera, além de tudo com a intenção de voltar a ela, assim que for cumprida uma incumbência.

Como especialista em *châteaux en Espagne*, ninguém igualava Baudelaire. Quase toda carta à sua mãe, ao tabelião Ancelle ou aos vários credores inclui alguma evocação de castelos da Espanha, que muitas vezes eram *romances*. Poucos meses antes, em outubro de 1855, ele havia escrito à mãe: "Provavelmente, em *dezembro*, a *Revue des Deux Mondes* publicará um romance meu".[20] Mas Buloz, diretor da revista, não sabia de nada disso. E, sobretudo, *o romance não existia*. Observa-se também uma sutileza: Baudelaire junta a notícia sobre o romance inexistente, dando-a por quase certa, a uma notícia verdadeira, que, ao contrário, ele dá por duvidosa: "*Michel Lévy* publicará também (mas quando?) meu livro de Poesias e meus artigos críticos".[21] Castille serve, assim, para introduzir Baudelaire num território quimérico que ao poeta é particularmente caro e congenial. Introduz Baudelaire ao seu romance, que nunca será escrito e já é — compacto e informe como um aerólito — o resumo deste sonho.

Assim, chega para Baudelaire o momento de mandar a carruagem parar diante da porta de uma "grande casa de prostituição".[22] Ele desce e toca, deixando Castille na carruagem, à espera. Durante o que se segue, Baudelaire se esquecerá dele. No entanto, por todo aquele tempo, Castille permanece na carruagem diante do grande bordel, como testemunha incancelável daquilo que está acontecendo a Baudelaire. Castille é a mente quiescente de Baudelaire. Fechado na caixa preta da carruagem, cala e espera, depois de lançar seu Eu na quimera. Enquanto isso, Baudelaire quer oferecer à *maîtresse* um exemplar das *Histórias extraordinárias* de Poe, por ele traduzidas e introduzidas. O livro acabava de ser distribuído às livrarias. Reconstituindo-se os eventos daqueles dias, constata-se que o exemplar oferecido na noite da quinta-feira à amante da "grande casa de prostituição" era o *primeiro* que Baudelaire dava. Aquele encargo noturno tinha, portanto, algo de solene e imprescindível. Também chama a atenção a pressa com que Baudelaire, consumado procrastinador, neste caso, decide agir antes que a noite acabe. De fato, era sem dúvida um "*dever*"[23] premente.

Baudelaire explora *a quimera do bordel-museu.* Que o lugar tem um significado vastíssimo está claro para o sonhador durante o próprio sonho, que é também uma *reflexão* sobre esse lugar, com a qual o sonhador até se compraz. Mas por que esse lugar deveria pôr à prova o pensamento? Descobre-se a resposta pouco a pouco.

Baudelaire se apresenta no bordel para um encargo noturno que é ao mesmo tempo um "*dever*"[24] (ressaltado pelo itálico) e um prazer ("uma oportunidade de trepar, já que estava ali, com uma das moças da casa"[25] — e o coloquial e brusco *baiser* [trepar] usado aqui por Baudelaire é um caso único em sua obra). Até este ponto, nada indica a singularidade do lugar. A atenção se concentra, porém, no estranho modo de o sonhador se apresentar. Há a obscenidade do pênis que sai da calça, como se o sonhador se mostrasse *como exibicionista* numa "grande casa de prostituição".[26] Obscenidade ligada ao livro que o sonhador quer oferecer à *maîtresse* ("*aconteceu* ser um livro obsceno").[27] Mas também aqui se nota uma estranheza: dos contos de Poe, que Baudelaire deveria ter nas mãos, pode-se dizer tudo, menos que sejam *obscenos*. Então, de que livro se trata? Baudelaire insiste sobre o fato de que é um livro *seu*: "Um livro meu que acabava de sair".[28] O sonho enxerga longe: pode-se plausivelmente supor que já via como *o* livro de Baudelaire *As flores do Mal*, que seriam publicadas um ano depois e logo seriam apreendidas e condenadas por obscenidade. Por mais que Baudelaire se tivesse amalgamado com Poe até se confundir com ele, *seu* livro seria afinal aquela primeira e única coletânea de poemas que traz seu nome.

Entre o momento em que Baudelaire está na carruagem com Castille e aquele em que se apresenta à porta da grande casa de prostituição, o tempo se adiantou. Assim se explica a surpresa de Baudelaire ("*aconteceu* ser um livro obsceno"), como se o livro tivesse se transformado em suas mãos. No fundo de si mesmo, naquela parte que corresponde ao *As flores do Mal*, Baudelaire *já sabe* que foi definido, oficialmente, como obsceno. Mas o paradoxo é que ele deve apresentar-se como tal *até numa casa de prostituição*. Aquela casa é certamente um lugar onde a obscenidade é mais facilmente acolhida do que alhures. Mas lá também vigora um código minucioso, do qual faz parte, por exemplo, a obscenidade amplamente *representada* nas paredes, como de fato Baudelaire constatará pouco depois, ao observar os desenhos pendurados na própria casa: "Nem todos são obscenos".[29] Porém, em comparação com a obscenidade representada, o sonhador sabe que se encontra em um nível ulterior, de obscenidade direta e injustificável, mesmo no bordel: "Julgo indecente me apresentar assim, mesmo num lugar daqueles".[30] A situação tem algo de cômico, desesperadamente cômico: Baudelaire se apercebe de estar introduzindo a indecência num bordel. E isso o deixa tão pouco à vontade quanto se estivesse num salão respeitável. Nessa sensação se condensa sua peculiaridade. Ser indecente *de qualquer maneira*, veículo de um elemento desequilibrante que perturba com equanimidade a virtude e o vício, como se fossem distinções irrelevantes.

A essa altura acrescenta-se ("Além disso")[31] que Baudelaire percebe ter "os *pés nus*".[32] Sua obscenidade é ulterior ao sexo. O sexo pode valer apenas para introduzi-la. Aquela obscenidade tinha a ver com *a vergonha de existir*. Por isso era sem remédio. Os pés nus: sua mãe já atribuíra todas as desgraças do filho à falta de solas de borracha. Então ele lhe respondera reivindicando ser um especialista em forrar seus sapatos com palha ou papel. Recursos precários, que não funcionam quando se pisa numa poça, como acabava de acontecer a Baudelaire *diante* dos degraus que levavam ao bordel. A posição do sonhador é prejudicada desde o início — e a tentativa de saná-la mostra um eloquente paralogismo onírico: "Vou lavá-los antes de trepar, e antes de sair da casa".[33] A partir desse momento, a preocupação do sonhador se concentra somente nos pés: "Sinto-me muito triste e muito intimidado; temo que vejam meus pés".[34] Em seu modo de apresentar-se no bordel-museu, Baudelaire emblematizou o estado crônico de sua vida: estar *exposto demais*, sofrer com isso — e também ter de suportar a suspeita de que essa exposição excessiva se deva a uma mistura nociva de exibicionismo e derrelição. E talvez fosse realmente assim, pensa Baudelaire, mas por um motivo metafísico, que ele só explicitará em *Meu coração desnudado*: porque não somente a escritura, o gesto, a maquilagem, a roupa, a prostituição, mas também toda a manifestação cósmica, constituem uma *exposição*, imputável ao menos como *racolage passif*, aquele "aliciamento passivo" que um dia entraria triunfalmente no léxico judiciário francês. Seja qual for o modo de aparecer, o simples fato de aparecer já é um convite à prostituição. O vício de Baudelaire seria então, antes de mais nada, o de corresponder *demasiado literalmente* ao estado geral do mundo, à sua crônica exposição da aparência. Mas escritor é justamente aquele que sabe tomar tudo ao pé da letra. Por isso, a condenação a cujo encontro o sonhador se dirige por seu modo de apresentar-se é também uma confirmação da clarividência de seu pensamento.

Até esse momento, o olhar de Baudelaire está concentrado sobre si mesmo, sobre o embaraço que seu aspecto lhe cria, tornando-lhe impossível mimetizar-se entre os vários frequentadores do bordel. É uma reflexão sobre sua própria vida, que fala por imagens. Baudelaire sabe que, para ele, *obscenidade* e *maldição* tendem a coincidir. E esse era justamente o sentido original dos *obscena dicta*: "*Apud antiquos omnes fere obscena dicta sunt, quae mali ominis habebantur*"[35], lê-se em Festo.

Em torno do sonhador, pode-se entrever uma paisagem que devia ser bem conhecida por Baudelaire: moças espalhadas que conversam com os clientes, uma atmosfera ao mesmo tempo sórdida e tensa, móveis e decorações que parecem ter vivido muito, "como os velhos cafés, os antigos gabinetes de leitura, ou as casas de jogo vagabundas".[36] Mas a quimera ainda não se revelou de todo. E continua a desdobrar-se através da arquitetura, *medium* eminentemente onírico (o único sonho contado por Baudelaire em poesia, no "Sonho parisiense", é uma visão arquitetônica). O bordel se compõe — descobre o sonhador — de "vastas galerias, comunicantes entre si",[37] como um Piranesi erótico. O sonhador avança de uma galeria a outra — e neste ponto já nada o distingue de um visitante dos Salons. E, assim como nos Salons a exposição era dividida por setores (pintura militar, paisagens, retratos etc.), também aqui, após uma zona de representações obscenas que podemos supor não muito reduzida, Baudelaire começa a encontrar outros gêneros — e precisamente "desenhos de arquitetura e figuras egípcias".[38] Os desenhos de arquitetura testemunham o mergulho da visão *en abîme*: no sonho (que já é uma representação), o sonhador observa uma espécie de invasão arquitetônica, extensiva e intensiva. Primeiro, na dilatação dos espaços no bordel; depois, nas representações que constelam as paredes deste. É verdade que "não há ponta mais aguçada do que a do Infinito",[39] escreveria um dia Baudelaire. Mas deve-se acrescentar que "o infinito parece mais profundo quando é mais restrito",[40] e portanto emoldurado (Baudelaire quis recordar isso num parêntese).

Quanto às figuras egípcias, estas valem de igual modo — assim acontecia desde os tempos da *Flauta mágica* — como cenário teatral e alusão ao caráter misterioso da visão à qual pertencem. No interior do sonho, aludem à natureza desse mesmo sonho, que se apresenta — dirá Baudelaire — como "uma linguagem quase hieroglífica da qual não tenho a chave".[41] E esse é o ponto decisivo: não se trata dos hieróglifos de Champollion, por conseguinte traduzíveis em fonemas como outro alfabeto qualquer, e tampouco dos de Athanasius Kircher, portanto de imagens não passíveis de explicitação discursiva e todavia compostas numa ordem rigorosa e articulada que não só tem sentido como é também o sentido secreto de tudo. Baudelaire se encontra numa posição ulterior, com o pé em falso — com seu *pé nu* em falso (ao passo que o outro está calçado). De fato, ele não tem dúvidas quanto à natureza hieroglífica do que lhe aparece, mas não tem a chave — nem fonética nem simbólica — para chegar ao significado daquilo. Durante séculos, desde o início da trajetória dos *Hieroglyphica* de Horapolo, pode-se dizer que a cultura europeia se dividiu entre os polos da substituição (perceptível no empenho em decifrar e, por conseguinte, em substituir) e da analogia (perceptível na busca das correspondências, portanto de uma corrente simbólica que permitisse passar, por semelhança, de imagem a imagem, sem jamais sair do jogo cósmico das figuras). Chegados até Baudelaire e ao seu encargo noturno (e chegados também até hoje), ambos os caminhos se revelam inadequados. O sonhador entra de pés nus no bordel-museu (só mais tarde os pés lhe aparecerão calçados, em virtude daquela oscilação contínua que pertence ao seu estado) e reconhece uma sequência de hieróglifos. Mas sabe que não tem a chave deles. Ao mesmo tempo, seu "espírito filosófico"[42] está alerta e se exercitará sobre a visão, até o ponto de extrair dela ousadas conclusões sobre o curso do mundo. Se devêssemos definir qual é o estado original do ser pensante na época que se estende dos primeiros românticos até o presente, dificilmente encontraríamos uma imagem mais precisa do que a de Baudelaire penetrando, com seus pés alternadamente nus ou calçados, nas galerias do bordel-museu.

"Sem a necessidade de oferecer o livro, eu não ousaria ir a semelhante casa."[43] Se Baudelaire sente *a necessidade*[44] (a palavra está destacada como uma ressurgência imprevista de Ananké) de oferecer o *primeiro* exemplar de seu livro à amante de uma grande casa de prostituição, isso pressupõe que as relações entre eles são estreitas a ponto de impor tal gesto como um *dever*.[45] Afora a mãe, aquela *maîtresse* é a única mulher a quem Baudelaire se preocupa em entregar logo um exemplar do livro. Sua pressa não surpreende em absoluto: sabemos que ele frequentava todo tipo de lugar duvidoso, bem mais do que os salões aos quais, desde sua adolescência, poderia ter sido introduzido facilmente pelo padrasto.

Quem parece surpreso, ao contrário, é o próprio Baudelaire. Para chegar a tal intimidade com a *maîtresse*, ele deve ter frequentado assiduamente a casa dela. Mas agora acha que, sem a necessidade de oferecer o livro, não ousaria transpor aquela soleira. É como se o próprio livro — o próprio ato de escrever — *autorizasse* a introduzir-se no lugar do prazer venal. Toda a teologia da prostituição, que inerva *meu coração desnudado* e é o mais importante suplemento a Joseph de Maistre atribuível a Baudelaire, aninha-se neste trecho. O subentendido é que a prostituição — ou melhor, até mesmo a obscenidade — pertence à literatura antes mesmo que ao bordel onde Baudelaire se introduz. Talvez aquela casa espere seu livro como uma chancela para existir — e isso explicaria a pressa e o senso de *necessidade*[46] que fazem Baudelaire correr até lá em plena noite.

O círculo vicioso é evidente. O lugar da prostituição é tão familiar que exige a oferta do livro. Mas só essa oferta permite o acesso ao lugar da prostituição. Isso já é um poderoso torniquete em forma de paralogismo. Agora, porém, acrescenta-se algo. Os tempos novos produzem uma complicação ulterior: o bordel é também um museu, ou melhor, um museu de medicina, um lugar dedicado à ciência da *saúde* — e financiado por um jornal que se caracteriza por sua "mania de *progresso, de ciência, de difusão das luzes*".[47] Como isso pôde acontecer? Como os tempos chegaram ao ponto em que um tal fenômeno não só é plausível, mas também ocultamente *certo*? É o momento para que se patenteie o mistério do século, que é também o mistério do *Siècle*. Fundado em 1836 por Armand Dutacq, dito "o Napoleão da imprensa", *Le Siècle* foi, ao lado de *La Presse* de Émile de Girardin, um primeiro exemplo de jornal a preço baixo e alta tiragem naqueles anos centrais de Luís Filipe, que viram o nascimento da imprensa cotidiana sob a forma que desde então permaneceu, no fundo, inalterada. Pela primeira vez, o grande público entrava em cena.

Baudelaire tinha boas relações com Dutacq, amigo de Balzac, empresário arrojado e antecipador que seria desapossado, com o tempo, dos numerosos títulos que havia fundado ou adquirido. Mas seu jornal mais afortunado, *Le Siècle*, logo se tornara para Baudelaire um objeto de atração perversa: lê-lo o impelia a cultivar voluntariamente a estupidez "para extrair-lhe a quintessência".[48] Ao tabelião Ancelle, ele escreveu um dia que se dedicara àquele exercício "durante vinte anos sobre o *Siècle*".[49]

Estamos na aurora da *bêtise* — e pela primeira vez um escritor precisa vê-la concentrar-se num lugar, como um dia acontecerá a Karl Kraus em Viena com a *Neue Freie Presse* (e, paralelamente, os rugidos de Bloy se fariam ouvir). Ao passo que o epos da loucura seria celebrado nas vicissitudes de Bouvard e Pécuchet. *Le Siècle* obedecia à dupla vocação de ser o jornal ideal tanto de Bouvard e Pécuchet quanto do farmacêutico Homais. Baudelaire o descrevia assim: "Existe um valoroso jornal em que todos sabem tudo e falam de tudo, em que cada redator, universal e enciclopédico como os cidadãos da antiga Roma, pode ensinar alternadamente política, religião, economia, belas-artes, filosofia, literatura".[50] É uma visão majestosa. Trata-se de um "vasto monumento da paspalhice, inclinado para o futuro como a Torre de Pisa, e no qual se elabora a felicidade do gênero humano".[51] E era justamente essa aspiração "*a fazer a felicidade do povo*"[52] que mais irritava Baudelaire. Este já entrevia um bando de "advogadozinhos que, como tantos outros, conseguirão empetecar-se para a tribuna, macaquear Robespierre e, por sua vez, *declamar* coisas *graves*, mas com menos pureza do que ele, sem nenhuma dúvida; porque a gramática será dentro em pouco uma coisa tão esquecida quanto a razão, e, no ritmo em que vamos avançando rumo às trevas, há motivo para esperar que no ano de 1900 estejamos mergulhados na escuridão absoluta".[53] A difusão das Luzes fomentada cotidianamente pelo *Siècle* parecia a Baudelaire uma corrida nas trevas. Embora a palavra *progresso* continuasse a ser associada aos bons sentimentos e a certa benevolência insípida, tratava-se, ao contrário, de uma pista para trenós de corrida, na qual bastava o impulso inicial e depois só era preciso preocupar-se em não ser lançado fora. Mas como explicar então que justamente *Le Siècle*, propugnador do bom-mocismo e da decência, tivesse financiado o grande bordel por onde Baudelaire estava circulando? E, sobretudo, que o tivesse associado a um museu de medicina, como o sonhador ia descobrindo à medida que penetrava nas vastas galerias do lugar? Não só isso: a conexão entre o bordel e o museu parecia estreitíssima, porque entre as peças mais importantes da coleção encontravam-se desenhos de certos "seres estranhos, monstruosos, quase *amorfos*, como *aerólitos*",[54] que segundo as legendas eram fetos paridos por algumas jovens do estabelecimento. E não faltavam as datas de nascimento. As ocupantes da casa tinham a obrigação de oferecer prazer, mas ao mesmo tempo ofereciam materiais à ciência. E a ciência havia decidido expor-se, com intenções pedagógicas, na grande casa de prostituição. Conúbio sem precedentes e, à primeira vista, chocante.

A essa altura Baudelaire voltava a si e observava: "Vem-me a reflexão de que esse tipo de desenho não é nem um pouco feito para inspirar ideias de amor".[55] Aqui, a palavra que impressiona é "amor". No bordel seria de esperar, quando muito, *prazer*. Ao passo que a ciência, ao sobrevir com seu museu e seus desenhos, parece impedir toda ideia de amor. Estamos diante de algo muito estranho, que o sonhador quer investigar. Tanto mais quanto, anos antes, Baudelaire já se atrevera a juntar aquelas duas palavras, fantasiando um "museu do amor".[56] Numa página central do *Salon de 1846*, a certa altura assistia-se a uma divagação brusca, que convocava diretamente o leitor: "Já lhe aconteceu, como a mim, cair em grandes melancolias, depois de passar longas horas folheando estampas libertinas? Já se perguntou a razão do encanto que às vezes experimentamos em folhear esses anais da luxúria, sepultados nas bibliotecas ou perdidos nas pastas dos *marchands*, e às vezes também do mau humor que eles provocam?".[57] Seguia-se a resposta: "a visão desses desenhos me elevou a imensas vertentes de devaneio, mais ou menos como um livro obsceno nos precipita para os oceanos místicos do azul".[58] Ao que parece, os anais da luxúria podiam levar muito longe. Alguns anos depois, acontecia esta cena: Baudelaire entrava no bordel-museu para oferecer *um livro obsceno* e encontrava expostos nas paredes aqueles mesmos desenhos que havia procurado longamente nos escaninhos das bibliotecas e dos sebos. Naquele lugar parecia concretizar-se um desmesurado devaneio, que no entanto Baudelaire preferiria fazer culminar de maneira diferente: "Muitas vezes, diante dessas inumeráveis amostras do sentimento de todos, eu me vi desejando que o poeta, o curioso, o filósofo, pudessem dar-se o gozo de um museu do amor, onde tudo teria seu lugar, desde a ternura descuidada de santa Teresa até as sérias orgias dos séculos entediados. Sem dúvida, é imensa a distância que separa a *Partida para a ilha de Citera* das miseráveis estampas coloridas penduradas nos quartos das moças, acima de um jarro rachado e de um console vacilante; mas, num assunto de tal importância, nada deve ser negligenciado".[59] Com dez anos de antecedência, Baudelaire havia prefigurado algo semelhante ao bordel-museu, mas agora que, em sonho, estava circulando por ali, devia também constatar que se tratava de coisa totalmente diversa. O bordel-museu e o "museu do amor" eram quase superpostos, e no entanto, no fundo, divergentes e incompatíveis. Mas por quê? O que acarretava aquela extrema semelhança e aquela diferença radical?

Para responder a essa pergunta, o sonho devia entrar em sua parte especulativa. A progressão é a seguinte: segundo Baudelaire, a instituição de um grande bordel, que é também um museu de medicina, pressupõe que se tenha alcançado um grau muito alto, talvez vertiginoso, de *bêtise* — e que este possa ser atribuível a "um só jornal no mundo",[60] ou seja, ao *Siècle* (com isso, dando por subentendido que deva ser *um jornal* a financiar um tal empreendimento). O aspecto científico da iniciativa se explicaria então pela "mania de *progresso*"[61] que caracteriza o jornal. Mas é com a frase seguinte que Baudelaire dá um metafísico salto moral: "Então reflito que a estupidez e a tolice modernas têm sua utilidade misteriosa, e que muitas vezes, por uma mecânica espiritual, aquilo que foi feito para o mal se transforma em bem".[62] De repente, o tom mudou. A inflexão é aquela, incisiva e oracular, que só se encontra em Joseph de Maistre. E toda a frase parece inspirada na coruscante visão desse autor sobre a Providência. Mas deve ser estudada de perto, como convém fazer com os paralogismos do sonho. O que foi "feito para o mal"?[63] O bordel ou o museu de medicina? E o que é o bem no qual o empreendimento acaba por transformar-se, explorando "a estupidez e a tolice modernas"?[64] É o fato de o bordel se tornar *também*, como museu, um elemento da difusão das Luzes? Ou, ao contrário, de o museu de medicina se justificar porque afinal permanece abrigado num grande bordel? Se a difusão das Luzes coincidisse com o bem, a resposta seria clara — e cômica: assistiríamos a um resgate do vício mediante as virtudes da ciência, que agiria como prossecução iluminada do bordel. Mas, já que Baudelaire considera a difusão das Luzes como um agente acelerador rumo à "escuridão absoluta",[65] qualquer dúvida é permitida. E também se perfila outra hipótese: a de que o bem seja justamente aquela mescla irredutível entre a ciência e o eros, no momento em que ambos aceitam *transformar-se em imagem* — e expor-se. Se a casa da *maîtresse* fosse apenas um laboratório científico ou uma empresa para produzir dinheiro vendendo sexo, Baudelaire não se lançaria em sua audaz especulação, que é ao mesmo tempo teológica e metafísica. Mas a casa tem também a capacidade de se representar — sob forma de museu. E essa *passagem à imagem* poderia ser o sinal de algo que "se transforma em bem",[66] quase como se fosse o prelúdio de uma nova criação, aberrante mas tremendamente viva, como os olhos dos pássaros emoldurados. Aquele novo mundo é constituído por figuras amorfas como "*aerólitos*"[67] e culmina num ser semelhante a certas criaturas indefinidas dos primórdios: "Um monstro nascido na casa",[68] simultaneamente estátua e ser vivo, que Baudelaire escuta com interesse e — diríamos —

com imediato e irreprimível afeto, embora com algum resíduo de temor: "Não ouso tocá-lo".[69]

O sonho deixa sem resposta todas as interrogações. E não são dúvidas desprezíveis, porque equivalem a uma incerteza sobre a ação da Providência. No sonhador, porém, continua firme a convicção de ter tido uma *visão certa*. A tal ponto que Baudelaire se compraz consigo mesmo por tê-la alcançado. E a transmite a nós como uma dádiva, do mesmo modo como viera oferecer um exemplar de seu livro à *maîtresse* da casa. Aquela dádiva, aquelas interrogações ainda nos acompanham, a cada momento e em cada canto do mundo.

O bordel-museu se apresentava como um vasto e ilimitado edifício mnemotécnico. Dentro daquela casa parecia abrir-se uma rede de *passages*, ligadas entre si, e cuja saída não era visível. Era a paisagem do *novo* segundo Benjamin, aquele sistema nervoso pulsante de luzes e de mercadorias no qual se condensava a fantasmagoria de Paris, enquanto a própria Paris, por sua vez, era uma miniatura do planeta inteiro, como se desde então este tivesse se desfraldado até hoje e mais além. Aqui, contudo, a primeira característica daquelas galerias é a de *coisa gasta*, consumida e debilitada pelo uso. Aquele ar envelhecido é o rastro do passado. O tempo não se deixa perceber somente através de ruínas ou monumentos, mas também por sua ação corrosiva que ataca tudo, até o novo. A natureza é tacitamente abolida — e o panorama se compõe apenas de tardias instituições da civilização: cafés, gabinetes de leitura, espeluncas. Num guia ilustrado de Paris, de 1852 (o sonho de Baudelaire acontece em 1856), Benjamin encontrou a definição da *passage* como "um mundo em miniatura".[70] E um mundo no qual interior e exterior tendem a intercambiar papéis: "As *passages* são uma entidade intermediária entre a rua e o interior".[71] O *flâneur* — ou seja, Baudelaire — "entre as fachadas dos edifícios está em casa como o citadino entre suas quatro paredes".[72]

Olhando ao redor, Baudelaire registrava a população do local. Prostitutas, por enquanto. Espalhadas um pouco por toda parte, como se o bordel não tivesse um centro. O que faziam? Conversavam com vários homens. Entre estes, reconheciam-se alguns colegiais. Ecumênico na acolhida aos desejos, aquele lugar fazia Baudelaire sentir-se "muito triste e muito intimidado".[73] A tristeza podia ser por causa daquele ar de vaga decadência que se respirava nas galerias. Mas por que "intimidado"? Não, certamente, por desconhecimento de lugares semelhantes, mas por causa dos pés. Os malditos pés nus, que o tornavam ridículo, como uma importuna lembrança da natureza. Contudo, a situação melhora: Baudelaire logo se dá conta de que *um* dos seus pés está calçado. Pouco depois, os dois pés aparecem protegidos por sapatos. Agora Baudelaire podia finalmente circular por aquelas galerias, assumindo de novo seu papel predileto: o de espectador. Um pouco como no Louvre, quando esperava Caroline e seu olhar deslizava sobre as paredes. E também aqui parece haver uma grande exposição, organizou-se um Salon anômalo: "O que me impressiona é que as paredes dessas vastas galerias estão ornadas de desenhos de todo tipo — emoldurados".[74] Desenhos, a forma primordial da arte. "Faça linhas… muitas linhas":[75] era o único conselho que o jovem Degas havia escutado da boca de Ingres. No desenho há tudo. Um dia Degas repetiria algo semelhante, com ulterior exasperação: seria necessário nunca desenhar a partir "da observação da natureza. Sempre de memória e segundo as gravuras dos mestres".[76] Baudelaire continuava a olhar. Nada o agradava mais do que isso. Era sua devoção, a única que ele havia praticado desde sempre: "o culto das imagens".[77] Observou que, entre aqueles desenhos, "nem todos são obscenos".[78] E com isso subentendia que os desenhos obscenos eram a normalidade. "Há até desenhos de arquitetura e figuras egípcias."[79] Aqui, notamos pela primeira vez que o lugar está se transformando. Os "desenhos de arquitetura" já são uma irrupção no abstrato. Mas os que inquietam sobretudo são os desenhos de "figuras egípcias". Sempre que o Egito retorna, há o segredo. Havia mais de quatro séculos, a cada vez em que se aproximavam de um mistério, as pessoas se precipitavam no Egito. E, no fundo, não se fizera outra coisa senão renovar um sentimento dos tempos de Platão, quando os gregos se sentiam ignaros e infantis em relação ao Egito. Mas, agora, pode-se crer que aqueles desenhos nas paredes do bordel fossem para Baudelaire os primeiros exemplos — uma espécie de abecedário — daquela "linguagem quase hieroglífica"[80] que o assediava no sonho. Sensação que podia servir para distraí-lo, já que ele se sentia "cada vez mais intimidado" e não ousava "abordar uma moça". Então, divertia-se em "examinar minuciosamente todos os desenhos".[81] A obscenidade, o hieróglifo, a arquitetura. O que Baudelaire estava observando era quase um compêndio de sua obra, de sua vida. E a contemplação o distraía daquele seu estado persistente e maçante que o fazia se sentir "cada vez mais intimidado", ainda que agora dispusesse de dois sapatos normalíssimos. Aquelas "vastas galerias"[82] tinham algo de um templo. Quanto mais ele adentrava nelas, mais estas lhe ofereciam revelações e perplexidades: "Numa parte recuada de uma dessas galerias, encontro uma série muito singular. Em meio a uma multidão de pequenas molduras, vejo desenhos, miniaturas, provas fotográficas. Representam pássaros coloridos com plumagens muito brilhantes, e cujo olho é *vivo*. Às vezes, *há somente metades de pássaros*. — Às vezes representam imagens de seres estranhos, monstruosos, quase *amorfos*, como *aerólitos*. No canto de cada desenho, há uma anotação. *Tal moça, de tal idade..., deu à luz este feto em tal ano; — e outras anotações do gênero".*[83] Aqui, ao eros e à arte acrescenta-se um novo elemento: a ciência, que se vincula à origem erótica, porque a sequência dos monstros desenhados é o resultado de coitos das moças da casa. Não só isso: aparecem datas — e, com elas, a história. Tudo em "pequenas molduras": elemento importante, porque a moldura vem a significar o desnível em relação à realidade factual, a entrada no reino da representação. No qual, porém, a vida — a vida pulsante — reaparece sob a forma do "olho *vivo*" de certos pássaros. É uma concatenação à qual nada foge, da prostituição à taxonomia, uma progressão de formas que culmina no amorfo. Ou seja, em seres que parecem caídos de *um outro mundo* ("*aerólitos*"). Há algo de altamente sapiente e ao mesmo tempo demencial em tudo isso. Baudelaire prossegue em seu raciocínio: "De fato, penso de repente, foi *Le Siècle* que financiou essa especulação de bordel, e o museu médico se explica por sua mania de *progresso, de ciência, de difusão das luzes*".[84] O fundamento da especulação é o bordel, uma casa vastíssima, cujos confins Baudelaire está bem longe de ter visto. Talvez aquelas galerias não acabem nunca. E, no interior daquele empreendimento de prostituição universal, que é o terreno comum e o pressuposto de tudo, enxerta-se um desfraldamento da arte sobre cada uma das paredes da casa, até que a própria arte transita para a ciência. E uma ciência não tanto do universal, mas do *unicum* neste caso específico, de irrepetíveis monstruosidades, que parecem testemunhar outro mundo e no entanto saíram do ventre das várias moças que se espalham pela casa. Há algo de solene e ominoso nessa sucessão de potências, encadeadas uma à outra. E é o momento em que Baudelaire se detém no seu raciocínio. Agora já se aproximou de um enunciado que é um axioma esotérico: "Então reflito que a estupidez e a tolice modernas têm sua utilidade misteriosa, e que muitas vezes, por uma mecânica espiritual, aquilo que foi feito para o mal se transforma em bem".[85] Uma vasta parte da metafísica clandestina de Baudelaire se esconde nessa frase. Todo o *moderno* era aquele empreendimento feito "para o mal", em sua ignara pretensão de ciência e de Luzes, que no entanto acabava por *transformar-se em bem* se observado por um olho que tivesse o dom da visão *certa*. O moderno era tudo aquilo que Baudelaire havia encontrado: os sofás desbotados e as moças que conversavam com desconhecidos, os colegiais curiosos, os desenhos obscenos, as arquiteturas, as figuras egípcias, as primeiras fotografias, os pássaros tropicais de olho vivo, os corpos desmembrados, as legendas minuciosas com os nomes e as datas, os fetos amorfos. Mas evidentemente aquela composição de elementos, em sua tristeza imensa, em sua capacidade de desconcertar e intimidar, no fim — "por uma mecânica espiritual" —, revelava guardar a potencialidade de algo mais, totalmente diverso. Aqueles elementos díspares não diferiam dos que seriam encontrados, poucos meses depois, nos versos de *As flores do Mal* — ou melhor, eram-lhes afins o máximo possível. Resultado surpreendente. Baudelaire suspende suas reflexões por um instante e diz: "Admiro em mim mesmo a justeza de meu espírito filosófico".[86]

De fato, o pensamento recém-formulado no sonho tinha consequências indomináveis, porquanto implicava que a história *não* fosse uma sucessão acidental de eventos, mas sim regida por uma "mecânica espiritual".[87] Pode-se dizer que toda a obra de Baudelaire era uma tentativa de descobri-la e acioná-la. Também por isso, quando se lê Baudelaire, tem-se às vezes a impressão de que ele está buscando um pensamento, mais do que uma ocasional forma literária, e, assim procedendo, deixa surgir, como que por distração ou por impaciência, algum verso penetrante ou algum fragmento de prosa, que deveriam ser considerados como suntuosos resíduos de uma visão que nunca chega a se manifestar plenamente. Ou talvez não o queira.

Baudelaire vivia em meio a um mundo cujo movimento interno ele não amava, ou melhor, detestava, mas reconhecendo-

-lhe uma "utilidade misteriosa".[88] Como se somente ao preço de atravessar aquelas intermináveis plagas de loucura fosse possível voltar-se para um bem que outras épocas não tinham conhecido. Mas por que justamente aquela composição de elementos que Baudelaire havia encontrado no bordel-museu podia revelar-se um "bem"[89] — ou pelo menos algo que se transformava em "bem"? Talvez naquelas galerias, muito mais do que quando visitava os sufocantes Salons, Baudelaire se sentisse imerso num elemento congenial — naquela artificiosidade compósita, naquela mescla de sexo e ciência, de consultório teratológico e intimidade despudorada. Ali ele estava destinado a respirar, desde sempre. Não desejaria evadir-se para uma natureza qualquer. E, no fundo, era ele quem havia procurado aquela casa, em plena noite. Tinha vindo para entregar uma dádiva: nada menos que um livro seu, como se a substância do livro fosse um dos espécimes que aquelas galerias estavam prontas para acolher. O passado jamais poderia lhe oferecer uma paisagem equivalente. E, se tudo se apresentava como "uma linguagem quase hieroglífica",[90] cuja chave Baudelaire reconhecia não possuir, isso lhe proporcionava uma euforia sub-reptícia: agora já não era preciso considerar as imagens como um inimigo a transfixar com a lâmina do significado, mas como mensageiras do desconhecido, que talvez fosse o último deus a quem devotar-se: *ágnostos theós*.

Havia algo de hílare e incongruente na solenidade com que o sonhador aprovava a própria metafísica. Mas talvez esse fosse o eixo de todo o Baudelaire. Ele não podia confirmar seu pensamento senão em sonho, justamente porque somente o sonho admitia e prescrevia "os mais monstruosos paralogismos".[91] Na vigília, esse pensamento não podia declarar-se a não ser esporadicamente, com repentinas e circunscritas erupções na página. Assim se compunha, pouco a pouco, a obra de Baudelaire.

* * *

As galerias do bordel-museu eram claramente ordenadas segundo um critério (quase à maneira dos Salons): começava-se com *representações* do mundo (desenhos, em grande parte obscenos, mas também desenhos de arquitetura), figuras egípcias, miniaturas, fotografias. Em seguida passava-se a desenhos de achados inanimados (fetos que pareciam aerólitos, corpos — às vezes mutilados — de pássaros). E, entre os pássaros, alguns tinham "o olho *vivo*".[92] As peças pareciam dispostas por graus, numa escala rumo ao vivente. No fim, Baudelaire encontra um ser *totalmente* vivo: "um monstro nascido na casa, e que se mantém eternamente sobre um pedestal. Embora vivo, faz parte do museu".[93] O vivente nasce de uma acumulação e estratificação do inanimado. É a nova natureza. Baudelaire acompanha a sucessão dos seus pensamentos: primeiro a surpresa de encontrar um ser totalmente vivo, em seguida o reconhecimento de que aquele ser pertence totalmente ao museu.

Naquele lugar a arte planava sobre tudo, absorvia igualmente em si o tráfico erótico e a exposição de monstruosidades. Era a *matéria primeira*, que acolhia em si todas as outras — equânime, ilimitada, envolvente. Assim, quase sem perceber, Baudelaire chegou ao ponto para onde se dirigira desde o início. Viu-se diante de uma obra que era um ser vivente: alguém — pensou logo — que "viveu"[94] e parecia destinado a continuar vivendo, agachado sobre um pedestal como uma estátua, perenemente *exposto*. Um ser monstruoso, sobretudo porque da cabeça descia-lhe uma grande serpente negrusca — que parecia feita de borracha. E a serpente se enrolava várias vezes em torno do corpo dele, como se o cérebro ofidiano daquele ser prosseguisse fora da cabeça e se manifestasse desse modo incômodo para dificultar-lhe a vida, condenada a suportar um peso que os outros ignoram. Quem aquele ser lembrava? Um outro jovem, de radiosa beleza, com uma serpente que lhe envolve o corpo em cinco espiras, dos tornozelos à cabeça. Era Fanes-Cronos-Mitra. Também ele abrigado num museu, em Mérida. Também pousado sobre um pedestal. Claro, aquele jovem tinha um corpo saudável, de membros harmoniosos, ao passo que o ser agachado diante de Baudelaire mostrava-se antes informe. E estava vivo, não era uma estátua. Observando-lhe o rosto, de tez vagamente oriental, podia-se perceber que ele era "até gracioso".[95] E sobre seu corpo associavam-se com delicadeza o rosa e o verde, o traje da aurora quando avança "devagar pelo ermo Sena afora".[96]

Finalmente Baudelaire encontrava a si mesmo. Os dois conversaram demoradamente, com imediata familiaridade. O ser agachado sobre o pedestal, atarracado e moreno, falava sobretudo de coisas nas quais o outro era bastante experiente: "tédios" e "pesares".[97] Era como se finalmente ele tivesse encontrado um interlocutor adequado, que poderia compreender no ato — por exemplo — qual era seu tormento mais agudo, embora aparentemente frívolo: ter de se sentar todas as noites para cear, pequeno e atarracado como era, junto de uma das moças da casa, "alta e bem-feita".[98] Uma preocupação estética, certamente. Mas por acaso não são estas as mais graves? Sobretudo se ligadas a algum elemento de humilhação. Para chegar à sala de refeições a cada noite, ele já devia descer do pedestal e percorrer um trecho cambaleando, por causa da longa e pesada cauda negrusca. Era o suficiente para embaraçá-lo e mostrá-lo numa situação de desajeitada inermidade. Depois, quando se sentava, não podia sequer acomodar-se entre duas moças, porque ao lado precisava manter uma cadeira para instalar a cauda, "como uma pilha de cordas".[99] Do contrário, com aquele peso, a cauda o faria cair para trás. E também os dias eram duros: "Já faz muitos anos que é obrigado a permanecer naquela sala, sobre aquele pedestal, para a curiosidade do público".[100] O mesmo havia acontecido a Baudelaire, quando ele deci-

dira ser autor e por isso vender-se, atiçando a curiosidade do público. Mas como era difícil... E, se fosse bem-sucedido um dia, iriam julgá-lo obsceno, digno apenas de ser abrigado numa casa como aquela onde agora havia encontrado o monstro. Talvez, assim como este, mantendo-se sobre um pedestal. Usando como pedestal a métrica e Racine.

Na época do *Siècle*, a qual perdura até hoje, Fanes continua a existir, mas lhe é negada a honra de ser uma estátua. Agora ele é alguém que "viveu",[101] um *freak* exposto ao lado das imagens de outros *freaks*, um "monstro nascido na casa"[102] (de prostituição), da qual provavelmente nunca saiu. Não é mais aquele que rege o mundo, mas alguém que o mundo mantém aprisionado na parte mais remota de si mesmo. É obrigado a se manter "eternamente sobre um pedestal",[103] ao lado dos fetos das moças. Foi-lhe subtraída a graça de ser um simulacro, mas deve manter a postura deste. Ele, que é a vida perene e recorrente, imagem móvel do eterno, é submetido a vexações e impedimentos vários, como aqueles que estava confidenciando a Baudelaire. Ele, que é o epítome de todas as *correspondances*, é reconhecido e decifrado a custo. A maioria poderia tomá-lo por um dos tantos *freaks* que o circundam. Ou passar diante dele com indiferença, como diante de qualquer uma das peças do bricabraque disseminado pelo grande bordel. E se, como ocorreu daquela vez com Baudelaire, alguém o reconhecer, suas conversas se referem às penas e aos aborrecimentos diários, e não aos segredos do cosmo. Como poderia acontecer entre dois velhos amigos que se reencontram depois de anos, melancólicos e abatidos, à mesa de um café.

Exatamente como Baudelaire, o monstro gostaria de ser decente num lugar indecente. Mas isso não lhe é permitido, por causa de sua longa cauda enrolada, que equivale aos pés nus e molhados de Baudelaire. Ambos estão condenados a ser indecentes até em relação à indecência. É isso que estabelece a profunda comunhão da sorte deles. O monstro gostaria de se sentar toda noite, com garbo, ao lado das moças do bordel, após um longo dia no qual fora obrigado a permanecer imóvel sobre seu pedestal, exposto aos olhares dos visitantes. Mas não podia — e jamais poderia. A cada vez, teria de mover-se de maneira canhestra e desajeitada, arrastando a cauda atrás de si. E, sobretudo, jamais poderia sentar-se normalmente com uma mulher ao seu lado, porque deveria arrumar de algum modo sua cauda enrolada.

Aquele ser estava acostumado a um tipo de sofrimento e de embaraço que ninguém podia compreender melhor do que Baudelaire. Ele não tinha experimentado algo semelhante, quando se apresentara na casa, com os pés nus e o pênis saindo-lhe da calça? A conversa prosseguia, pacata. O ser agachado sobre o pedestal explicava suas dificuldades "sem amargura".[104] Baudelaire o acompanhava com participação profunda. Estavam os dois imersos naquela conversa quando Jeanne havia dissipado a visão. Baudelaire acordou com os ossos doloridos, como se tivesse sido demoradamente apertado — e quase esmagado — por uma serpente negra, enrolada várias vezes em torno de seu corpo. Sentia-se "exausto, prostrado, com as costas, as pernas e os flancos moídos".[105] Pensou ter dormido "na posição contorcida do monstro".[106] Agora, ficava claro por que não quisera tocá-lo. Seria como tocar-se a si mesmo. Mas por que não havia ousado? Desde sempre o acompanhava um sentimento agudo de estranheza a si mesmo, a disponibilidade para encarar-se como *um outro*. E agora finalmente havia encontrado esse *outro*, e tinha sido informado "de seus tédios e de seus pesares".[107] Discreto, mas partícipe — e mantendo uma última distância —, Baudelaire *se interessava por ele*, escutava a si mesmo.

5. O lábil sentimento da modernidade

A ostensiva aversão de Baudelaire a Ingres era sobretudo um contraponto retórico ao seu entusiasmo por Delacroix. E também se devia ao desagrado com as pomposas proclamações do mestre em favor da tríade canônica Rafael-Grécia-Natureza. O pensamento de Baudelaire era demasiado sutil e diferenciado para se satisfazer com aquela doutrina tacanha. Mas, diante dos quadros, sente-se uma brusca mudança de registro. Baudelaire tenta esconder a todo custo que seria o crítico perfeito de Ingres, o único à altura daquela novidade desconcertante. Seu jogo, porém, era outro, clarividente e desdenhoso. Assim, quando foi o caso de identificar quem era "o pintor da vida moderna",[1] fez a escolha recair sobre um desconhecido, desprovido de qualquer proteção acadêmica, um repórter de imagens que nem sequer tolerava ver impresso o próprio nome: Constantin Guys. Era uma atitude que ultrapassava ao mesmo tempo Delacroix, Ingres e o impressionismo ainda não nascido — e se colocava no limiar dos tempos novos como um desejo sempre insatisfeito: de leveza, futilidade, eros lábil, de vida aventurosa e não totalmente respeitável.

O pintor da vida moderna [*Le peintre de la vie moderne*], suprema obra em prosa de Baudelaire, foi concebido como uma clara provocação. Numa época em que grassava o culto ao gênio, em que a cada passo invocavam-se Leonardo, Rubens, Tiziano — ou a Beleza Ideal ou a Natureza —, a qual artifício recorria Baudelaire a fim de se aclimatar e quase se adestrar mentalmente para falar de Guys? Folhear "uma série de gravuras de modas, que começam na Revolução e acabam mais ou menos no Consulado".[2] Tratava-se das encantadoras imagens do *Journal des dames et des modes* de Pierre de La Mésangère. Para nos introduzir à obra de um artista que ele mesmo apresentará como o "pintor da vida moderna",[3] não o associava a antigos mestres, mas a figurinos de moda. E, ainda por cima, da Revolução. Como se a Revolução tivesse sido em primeiro lugar uma boa oportunidade de mudar modos de vestir e penteados um pouco mais rapidamente do que o costumeiro. Quem, ao redor de Baudelaire — e não só na França —, teria sido capaz de tanto atrevimento, que ironicamente acabava por oferecer-se como *feuilleton* de um cotidiano da sólida burguesia (era *Le Figaro*, após numerosas recusas por parte de outros veículos)? Ninguém, obviamente. Os grandes insolentes que se preparavam para aparecer (Rimbaud, Nietzsche, Wilde, entre outros) jamais teriam descido a tais detalhes idiossincráticos, que pertencem à camada mais oculta da sensibilidade. Ninguém teria sido tão ultrajosamente *estético* quanto Baudelaire.

Agora, um cronista visual, que todos os dias mandava seus esboços ao *Illustrated London News* para que deles extraíssem apressadas xilografias, um estenógrafo da cena cotidiana, um ilustrador (raça degradada), era apontado como exemplo, era preferido a Delacroix, a Manet. Escolha que até hoje embaraça. Vários historiadores da arte não conseguirão se convencer. O que é isso? Um "sedutor peso leve"[4] como Guys, que dificilmente consegue até mesmo um nicho minúsculo nos manuais, anteposto ao

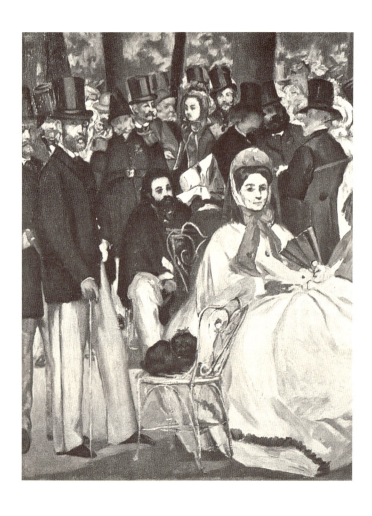

grande Manet? No entanto, apenas dois anos após o ensaio de Baudelaire, Manet iria expor *Música nas Tulherias*, que parece uma diligente e estrepitosa concretização das sugestões dele — e até encerra em seu interior, como uma incrustação, o retrato do próprio Baudelaire mimetizado na multidão. Manet era amigo de Baudelaire — e também havia entrado na fila daqueles que lhe emprestavam dinheiro, sem esperar retorno. Mas Baudelaire nunca quis aproximar o nome de Guys do de Manet. Ou melhor, reservou a Manet somente um elogio inquietante: "*O senhor não é senão o primeiro na decrepitude de sua arte*".[5] Refratário como Guys a todo espírito de grupo, consideraria até mesmo a escola dos *refusés* excessivamente cheia — e talvez também excessivamente devotada aos "legumes santificados" em *plein air.*[6]

Somente com Guys, entre os vários artistas com os quais lidou, Baudelaire estabelece uma relação que é ao mesmo tempo de admiração, de cumplicidade e de cautelosa amizade. Somente com ele chegará ao ponto de encomendar alguns desenhos, num momento particularmente aflitivo por causa das dívidas de sempre. E raras vezes deixou perceber um tal senso de euforia e de orgulho como quando anunciou seu gesto a Poulet-Malassis: "Enfim, tenho uma loucura a acrescentar. Apesar de minhas misérias, e apesar de sua penúria, comprei e *encomendei* uns desenhos soberbos a Guys, para o senhor e para mim, sem consultá-lo, mas não se alarme com isso. Como ele não sabe seu nome, se o senhor estiver sem dinheiro, eu pagarei tudo".[7] De igual modo, se Baudelaire quiser dar à mãe um presente de Natal, este só poderá ser um Guys (uma *Mulher turca com sombrinha*).

Mas a afinidade é ainda mais inquietante, porque se estende ao traçado no desenho. Se Baudelaire esboça uma figura de mulher, às vezes com memorável incisividade, pensa-se logo num Guys. Não só porque às vezes o croqui podia ser uma homenagem explícita, mas também porque Baudelaire *não podia* desenhar de outra forma, como se observa em certos esboços seus de figuras femininas que remontam a anos anteriores ao seu encontro com Guys. Entre eles havia algo que ia além da arte: uma sintonia, subterrânea e irreprimível, de percepções.

"*Vulgarité*" é palavra introduzida por Mme. de Staël, 1800. "*Modernité*" se encontra em Théophile Gautier, 1852. Mas nas

Mémoires d'outre-tombe [Memórias de além-túmulo], publicadas em 1849, as duas palavras estavam justapostas na mesma frase, a propósito dos incômodos enfrentados por Chateaubriand na alfândega de Württemberg em 1833: "A vulgaridade, a modernidade da alfândega e do passaporte".[8] Como se as duas palavras estivessem destinadas a se fazer companhia. E antes? Antes existiam os vulgares, mas não a vulgaridade. E os modernos, mas não a modernidade. Como terá sido possível, então, pensar e sentir sem a ajuda daquelas duas poderosas categorias, que afinal se revelavam rebentos algo tardios?

Modernidade: palavra que se lança audaciosa e ricocheteia entre Gautier e Baudelaire no decorrer de pouco mais de dez anos do Segundo Império, entre 1852 e 1863. E sempre cautelosamente, com a consciência de introduzir uma noção alheia à língua. Gautier, 1855: "A modernidade. — O substantivo existe? O sentimento que ele exprime é tão recente que a palavra poderia muito bem não constar dos dicionários";[9] Baudelaire, 1863: "Ele busca aquele algo que nos será permitido denominar *modernidade*; pois não se apresenta melhor palavra para exprimir a ideia em questão".[10] Mas o que era aquela ideia, tão recente e lábil que ainda não pudera se fixar numa palavra? De que era feita a modernidade? De bibelôs e corpos femininos, declarou logo o malévolo Jean Rousseau. Mas Arthur Stevens lhe responderá em defesa de Baudelaire, definido na ocasião, pela primeira vez, como aquele "que é o inventor, creio, dessa palavra *modernidade*".[11] Através da pintura e da frivolidade, a modernidade irrompe no dicionário. Mas está destinada a ficar e se expandir, com progressivas campanhas de conquista, acompanhadas de devastações. Bem cedo ninguém recordará aqueles inícios fátuos e discretos. Mas em Baudelaire a palavra permanece envolta em tais conotações, como num vapor de perfume e pó de arroz.

* * *

Depois que o Congresso de Viena deu uma aparência de ordem ao continente, começou a manifestar-se na psique europeia um fenômeno de vastas consequências: o passado se tornava disponível, pronto a ser posto em cena. *Todo* o passado, e não só uma fatia dele (os gregos e os romanos), como acontecera até então. Das névoas ossiânicas e druídicas às penumbras góticas e aos fastos renascentistas (incluindo aquilo que havia sido a crônica de poucos anos antes e agora já aparecia como um fragmento *de época*): tudo convergia para um imenso acervo de contrarregra, ao qual chegariam, em primeiro lugar, o melodrama e a pintura, mas também a poesia e o romance. Mais tarde, com a era de Luís Filipe, a visão pós-histórica da história se expandiu para além dos palcos e dos Salons, insinuando-se no *intérieur*. A história era uma sequência de cenas datadas, que se instalavam nos vários aposentos, nos vários recantos da casa. Conviviam o gabinete renascentista, o nicho turco, o *boudoir* rococó. Viver no *intérieur*, segundo Benjamin, era um deixar-se apanhar numa teia de aranha "na qual os acontecimentos do mundo ficam suspensos, esparsos, como corpos de insetos ressecados".[12] A marca de um estilo específico que caracteriza a época começou a ser cancelada então. Depois, teremos somente a tentativa póstuma da Art Nouveau, que envolvia a *rêverie* da história universal nas selvas do Carbonífero. A história voltava finalmente a aparecer como uma ramificação da história natural.

Junto ao tempo, também o espaço já não oferecia resistência. Agora, a Ásia já não era apenas uma turquice (ou uma chinesice), mas uma extensão ilimitada que envolvia o mundo e na qual os indianos devotados a repelentes divindades policéfalas se justapunham aos índios das planícies americanas, nos quais Chateaubriand havia reconhecido os precursores do dândi. Ao se tornar disponível, o passado perdia algo de sua estranheza e de sua gravidade. Certo caráter postiço acompanharia desde então aquelas aparições proliferantes. Entrava-se num novo regime da imaginação, no qual ainda vivemos.

Para o Salon de 1855, "as obras de todos os artistas da Europa se reuniram solenemente na Avenue Montaigne, como numa espécie de concílio estético".[13] Perambulando pelas salas, Baudelaire se sentia obrigado a reconhecer "a tendência geral dos artistas a vestir todos os indivíduos com trajes antigos".[14] Mas havia algo de novo em relação aos tempos de David, tenazmente fiel à Roma antiga e a nenhuma outra época: "Ao passo que os pintores atuais, escolhendo temas de caráter geral, aplicáveis a todas as épocas, obstinam-se em enfeitá-los com roupas da Idade Média, do Renascimento ou do Oriente".[15] Aqui Baudelaire reconhecia a transformação do passado — em sua totalidade — num repertório de cenas já prontas para o uso. Era um evento imponente, de pressupostos intricados. Um dos quais era a recusa a ver o que circulava pelas ruas da grande cidade, porque ameaçava ser novo demais. Interpunham-se veludos, brocados, gazes, cortinas, tapetes, coletes, regalos, ogivas e balaustradas para obstruir o campo visual. Assim, a modernidade se reduzia a ser "o transitório, o fugaz, o contingente",[16] o efêmero e o equívoco que o traço nervoso e vibrante de Constantin Guys procurava captar. Ocorreu então que a palavra "modernidade",[17] até então inusual, chegasse a se destacar como título da quarta seção no ensaio de Baudelaire dedicado àquele Guys prestes a desaparecer na multidão, mantendo apenas a inicial do sobrenome, àquele "solitário dotado de uma imaginação ativa, sempre viajando através do *grande deserto de homens*"[18] (estas últimas palavras são um fragmento de Chateaubriand).

Depois que a palavra "moderno" invadiu todos os cantos, até tornar-se ela mesma um objeto de antiquariato, é difícil dar-se conta de quão marginais e eróticos foram seus inícios. Mas isso fica mais fácil aceitando-se o ordálio proposto por Baudelaire: se quiserem reconhecer o moderno, peçam a algum pintor "paciente e minucioso"[19] que se aventure a fazer um retrato de "cortesã do tempo presente".[20] A distância de 150 anos, depois que os propugnadores e os execradores da modernidade encheram prateleiras e prateleiras, cada vez mais raramente esquivando-se de uma funesta compunção, o retorno a esta que poderia ser definida como *a prova de Baudelaire* é ao mesmo tempo corroborante e hilariante.

É no mínimo estranho que, justamente no país onde havia quase dois séculos se inflamava a *querelle* entre Antigos e Modernos, fosse necessária tanta circunspecção para chegar a pronunciar e definir a palavra "modernidade". Qual era a ameaça por trás daquele termo? Gautier se traíra escrevendo certa vez: "Moderno como um romance de Balzac".[21] Onde "romance de Balzac" significava o detalhamento obsessivo da vida de todos os dias na grande cidade. Era esse o evento envolvente e difícil de aceitar. O próprio Balzac — uma pradaria de prosa que menciona fatos, objetos, procedimentos e sensações *no mesmo plano* — era um sintoma (e não dos menos alarmantes) daquela modernidade, mais do que um teórico dela. Por isso não podia ser um confrade na tentativa de circunscrever o moderno, sendo ele mesmo uma invasiva manifestação deste. Encarnação de uma demoníaca "vontade de ver tudo, de não esquecer nada",[22] Balzac é uma "sublevação de detalhes, que exigem todos justiça com a fúria de uma multidão apaixonada por igualdade absoluta. Toda justiça se vê forçosamente violada; toda harmonia, destruída, sacrificada; muitas trivialidades tornam-se enormes; muitas insignificâncias, usurpadoras".[23] Essas linhas de Baudelaire, que *não* se referiam a Balzac, são as que o definiam mais precisamente. Havia algo de desmesurado em Balzac, uma "incorrigível e fatal monstruosidade"[24] que justificava o aspecto convulsivo de suas figuras. Todas sofrem igualmente de um excesso de relevo, de gênio biológico (porque "qualquer um, em Balzac, mesmo as zeladoras, é dotado de gênio").[25] Qualquer personagem está pronto a explodir, "todas as almas são armas carregadas de vontade até a boca".[26] Essa energia transbordante é de tal ordem que permite a Balzac "revestir infalivelmente de luz e de púrpura a pura trivialidade".[27] É esse o seu segredo — e pareceria ser ele o único a possuí-lo. No mesmo impulso, Baudelaire acrescentava uma pergunta retórica: "Quem pode fazer isso?".[28] Depois se detinha, como que invadido por uma evidência repentina: "Ora, quem não faz isso, para falar a verdade, não faz grande coisa". É revelador este inciso: "Para falar a verdade".[29] Como se, de repente, fosse preciso fixar um ponto: não só Balzac, em sua monstruosidade, mas também todo escritor está obrigado *pelo menos* a revestir de luz e de púrpura "a pura trivialidade".[30]

Mas nem mesmo Gautier e Baudelaire queriam teorizar muito a modernidade. Baudelaire visava antes a extrair-lhe a essência, isolá-la como elemento químico, registrar-lhe o peculiar e contínuo frêmito nervoso que o corroía e o exaltava desde sempre. Não a lenda dos séculos, mas a lenda do instante, em sua volatilidade e precariedade, em seu timbre irredutível a qualquer história precedente, era o que devia constituir a matéria mesma, a vasta e obscura reserva de sensações de *As flores do Mal*. Baudelaire a evocou por interposta pessoa, quando escreveu a propósito de Guys que o traçado do desenho dele era uma "tradução *lendária* da vida exterior".[31]

E depois veio Rimbaud, mestre da frase intimidatória. No final de *Uma estadia no inferno*, depois de um parágrafo áspero e coruscante, ressoam cinco palavras: "É preciso ser absolutamente moderno".[32] O porquê não é dito. O moderno floresce "sem porquê", como a rosa de Angelus Silesius. Seriam incontáveis as vítimas daquela frase: damas da sociedade, que, tendo aspirado ao frasco da vanguarda, não mais poderiam prescindir dele, numa longa sequência de estreias turbulentas e vernissages. E também artistas e escritores em geral medíocres, mas decididos a tudo, desde que não faltassem à máxima que os tinha deslumbrado.

Se Baudelaire foi o primeiro a desenhar um perfil exaltante do *moderno*, cabe-lhe também a honra de ter sido o primeiro a golpear a *vanguarda*, palavra que, por algumas décadas do século xx, exerceria um sutil e irresistível fascínio e, no século xxi, soa como uma mísera zombaria. Friamente, Baudelaire observou que o termo se originava na "predileção dos franceses pelas metáforas militares".[33] Predileção típica de certos "espíritos que nascem domesticados, espíritos belgas".[34] Não é necessário esclarecer o que o apelativo "belgas" implicava para Baudelaire. Quanto ao sentido daquele *domesticados*, Baudelaire o indica adiante: "O francês é um animal de terreiro, tão bem domesticado que não ousa atravessar uma cerca".[35] Trata-se de seres "feitos para a disciplina, isto é, para a conformidade",[36] seres "que só conseguem pensar em grupo".[37] São eles que falam continuamente de *veteranos, recrutas, permanecer na brecha, literatura militante, manter alta a bandeira, lançar-se à refrega*. Foram eles, enfim, que inventaram os "literatos de vanguarda".[38] Assim se descobriam as origens embaraçosas de toda vanguarda. E quantas Mme. Verdurin se esforçariam depois por escondê-las!

Havia algo de opressivo, enfadonho, na petulante sociabilidade dos Salons perlustrados por Diderot. Podia-se escapar disso ou arrombando o teto e fugindo para os céus tiepolescos de Würzburg — ou então descerrando alguma portinha lateral, que se abria para uma multidão de gabinetes de desenhos, alguns secretos. Somente de Boucher seria possível encontrar, no dizer do artista, cerca de 10 mil. Mas havia também o mestre dos três bastões de cor — vermelho, preto e branco: Watteau. Ou Greuze, com suas magistrais sanguinas queimadas. Ou o desenfreado Saint--Aubin, acometido (segundo Greuze) por um "priapismo do de-

senho".[39] Ou Fragonard, que exigia de todo esboço tanta perfeição quanto de sua pintura. Segundo Focillon, jamais como naqueles anos, em Paris, "os grandes poetas do desenho, tanto os aficionados quanto os artistas, souberam combinar a sensualidade tátil com a divinação inteligente que uma tal arte desenvolve naturalmente naqueles que sabem apreciar-lhe a beleza".[40] Enquanto os quadros tendiam a ser apinhados de muitos elementos, frequentemente enfadonhos, os desenhos — com seus vastos espaços vazios — favoreciam a exaltação do detalhe, que até podia ser apenas um certo modo de atar fitas nos cabelos de uma criada, como num admirável Boucher em perfil perdido de 1740. No qual fica evidente que doravante o essencial residia só naqueles detalhes. Era essa a filiação à qual Baudelaire se vinculava quando reivindicou Guys como o pintor por excelência da vida moderna (e a referência a Saint-Aubin era explícita). Em perspectiva, isso significava destronar a pintura de sua posição soberana e admitir que algo de não menos indispensável, no reino equóreo das imagens, viria da mal-afamada ilustração ou — escândalo ainda maior — da fotografia. Através de Guys, Baudelaire evocava o cinema, com poderoso sortilégio. Guys é um precursor de Max Ophuls, mais do que de Manet. O sabor sutil do presente — sua "qualidade essencial de presente"[41] — começava a exigir uma superfície fantasmática, opalescente, atravessada por figuras em movimento. Antes mesmo de ser inventada, a filmadora era o *rôdeur* [malandro] que percorria as ruas de Paris.

Os Goncourt haviam conhecido Guys na casa de Gavarni, em abril de 1858, poucos meses antes de Baudelaire encontrá-lo. Para eles, Guys era "o desenhista da ILLUSTRATION inglesa, o desenhista de grande estilo e de acesas aguadas nas cenas de bordel".[42] Viram-se diante de "um homem estranho, que passou na vida por todos os altos e baixos, correu o mundo e seus acasos, dissipou a própria saúde em todas as latitudes e em todos os amores, um homem que veio dos quartinhos mobiliados de Londres, dos castelos da *fashion*, dos tapetes verdes da Alemanha, dos massacres da Grécia, das pensões de Paris, das redações de jornais, das trincheiras de Sebastopol, dos tratamentos mercuriais, da peste, dos cães do Oriente, dos duelos, das putas, dos vigaristas, dos depravados, da usura, da miséria, das espeluncas e do submundo, onde pululam como num mar todas aquelas existências naufragadas, todos aqueles homens sem nome e sem botas, aquelas originalidades submersas e terríveis que nunca afloram à superfície dos romances".[43] Era esse, evidentemente, o homem predestinado ao papel de "pintor da vida moderna",[44] o celebrador da "beleza equívoca"[45] em centenas e centenas de esboços dedicados a prostitutas de todo tipo, das ínfimas às de mais alta categoria, que atravessam o Bois de Boulogne em soberbas carruagens ou, de seus camarotes no teatro, estudam a plateia com um pequeno binóculo. Quando falava de pintura, Guys não conseguia esconder sua estranheza aos cânones da época. Isso lhe aconteceu inclusive naquela noite em casa de Gavarni, com os Goncourt: "E eis que ele nos fala de pintura, nos fala dos pintores, nos fala dos paisagistas, dessa inumerável representação da natureza sem ação, do amor pela fritura: 'Nunca usam luvas; nunca vão aos Italiens! Não gostam de música, não gostam de cavalos — porque não os têm. O sol, o campo e de novo a fritura!'".[46]

Se Baudelaire escolheu Guys como modelo, foi também porque, antes de Fuchs, havia chegado a uma constatação escandalosa: os ilustradores tendiam a ser mais ousados do que os pintores de seu tempo. Livres da carga do passado, prazerosamente obscuros, desobrigados de justificar o que faziam com relação aos antigos mestres, mas somente com relação a um comprador decidido a não perder dinheiro, subtraídos à humilhante via crúcis dos Salons, os ilustradores navegavam no reino das imagens sem sequer precisar pronunciar a palavra "arte". Assim, ao lado das *Incroyables et merveilleuses* [Incríveis e maravilhosas] de Horace Vernet, os figurinos de moda do *Journal* de La Mésangère preparavam o álveo adequado onde acolher os supremos retratos a grafite de Ingres: se não fosse pela intensidade do olhar, como o de uma infanta de Velázquez, o retrato de Mlle. Isabelle Guille poderia ilustrar um jornal de moda para crianças, assim como o retrato das irmãs Montagu poderia ser um exemplo das diferenças

entre a moda inglesa e a continental. O mesmo aconteceu com Guys: suas incontáveis *filles*, que recebem, esperam ou entretêm clientes em casas de tolerância, ou se entretêm sozinhas, assinalam o caminho até os manifestos de Toulouse-Lautrec. Guys apõe sua marca sobre um novo gênero de pintura, comparável às cenas campestres dos flamengos ou aos idílios pastorais dos pintores galantes. É a "imagem variegada da beleza equívoca"[47] que finalmente encontra seu espaço, imenso e fechado, em cuja soleira,

acomodadas sobre degraus, velam duas mulheres de cabelos negros, quase idênticas nos traços do rosto e no penteado, com os seios descobertos, as pernas amplamente visíveis e os pés descalços, envoltas na onda de um vestido verde-água. Se transpusermos aqueles degraus e adentrarmos o fundo nebuloso do lugar, também aparecerão figuras de alta sedução romanesca, a exemplo da jovem de crinolina azul que se destaca sobre o fundo de um amarelo temerário, como uma daquelas "bonecas vivas cujo olhar infantil deixa escapar um brilho sinistro".[48]

Os esboços de Guys começaram a pulular nos lugares mais díspares de Paris. Podiam ser comprados em pacotes de uma dúzia. Por unidade, o preço variava, segundo o tamanho, entre cinquenta cêntimos e um franco. Investigando, podia-se localizar a fonte, única: um certo Monsieur Picot, na Passage Véro-Dodat. Os temas pertenciam somente a quatro gêneros: carruagens, cavaleiros, militares, mulheres da vida (com nítida prevalência destas últimas).

Era como se, afora essas quatro categorias, não houvesse mais nada que valesse a pena registrar. E, sem exceção, todas compartilhavam uma característica: a instantaneidade, a desenvoltura imperturbável do traço. A ascendência de Guys era bastante diferente da dos caricaturistas, como seu amigo Gavarni ou como Daumier. A caricatura é superabundante de significados, vai em busca do caráter, da univocidade em cada traço. Guys parecia totalmente indiferente aos significados. Em geral suas mulheres ostentavam expressões genéricas, como se as usassem apenas o suficiente para cumprir uma incumbência tediosa. E dificilmente se distinguiam uma da outra, a não ser por certos aspectos do vestuário e dos penteados, assim como pelos lugares onde se deixavam surpreender, e que oscilavam entre ínfimas espeluncas e suntuosas carruagens. Era importante sobretudo que as mulheres fossem muitas e multiplicáveis, amostras de uma produção quase industrial de simulacros. Através de Guys, Baudelaire entrevia uma arte insolente e impudente, que só se dedicasse à "metamorfose diária das coisas exteriores"[49] e obedecesse a "um movimento rápido que exige do artista uma igual velocidade de execução".[50] Isso viria a ser um antídoto contra sua inclinação saturnina, letárgica. E em certos casos, como acontece em alguns prodígios — "A uma passante" é o primeiro exemplo —, as duas vocações podiam confluir e se fundir.

Guys atravessou as últimas décadas de sua vida como uma casca de noz à flor d'água. Quem pesquisa quase só encontra silêncio e vazio. Não se registram exposições, negócios, disputas, amores, parentes. Poucos amigos, que morrem antes dele. Se o último dos sobreviventes, Nadar, não tivesse escrito uma breve lembrança de Guys por ocasião de sua morte, não saberíamos nada sobre seus últimos anos, quando estava imobilizado numa clínica depois de ter sido atropelado por uma carruagem que lhe quebrara uma perna. Ao que parece, naquele período lia avidamente muitos jornais, ignorando todo o resto. Manet o retratou quando ele já tinha os cabelos brancos e a barba desgrenhada. O olhar desconfiado, orgulhoso, remoto. Segundo Baudelaire, toda noite Guys saía cidade afora, perambulando até tarde. Depois, quando todos dormiam, desenhava. Restaram cerca de 2 mil esboços, dos quais Baudelaire possuía algumas dezenas, e Gautier, uns sessenta. Ninguém escreveu sobre ele além de Baudelaire, que lhe dedicou o ensaio mais belo e mais iluminante sobre um artista aparecido no século XIX.

Como um Guys claustrofílico, Degas vagava entre os bastidores do palco e a sala onde as alunas bailarinas se exercitavam. Em vez das *cocottes* de Guys, havia agora as bailarinas. Permaneciam essenciais a obsessão e a repetição. Numa carta de 1886, de Nápoles, Degas escreve: "Falo de tempos atrás, pois, à parte o coração, parece-me que tudo envelhece em mim proporcionalmente. E mesmo esse coração tem algo de artificial. As bailarinas o costuraram num saquinho de cetim rosa, um cetim rosa meio apagado, como suas sapatilhas de dança".[51]

Os impressionistas? "O senhor precisa da vida natural, e eu, da vida factícia"[52] — é um dos muitos *mots* de Degas, sobressaltos do humor, estros de um instante. Mas aqui aflora toda uma fisiologia, com suas incompatibilidades. Degas detestava a ideologia do *plein air*, achava ridícula aquela pretensão de aproximar-se da natureza plantando um cavalete no meio de um prado (Manet, quando o fazia, pelo menos nunca tirava a cartola).

Degas era um homem citadino, precisava de um filtro altamente artificial para *ver*. Podiam ser as luzes do palco ou o douto acervo de objetos em seu estúdio, ou até o movimento acidental das ruas, que percorria com tenacidade (*Ambulare, postea laborare* era o lema que a certa altura ele havia cunhado). Mas era sempre necessária alguma coisa que desviasse o olhar, que o iludisse, que o distraísse. Encrespadura sobre um fundo psíquico desolado, sem motivo aparente. Degas evitou com todo o cuidado falar de si, obrigando-nos a observá-lo exatamente como ele olhava o mundo: por via indireta, surpreendendo-o enquanto fala de outra coisa. Então, pode até acontecer que suas palavras atinjam um *páthos* ulcerado. Degas escreve ao amigo Rouart para justificar o fato de não se ausentar de Paris, embora todos se desloquem para o campo: "Não se fica mal na cidade, quando se gosta disso. E, no fundo, o senhor sabe, eu gosto muito. É preciso continuar a olhar tudo, as pequenas e as grandes embarcações, a agitação das pessoas na água e também na terra. O movimento das coisas e das pessoas distrai e até consola, se se puder ser consolado quando se está tão infeliz. Se as folhas das árvores não se movessem, como seriam tristes as árvores, e nós também! Há uma espécie de árvore no jardim da casa vizinha que se mexe com uma lufada de vento. Pois bem! Mesmo estando em Paris, em meu ateliê quase sujo, eu digo a mim que essa árvore é deliciosa...".[53] Para Degas, aquela "espécie de árvore" era a natureza inteira. Nele se renovava a mesma desconfiança em relação à natureza que havia em Baudelaire. Mas sem necessidade de teologia e de menções ao pecado original. Degas não precisava de Joseph de Maistre. Bastava-lhe desenhar. Sua vida era dotada para a música.[54] De manhã até a noite, ele trabalhava em seu estúdio. Não parece que algum dia tenha tentado pôr o pé numa daquelas armadilhas *naturais* que já afligiam os contemporâneos e afligiriam ainda mais os pósteros: o instinto, o sexo, a espontaneidade, a felicidade, o bom selvagem, o homem novo. Se notasse algum rastro de tudo isso, virava as costas. Um dia uma dama se aproximou dele cometendo o grave erro de chamá-lo "Maître".[55] Depois disse, "como se desse uma notícia à qual Degas deveria mostrar-se sensível: 'Meu filho pinta, e com tanta sinceridade diante da natureza...'. 'Que idade tem seu filho, minha senhora?' 'Vai fazer quinze anos.' 'Tão jovem e já sincero diante da natureza! Pois bem, minha senhora, está perdido...'".[56]

* * *

Degas: "homem difícil", no sentido do personagem de Hofmannsthal. Para um tal ser, a "doença da vida"[57] nunca é uma novidade e não há "catástrofe"[58] que possa tomá-lo de surpresa. Enquanto Manet tendia a parecer ecumenicamente humano, e imediatamente reconhecível em seus movimentos e seus impulsos, na psique de Degas estende-se desde o início um véu de opacidade, cuidadosamente protegido. Todos eram obrigados a admitir que a parte essencial de sua vida acontecia *em segredo*. E um segredo impenetrável, porque desprovido de eventos verificáveis. Quanto ao resto, sua ordem cotidiana não se distinguia da de um burguês. A respeitabilidade, a metodicidade, o gosto no vestuário, até mesmo a inclinação a frequentar químicos, engenheiros ou inventores, mais do que a artistas ou — pior ainda — literatos: cada traço seu conspirava naquela direção.

Degas dizia com frequência que tudo seria perfeito se fosse possível deixar os outros sossegados, sem críticos, sem marchands, sem Salons, sem jornalistas, sem literatos. E há motivo para crer que ele de fato pensasse assim. Pintar e encostar as telas à parede. Voltar a elas depois de horas — ou de décadas (como aconteceu com *Mlle. Fiocre*). Não as deixar sair de casa — e, se por acaso saíssem, encontrar pretextos para retomá-las e retocá-las. Esse era o ritmo que lhe servia. Detestava os que pretendiam *explicar*. Mas não o agradavam sequer os que pretendiam somente compreender. Degas jamais declarou o que tencionava fazer. Afirmava que o máximo ensinamento lhe fora transmitido por Ingres, o qual — na única ocasião em que lhe dirigira a palavra — convidara-o a *fazer muitas linhas, muitas*. Mais do que isso, não havia muito a dizer. Ou então entrava-se naquela linguagem cifrada da qual algumas sentenças do próprio Ingres lhe pareciam exemplos luminosos. Conversando com Blanche, Degas ficava de pé e media:

A forma não está sobre o traço, está no interior do traço.

Não se põe a sombra ao lado do traço, põe-se sobre o traço.

Um reflexo sobre as sombras de contorno é indigno da majestade da arte.[59]

Eram todas sentenças de Ingres, solenemente retomadas. Seu significado não podia senão permanecer um segredo *entre pintores*. Assim, para Degas, falar de pintura era um tormento. No entanto, ele gostava. Mas o resultado era desanimador: "Sou capaz de encontrar as melhores e mais claras palavras para explicar o que quero dizer, e falei de arte com as pessoas mais inteligentes, e elas não compreenderam [...] mas, entre pessoas que compreendem, as palavras não são necessárias: você faz hum! oh! ah!, e tudo foi dito".[60] Cômica situação, na qual bastavam alguns sons indistintos para garantir o entendimento. A tortura sobrevinha quando outros se arriscavam a falar de pintura. Como Huysmans, que deu a Degas a deixa para uma frase reveladora: "Todos esses escrevinhadores acreditam poder meter-se a fazer crítica de arte como se a pintura não fosse a coisa menos acessível".[61] Entre as várias formas do conhecimento, a pintura era, portanto, a mais remota e cifrada. Algo de semelhante a uma verdade esotérica, protegida por um segredo que não se pode trair, simplesmente porque *não há modo* de traí-lo. Mas Degas jamais teria usado a palavra "esotérico". Outra palavra de "escrevinhadores".

Valéry desejava que um dia pudesse existir uma "*História Única das Coisas do Espírito*",[62] que substituiria toda história da filosofia, da arte, da literatura e das ciências. Como sempre fazia com suas visões mais temerárias, não quis ir além da alusão. E, manhosamente, escondeu-a numa "Digressão"[63] que por sua vez fazia parte daquela divagação sem freios que é *Degas Dança Desenho*.

Da "*História Única*" que almejava, deu só um exemplo: "Numa tal história analógica, Degas ficaria muito bem entre Beyle e Mérimée".[64] Manobra magistral para reconduzir Degas à sua vocação de "solitário sem remorsos".[65] Logo depois Valéry oferecia um vislumbre daquela "história analógica" que havia lampejado em sua mente. Sempre a propósito de Degas, escrevia que "seu desenho trata os corpos tão amorosa e duramente quanto Stendhal trata o caráter e as motivações das pessoas".[66] Desde então, a "história analógica" não deu muitos passos adiante. Continua sendo um *desideratum* cada vez mais urgente numa época intelectualmente debilitada como a atual.

Nada se aproxima tanto da mudez como a sapiência do pintor. E, para ocultar esse silêncio, a pintura podia apresentar-se como Degas queria: uma "disciplina toda especial",[67] feita de "mistérios",[68] dotada de um "esoterismo técnico"[69] (são termos usados por Valéry). Assim, quando chegava à palavra, aquela disciplina ou se mostrava couraçada num jargão desconhecido aos estranhos ou acabava por se declarar, muitas vezes com virulência, em apotegmas imperiosos como os de Ingres, os quais, porém, sempre deixavam uma suspeita de vacuidade — ou de impenetrabilidade. Algo semelhante se aplicava a Degas. "O Desenho não é a forma, é a maneira de ver a forma":[70] era uma de suas sentenças mais conhecidas. Mas, se o jovem Valéry pedia algum esclarecimento, Degas se enfurecia. Quanto mais a pintura avançava no tempo, mais se declarava, de sua parte, uma fundamental hostilidade à palavra. Não só já não valia a máxima *ut pictura poesis*, mas sobretudo a pintura não aceitava que a poesia fosse "*una di-pintura che favelli*",*[71] como pretendera Varchi. Fechada em si

---

* "Uma pintura que fale", no italiano do séc. XVI. (N. T.)

mesma, descuidada de ter um *libreto* (como se chamavam, nos programas dos Salons, as breves descrições dos temas dos quadros — último e mísero resíduo da perdida trama iconológica), aproximava-se cada vez mais da condição autossuficiente e isolada das bailarinas, das engomadeiras ou das infatigáveis ablucionistas que Degas se obstinava em pintar, como que aludindo naquelas figuras absortas, e escravas de um repertório fixo de posturas, a uma ostensão da mudez irredutível de sua arte, feita somente de pequenos gestos.

No entanto, aqui e ali se encontram, como destroços errantes, certas frases que dão a impressão de um avizinhamento aos "mistérios" da pintura. Quase cego, "sempre mais selvagem, mais absoluto e insuportável",[72] Degas parecia ter transposto o olho para as pontas dos dedos. "Ele tateava os objetos"[73] — e falava de pintura em termos de tato. Dizia de um quadro: "É plano como a bela pintura".[74] Frase que provoca um sobressalto, como um fragmento daquela sapiência que de outro modo permanecia muda. Quem a relata é Valéry, perto do final de *Degas Dança Desenho*. Onde também, com repentino desprezo, insinua de viés poucas palavras que pertencem àquela mesma sapiência, quando, falando de Pascal, escreve que ele "não sabia olhar, ou seja, esquecer o nome das coisas que se veem".[75]

Sob certos aspectos, Degas era parecido com o personagem do livro de Valéry. A prova é que recusou a dedicatória de *Monsieur Teste*. Disse que estava "farto dos poetas".[76] E também aquele jovem Valéry, com quem conversava prazerosamente, tinha um vício grave: queria compreender tudo. Isso, para Degas, não era aceitável. Quanto a Valéry, este ficara encantado ao conhecer Degas: em parte, o pintor correspondia ao fantasma de Monsieur

Teste, e em parte contribuía para criá-lo. Reconheceu isso certa vez, em conversa com Edmond Jaloux: "Paul Valéry me disse um dia que o homem em quem M. Teste mais o fazia pensar era Degas [...] Degas, em seu gênero, foi alguém tão isolado, tão inclassificável quanto M. Teste no dele".[77] No início, Valéry se deliciava ao ver Degas em ação: "Todas as sextas-feiras, Degas, fiel, brilhante, insuportável, anima o jantar na casa de Monsieur Rouart. Dissemina o espírito, o terror, a alegria".[78] Seu "traço essencial" era "uma espécie de brutalidade de origem intelectual".[79] E isso lhe permitia não ter "as pequenas ridicularias coquetes de Mallarmé, que duram demais". Em compensação, tinha "outras".[80] Entre as quais o antissemitismo.

Até Degas, colocar no centro os sujeitos de um retrato era um uso razoável. Como também era uma regra tácita que cada figura, mesmo secundária, aparecesse *inteira*. O campo visual, com suas limitações arbitrárias, devia respeitar a integridade dos personagens que entravam no quadro.

Com Degas, isso mudou. Talvez nem mesmo por uma decisão consciente, e, sem dúvida, não para afirmar algum novo princípio, mas por uma espécie de deriva do gesto. Quando começou? Não propriamente no início, uma vez que os primeiros retratos de Degas mantêm uma irrepreensível centralidade da figura. Mas já se nota dramaticamente uma novidade na *Família Bellelli*, quadro capital, que acompanhou por sete anos a juventude de Degas. Intitulado originariamente *Retrato de família* — portanto, relativo a algo que é por excelência um núcleo —, esse quadro se articula em torno de um vazio central. O pai dá as costas ao pintor, e as quatro figuras olham em direções diferentes. Cada uma parece querer excluir todas as outras do próprio campo visual, como

também acontece num retrato das irmãs Bellelli sozinhas. São entidades psíquicas decididas a não se tocar. A mãe tem um olhar tão fixo e ausente que pode parecer cega. As duas meninas são recalcitrantes: a mais próxima do centro desvia do pintor o olhar com determinação insolente, a ponto de anular sua posição axial. A outra encara, entediada, o pintor, como se dissesse: "Quando vai acabar este tormento?". O pai ignora o pintor — e, sobretudo, *não tem olhar*. Sabemos, por vários testemunhos, como a família Bellelli era cheia de acrimônias, rancores e intolerâncias, típicos de um exemplar inferno doméstico. Um Strindberg do Sul. Os retratos de grupo eram normalmente encomendados para sublinhar certas características: unidade, coesão, harmonia. Tinham origem no orgulho e na vaidade. Degas, porém, quis pintar — e obstinou-se em aperfeiçoar — o retrato de uma família unida pela aversão recíproca. Mas não é a estranheza da disposição que sugere um estado psicológico. É a tensão psicológica que é usada

para chegar a uma revelação espacial: *a ausência de centro*. O qual já não consegue reivindicar sua função simbólica. Aqui, o centro é ocupado por um papel de parede e por uma pluralidade de molduras, inclusive a de um espelho. Em outras telas poderá vir a ser um buquê de crisântemos, como no retrato de Madame Valpinçon, desde que desloque a figura de sua posição canônica. Durante quase cinquenta anos, Degas continuará a conduzir sua luta surda, sua sabotagem sistemática contra todo centro.

* * *

Planície desolada, com valas. Manchas de luz vindas de um céu turbulento. Ao longe: fumaça de um vasto incêndio, com alguns clarões. Mais longe ainda, sobre uma elevação, o perfil de um campanário gótico e construções ao redor. Em primeiro plano, uma estrada larga, de poeira e terra. Dois troncos lançam para o alto ramos delgados e secos. E depois? Nove mulheres nuas. Três estão mortas — ou agonizantes. Duas se afastam, mas parece que não conseguem correr, à semelhança do que acontece nos sonhos. Outras duas, encostadas a uma das árvores, são captadas no gesto convulso de quem está prestes a ser trespassado por uma flecha e quer se proteger. Uma talvez tenha um pulso amarrado ao tronco. A outra está inclinada e joga os longos cabelos ruivos para a frente, como se estes pudessem escondê-la. Outra mulher se arrasta na poeira. De outra, ainda, veem-se somente as pernas e as nádegas: um cavaleiro agarrou-a e está levando-a consigo, como uma trouxa. Há também uma mulher-fantasma, que Degas cancelou quase totalmente. Mas ainda se distinguem os pés e uma parte das pernas. Ela estava de costas e observava, talvez paralisada, como comprova um desenho preparatório.

Mas quem domina a cena? Três cavaleiros, num genérico traje medieval. Um se volta para trás, na direção das mulheres, e está prestes a disparar uma flecha. Outro o acompanha com o olhar. O terceiro já está seguindo adiante, carregando uma mulher. Todos agem em consonância, sem precisar dizer um ao outro o que é preciso fazer: eliminar as sobreviventes e ir embora.

O quadro é misterioso — e aterrorizante. Título com o qual foi exposto no Salon de 1865 (sem atrair nenhum comentário): *Cena de guerra na Idade Média*. Não há um episódio que seja ilustrado aqui. O espectador deve reconstituí-lo. O que levou nove mulheres nuas (há umas roupas esparsas, mas só para três delas) ao campo aberto, à mercê dos três cavaleiros, impassíveis e impecáveis? As mulheres agora são puros alvos. Algumas já golpeadas (mas não se veem flechas nem vestígios de sangue em seus corpos). Outras — é impossível não pensar isso — serão trespassadas dentro de poucos instantes.

Bem mais do que no *Três de maio de 1808* de Goya, bem mais do que na *Execução de Maximiliano* de Manet (que, dividida em quatro pedaços, fazia parte da coleção de Degas), nessa imagem ostentam-se a inermidade e o arbítrio. O tom opaco, tênue, quase de afresco, a luz difusa e desmaiada, as raras acentuações da cor (a túnica amarela do arqueiro, a ruiva cabeleira derramada de uma das mulheres, o vermelho das bragas de um cavaleiro): tudo confirma a irremediável frieza e o silêncio do evento. É o puro gesto de matar, reforçado pela humilhação das vítimas. Poucos segundos depois, haverá vários corpos nus de mulheres, abandonados pela estrada, e uma poeira que está baixando. Os cavaleiros? Desaparecidos, para sempre.

Degas jamais disse uma palavra sobre esse quadro. Mas o manteve sempre perto, em seu estúdio. Depois do Salon, mais de cinquenta anos se passariam até que a tela fosse novamente exposta em público: em 1918, no leilão da coleção Degas, após a morte do pintor. Começou então uma estranha história de equívocos sobre o título. No catálogo, o quadro era designado como: *As desventuras da cidade de Orléans*. Em vão tentou-se identificar o episódio que ele ilustraria. É plausível que Degas se referisse ao sangrento cerco de Orléans por parte dos ingleses, em 1429. Mas as crônicas da época não oferecem suportes seguros. E o mistério, até hoje completo, sobre o tema do quadro vale também como introdução a outra zona esotérica, que desta vez concerne às mulheres em Degas, portanto, à parte predominante de sua obra.

À *Cena de guerra* seguem-se vários desenhos de nus femininos, considerados com justiça entre os maiores de Degas. E também os mais afins a Ingres que podemos encontrar. Observando-os — e notando as figuras femininas no quadro —, parece evidente que estas constituíram para Degas uma espécie de *repertório de gestos*, a serem obtidos mais tarde em numerosas ocasiões, sobretudo para as cenas íntimas, entre tinas e banheiras. Não só isso: naquele repertório também estavam inscritas duas citações altamente simbólicas: a mulher atada à árvore na *Cena de guerra* se vincula à *Angélica* de Ingres acorrentada na rocha — quadro que fazia parte da coleção de Degas, com um magnífico desenho preparatório (de Ingres) e uma cópia igualmente magnífica da figura de Angélica, executada por Degas em 1855; portanto, uma década antes da *Cena de guerra*. E a mulher agonizante na poeira, à direita, remete à *Morte de Joseph Bara* de David, que Degas havia copiado no Musée Calvet de Avignon, sempre em 1855 — e é um incunábulo do eros neoclássico, em sua variante hermafrodita e funesta. Também no caso de Bara, o herói revolucionário de treze anos morto pelos sanguinários vendeanos, podemos nos perguntar como ele chegou a morrer nu — e isolado

sobre um fundo vibrante de pintura, assim como é inevitável perguntar-se a mesma coisa quanto às nove jovens de Degas. Com certeza, as figuras femininas de Degas não remetem a algum *bonheur* impressionista. Seu pressuposto é lutuoso. São todas descendentes das mulheres transfixadas uma a uma na *Cena de guerra* e abandonadas no meio de uma estrada rural qualquer.

A *Cena de guerra* é regida por uma crueldade peculiar, sem paralelos na época. Ou não é percebida em absoluto (assim aconteceu com os contemporâneos — Halévy foi o único a admitir que se tratava de uma obra de "bizarria desconcertante")[81] ou é difícil evitar vê-la como prefiguração de tempos novos. O fato de isso acontecer através de uma camuflagem medieval não passa de uma exacerbação ulterior da singularidade daquilo que era mostrado.

Há uma guerra — prova-o a cidade incendiada ao fundo —, mas os três cavaleiros não estão vestidos de guerreiros. Poderiam ser três fidalgos em missão de reconhecimento. As nove mulheres não são vítimas genéricas: são todas belas e jovens, num estado de inermidade total — o de quem se encontra nu em campo aberto. Em relação a elas, os três cavaleiros estão determinados e tranquilos: um as mata, outro leva uma consigo. Os dois atos parecem equivalentes. Aquelas mulheres são coisa da qual se pode dispor. Não se sabe por que, e não é exigida justificação. Não há rastros de fúria bélica. O ar está congelado, imóvel. Ninguém será testemunha, ninguém pedirá explicação. O que se está experimentando é um novo modo de matar, para o qual é necessária certa calma. As vítimas formam um grupo, mas não ainda uma massa — e não podem apelar para nenhuma ajuda no silêncio do campo, imagem que é como um objeto de meditação de nova espécie. Não se sabe se os cavaleiros são guerreiros, criminosos ou justiceiros.

O *Retrato de Mlle. E. F.: a propósito do balé La Source* (é esse o título, já carregado de ambiguidade, com o qual a tela foi apresentada no Salon de 1868) é o único quadro que conhecemos no qual a paisagem e o palco se superpuseram até se fundir sem resíduo. Esse não tinha sido o sonho, desde muito tempo antes, de um Ocidente pendente da oposição entre Natureza e Artifício? E que sempre tentava superá-la? Degas deu esse passo à frente. Como um passo de dança, que se manifesta numa visão absorta, silenciosa, fugidia, porque nunca mais se repetirá, nem em Degas nem em outros. Mlle. Eugénie Fiocre, *étoile* da Opéra, admirada por toda a Paris do Segundo Império, é aqui uma princesa georgiana, que nos aparece como eixo de uma cena vagamente orientalista. Melancólica, meditabunda, tem um olhar fixo e perdido diante daquilo que talvez seja uma lagoa. Ao seu redor, duas jovens. E um cavalo sem sela que se abebera — ou pelo menos está aproximando o focinho da água. Mas é água de verdade? Ou uma superfície refletora, estendida sobre um palco? De fato, quase metade do quadro é ocupada pelo reflexo das figuras nessa água, que afinal está muito parada, como se fosse um espelho. Não será um espelho? No entanto, é difícil imaginar um cavalo que, com perfeita tranquilidade, se abebera num espelho. E, atrás do cavalo, as rochas e o terreno são de plena natureza, não distinguíveis de certos estudos de rochas traçados por Degas em viagem. Como imaginá-los de papel machê? Mas há um detalhe que não confere. Ao lado da água, uma das duas jovens que acompanham a princesa está sentada sobre um pano branco. E esse pano se estende até em cima da superfície líquida. Se fosse água de verdade, ele deveria imergir. Em vez disso, a jovem apoia uma das mãos sobre o pano, que por sua vez se apoia sobre algo mais resistente: um espelho? É igualmente ambígua a posição da outra jovem, que dedilha algo que deveria ser uma gusla (e mais parece um alaúde), voltando-se para as rochas. Mas seu vestido amarelo-ocre, que a cobre até os pés, também acaba na água — e, mais uma vez, não imerge ali. Depois descobrimos algo que nos confunde ainda mais: a princesa Nouredda (Mlle. Fiocre) tem os pés na água. Mas estes parecem realmente imersos, porque a água se encrespa de leve, esboçando um círculo, como se acabasse de ser agitada.

Depois o olhar se eleva — e vê-se que a princesa pensativa apoia a cabeça numa das mãos. Embaixo do cotovelo, três grandes almofadas acomodadas sobre uma pedra. Almofadas que parecem tiradas de um interior genericamente oriental para serem transferidas àquela cena de natureza intacta. Se depois o olhar desce de novo até o solo, ao lado da água se reconhecem alguns seixos, irregularmente dispostos. Em seguida, porém, vemos uma fila que parece composta de seixos menores e dispostos com perfeita regularidade. Como é possível? Na verdade, não são seixos. É a borda de um tapete. Assim, de uma rocha de verdade passa-se a um tapete cuja borda confina com uma lagoa que presumivelmente é

um espelho. É uma vertigem da qual não se consegue sair. E que tem também algo de engraçado. De fato, se não conhecêssemos o título do quadro e o balé de Delibes, não nos deteríamos tanto nesses detalhes, talvez nem os notássemos, e tomaríamos o conjunto por uma genérica cena exótica, cujas circunstâncias ignoramos.

Seria plausível considerá-la como a representação de um momento de pausa nas peregrinações de uma caravana, da qual as três moças parecem ter se afastado. Zola, quando viu o quadro no Salon, observou que ele deveria intitular-se *Descanso junto de uma lagoa*. Se, porém, conhecermos o título, as perguntas proliferam. O que temos à nossa frente? É um momento de parada dentro do enredo do balé (que efetivamente compreendia uma aparição da princesa apoiada numa pedra)? Ou são as três bailarinas do mesmo espetáculo, mas captadas durante uma pausa? E o cavalo? Também está *em pausa* e se abebera tranquilamente num espelho? Ou será que nos encontramos numa remota paisagem caucasiana, no tempo suspenso das lendas, e uma princesa — como numa existência anterior — assumiu os traços de Mlle. Fiocre? Então, toda a cena pertence ao gênero da pintura *histórica*? Ainda que de uma história imóvel e indeterminada? Não haveria solução, porque os dois modos — incompatíveis — de ler o que acontece no quadro são igualmente convincentes. Cada um tem bons argumentos de sua parte. Mas a tonalidade geral da tela é tal que torna fútil aquela oposição. Quer se trate de um momento de pausa no palco da Opéra da Rue Le Peletier (e será justamente o balé *La Source* a fazer parte dos trechos escolhidos, nove anos depois, para a inauguração da Opéra Garnier); ou de um momento de repouso da cruel princesa Nouredda, pouco antes de lançar-se na dança, ou ainda de um instante *qualquer* engolido pelo tempo em época remota e lendária, no fundo parece indiferente, como se esses vários momentos coincidissem — ou pelo menos se avizinhassem tanto quanto uma imagem e seu reflexo: num espelho ou numa límpida água parada. Há, porém, uma espécie de monograma que Degas quis inscrever na tela, quase um aceno que serve não para resolver, mas para aproximar de nós o enigma da visão: entre as patas dianteiras do cavalo, reconhecem-se duas sapatilhas cor-de-rosa de balé. São o único rastro que o tempo deixou, escoando do Oriente das lendas até o palco da Opéra. São a sigla do artista, que desaparece depois de levar a uma fusão aquilo que sempre se apartara: o puro artifício da cena teatral e a pura natureza que jorra de uma fonte. Afinal, esse era o único *plein air* apropriado a Monsieur Degas. Atrás, abriam-se os bastidores e os camarins.

O palco é uma superfície perfeitamente uniforme, plana, sulcada por sutis linhas transversais: algo que não se dá na natureza. As posturas das bailarinas são um repertório restrito e rígido de gestos que só se podem mostrar no palco. Mas o que paira por trás das tábuas do palco, pisadas somente pelas sapatilhas das bailarinas? Os bastidores, os refletores, os panos de fundo pintados, na Opéra da Rue Le Peletier, na Opéra Garnier ou em tantos outros teatros. Mas nos quadros de Degas? Adensam-se cores improváveis — laranja, esmeralda, amarelo ácido, rosa aceso — que se destacam na escuridão da sala, formam-se amontoados equóreos, esgarçados, que cercam os corpos das bailarinas. Entrevemos troncos, frondes, mas logo nos perdemos numa exuberância variegada, como se para nós se abrisse uma trilha numa floresta fosforescente. É essa a natureza que freia as vagas de Degas, jogando-as até os pés e os ombros das bailarinas mas não além, para que os corpos magros e angulosos das *petits rats* não sejam submergidos e continuem a praticar seus severos exercícios. Arbítrio imperioso de gestos geométricos e flutuação de massas luminosas: para ele, era essa a totalidade à qual mais frequentemente, sem temer a monotonia, abandonou sua pintura, como certos holandeses à planície com bovinos ou certos bizantinos às procissões dos santos.

A fusão entre natureza e palco se realiza da maneira mais provocadora e furtiva no *Retrato de Mlle. E. F.* O quadro foi um *unicum*, mas o procedimento não permaneceu como caso isolado. Ou melhor, estava destinado a se tornar um dia o pressuposto esotérico sub-repticiamente aplicado por Degas em numerosos quadros,

pastéis, guaches de bailarinas. Às vezes, a artificiosidade da cena teatral aparecia exaltada: na *Étoile* de 1878, são reconhecíveis as divisões entre as tábuas do palco; e as palmeiras do *Balé na Opéra de Paris* de 1877 revelam a inconfundível gracilidade dos panos de fundo pintados. Mas, alhures, Degas segue um caminho oposto: parte-se da artificiosidade total da cena para adentrar a natureza profunda, uma natureza que escapava aos paisagistas de ar livre (Degas queria que a polícia os detivesse como molestadores em lugar público). Em três leques dos anos 1878-80, o procedimento é levado ao extremo. Nos três casos, aparecem grupos de bailarinas: mas, a cada vez, o núcleo da figura é uma mancha magmática,

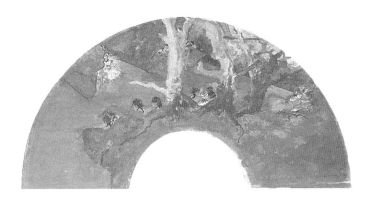

entrecortada, transbordante: uma vez esverdeada, duas vezes empastada de rosa e amarelo. Quanto mais primordial a forma, tanto mais delicado o amálgama cromático. Dir-se-ia que as bailarinas despontam, talvez pelos últimos instantes, daquela massa que está se expandindo sobre todo o leque. Seus corpos ainda se perfilam sobre as tábuas do palco (e, entre os bastidores, reconhecem-se seus fãs encartolados, que as observam). Contudo, no mais ousado dos leques (hoje na Suíça, em coleção par-

ticular), somente as cabeças das bailarinas emergem da mancha ondeante como Ninfas entre as frondes, que aqui são também as raízes, róseas e preênseis, de três árvores. Por fim, no leque de Baltimore, o grupo das bailarinas parece em fuga, perseguido por um vagalhão que vai até o céu, e no qual se adensa o presságio de toda pintura informal. A quem o criticava (não eram poucos) por ignorar a natureza, Degas poderia ter indicado esses três leques, epifanias de uma natureza que estava para a natureza oitocentista como a pré-história está para a história; uma natureza feita de abalos geológicos e paludes desmesurados, atravessada por vastas superfícies ondulantes, delicadamente disfarçadas, em cujos interstícios se aninhavam membros esparsos de bailarinas, como se a dança fosse uma acidental e provisória florescência do caos.

No caderninho n. 21 (1866) de Degas, entre endereços majoritariamente de modelos, prováveis *cocottes*, fornecedores e lojas, citações abreviadas e esboços a lápis (é o período de *Mlle. Fiocre* — e também abundam cavalos e ginetes), encontram-se estes versos, como os de uma canção rococó:

Piron plus gai que délicat
Sans nul préliminaire
Dit partout qu'un chat est un chat
Moi je dis le contraire
Souvent un seul mot
en dit beaucoup trop
mais qu'une gaze fine
Sans cacher les traits
Voile le portrait…
le reste se devine.[82]

Piron mais alegre que delicado
Sem nenhum preâmbulo
Diz por toda a parte que um gato é um gato
Eu digo o contrário
Frequentemente uma só palavra
já diz demais
basta que uma gaze fina
Sem esconder os traços
Vele o retrato…
o resto se adivinha.

Degas sempre evitou as declarações de poética. No máximo, como Ingres, emitia decretos sobre desenho e sobre cor que só podiam ser compreendidos pelos seus pares, ou seja, por outros pintores obsessivos e tendencialmente mudos. Mas aqui, oculto em seu caderninho entre dois perfis de cavalos, deixou que se enunciasse algo semelhante a um princípio regulador, de consequências vastíssimas: não só evitar dizer "que um gato é um gato" (com aquele tautologismo que era caro a Courbet — e, por sorte, sua pintura negava), mas até dizer "o contrário". Mas qual é o contrário da tautologia? A elusão. Esse era o fundamento da pintura, segundo Degas. Mas, mesmo eludindo, é preciso *dizer*. E às vezes, ou melhor, frequentemente, "uma só palavra/ já diz demais".[83] Então, a elusão deve recolher-se na omissão. Do contrário, como? O que fazer, se afinal se passa grande parte da vida dentro de um estúdio, pintando? Basta que "uma gaze fina/ Sem esconder os traços/ Vele o retrato".[84] É essa a máxima aproximação para definir a pintura de Degas. Quem não apreende, em toda imagem sua, a "gaze fina" que envolve o todo (salpicada com aquela poeira colorida que os negociantes usam para as flores artificiais) simplesmente não vê Degas. É essa gaze que o distingue daquele que lhe é mais afim, Manet. O segredo, porém, não estava somente na "gaze fina", mas também no fato de que a gaze agia "sem esconder os traços". A *certeza* do traço, durante alguns anos, encontrou-se em Degas mais do que em qualquer outro. Como produtor de linhas, ele era o único possível sucessor de Ingres. Contudo, para ele o traço devia ser velado pela imperceptível gaze, a fim de subtraí-lo a toda pretensão de literalidade. Velado e ao mesmo tempo nítido: assim Degas queria o mundo pintado. Por isso dizia que "a natureza é lisa".[85] Por isso certos retratos seus têm uma presença imperiosa mas encoberta, como se os personagens subentendessem algo de funesto, que acaba de acontecer e que eles não têm nenhuma intenção de revelar. Assim é na *Família Bellelli*, em que a infelicidade e o ressentimento são palpáveis, coagulados no ar parado, enquanto as duas meninas, amuadas e frias, esperam que acabe a sessão de pose.

Um quarto de mulher. Sem luxos, mas bem cuidado. Há uma cama de ferro num canto. A colcha, de um rosa pálido, está intacta e esticada. Tapete longo, de listras. Espelho de moldura dourada. Papel de parede com florzinhas cor-de-rosa e verdes. Abajur, de novo, com florzinhas. Cartola emborcada sobre uma cômoda

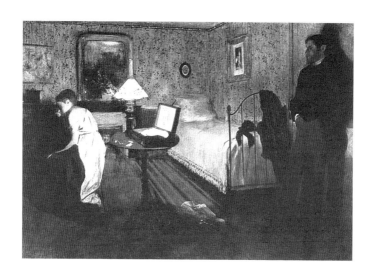

à esquerda. Portanto, o homem de barba, que está apoiado à porta, não acabou de entrar. Alguma coisa já aconteceu. Compreende-se isso também quando se reconhece, jogado no chão, um corpete. É o único elemento de verdadeira desordem. E liga-se de imediato à caixa de costura que está aberta sobre a mesinha redonda no centro do aposento. Poderia se dizer que alguém mexeu ali dentro. O objeto é elegante, resplandece sob a luz — ou melhor, seu forro cor-de-rosa é o polo luminoso do quadro. Poderia conter joias, em vez de humildes objetos de costura. Ou algo de muito íntimo. Uma macia seda branca transborda dali, e não se sabe o que é. Uma mulher jovem está sentada à esquerda e dá as costas ao homem. Como se devesse dá-las para sempre, a ele e ao mundo. O ombro esquerdo está descoberto, a camisola branca deslizou sobre o braço. Mas nada indica que tenha havido violência. O ombro parece dobrado por um peso invisível — e talvez isso tenha bastado para fazer a camisola escorregar. O homem de barba se encosta à porta, impecavelmente vestido. Talvez queira excluir a possibilidade de que a porta se abra em algum momento.

As pernas estão afastadas e plantadas com força. O perfil afilado, os olhos pequenos e fixos são semelhantes àqueles de um criminoso que Degas iria desenhar um dia. A luz que envolve a cena é quente, de um calor malsão. Nada de seguro se pode deduzir sobre o que aconteceu. Respira-se apenas algo de estragado e desesperador.

Somente porque se trata de Degas é plausível que, a um quadro pintado em 1868-69 com o título *Interior*, fosse atribuído, mais de quarenta anos depois, o título *O estupro*, por parte de conhecidos próximos do artista. Por que, naquela cena de um homem de barba, apoiado a uma porta, e de uma mulher sentada, que lhe dá as costas, ambos imóveis, silenciosos e distantes num aposento com uma cama de solteiro num canto, devia impor-se a evidência de um estupro? Ainda que o título jamais tenha sido usado por Degas ("não pertence à língua dele",[86] observou Paul Poujaud, que o conhecia bem), a tensão altíssima do quadro e alguns sinais — sobretudo a caixa de costura com forro cor-de-rosa, escancarada e quase eviscerada sobre a mesinha central, sob a luz nítida do abajur — sugerem que algo de sexual e não dito reveste toda a cena. É tão evidente que algo aconteceu pouco antes — e provavelmente algo irreparável — que os críticos tentaram várias vezes interpretar o quadro como ilustração de um romance: inicialmente referindo-se a Duranty, e depois a *Madeleine Férat* de Zola. Até que Theodore Reff propôs uma cena de *Thérèse Raquin*, que oferece algumas semelhanças notáveis: é a noite em que os dois amantes assassinos se reencontram, depois de um ano durante o qual, por prudência, evitaram se ver. Zola tinha o gênio do explícito e aqui não se furtava a mostrá-lo. Mas Degas? Era quase o oposto, porque lhe pertencia, se tanto, o gênio do elusivo, embora as situações às quais este seria aplicável pudessem sobrepor-se às de Zola (obviamente, os dois não eram feitos para se entender: nos anos em que se encontravam no Café Guerbois — e foram justamente os de *Thérèse Raquin* e do *Interior* —, não paravam de se alfinetar). O que, nesta ocasião, unia Zola a Degas era o vazio entre os corpos dos dois amantes. Em Zola, ocupado com o fantasma de um afogado. Em Degas, com uma esplendorosa caixa de costura, que atrai a luz para seu forro cor-de-rosa. É este o centro do quadro, seu misterioso eixo. Mas, na cena de *Thérèse Raquin*, não há vestígio dessa caixa. E, à distância de quase um século e meio, aquela caixa manteve seu segredo. Aludia a quê? O que havia sido procurado ali? Por que o objeto era tão elegante (a ponto de lembrar a magnífica valise que uma noite Grace Kelly usa em *Janela indiscreta*), em contraste com o quarto, que é modesto? E o que era aquela macia seda branca que brotava de dentro? Degas não quis nos informar muito sobre o que precedeu a cena. O que ele pinta é um silêncio violento. Deixa que os detalhes ajam com seus recursos irresistíveis: a penumbra, o corpete abandonado no chão (Degas aconselharia Gervex a incluir um no seu *Rolla*, para que o corpo soberbo da mulher nua sobre a cama não parecesse muito claramente o de uma modelo — e o escândalo no Salon foi provocado justamente por aquele corpete), as florzinhas cor-de-rosa e verdes no papel de parede e no abajur, a cartola do homem em cima de uma cômoda, o ombro nu e caído, oprimido, da jovem que mira o vazio, o olhar fixo do homem de barba apoiado à porta. A luz se adensa sobre a caixa aberta, "*bijou rose et noir*",[87] que alguém manipulou. Degas o dissera, naqueles versos ligeiros anotados em seu caderninho dois anos antes: "O resto se adivinha".[88]

Trinta anos depois de pintá-lo, Degas mostrou a Paul Poujaud o *Interior*, que estava em seu estúdio, voltado para a parede, com as palavras: "O senhor conhece meu quadro de gênero, não?".[89] Definição preciosa e sarcástica. *Interior* é um quadro de gênero exatamente como a *Cena de guerra na Idade Média* é um quadro histórico. A definição é diligentemente aceita para ser desmontada a partir de dentro. Se quisermos permanecer muito próximos a Degas, pintor de cenas de gênero era James Tissot (e a ele devem ser plausivelmente atribuídas as observações escritas num envelope a propósito do *Interior* de Degas, cheias de conselhos de excelente homem do ofício, conselhos que depois foram quase todos seguidos). Em muitos quadros encantadores, Tissot quis capturar a cada vez uma *Stimmung* fugidia: um arrufo, a emoção de uma carta, a excitação da entrada num salão de baile, a melancolia de um banco de jardim. Ou mesmo apenas um tremular de bandeiras. São todos impecáveis quadros de gênero, porque seu significado, sua vibração, aparecem já predispostos num conjunto de possibilidades admitidas e coordenadas entre si. O pressuposto: univocidade e plena enunciabilidade dos sentimentos. Com Degas, acontece o oposto. *Interior*, aquele seu único "quadro de gênero",[90] não concede nenhuma segurança. Não sabemos se e até que ponto o homem é criminoso; nem se e até que ponto a jovem é inocente. Ou se estamos diante de uma simples cena de hostilidade — ou de um dissabor entre amantes. O que se deixa ver, implica zombeteiramente o pintor, é sempre pouquíssimo. O único elemento certo é a tremenda tensão, entre aquelas flores no papel de parede, as sombras, a caixa de costura iluminada, o ângulo com o qual o ombro dela cai, e aquele formado pelas pernas dele. Não nos é dado saber mais do que isso. E, no fim, não podemos sequer dizer a que gênero pertence o quadro. Os significados são opacos, os sentimentos, obscuros. O conjunto poderia se encaixar somente naquele gênero envolvente, sobranceiro, informe, que é a própria vida.

Como já ironizavam os contemporâneos, Degas não se cansava de pintar bailarinas e engomadeiras. Mas "nenhuma volúpia naquelas, nenhum sentimentalismo nestas".[91] Foi essa a sentença, definitiva e enigmática, de Mallarmé. *Voyeur* sem volúpia e sem *páthos*, Degas usava bailarinas e engomadeiras como pretexto para chegar a certas "linhas delicadas" e a certos "movimentos requintados ou grotescos".[92] Assim, acabava por perfilar-se uma "beleza estranhamente nova",[93] acrescentava Mallarmé. Mas logo se retraía, sabendo que aquele termo cru (*novo*) jamais obteria a aprovação do pintor. E quase se desculpava, sentindo a necessidade de assegurar ao leitor que essa palavra Degas "não a usará nunca em sua conversa cotidiana".[94]

A relação de Degas com os seres femininos não se baseava, como para Ingres, numa devoção primordial. Nem se precipitava de imediato na metafísica, como para Baudelaire. Degas passou a maior parte da vida desenhando e pintando corpos de mulheres e de mocinhas. Era dominado por um sentimento no qual a atração se equilibrava ocultamente com a repulsa, até chegar a um inacessível ponto de indiferença. Os contemporâneos mais perspicazes já tinham percebido isso — e, antes de qualquer outro, o olho do crítico por excelência, Félix Fénéon: "Sem jamais aflorar a caricatura, antes mostrando uma gravidade de sacerdócio, M. Degas persegue o corpo feminino com uma velha animosidade que se assemelha ao rancor".[95] Pode-se captar algo daquela "velha animosidade" numa anotação do diário de Daniel Halévy, então com dezoito anos, em 27 de maio de 1891: "Esta manhã Degas almoçou conosco. Falou das mulheres com seu horror habitual. Mas ele também foi mordido! Ele também sente o encanto calmante mas desmoralizador das mulheres, um encanto que enfraquece. E é disso que se queixa, da tirania perpétua que elas exercem. É muito amigo de Mme. Jeanniot, pessoa deliciosa, e lhe diz com frequência: 'Devo realmente amar a senhora, para perdoá-la por ser bonita como é!'. Mas por que a ama? Se ela fosse homem, ele a amaria? Trata-se de uma pessoinha bastante frívola, que gosta da sociedade e não tem nenhuma força de pensamento, nenhum *esprit*, nada daquilo que agrada a Degas. Se ele a ama, é porque ela é mulher, e porque é bonita. Mas tudo isso é tão sutil que ele o ignora, tenho certeza".[96]

Os amigos ousaram anotar pouco mais do que isso. E o próprio Degas sempre evitou o assunto. Sobre o qual pousam, como uma lâmina de luz oblíqua e cruel, as palavras de uma carta de Berthe Morisot à sua irmã Edma: "Quanto ao seu amigo Degas, decididamente não vejo nele uma índole atraente; é homem de espírito, e mais nada. Manet me dizia ontem, de modo muito divertido: 'Ele não tem naturalidade; não é capaz de amar uma mulher, e até de lhe dizer isso, nem de fazer nada'".[97] Era o ano de 1869. Abandonados os temas históricos, Degas já era pintor de ginetes e cavalos de corrida. Logo iria tornar-se o pintor que, mais do que qualquer outro, sabia surpreender nos gestos femininos a naturalidade clandestina.

Sabia como uma mulher enxuga os dedos dos pés; como boceja enquanto engoma roupa; como põe um pé fora da banheira. Mas não sabia o que significava acordar na mesma cama com uma mulher. Se isso lhe aconteceu, ele deve ter escapulido bem rapidamente. Nenhum de seus conhecidos pôde lhe atribuir uma *liaison*, mesmo fugidia. Descrever como Degas maltratava e torturava as mulheres em seus pastéis não demorou a se tornar obrigatório. Citavam-se frases ferinas do artista sobre a animalidade feminina. Mas era um grande erro, uma reação de incompreensão e temor diante da novidade dos gestos que Degas desenhava e coloria. Eram assustadoras sua intimidade com as mulheres, sua capacidade de conhecê-las mais do que elas mesmas se conheciam. Jamais descobriremos algo de preciso quanto às relações entre Degas e as *petits rats* da dança. Mas seguramente ele não pretendia seduzi-las, como, ao contrário, era a prática comum dos senhores de cartola que surgiam por trás dos bastidores da Opéra.

O grande ocioso Boulanger-Cavé, que conseguiu não fazer nada durante a vida inteira, exceto por um breve intervalo no qual exerceu as funções — inconsistentes — de censor teatral, provavelmente acertou em cheio quando descreveu a atitude indulgente e bem-disposta de Degas para com as *petits rats*: "Acha-as todas encantadoras, trata-as como filhas suas, desculpando-as por tudo o que fazem e rindo de tudo o que dizem".[98] Quanto às pequenas bailarinas, Cavé afirmava: "Têm por ele [...] uma verdadeira veneração, e a mais insignificante *petit rat* daria muito para agradar a Degas".[99] E, ao que parece, Degas não pedia mais do que algumas sessões de pose. Talvez nenhuma de suas cartas soe tão afetuosa quanto um bilhete a Emma Dobigny, uma de suas prediletas entre as *petits rats*: "Você não veio mais, pequena Dobigny. Não desmontei minha tabuleta, e ainda se lê na porta: fábrica de bolhas de sabão. Ainda não me retirei do comércio. Hoje manterei a loja aberta até as seis e meia. Trate de me dar umas sessões".[100]

As *petits rats* eram garotas entre os treze e os quinze anos, figurantes no corpo de baile da Rue Le Peletier (antes do incêndio) e da Opéra Garnier. Segundo a ocasião, podiam ser *coryphées*,* borboletas, flores. Saíam de cena em tumulto, como uma "pequena companhia esfuziante, jubilosa, decotada, vestida de seda e de cetim, que se precipitava pelas escadas"[101] e se dispersava (sempre na Rue Le Peletier) entre "velhos corredores deliciosos, com muitos cantos e recantos mal iluminados por candeeiros fumacentos".[102] As *petits rats* eram espiadas e vigiadas por duas potências opostas, mas muito dispostas a negociar: os cortejadores e as famílias. Os cortejadores eram cavalheiros de redingote preto e car-

---

* Na hierarquia do balé da Opéra de Paris, é a bailarina figurante à qual pode ser atribuído um curto papel de solista. (N. T.)

tola, na maioria com barba negra ou grisalha, às vezes apoiados em bengalas ou guarda-chuvas. Com frequência eram nobres ou falsos nobres — ou então funcionários públicos, financistas ou rentistas. Ou alguma outra coisa que desse certa garantia patrimonial. Alguns usavam a fita da Légion d'Honneur. As famílias eram representadas pelas mães — ou, conforme o caso, pelas tias — das *petits rats*. Com frequência, zeladoras de ar solene e cônscio da própria dignidade. Como diplomatas de alto nível, esperavam que os cortejadores — os quais, obviamente, jamais se declarariam tais, mas eram sempre fanáticos por balé — se adiantassem com qualquer pretexto e puxassem conversa. Começava então a negociação. Tratava-se de vender a pequena bailarina pelas melhores condições. Algumas joias? Para começar. Em seguida, havia toda uma escala de possibilidades. Não convinha limitar o jogo, de saída. Quanto mais se permanecia no vago logo no início, tanto mais longe se podia chegar. No fim, a garotinha podia até vir a ser marquesa, talvez na Itália (o que era uma diminuição, mas ainda assim um resultado respeitável). Ou então tornar-se uma *cocotte* e dedicar-se à "galantaria em grande escala"[103] (como dizia um relatório da polícia). E isso aconteceria precisamente a Virginie e Pauline, as duas *petits rats* criadas por Mme. Cardinal.

Houve um celebrador, e só um, desse mundo: Ludovic Halévy, amigo de Degas desde a adolescência, autor que em dupla com Meilhac havia tocado o cume da opereta escrevendo os libretos da *Belle Hélène*, da *Grande-duchesse de Gérolstein*, da *Vie parisienne*. Offenbach e Meilhac-Halévy foram o apogeu meteórico do Segundo Império, em sua mecânica e tiquetaqueante insensatez. Em 1870, Halévy publicou em capítulos um romance destinado a ter 33 edições em três anos: *La Famille Cardinal*, epos das *petits rats*. Enquanto isso, anotava em seu diário: "Um pouco violento, talvez, mas é a verdade. Aí estão, tais como eu as vi, as mocinhas da Opéra e as senhoras ou senhoritas suas mães".[104] Aquela violência, feita de lucidez e exatidão, aproximava-se da usada por Flaubert em *Madame Bovary* ou em *Bouvard et Pécuchet.*

Alguns anos depois, Halévy pediu ao seu amigo mais próximo, Degas, que ilustrasse o romance. Degas não gostava da ideia em si de ilustrar livros, mas neste caso aceitou. Suas imagens, se confrontadas com o texto, são de absoluta precisão. Forçando a palavra, poderíamos dizer: de uma *veracidade* indubitável. Mas não foram aprovadas por Halévy, por motivos nunca esclarecidos. Em seguida, Halévy saiu em busca de outros ilustradores, muito mais obscuros. Talvez, através de Degas, tenha se assustado consigo mesmo. Agora queria escrever histórias mais brandas e sentimentais, como *L'Abbé Constantin.* Mas Degas não lhe daria corda. Tristemente, Halévy anotou em seu diário a reação do velho amigo: "Degas está indignado com *L'Abbé Constantin*, ou melhor, eu diria nauseado. Enojou-se com toda aquela virtude, aquela elegância. Hoje de manhã me insultou. Devo fazer sempre coisas como *Madame Cardinal*, coisinhas enxutas, satíricas, céticas, irônicas, sem coração, sem emoção".[105]

A partir de 1870, Degas dedicaria ao balé cerca de um terço de sua obra. *La Famille Cardinal* permaneceu como o subentendido perene desses seus quadros, pastéis, esculturas. Cada uma de suas bailarinas é uma Pauline ou Virginie Cardinal. Nunca são abandonadas pelo olhar frio e estratégico de Mme. Cardinal ou por aquele, predatório, de um assinante qualquer da Opéra. E o olhar do pintor é o terceiro incômodo naquela cena de solidão povoada. Era esta a moldura em que tudo devia ser considerado: um ramo menor da prostituição, que reunia em si os extremos da leveza e da sordidez como nenhuma outra especialidade da *vie parisienne.* "Sem coração, sem emoção."[106]

Não era raro que um pintor coabitasse com uma modelo sua. Aconteceu a Renoir, a Monet. Ou então estabeleciam-se longas relações. Com frequência, Degas usava como modelos as *petits rats* que havia conhecido na Opéra. Isso pareceria elevar ao quadrado a probabilidade de relações sexuais. Mas não se encontra nada. Se existiram, elas devem ter sido muito secretas, num mundo onde os segredos duravam pouco. Em casa, Degas era visto sempre e somente em companhia de governantas intratáveis. No entanto, a aura erótica envolvia todas as suas figuras femininas. E não importava se os corpos eram atraentes ou esquálidos. Fossem bailarinas, engomadeiras, prostitutas, acrobatas ou cantoras do *music-hall*, pertenciam a uma vida que Degas estava ávido por desenhar. E, para ele, desenhar era tudo. Implicava que todo subentendido se transformasse numa linha. Mas, permanecendo linha, mantinha seu mistério. A linha tem uma grande vantagem: não fala. E somente isso satisfazia Degas. Certa vez ele disse a Forain que, no seu enterro, não queria discursos. Depois se corrigiu. Disse: "Ou melhor, sim, Forain, o senhor fará um. Dirá: ele amava muito o desenho".[107]

A afinidade entre Ludovic Halévy e Degas se revelava assim que os dois entravam na Opéra. Algumas linhas dos diários de Halévy parecem rascunhos para dois, três, quatro Degas: "Entro no *foyer* da dança. Pouca gente. M. Auber sentado no banco de veludo, encostado ao grande espelho que refletiu tantas piruetas e tantos *entrechats*… Nos degraus da escada, Mademoiselle Gauguin convida um gracioso rapazinho para uma representação que deve ocorrer no dia 17 na sala da École Lyrique… Duas lindas *coryphées* estão reclinadas no sofá vermelho, à esquerda da lareira, eu me aproximo, elas dormem. Mademoiselle Baratte, segurando-se à barra com uma mão e aprumada sobre as pontas dos pés, conversa com M. X. Saio do *foyer* da dança, circulo pelos corredores…".[108]

Mas como se moviam, como falavam as *petits rats* de Degas? Tumultos em Paris. Ludovic Halévy sobe o Boulevard Montmartre, que está vazio e sinistro. Depois deixa Meilhac e entra na Opéra. Estão apresentando o *Fausto*, sala cheia. Enquanto Halévy passa pelos bastidores, duas *petits rats* o detêm: "'O senhor tem sorte, pode ir ver o motim'. Chega uma terceira bailarina e diz às outras: 'Depressa, venham, encontrei uma janela no terceiro andar, pode-se ver o motim'. E as três desaparecem em suas pequenas fantasias de camponesas flamengas, rindo como loucas, deliciadas com a ideia de que vão ver o motim".[109]

O Segundo Império foi a primeira época destinada a não ter estilo próprio. Seu nome já a condenava a não poder ser mais do que uma repetição. Um novo e misterioso elemento químico difuso no ar impedia que qualquer coisa fosse levada totalmente a sério. Isso produziria em alguns uma angústia sutil, mas na maioria suscitava uma euforia contagiante. Foi esse o desatinado mecanismo da opereta. De repente, pareceu inteiramente natural — até para o público mais vasto — que tudo fosse passível de paródia. O duque de Morny, meio-irmão do imperador, alternava ao longo do seu dia as altas funções políticas, de eminência parda e regedor oculto, com as de comediógrafo leve, às quais manifestamente gostaria de dedicar mais tempo. E não ficava claro qual das duas funções era o prosseguimento da outra, com meios diferentes. Nem qual delas, afinal, tinha mais relevância.

Assim se abriu a brecha para a opereta. Um tom de irrisão ecumênica seria justificado até mesmo anos e décadas antes. No entanto, só então explodiu e só então foi aceito sem sobressaltos. Em 1865, *La Femme à barbe* cantada por Thérésa, *La Vénus aux carottes* por Silly e a entrada do rei na *Belle Hélène* foram os motivos populares do ano.

Não tudo, mas muita coisa se apresentava espontaneamente sob aspecto de opereta. Ludovic Halévy tomava nota e depois passava o esquema a Offenbach. Por exemplo, o Príncipe que batia os pés como um menino mimado. Diário de Halévy, em 21 de janeiro de 1866: "O Príncipe Imperial, dias atrás, pedia uma coisa que lhe recusavam: *Ah! é assim?*, disse, *Pois bem, daqui a pouco, quando eu sair, não vou saudar o povo*".[110] Até os atentados — único imprevisto que podia interromper os intermináveis desfiles de altezas reais — pareciam cenas de opereta. Um dia o czar Alexandre III, Bismarck e o anfitrião Napoleão III deviam passar em revista 60 mil soldados. Seguia-os "um estado-maior de vinte príncipes e altezas, entre os quais o rei da Prússia, o grão-duque de Hesse, o grão-duque herdeiro da Rússia etc.".[111] Um rapaz atirou, atingindo um cavalo na cabeça. "É para mim, é um italiano",[112] disse Napoleão III ao czar. "Não, é para mim, é um polonês".[113] E tinha razão, era um polonês. Ludovic Halévy anotou tudo — e eram típicas tiradas de uma *pièce* de Meilhac e Halévy.

"Nunca diz nada, e mente sempre":[114] assim uma voz anônima definia Napoleão III. Seu reinado era o da *demi-liberté* e do *demi-monde*, mas só com algum esforço o Segundo Império poderia ser definido como uma ditadura, ao menos no sentido estrito que a palavra assumiu um século depois. Em 29 de março de 1866, o teatro dos Bouffes-Parisiens festejava a quingentésima apresentação do *Orphée aux enfers* de Offenbach. "Não me sinto nem um pouco oprimido",[115] murmurava poucos dias depois Ludovic Halévy, que era um dos autores do *Orphée*, ao comentar um discurso de seu amigo Paradol no qual se falava do "povo que é governado e oprimido".[116]

Em 1886, na oitava e última exposição impressionista, Degas apresentou, "como um adeus insultuoso"[117] (observou Huysmans), um certo número de pastéis assim descritos no catálogo: "Série de nus de mulheres que tomam banho, se lavam, se enxugam, se friccionam [com toalhas] ou se fazem pentear".[118] Há um sarcasmo sutil nessa formulação impassível, e Huysmans, que facilmente descambava para o Grand Guignol, encontrava ali uma "crueldade atenta, um ódio paciente".[119] Tanto Huysmans quanto Fénéon (os dois olhares mais penetrantes do momento) lançaram-se então em um número de funâmbulos que tencionava igualar com palavras "o horror"[120] das mulheres de Degas. Ímpeto excessivo, que ia além do alvo. As mulheres de Degas, observadas algumas décadas depois, voltariam a aparecer simplesmente como exemplares daquela rara espécie zoológica que é a *mulher comum*. Às vezes (ou melhor, frequentemente) atraentes, às vezes não, sempre presas numa prodigiosa teia cromática em suas tinas, vestiários e "obscuros quartos de *hôtel meublé*"[121] (Fénéon). As modelos de Degas não eram, por um perverso desígnio do pintor, mais repugnantes em relação às que posavam na mesma época para os pintores dos Salons. Em certos casos, eram as mesmas. Mas Degas não as fazia posar de imediato; preferia pedir que circulassem nuas pelo estúdio. Elas perambulavam demoradamente ao redor da tina que se impunha ali como um totem, e finalmente chegava o momento em que se deixavam surpreender no gesto exato — aquele que Degas, segundo Valéry, um homem "inteiramente dedicado às suas cerimônias internas, à sua presa profunda"[122] (fosse o que fosse essa "presa"), esperava.

O que chocava em Degas não era o aspecto desgracioso do corpo feminino, mas algo muito mais insidioso: o abandono total dos gestos canônicos. Durante séculos, a pintura se habituara a percorrer um repertório fixo de gestos, que só admitia variações dentro de certos registros. Isso tinha valido tanto para os florentinos do século xv quanto para os pintores galantes do rococó. A cada vez, o pintor dispunha de um leque de possibilidades entre as quais podia escolher. Mas não se arriscava a ir além. A sabotagem de Degas se concentrou nesse ponto — e o efeito foi explosivo.

Ele perseguia tenazmente os gestos *intermediários* entre os canônicos, os gestos que não têm um significado e são unicamente funcionais, muitas vezes inconscientes, muitas vezes não percebidos nitidamente nem mesmo por quem os executa. Gestos monologantes. Aqueles corpos nus eram captados nos momentos em que ainda não se haviam tornado outros tantos Nus, formalizados na sequência dos Nus da história da arte, de Praxíteles a Ingres e finalmente a Bouguereau. Isso valia para os pastéis de 1886 e para todas as numerosas mulheres representadas na intimidade. Mas uma fórmula ainda mais desorientadora era aquela usada por Degas para as bailarinas. Na qual o gesto alcançava sua tensão máxima e abstrata, entre um polo de movimento rigorosamente codificado e não correspondente a nenhum repertório das poses eloquentes na pintura (visto que se tratava do código, autônomo e autossuficiente, do balé) — e um outro polo de fisicidade exausta e abandonada, depois do esforço ou entre um esforço e outro, ou dispersa como quer que fosse naquele limbo fremente que se estende entre os bastidores, os camarins e as salas de ensaio.

Degas descobriu a "paixão terrível"[123] da fotografia no outono de 1895. Sempre tivera necessidade de uma distração para seus serões. Durante certo período, nessas horas se ocupara de técnicas de gravura, compusera sonetos, entalhara castões de bengala (o jovem Vollard lhe fornecia madeiras exóticas e em troca ficava com algum desenho: início de uma carreira de grande *marchand*). Em seguida, escrevia Halévy, com a desenvoltura de quem não consegue medir o alcance daquilo que está dizendo, Degas "se apaixonara pelo antissemitismo, e contra o museu do Louvre; mas essas duas paixões eram demasiado reais e o azedavam".[124]

Assim, "este ano ele adotou a fotografia".[125] Buscava "a atmosfera das lâmpadas ou a lunar".[126] Certa vez havia tentado fotografar a própria lua, mas esta "se mexia"[127] demais. Também na fotografia, o *plein air* não lhe servia. Degas foi o mestre do *fundo preto* ("meus negros eram muito excessivos",[128] dirá um dia, mas nisso estava a novidade). Diante de sua objetiva, a renda que encapuzava as poltronas se tornava um velário alucinatório, enquanto o *intérieur* se descobria animado por presenças nas trevas, como de animais agachados, que afinal eram fragmentos de espelhos, molduras, bibelôs levemente roçados pela luz.

Quando, certas noites, Degas cismava de bater uma foto de grupo, todos deviam se submeter a "duas horas de obediência militar".[129] Com sua "ferocidade de artista",[130] ele impunha as posições, deslocava as lâmpadas, agarrava as garotas pela nuca e as obrigava a inclinar segundo um certo ângulo. Seguiam-se dois minutos de pose. Depois todos se despediam e Degas ia embora "com seu aparelho, orgulhoso como uma criança com seu fuzil".[131] Quando olhadas hoje, é difícil acreditar que aquelas fotos fossem o resultado de uma longa pose: se Jacques-Émile Blanche conversa com sua esposa Rose ou Jules Taschereau com uma desconhecida, o que vemos é o instante da atenção por uma tirada que ninguém pronunciou, enquanto os dorsos das mãos parecem leques tremendo no escuro.

São duas as fotografias que resumem num talismã a obra de Degas fotógrafo — além da essência daqueles anos. A primeira é o célebre retrato de Mallarmé e Renoir junto de um espelho no qual se reflete a máquina de Degas, enquanto a cabeça do fotógrafo está envolta numa nuvem ofuscante e indistintas figuras femininas observam de um canto do espelho. Em toda a imagem proliferam as modinaturas e as molduras, como que para lembrar que a moldura é tão importante quanto a imagem que encerra, ao menos porque nos avisa que estamos entrando numa metarrealidade.

A propósito de Degas, Vollard observava: "Outra preocupação sua era a possibilidade de que viessem a ser mudadas as molduras de suas obras".[132] Será o ódio à moldura a assinalar, para a pintura, o início da agonia.

A segunda é o autorretrato de Degas ao lado da pequena estátua da *Mocinha chorando* de Bartholomé. A luz incide apenas sobre três pontos que se destacam no negro compacto: o frag-

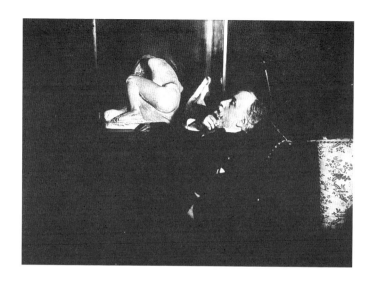

mento de um tecido de seda com flores, embaixo, à direita; em seguida, perto do centro, a cabeça de Degas, que leva a mão direita ao queixo, como se seguisse um pensamento (ou uma imagem), enquanto a nuca se apoia, quase horizontal, ao espaldar de uma poltrona; e finalmente o corpo nu e muito alvo da jovem esculpida, o qual parece suspenso no vazio e à altura da mirada de Degas, como um fantasma recém-brotado de seus olhos.

Degas ajudou Mallarmé a formular uma frase capital sobre a literatura, que se teria perdido no burburinho de um serão se Ludovic Halévy não tivesse, também ele, o hábito de anotar o que Degas dizia: "Degas havia passado o serão com Mallarmé, que lhe expusera a seguinte teoria sobre as palavras:

As palavras, dizia, podem e devem bastar a si mesmas. Têm sua potência pessoal, sua força, sua individualidade, sua existência própria. *Elas têm força suficiente para resistir à agressão das ideias.*

"Degas confessou que essa frase admirável era dele. Mas assegura que ela não faz senão resumir as ideias de Mallarmé".[133]

"*Resistir à agressão das ideias*": não há melhor salvo-conduto para quem quiser transpor a soleira de toda a literatura do século xx. E é igualmente significativo que aquela frase tenha sobrevivido por um caminho acidental e indireto — e provavelmente era bicéfala.

"Convém desencorajar as belas-artes":[134] esse célebre *mot* de Degas foi também um dos seus mais meritórios e clarividentes. Ao se aproximar o fim do século, Degas observava com intolerância cada vez maior a estetização progressiva de tudo. Sentia que o mundo estava para cair nas mãos de um bando de decoradores de interiores. Nisso, era idêntico a Karl Kraus, que, poucos anos depois, constataria que o mundo se dividia agora entre "aqueles que usam a urna como urinol e aqueles que usam o urinol como urna".[135] O ponto que o angustiava era este: quanto mais o estético ganhava em extensão, tanto mais perdia em intensidade. Diante dos olhos de Degas escancarava-se o século seguinte. No qual tudo, até os massacres, seria submetido ao arbítrio de algum *art director*, enquanto a arte — e, em particular, a antiga arte da pintura, aquela que lhe importava — tornar-se-ia cada vez mais inconsistente, ou se dissolveria.

Em Madri, fugindo dos escândalos de Paris, que o tinham tornado "mais famoso do que Garibaldi"[136] (dizia Degas), Manet detestava a comida e não demonstrava muita inclinação pelo pitoresco hispânico. Mas, no Prado, havia visto Velázquez. Escreveu logo a Fantin-Latour sobre "Velázquez, que, por si só, vale a viagem".[137] E em seguida o definia como "o pintor dos pintores".[138] Mas não no sentido de que Velázquez fosse o maior *entre* os pintores. Manet queria dizer algo mais grave: Velázquez era *a pintura*, o fundo a partir do qual todo pintor se distingue, na medida em que puder. E voltava a listar as maravilhas: "Todos os anões; sobretudo um, sentado de frente, os punhos nos quadris: pintura de primeira qualidade para um verdadeiro conhecedor".[139] E o efeito daquela pintura sem adjetivos era temível para tudo o que a circundava, até para Tiziano: "Um retrato de Carlos V por Tiziano, que tem grande reputação, sem dúvida merecida, e que certamente me pareceria bom em outro lugar, aqui me parece de madeira".[140]

No hotel — o primeiro hotel à maneira europeia que havia sido recém-aberto em Madri — Manet conheceu Théodore Duret, que um dia viria a ser seu biógrafo. Não demoraram a circular juntos pela cidade, sentavam-se nos cafés da Calle de Sevilla, sob os toldos estendidos entre as casas para dar sombra. E iam "fazer todos os dias uma longa parada diante dos Velázquez no Museu do Prado".[141]

Solitário em sua época, Manet participava em alguma medida da misteriosa qualidade de Velázquez: *ser a pintura*. Por isso é tão destoante defini-lo como "impressionista". Toda especificação atrapalha, porque Manet ambicionava ser pintor em sentido *genérico*. Muito mais próximas da verdade soam as palavras ácidas de Degas sobre ele, relatadas por George Moore: "É artista não por inclinação, mas por força. É um escravo de galera acorrentado ao remo".[142]

Manet se sentiu conquistado quando se deu conta de que as figuras de Velázquez eram envoltas somente em ar. Depois de ver o retrato de Pablo, bufão de Valladolid (que acreditava ser ator), escrevia a Fantin-Latour: "O fundo desaparece: o que circunda o homenzinho, todo vestido de negro e vivo, é ar".[143] Não havia um lugar, um espaço onde situar e aprisionar os seres, mas um fundo cinza, de um "*lamacento brando*"[144] — como diriam os Goncourt — cujo segredo Velázqucz guardava. Aquele fundo bastava para as figuras mais diversas, para as infantas e os anões, para as daminhas e os bufões. Ou mesmo para uma dama de olhos conscientes de tudo, que segura um leque. Indiferente como a justiça, acolhia aquilo que, com gravidade e desinteresse, tinha oportunidade de se mostrar. Até um rei — ou o rei Filipe IV. Com paciência, e com a profunda determinação do imitador, Manet *quis* aquele fundo. Sobre o qual se recortou inicialmente um menino com uma enorme espada entre as mãos. Depois um rapazinho tocando pífaro. Mas aquele cinza ainda era muito perolado, delicado. Parecia passado através de um filtro. Ao passo que o prodígio de Velázquez era o oposto: não havia o filtro. Não era necessário, ao que parece.

Em tom cortês e firme, George T. Robinson, diretor da *Art Monthly Review*, convidou Mallarmé a escrever para sua revista um resumo de algumas páginas sobre os impressionistas e Manet: "Fale ao público como falará [sic] aos amigos — com nitidez, sem demasiada discussão, mas não muito brevemente".[145] Num francês tropeçante e desenvolto, Mallarmé era convidado a escrever com simplicidade. Um dia, Berthe Morisot também lhe pediria que experimentasse escrever como se fosse para sua cozinheira. Então Mallarmé respondeu: "Mas eu não escreveria de outro modo para minha cozinheira!".[146]

Mallarmé obedeceu diligentemente e entregou um ensaio magistral, muito límpido, que permaneceria sepultado por oitenta anos nas páginas pouco frequentadas da revista. Quanto ao texto original em francês, perdeu-se — ironia da sorte. Por isso, para compreender o pensamento de Mallarmé sobre os pintores próximos dele, é necessário reconstituí-lo a partir de uma versão inglesa que o autor considera "passável".[147] Suficiente, porém, para nos dar um exemplo de clareza quase aberrante e capacidade de expor e destrinçar o essencial.

Tudo havia começado, segundo Mallarmé — que declara dirigir-se a leitores que ele supõe ignorantes até mesmo do significado do termo "impressionistas"[148] (estamos em 1876) —, quando, nas dependências congestionadas dos Salons, por volta de 1860, "brilhou uma luz repentina e duradoura":[149] Courbet. E logo depois haviam-se feito notar certos quadros "perturbadores para o crítico autêntico e ponderado",[150] obras de um homem que se mostrava "obstinado em repetir-se, ou melhor, único em sua obstinação":[151] Manet. Havia também um "aficionado esclarecido"[152] que compreendera aqueles quadros antes mesmo de eles existirem em rápida sucessão e morrera "cedo demais para vê-los":[153] Baudelaire, "nosso último grande poeta".[154] Com precisão comovente, Mallarmé havia fixado em poucas linhas os pontos para uma triangulação que permitia compreender toda uma época. Mr. Robinson não teria do que reclamar. E Manet poderia ver-se reconhecido em seu aspecto mais audacioso e fugidio: o de um "gênio" que é "singular justamente por sua recusa à singularidade".[155]

Na tentativa de explicar aos ingleses o *plein air*, Mallarmé o definiu como "esta obviedade de amanhã, este paradoxo de hoje".[156] Como liquidar melhor a questão? E pouco adiante, ao falar da beleza feminina em relação à pintura, afirmava num inciso fulminante que esta última "se interessa mais pelo pólen da carne do que por qualquer outra sedução humana".[157] Claro, ninguém saberia dar nome àquele "pólen", a não ser Mallarmé em relação a Manet. Mas a aplicação do princípio podia ser verificada em várias direções, até entre pintores muito próximos a ele. Antes de tudo em Renoir, que resolvera a questão de maneira expedita, como era seu costume: "Se Deus não tivesse criado a carne da mulher, eu jamais seria pintor"[158] (versão de Carco, enquanto uma variante mais circunscrita nos é oferecida por Duthuit: "Se não existissem seios, eu não faria pintura").[159] A frase foi repetida como uma sentença, mas também é interessante recordar que Renoir obrigava Madame Renoir a escolher as criadas segundo a maneira como o corpo delas *apreendia a luz*. Havia uma mescla entre o sexo, a luminosidade, o ar, que agia despoticamente nele e lhe permitia evitar aquele "vento da Revolução, que tudo ressecou"[160] (Renoir não era exatamente um progressista). A um importuno que lhe perguntava como ele conseguia pintar com as mãos deformadas pela artrite, o velho Renoir respondeu: "Pinto com meu c[acete]".[161] O depoimento — indubitável — é de seu filho Jean. Degas não poderia dizer nada semelhante. Não porque não percebesse, com igual acuidade, o "pólen da carne",[162] mas porque um invisível açoite jansenista se interpunha entre ele e todo corpo feminino. Revelou-o Vollard, que o conhecia: "É quase um lugar-comum o 'ódio' de Degas pela mulher. Ao contrário, ninguém amou a mulher tanto quanto ele, mas uma espécie de pudor no qual havia também algo semelhante ao medo afastava-o das mulheres; é esse lado 'jansenista' de sua natureza que explica aquela espécie de crueldade que ele empregava ao representar a mulher ocupada em cuidar de sua toalete íntima".[163]

Na medida em que tem um objeto, a pintura é tentada pelo seio feminino. A ele Manet dedicou duas vezes um quadro, como um devoto. Também neste caso, seguia os passos de alguém. De um antigo mestre e de um amigo que encontrava de vez em quando no Café Guerbois: Tintoretto e Renoir. No Museu do Prado, Manet havia visto o retrato de cortesã por Tintoretto, no qual um seio magnífico é emoldurado e acariciado pela veste e tudo oscila entre o malva e o cinza. Mas não podia conhecer o retrato paralelo de Veronica Franco: outra cortesã, célebre autora de sonetos petrarquianos. Desta vez o seio se tornava sobretudo o aflora-

mento insolente de um mamilo. Evidentemente, a literatura complica tudo. Ao redor, continua o jogo entre malva (ou rosa) e cinza, que um dia será preferido também por Manet, sempre que deseja exaltar o elemento feminino, como no retrato da *Vienense*. Algo semelhante — quanto ao rosa e ao cinza — acontecia em Whistler, mas, em seu caso, sempre ligado a uma obstinada vontade de *produzir elegância*, ao passo que para Manet aquela escolha era como seu modo de respirar — e podia ser esquecida assim que ele se voltava para outra coisa.

Quanto a Renoir, este não perdia oportunidade de pintar um seio. Era o próprio lugar de sua carnalidade. E ele nunca esqueceu haver nascido como pintor de rosas sobre porcelana. Fénéon compreendeu de imediato que aquela era sua doutrina esotérica: "Se Renoir pintou, foi sobretudo porque amava os seios jovens e as flores e quis prestar-lhes um culto. Cézanne, ao contrário, se a pintura não tivesse preexistido ao mundo das aparências, jamais teria percebido que existiam mulheres, maçãs ou uma montanha Victoire".[164] Manet quis experimentar certa vez, com sua *Loura de seios nus*, ir além de Renoir, na mes-

ma obsessão. Todo o quadro se concentra no perfil ondulante do seio da Loura. Mais complexo, mais majestoso que os de Renoir, os quais com frequência se contentam em fazer parte de uma encantadora sequência de Ninis ("Quer seja Vênus ou Nini que sai do banho, para mim tanto faz", disse certa vez Renoir). Paralela à Loura é a *Morena de seios nus* (não se sabe ao certo qual delas foi pintada primeiro), como se Manet, inconscientemente, quisesse compor junto com Tintoretto um quarteto de figuras de proa.

Não é exato que Manet *imitava tudo*, como sustentava despeitosamente Degas. Mas volta e meia queria experimentar fazer o jogo de algum outro — e derrotá-lo nesse jogo. Pretensão infantil, mas também disso é feita a pintura (e a literatura). Experimentou com Renoir, pintando a Morena e a Loura dos seios nus. Experimentou com Degas, com um quadro de corridas em Longchamp (o resultado foi menos bom, até porque Manet não tinha familiaridade com cavalos). Experimentou com Monet, quando pintou *Argenteuil*, quadro que escandalizou muita gente porque Manet ousara pintar o Sena como se este fosse azul. Intolerável, disse alguém. Quanto mais imitava, tanto mais Manet se revelava. Também *O balcão* decalca um Goya. Mas, em vez de três genéricas *majas*, Manet introduz na pintura a personagem de Berthe Morisot, que alude a algo de extremamente íntimo e secreto de sua vida. A máscara pode ser também um ótimo pretexto para dizer palavras que, de outro modo, talvez nunca fossem ditas.

O artigo de Mallarmé se propunha a apresentar Manet e os impressionistas como a via régia da arte num momento de crise (a "crise presente",[165] que depois aparecia em seu "Crise de vers" e não parou de grassar desde então). Mas seu olhar era demasiado agudo para não captar o vício radical do impressionismo como escola: o de ser uma espécie de fábrica, na qual agia um coletivo anônimo e incansável, disposto a fazer com que certas "produções leves" fossem "multiplicadas ao infinito":[166] prados floridos, pontezinhas, estradas do campo, cancelas, feixes de espigas, vasos de flores, praias, lagoas e embarcadouros. Em suma, tudo o que se pode encontrar "no raio de um passeio".[167] Mesmo assim, subsistiam algumas especializações. Ninguém sabia tratar a água como Monet. Mas já com Sisley e Pissaro tornava-se mais difícil estabelecer em que se apoiava a excelência deles. A "sombra espessa dos bosques de verão e a terra verde",[168] em Pissarro? As nuvens, em Sisley? Talvez sim, mas o argumento já perdia sua evidência. É como se Mallarmé tivesse adivinhado, com um século de antecedência, as salas das casas de leilão no fim do século xx, nas quais as "produções leves" do impressionismo se apresentariam em falanges ordenadas, à distância de poucas semanas, enquanto nos intervalos se expandia todo o resto, até os últimos lixos, sob o nome insípido de pós-impressionismo.

Quando a pintura transpunha certo limite de segurança, e percebê-la implicava um choque desagradável aos próprios hábitos, davam-se casos de alucinações coletivas, que permitiam, ao menos por algum tempo, *não ver*. Assim, durante décadas foi recorrente o lamento sobre a insensibilidade e a inaptidão de Ingres para a cor. E o próprio Ingres parecia participar desse engano, não perdendo ocasião de diminuir a importância da cor em relação à santidade do desenho. Hoje, quem passa diante de um quadro dele, circundado por alguns de seus contemporâneos, é imediatamente atingido pela crueza exuberante daqueles tons — quer sejam o céu atrás do torso de Tétis, o arminho sobre o braço de Mlle. Rivière, o xale que desce dos ombros de Mme. Duvauçay ou o cetim da baronesa Rothschild. Cores que jamais haviam existido antes e jamais seriam reencontradas. E talvez fosse aquela sua unicidade que impedia de reconhecê-las.

Um caso paralelo de incompreensão, mas dessa vez por um emaranhado de motivos sexuais e sociais, além dos de estilo pictórico, deu-se quando a *Olympia* de Manet foi exposta na sala M do Salon em maio de 1865. Ao redor, não faltavam os nus. Na maioria, aquáticos, espargidos de espumas alusivas (quatro Nascimentos de Vênus concomitantes, em 1863). Mas somente em torno da cortesã de Manet "a multidão se acotovela, como no necrotério",[169] escreveu um cronista daquele tempo. Muitos riam. Achavam cômico aquele olhar frio, aquele corpo miúdo e talvez malévolo. E não se limitavam a rir: Olympia foi descrita como um gorila fêmea; sua mão direita, comparada a um sapo; sua carne pareceu decomposta a alguns e a pele, cadavérica. Sobretudo, insistia-se num ponto: Olympia era suja, precisava de um banho regenerador, seu corpo estava marcado por riscas de carvão. Não eram só os cronistas mais tacanhos a escrever assim. Até Gautier não conseguia esconder o embaraço. Considerava inexplicável aquela "modelo franzina, deitada sobre um lençol".[170] E também a considerava *suja*. "O tom das carnes é sujo e o modelado, inexistente."[171] Aubert resumia uma opinião difundida quando escreveu que Olympia era *informe, lúbrica, suja*. E ninguém queria prestar atenção ao delicioso xale de caxemira — evidente homenagem a Ingres — sobre o qual repousavam as carnes de Olympia.

O mais elegante dos críticos foi Thoré, que apenas aludiu a *Olympia* (Manet "fez Paris inteira correr para ver esta mulher estranha, seu esplêndido buquê, sua negra e seu gato preto"),[172] limitando-se a desaprovar — com argumentos sólidos — o *Cristo insultado pelos soldados* que Manet fizera pendurar logo acima de sua cortesã, com efeito dúbio. Aquele *Cristo* malsucedido era para Thoré uma confirmação de que Manet precisava sempre seguir as pegadas de alguém: primeiro Velázquez, agora Van Dyck. Degas também pensava sobre ele algo não muito diferente ("Nunca fez mais do que imitar").[173] Mas, se *Olympia* imitava alguém, era o Tiziano da *Vênus de Urbino* — e justamente essa citação parecia ofensiva. Do arejado pórtico renascentista, havia-se passado a um apertado lóculo erótico. O quadro mais célebre de Manet era a negação mais eloquente do *plein air*.

Mas o que distinguia Olympia das numerosas mulheres igualmente nuas que foram penduradas às mesmas paredes do Salon na década 1860-70, sem provocar escândalo? Algumas se chamavam Amimone, Europa, Vênus, Frineia. Protegidas pela mitologia ou pela história antiga. Ao passo que Olympia ostentava um nome que já trinta anos antes Parent-Duchâtelet, o austero taxonomista da prostituição parisiense, havia incluído (na variante Olympe) entre os mais usados pelas prostitutas de "classe superior",[174] ao lado de Armide, Zulma, Amanda, Zélie, Sidonie, Flore, Balzamine, Aspasie, Delphine, Fanny. Mas também se pintavam mulheres sem nome: a *Mulher deitada* de Jules-Joseph Lefebvre é uma anônima reclinada sobre uma espécie de sofá coberto por um pano. E não têm nome a *Mulher com papagaio* de Courbet, assim como as numerosas *baigneuses* — inclusive uma *Japonaise au bain*, de James Tissot — que começam a pulular naqueles anos. Portanto, não bastava o nome equívoco para criar escândalo em torno de Olympia. O que chocava era a natureza do seu ser. Olympia encara diretamente o observador. Mas não é garantido que o veja. Não está comprazida, nem complacente, nem lânguida, nem devaneante. Sobretudo, não está surpresa. Sabe que nada é mais normal do que o desfile daqueles olhos que a observam. São clientes ou visitantes do Salon, ou, um dia, do Louvre ou de uma retrospectiva triunfal? Não faz grande diferença. Engastada numa alcova claustrofóbica, Olympia sabe que está na vitrine. E não quer renunciar aos seus frívolos privilégios, que lhe permitem fugir à inermidade de quem está completamente nu: um hibisco na orelha, a fita de veludo no pescoço, o bracelete de ouro no pulso, as babuchas orientais. Sua cabeça está como que colada ao corpo. Talvez não seja "vazia"[175] como supunha Valéry, mas "um fio de veludo negro a isola da essência de seu ser". O escândalo de Olympia está sobretudo na opacidade de sua expressão. Será demais atribuir-lhe aquela "aceitação irônica da existência"[176] sobre a qual Flaubert escrevia poucos anos antes, numa carta? Olympia não é irônica. Se tanto, é terrivelmente séria — e ausente. A ironia se concentra somente no dorso arqueado do gato. Mas há a equanimidade do olhar, que não muda se pousar sobre um armário ou sobre um novo cliente. Falta inteiramente a cumplicidade com o mundo. E a criada negra fita, quase preocupada, a patroa que fita aquilo que está fora do quadro.

Até hoje, não foi identificado o motivo pelo qual *Olympia* provocou tanto escândalo. Sobretudo, já era aceito — com entusiasmo ou resignação — que as *demi-mondaines* fossem figuras dominantes e onipresentes naqueles anos em Paris (e Olympia poderia ser acusada, no máximo, de não pertencer exatamente à *haute bicherie parisienne*, à semelhança de sua modelo Victoria Meurent). No entanto, algo devia ter atiçado as multidões, que reagiram de maneira compacta, unindo a derrisão a uma furiosa curiosidade. Talvez o motivo estivesse em algo de lívido, ofuscante. Talvez tivesse a ver com a luz: *Olympia* é a primeira explosão de flash que lampeja na pintura, como se, ao olho de Manet, por um instante se tivesse superposto a objetiva de Weegee.

Manet detestava ser definido como "impressionista". Desaprovava a inclinação dos pintores seus amigos a comprazer-se em serem *refusés*. Manet queria o Salon e as honras do Salon. Teve-as somente uma vez — e, não por acaso, por um de seus quadros piores, *Le bon Bock*. Além do Salon, queria aquilo que frequentemente vinha por acréscimo: não seria contrário, um dia, à fita da Légion d'Honneur, mas sobretudo queria que seu estúdio tivesse muitos visitantes, da alta sociedade ou — melhor ainda — do *demi-monde*. Eles tagarelavam e ele pintava. Nada podia perturbá-lo.

Deliciou-se quando certa vez Méry Laurent entrou no estúdio dele, como uma visitante qualquer, com sua soberba cabeleira ruiva, e Manet a surpreendeu admirando um quadro que poucos compreendiam: *La Lessive*. Méry era uma vizinha da Rue de Rome, como também Mallarmé. Na época era sustentada por um dentista inglês (dentista, convém acrescentar, de Napoleão III), assim como Mme. Sabatier, a amante "demasiado alegre"[177] de Baudelaire, era sustentada por um especulador holandês. Era o cosmopolitismo do *demi-monde*. Logo seria possível observar esta cena: Méry agitava um lenço na janela depois que o doutor Evans desaparecia. E então surgia Manet. Isso continuou por muito tempo, embora certa vez Méry e Manet tivessem encontrado na escada o dentista, que voltara para buscar uma caderneta.

Zola sobre Manet: "O artista me confessou que adorava a sociedade e que encontrava volúpias secretas nas delicadezas perfumadas e luminosas das noitadas".[178] Uma dessas noitadas foi o baile de máscaras na Opéra da Rue Le Peletier, em 20 de março de 1873. Manet deve ter adorado aquele baile e encontrado ali muitas "volúpias secretas", que durante meses o deixou expandir-se sobre sua "tela mental"[179] (expressão de Mallarmé), sob a forma de uma tela retangular um tanto pequena (60×73). Muitas vezes os amigos mundanos que passavam em visita pelo estúdio da Rue d'Amsterdam eram instados a posar. Na verdade, Manet perseguia o plano ousado de justapor em poucos centímetros 21 cavalheiros de cartola, quase todos com barba ou, pelo menos, bigode, intercalados por raras figuras femininas mascaradas, porque — observou Mallarmé — "uma multidão moderna [...] não poderia ser pintada sem as poucas notas claras que contribuem para alegrá-la".[180] Manet ainda estava trabalhando no quadro quando a Opéra se incendiou. Aqueles "senhores graves como tabeliães e sombrios como agentes funerários", que circulavam "durante horas em busca de casos amorosos"[181] — assim Texier havia descrito o *foyer* em seu *Tableau de Paris* —, ignoravam ter se reunido para prestar a última homenagem ao local. E tampouco Manet sabia.

Mallarmé escreveu que o quadro era "capital na obra do pintor".[182] Além disso, reconhecia-se nele um "ponto culminante" para o qual convergiam "várias tentativas antigas".[183] E afinal, acrescentou, ao término de uma minuciosa descrição, aquele quadrinho não era nada menos do que "uma visão total do mundo contemporâneo".[184] Por que uma tal peremptoriedade e altura de tom para um quadro que podia parecer anedótico? Mallarmé havia reconhecido ali algo mais. Aquele "grupo *formado quase exclusivamente de homens*"[185] e quase compactado na "gama deliciosa"[186] de uma só matéria negra — "fraque e dominó, chapéus e mascarilhas, veludos, lãs refinadas, cetim e seda"[187] — era como uma só e informe criatura. As pessoas já não dispunham de um "repertório de atitudes autenticamente humanas".[188] Já não existia o próprio material da pintura: o gesto. Porque não havia respiro, mas só o frêmito, a algazarra, a euforia ondulante de um ser policéfalo. Algo de anônimo, indeterminado, rapace.

Os 24 homens* não tinham uma individualidade maior do que os reflexos de suas cartolas. Mas, então, o que sustentava o conjunto num equilíbrio precário? Duas botinas femininas, dispostas em dois pontos diagonalmente opostos: uma azul, outra vermelha. A azul pertencia a uma estreante Naná, de extraordinário frescor, sobre cujo cotovelo já se fechava a mão de um cavalheiro de cartola. Mas compreendia-se que não seria fácil enredar aquela mascarada. A botinha vermelha, por sua vez, pertencia a outra jovem de quem nos é concedido ver somente um fragmento de perna, com meia branca. E logo se nota a estranheza de sua posição. A botina ultrapassou a grade do balcão. A perna está inclinada, como se a mascarada desconhecida estivesse prestes a planar sobre aquele mar negro de cartolas. É o único *gesto* verdadeiro que a cena se concede. Mas de uma insolência e de uma leveza capazes de desestabilizar toda a representação: aquelas botinas vermelhas, que um observador desatento poderia facilmente ignorar, são a marca secreta de Manet. Já enfermo, no último e soberbo quadro que representa um local público — o *Bar aux Folies-Bergère* —, ele voltaria à invenção das botinas suspensas no ar. No canto superior esquerdo, mais uma vez acima de uma superfície ondulante de cartolas, vemos duas botinas (desta vez, azul-celeste) e o início das pernas de uma desconhecida acrobata que está oscilando sobre um trapézio. E essa oscilação se transmite como um frêmito a todo o quadro.

O baile de máscaras na Opéra foi recusado pelo Salon de 1874. Mallarmé comentou: "Para uma Academia (e com isso menciono aquilo em que infelizmente se transforma, entre nós, qualquer conciliábulo oficial), M. Manet é, do ponto de vista da execução não menos que da concepção de seus quadros, um perigo".[189] O perigo perene da botina vermelha.

---

* Embora, pouco antes, o autor tenha contado 21. (N. T.)

* * *

Conheceram-se no Louvre. Ela copiava Veronese. Ele, Tiziano. Ela era uma burguesinha muito jovem de Passy, que se apresentava junto com sua irmã Edma, cada uma com seu cavalete. Ele, como pareceu a Banville, era "Aquele sorridente, aquele louro Manet/ De quem a graça emanava,/ Alegre, sutil, encantador em suma,/ Com sua barba de Apolo".[190] É muito provável que ela, Berthe Morisot, o tenha amado desde o início. Quando viu as primeiras obras dele, escreveu a Edma: "Suas pinturas produzem como sempre a impressão de um fruto selvagem ou mesmo um pouco acerbo". Acrescentava: "Estão longe de me desagradar".[191] Iria sentir esse sabor acerbo na boca durante anos, passando pelas variantes mais cruéis e perversas do ciúme. Quando Berthe sonhava com ele, Manet partiu de repente para se casar na Holanda. Depois, Edma, que tinha uma relação simbiótica com Berthe, resolveu se casar com um velho amigo de Manet, oficial de marinha, deixando a irmã na solidão. Começavam os entrecruzamentos e as superposições. Mais tarde, quando Berthe voltara a ver Manet cada vez com mais frequência, Alfred Stevens apresentou ao pintor uma espanhola de vinte anos, Eva Gonzalès, que desejava ser aluna dele. Assim, Berthe foi obscurecida por aquele seu duplo, que parecia uma versão sua mais feliz: já não uma beleza de tipo espanhol mas uma espanhola, não só jovem, mas muito jovem, não uma aspirante, mas um talento garantido. A mãe de Berthe, que havia observado como um clínico o profundo enamoramento da filha por Manet, recorria aos meios mais baixos para dissuadi-la: "Fui devolver os livros a Manet, que encontrei cada vez mais jubiloso diante da modelo Gonzalès [...] Manet não se moveu do banquinho. Pediu-me notícias suas e eu respondi que ia lhe falar da frieza dele. Neste momento ele não pensa em você, Mlle. G[onzalès] tem todas as virtudes, todos os encantos; é uma mulher consumada [...] Não havia ninguém na última quarta-feira em casa de Stevens, exceto M. Degas".[192] Degas era outra testemunha daquele amor tormentoso. Pouco inclinado a falar de sentimentos, presenteou Berthe com um leque no qual havia pintado um grupo de bailarinas e músicos espanhóis e, no meio deles, Alfred de Musset, homem inconfiável por excelência. Nesse meio-tempo, aconteciam outros incidentes. Aproximava-se o Salon de 1870 e Berthe estava preocupada, como sempre, com o quadro que devia apresentar: um retrato da mãe lendo para a irmã grávida. Manet se apresentou um dia na casa dos Morisot. Disse que o quadro lhe parecia bom. Em seguida começou a retocá-lo, sem conseguir parar. Corrigiu a saia, o busto, a cabeça, o fundo. Enquanto isso, ria e contava historietas. Berthe estava furiosa. Mas no fim aceitou apresentar no Salon o quadro transformado em outra coisa por Manet. E o quadro foi até apreciado. Mais tarde veio a guerra. Berthe completou trinta anos num estado de profunda melancolia. Algum tempo depois, estaria posando para um esplêndido retrato por Manet, com violetas que significam constância.

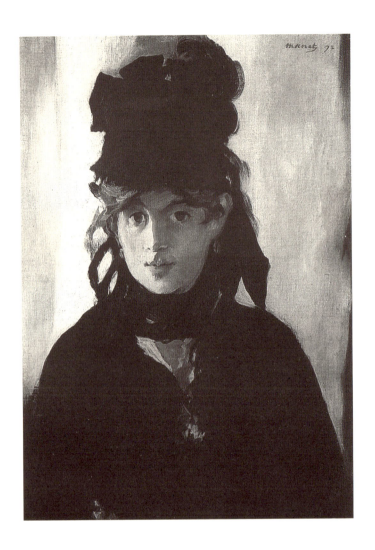

O amor estava intacto. Manet então aconselhou Berthe a desposar o irmão dele, Eugène. Era um bom homem. E somente assim poderiam continuar a se ver. Berthe pediu tempo para refletir. Escrevia: "Meu estado é insustentável sob todos os pontos de vista".[193] Por fim, aceitou. Agora, iria se chamar Madame Manet. Degas pediu para fazer um retrato do marido, que nunca olhava diretamente nos olhos. E assim o representou. Seria seu presente de núpcias. Depois veio Manet. Queria fazer outro retrato de Berthe. Retomou vários elementos dos anteriores: o predomínio do negro, os cachos irregulares dos cabelos, a fita no pescoço, os dedos nervosos em evidência. E, como um talismã, havia o leque. Mas agora a pose era nervosa, incerta quanto ao que estava para acontecer um momento depois. É o único *retrato em movimento*, instantâneo, que nos ficou de Manet. A impressão mais nítida é a de que o gesto sugere um movimento de defesa. Mas como se teria desenvolvido aquele gesto? Talvez se tivesse bloqueado na posição de outro retrato memorável, no qual o leque subia até esconder totalmente o rosto. Em nenhum outro momento como aquele Manet estivera tão próximo do espírito de Guys. Mas nem mesmo Guys arriscara um gesto tão ousado, que nega a própria essência do retrato. A pose de Berthe é frívola, elegante, misteriosa, como se ela quisesse transformar o leque numa máscara. E ao mesmo tempo anuncia um autocancelamento. Não equivalente, porém, a uma simples negação do retrato, porque os olhos escuros ainda transparecem através das varetas do leque — e são penetrantes. Espectadores acidentais, estamos assistindo à troca de uma mensagem cifrada entre a mulher do retrato e o pintor. E é uma mensagem de despedida.

Voltam então à nossa mente certas palavras que Valéry escreveu a propósito do outro retrato de Berthe Morisot, com chapéu negro e violetas no decote, pintado por Manet em 1872. Valéry reconheceu ali sobretudo "o *Negro*, o negro absoluto [...] o negro que pertence exclusivamente a Manet".[194] Em seguida se detêve nos olhos de Berthe, com sua "fixidez vaga", que assinala uma "distração profunda",[195] insinuando que a expressão do rosto possuía "um não sei quê de bastante trágico".[196] Aquela expressão era o que agora, escondendo-se atrás do leque, Berthe decidira suprimir para sempre. Dela restaria somente outra característica —

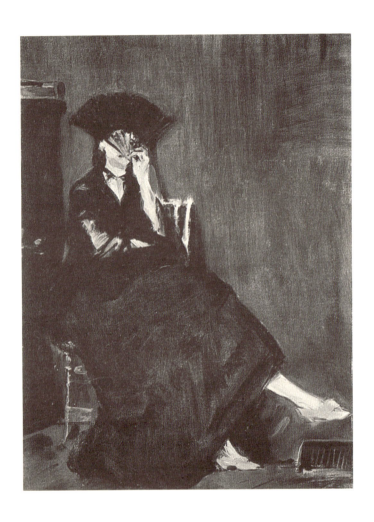

ineliminável — que mais uma vez Valéry soubera reconhecer: "*uma presença de ausência*".[197] Protegida pelo leque, Berthe voltava a ser "facilmente, perigosamente silenciosa".[198]

Em Boulogne, pleno verão de 1868, Manet escreve a Fantin-Latour uma carta, com seu habitual tom leve, jocoso, descarado.

Começa com Degas: "Eu, que aqui não tenho ninguém com quem conversar, invejo o senhor por poder discutir com o grande esteta Degas sobre a inoportunidade de uma arte ao alcance das classes pobres".[199] Em seguida, mais um pouco de conversa sobre pintura. E finalmente aparece Berthe Morisot: "Sou de sua opinião: as senhoritas Morisot são encantadoras. É lamentável que não sejam homens".[200] Depois voltava a Degas: "Diga a Degas que me escreva. Pelo que me disse Duranty, ele está se tornando o pintor da *high-life*".[201] Degas, Berthe Morisot: seriam esses os vínculos mais secretos, mais duradouros para Manet. Pena que Berthe não fosse homem. Pelo menos, eles poderiam fazer alguma viagem a sós.

Alguns meses após a morte do pai, Manet desposou Suzanne Leenhoff, uma loura holandesa tendente à obesidade. Suzanne entrara na casa dos Manet dez anos antes, como professora de piano dos jovens Édouard e Eugène. Por ocasião do casamento, apresentava-se com um irmão muito mais jovem, Léon Koëlla. Como já parece evidente por muitos indícios, aquele garoto de onze anos era, porém, filho de Auguste Manet, pai de Édouard, juiz do tribunal civil, com frequência envolvido em casos de paternidade duvidosa, morto de sífilis, assim como morreria de sífilis seu filho Édouard. Em casa, Léon chamava Suzanne de "madrinha";[202] fora, apresentava-se como irmão dela. E chamava Édouard de "padrinho".[203] Manet pintou esse seu meio-irmão não reconhecido em dezessete telas. Somente Berthe Morisot e Victorine Meurent foram retratados quase com igual frequência. Em seu testamento, Manet declarou com clareza que sua mulher Suzanne deveria deixar Léon como herdeiro. Muitas decisões póstumas sobre a obra de Manet — na maioria, embaraçosas, como o desmembramento da *Execução de Maximiliano* — foram tomadas, de comum acordo, por Suzanne e Léon. Até o último instante, Léon afirmou não ter conhecido o "segredo de família"[204] que o circundava. Mas não se lamentava por isso, visto que sustentava que sua suposta irmã e seu suposto padrinho o haviam "acarinhado, mimado",[205] satisfazendo todos os seus caprichos. No enterro da mãe, em 1906, Léon ainda se apresentava, nas participações de luto, como irmão dela. Mais tarde se casou e montou um comércio de coelhos, aves domésticas e artigos de pesca. Morreu em 1927. Assim como Degas pagaria até o fim as dívidas do irmão, que o obsedaram por dez anos. Manet protegeu até o fim o segredo do pai. Era o modo deles de ser grandes burgueses: tornar impenetrável a família. E era também um modo de encobrir num remoto aposento subterrâneo uma parte dos sentimentos mais dolorosos.

Há motivos para pensar que Manet era atraído por Berthe Morisot tanto quanto Berthe o era por ele. Mas havia em sua vida aquele aposento subterrâneo a ocultar e proteger. Enquanto isso, Suzanne se tornava cada vez mais volumosa, e a mãe de Berthe Morisot escrevia às filhas que Manet permanecia "em casa, retratando sua mulher e penando para fazer daquele monstro algo de esbelto e interessante!".[206]

A história de Berthe Morisot e Édouard Manet é a *Éducation sentimentale* que nunca foi escrita, mas só pintada. Dilacerante como os imperfeitos de Flaubert, atravessa uma série de quadros nos quais com frequência o nome de Berthe não aparece: *O balcão, O repouso*, que, com esses títulos, são citados entre as obras-primas de Manet. Mas, sem dificuldade — se prestarmos atenção também ao *assunto*, como se usava antigamente —, esses quadros são reconhecíveis como capítulos de uma única história: a de um amor estrangulado que só pôde viver sob a forma de pintura.

Manet se sentira um tanto perdido desde quando Victorine Meurent, a modelo de *Olympia* e do *Déjeuner sur l'herbe*, desapa-

recera na América. Por muito tempo, sempre que se via em dificuldade com as modelos, tranquilizara-se dizendo: "Tenho Victorine". Para ele, ela havia sido cantora de rua; para ele se fantasiara de *espada*;* para ele participara nua — de um piquenique; para

---

* Matador, toureiro a quem cabe sacrificar o animal com a espada. (N. T.)

ele havia sido Olympia; para ele posara com um papagaio. E sempre com a expressão de quem nem sequer pestaneja. Nem feia nem bonita, átona, fria, Victorine é neutralidade impassível, disponibilidade para acolher tudo, no mesmo plano.

Mas agora Manet tinha em mente outra coisa: um quadro com três figuras numa sacada. Mais uma vez, retomou Goya. E pelo menos uma das figuras devia ter um certo ardor hispanizante. Manet pensou então em Berthe Morisot, em seu olhar incuravelmente triste, muito penetrante, em sua palidez. Em seu rosto dramático, inteligente, perturbador, como a uma mulher não convinha ser. Ao lado dela, os outros dois personagens pareceriam figuras inexpressivas, em pose de circunstância. Ao mesmo tempo, o olhar de Berthe, tão distante do de Olympia, e sua melancolia transbordante deixariam entrever o fundo negro por trás da "claridade loura"[207] de Manet, como a chamava Zola. Nasceu assim *O balcão*, com a prodigiosa grade de um verde berrante e o leque na mão de Berthe, que olha para um ponto preciso, absorta e desolada com suas grandes íris que escurecem a córnea. E certamente não desfila à sua frente o espetáculo da rua, mas o de sua vida, que se abre — e se fecha — no signo de Manet.

Difícil pensar em outro quadro no qual haja uma tal distância entre dois dos três personagens — insípidos, próximos à insignificância — e a terceira figura, Berthe Morisot, que deveria ter importância igual à dos outros e no entanto atrai sobre si toda a atenção, pela intensidade candente e imperiosa, anulando os que a circundam. Fanny Claus, a cantora, e o amigo Guillemet, de expressão vácua e emproada, poderiam ser silhuetas traçadas na parede, que se cancelam num instante e não deixam lembrança. Berthe é um precipício psíquico. Raras vezes se pode captar num quadro a imensa diferença de pressão entre uma pessoa e outra. Não só em si mesmas, mas também como são vistas. É como se nos aprofundássemos nos pensamentos — de que outro modo chamá-los? — de Berthe enquanto posa, e de Manet enquanto a pinta. Madame

Morisot, *chaperon* da filha, bordava num canto. Escreveu numa carta que, naqueles dias, Manet "parecia um louco".[208]

De Berthe, subsistem onze retratos. Ela é o oposto de Victorine. A cada vez, a expressão é vibrante, muito carregada de significados. A cada vez, deve estar dissimulada, dispersa. Um capítulo de romance aflora com ela, mas calando e suprimindo os capítulos anteriores e os seguintes. Somente através de Berthe é possível vislumbrar o lado obscuro, dilacerado, abissal de Manet — daquele homem "entusiasta, elástico e teatral",[209] que gostava de se mostrar leve, enamorado de todas as coisas mais óbvias da vida, e não queria complicações, pois tinha uma certeza que revelou escolhendo-a como lema impresso em seu papel de carta: "Tudo acontece".[210]

Por duas vezes Manet pintou uma mulher de cabelos negros, partidos ao meio, sentada e quase abandonada sobre um sofá es-

curo, com um amplo vestido de fundo branco do qual desponta um pé com um sapatinho preto. Na primeira vez, ela segura um leque na mão esquerda; na segunda, na mão direita. À distância dos anos, parecem responder-se. Na primeira vez era Jeanne Duval, em sua condição de "velha beldade transformada em enferma"[211] pela paresia. Na segunda vez tratava-se de Berthe Morisot. São dois retratos altamente psíquicos. Uma estase carregada de tensão. A pequena e incongruente cabeça de Jeanne, "semelhante a um ídolo e a uma boneca"[212] (Fénéon), perdida no branco e no cinza de seu vestido e da cortina atrás do sofá, tem uma expressão imóvel, distante, fechada. Se não soubéssemos que é Jeanne, ninguém pensaria na amante tenebrosa de Baudelaire (e há quem tenha duvidado de que se trate dela). A Fénéon — sempre preciso, sempre cruel — ocorreu, olhando-a, uma lírica das *Épaves* na qual se evoca uma "velha infanta",[213] desgastada e consumida por suas "*caravanes insensées*",[214] enquanto ao redor dela "ondula a imensa e paradoxal expansão de um vestido estival de largas listras violetas e brancas".[215]

Berthe tem um olhar demasiado melancólico e penetrante, como se tivesse sido surpreendida na solidão — ou tivesse se esquecido de estar posando para um retrato. Atrás de sua cabeça, um tríptico de Kuniyoshi evoca um turbilhão de figuras, mais semelhantes a um quadro informal ou a uma marinha de Turner do que aos afilados perfis japoneses. Também no retrato de Zola podia-se ver uma estampa japonesa na parede. Mas, ali, aludia a um gosto da época. Aqui, é um pretexto para dar ao rosto de Berthe um fundo de marasmo. Em ambos os retratos, é dominante a presença de algo de dramático e silenciado. Nas duas figuras femininas, mas com reflexo em Baudelaire e em Manet, as amantes deles *en titre* ou na tela.

Embora ambos fizessem o possível para escondê-la e ignorá-la, a cumplicidade entre Manet e Berthe Morisot se traía. E nada a traía tanto como o presente dado por ele a ela, uma minúscula tela composta de três elementos: um buquê de violetas (que aguen-

tam o confronto com as de Dürer), um leque fechado, um papel branco no qual se lê: "A Mlle. Berthe [Mo]risot/ E. Manet". Anos depois, quando já se resignara a dispersar — com quanto afã! — sua melancolia na encenação de uma dúbia felicidade doméstica, Berthe quis pintar, quase por desafio, um quadro no qual se pudesse perceber sua vizinhança fisiológica a Manet, a mais escandalosa. Assim, vemo-nos diante de duas variações sobre o tema da *mulher ao espelho*, pintadas no intervalo de dois anos, primeiro por Manet e depois por Berthe Morisot — e atribuíveis *quase* à mesma mão: duplo exemplo de pintura "argêntea e loura",[216] diria Huysmans, lançada sobre a tela com altivez soberana e pinceladas macias, variando apenas a tonalidade do fundo, do azul-celeste ao verde-água. A modelo podia ser a mesma, mas nenhum dos dois espelhos restitui o rosto dela.

Manet quis encerrar a sequência romanesca dos retratos de Berthe com uma imagem dela fresca e adolescente — ou pelo menos bem mais jovem do que quando aparecera no balcão, seis anos antes. Ainda assim, terrivelmente inquieta, como que à espera de um esfacelamento. Aquele retrato tem um gêmeo sinistro, que Manet havia pintado no início do mesmo ano, quando Berthe estava de luto pela morte do pai — e que muito poucos devem ter visto. Permaneceu no estúdio de Manet até a morte dele. E, na venda subsequente, foi adquirido — não por acaso — por Degas.

Habituado a retratar mulheres de uma ilesa impassibilidade, tais como Victorine, aqui Manet se precipita para o extremo oposto e pinta aquilo que se pode definir como o *primeiro retrato expressionista*. Berthe sequer está reconhecível: devastada, escavada, obrigada à terrível feiura da dor, que o pintor captou inflexivelmente. O rosto é cercado por uma compacta massa negra, na mesma tonalidade dos grandes olhos petrificados. Talvez ninguém o soubesse — exceto o pintor e a modelo —, mas este é o retrato que se deixava ler em transparência por trás da última, encantadora, aérea aquarela com o leque. A educação sentimental, para Berthe, estava concluída. À morte de Manet, nove anos depois, ela escreveria à irmã que naquele dia "todo um passado de juventude e de trabalho"[217] havia desmoronado. Acrescentava: "você compreenderá que eu estou despedaçada".[218]

"Era maior do que aquilo que pensávamos",[219] disse Degas por ocasião da morte de Manet. Ninguém tinha motivo para pen-

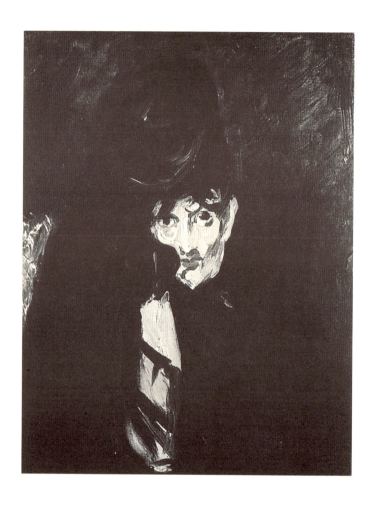

sar assim tanto quanto ele. Durante anos, os dois haviam se observado e controlado, às vezes chocando-se e evitando deixar claro o quanto se admiravam, sobretudo na presença um do outro. Mas Degas havia apropriadamente falado no plural. Porque Manet tivera a mania de parecer demasiado normal. Segundo Baudelaire, era "um homem muito leal, muito simples, que faz todo o possível para ser razoável, mas infelizmente marcado pelo romantismo desde o nascimento".[220] Muitos se convenciam facilmente de compreendê-lo. Manet amava o sucesso, as festas, os antigos mestres, as mulheres. E tudo de maneira imediata e infantil. Emanava vitalidade de sua compleição sólida, mostrava-se alegre, esquivo, suscetível, espirituoso, por razões que a cada vez pareciam evidentes. Mas, assim que olhamos os quadros, tudo se torna muito mais obscuro, perturbador. Zola, que o tinha defendido e celebrado com memorável entusiasmo, confessou um dia que sempre o achara *desconcertante*. E, com o passar do tempo, Manet se revelaria sempre mais desconcertante, um pouco como Velázquez.

O momento de máxima proximidade entre Manet e Degas ocorreu quando o primeiro pediu de volta ao segundo os dois volumes de Baudelaire que lhe havia emprestado, prometendo que logo os restituiria.

Quatro cavalheiros acompanharam Berthe Morisot para além da morte: Renoir, Monet, Degas, Mallarmé. Nenhum pintor teve tantas honras póstumas e tão poucas em vida. Diferentes em tudo, esses cavalheiros compartilhavam um profundo sentimento de afeto e estima por Berthe. Um ano do falecimento dela, quiseram organizar uma exposição memorável, que lhe restituísse alguma coisa da glória que não lhe fora concedida em vida. Sua certidão de óbito, assim como a de casamento, declarava-a "sem profissão".[221]

Quase quatrocentos trabalhos, entre telas, pastéis, desenhos e aquarelas, afluíram para a galeria Durand-Ruel. E, por três dias, os quatro cavalheiros discutiram sobre como arrumá-los. Degas não conseguiu impor sua ideia de dar o máximo de evidência aos desenhos. Renoir se preocupou em instalar uma otomana no meio da galeria, para que os visitantes ficassem à vontade. Mallarmé escreveu a introdução no catálogo. Quis evocar, na prosa transcendental das *Divagations*, uma "figura de raça, na vida, e de extrema elegância pessoal".[222] E recordou um jovem amigo (talvez o próprio Valéry) que lhe dissera um dia: "Junto de Madame Manet, tenho a sensação de ser um rústico e um bruto".[223] *Madame Manet*: até Mallarmé, com sua vertiginosa delicadeza, havia sentido a necessidade de fazer ressoar esse nome, sobrepondo-o ao daquela que havia desposado o *irmão* de Manet. Na véspera da morte, Berthe Morisot escreveu à filha Julie um bilhete que se abria com estas palavras: "*Je t'aime mourante*"[224] — e não se esqueceu de lhe confiar uma tarefa: "Diga a M. Degas que, se ele fundar um museu, escolha um Manet".[225]

Degas cultivava e venerava o puro *páthos*. Mas o captava onde outros não o buscavam. Quando alguém lhe propunha a leitura de algum romance do momento, ao repelir a oferta ele "gostava de citar as dez palavras com as quais o Abade Prévost expressa o amor de Des Grieux por Manon Lescaut. Des Grieux a vê pela primeira vez numa estação de muda, apoiada num muro enquanto espera a partida da carruagem. Aquele simples olhar decide toda a sua vida, e o narrador o faz dizer: 'Avancei rumo à dona do meu coração'. Tais palavras tinham em sua mente um valor absoluto, e ele as repetia com frequência".[226] E Daniel Halévy acrescentava uma observação preciosa: "A repetição, que, em muitos seres, é sinal de fraqueza e se transforma em lenga-lenga, é bem diferente quando aflora nos lábios de um solitário que baseia sua vida em certezas pessoais".[227] Esta última é a definição mais sóbria — e talvez também a mais precisa — que se tentou algum dia a respeito de Degas.

No entanto, Prévost era o oposto de Degas e de seu "rigor colérico".[228] Degas havia encontrado o *páthos* que lhe era congenial num escritor cuja morte motivou os seguintes comentários do cronista Collé: "Escrevia unicamente para ganhar dinheiro, e nunca pensou em sua reputação. Foi um infeliz que sempre viveu na mais torpe libertinagem. De manhã, atamancava uma folha em sua cama, com uma meretriz à esquerda e um estojo para escrita à direita, e enviava essa folha ao seu impressor, que lhe pagava no ato um luís; no resto do dia, bebia; essa era sua vida comum; jamais reviu nem corrigiu nada".[229] Collé reconhecia em Prévost "a beleza de sua imaginação, que era um pouco negra",[230] mas achava que, por causa de sua "extrema negligência",[231] nada restaria dos seus escritos.

Nos anos breves e irrefletidos da opereta, Paris foi provocada e aspergida por um novo espírito: o espírito de Meilhac e Halévy, no qual cada palavra era acompanhada pelo moto-perpétuo da música de Offenbach. Era um espírito originado em Mérimée (com o *Théâtre de Clara Gazul*), mas com os dois libretistas havia adquirido um andamento cativante: um "espírito alerta, desprovido de lugares-comuns e de sentimentos convencionais",[232] dotado de uma "secura deliberada",[233] elástico, afiado, inconformado com o "sentimentalismo verbal de uma época anterior"[234] (assim o descreveria Proust). Era o espírito que conduzia a "um tipo de conversação que repele tudo o que implica grandes frases e expressão de sentimentos elevados".[235] Como numa última vibração, tornou-se também o *espírito Guermantes* e fazia com que a duquesa "empregasse uma espécie de elegância, quando estava com um poeta ou um musicista, em falar unicamente das iguarias que comiam ou da partida de baralho que jogariam".[236] Numa fase intermediária dessa história encontra-se Degas, o menos sentimental e o mais altamente dotado de *páthos* entre os pintores daqueles anos. O espírito Halévy o protegia, assim como o protegia ir jantar todas as quintas-feiras (e almoçar duas ou três vezes por semana) na casa dos Halévy. Para Degas, que tinha parentes espalhados entre New Orleans e Nápoles, essa era a máxima aproximação a uma família. Ele sabia que ali não encontraria flores sobre a mesa e crianças incômodas. E que iriam jantar num horário tolerável. Então se sentava e, no decorrer de um serão, não conseguia conter alguma tirada cáustica, que depois repercutia Paris afora. Aquela também era uma ramificação do "espírito Meilhac-Halévy".

Durante o Segundo Império, o duque de Morny passava por responsável por tramas variadas, mas também como homem dos mais espirituosos. Quis conhecer o jovem Ludovic Halévy para lhe submeter um *vaudeville* do qual já fizera um esboço: *M. Choufleury restera chez lui*. No primeiro encontro entre eles, Halévy estava compreensivelmente intimidado. Mas percebeu que tampouco Morny se sentia muito tranquilo. Sofria como qualquer um que mostre um manuscrito próprio a um desconhecido. Esse foi o início de uma relação provavelmente perfeita, sem mal-entendidos, sem ressentimentos, que foi interrompida cedo demais, pela morte repentina de Morny em 1865. Durante cinco anos, somente duas pessoas tinham acesso direto a Morny: o secretário-geral Valette e Halévy. Quer se tratasse de uma guerra em gestação ou da possível censura à tirada de uma comédia de Sardou na qual se falava mal das mulheres louras, Halévy estava ao corrente. Após a morte de Morny, Halévy renunciou às suas funções. Aquilo não o divertia mais.

Como ocorreu que Degas se tornasse furiosamente antissemita? Como chegou ao ponto de, durante o *affaire* Dreyfus, cortar relações com os Halévy, a tribo judaica mais agradável e rica de talentos em Paris, na qual ele presidia à mesa todas as noites de quinta-feira? A governanta-cozinheira Zoé costumava ler algumas páginas para Degas na hora do almoço. Quase sempre, romances de Dumas. E um dia começou a ler para ele os artigos venenosos de Drumont na *Libre Parole*. Segundo Pauline, modelo predileta de Degas, a cena decorria assim: sentada junto à janela, Zoé lia com dicção "rápida e monótona".[237] Degas a escutava "com expressão atenta, às vezes aprovando com um aceno de cabeça".[238] Eram outras histórias de complôs, de intrigas, de maquinações, de crimes. Desta vez, porém, não remontavam a Richelieu e Milady, mas a uma entidade informe e difusa — e ao mesmo tempo facilmente perceptível: os judeus. Com candura, persistência e total obnubilação, Degas acreditou naquilo, assim como havia acreditado nas histórias dos *Três mosqueteiros*. Talvez precisasse concentrar em um nome todas as suas intolerâncias ante o novo mundo que proliferava ao seu redor. Pensou — na verdade, como muitos outros — que por trás daquelas aborrecidas novidades (inclusive o "conforto moderno", expressão que "o tirava de si")[239] agia uma vontade única e malévola: a dos judeus. Havia algo de pueril e feroz, em Degas, assim que se deixavam os limites da pintura. Então ele se tornava um como tantos, pronto para ser arrebatado pelas rajadas da opinião pública. Mesmo quando o capitão Dreyfus foi inocentado, os argumentos do antissemitismo não lhe pareceram incongruentes e infundados, mas sim como os de um partido injustamente derrotado, que só precisava afiar as armas para uma desforra. A reabilitação de Dreyfus não passava de um entre os mil abusos perpetrados pelos judeus. Mais uma vez, convinha cerrar fileiras. Assim, em dezembro de 1898 ele participou da subscrição para ajudar a viúva e o órfão do suicida coronel Henry, subentendendo que a morte dele devia ser imputada aos *dreyfusards*. Deu vinte francos, como o *marchand* Durand-Ruel. E três francos foram subscritos pelo seu jovem amigo Paul Valéry, que então já havia publicado a *Monsieur Teste*.

* * *

Delacroix, Degas: durante décadas, acudidos, vigiados por uma governanta. Jenny, a bretã, para Delacroix; Zoé, do Oise, ex-professora ("particularmente instruída em mitologia",[240] dirá um dia, compungida, sua sobrinha), para Degas. As figuras que mais tinham poder, ao lado deles. As únicas que os acompanharam até a morte. Carrancudas, tenazes em suas aversões. Administradoras severas. Zelosas de suas prerrogativas. Jenny tinha permissão para ficar à escuta, e assim Delacroix não precisava lhe contar suas conversas. Esquadrinhavam os visitantes, compraziam-se em negar o acesso àqueles que elas consideravam inoportunos. Seus patrões eram conhecidos por serem homens difíceis. Jenny e Zoé, ao seu modo, não quiseram sê-lo menos. Toda mulher era uma inimiga — e as modelos eram animaizinhos molestos, para Zoé. Jenny impediu que uma amante de quem não gostava, Mme. Dalton, tivesse acesso ao estúdio. Quando certa vez Degas, não muito antes de morrer, insistia em dar um esboço seu à deliciosa Hortense Valpinçon ("Você é um briochezinho",[241] dissera, ao desenhá-la), Zoé, que estava ouvindo e fingia limpar uns copos, disse à jovem: "Leve-o, ainda se parece com a senhora".[242] Degas contava "suas dificuldades com Zoé, que exige aventais azuis porque seu patrão compra quadros de Ingres".[243] Valéry recordava que a vitela e o macarrão sem molho servidos por ela eram "de uma rigorosa insipidez".[244]

Zoé continuou a assistir Degas até os últimos e devastados anos. Quase cega, ainda lia para o patrão quase cego. Muito tempo antes, a um grupo de amigos (entre os quais Manet) que se permitira alguma pergunta insinuante sobre Degas e as mulheres, aquela que havia precedido Zoé — chamava-se Clotilde — ousara responder que seu patrão *não era um homem*. Em que tom terá sido emitida essa ominosa declaração? Pensa-se inevitavelmente na Françoise da *Recherche* e em alguns de seus pronunciamentos oraculares a propósito do *bœuf en gelée* ou de certos amigos de Marcel. Mas não é o caso de insistir. Afinal, como costumava resmungar Degas, "a pintura é vida privada".[245]

A velhice de Degas foi lancinante — uma longa, protelada desolação. Quase cego, mas ainda corado e vigoroso, protegido por uma imponente barba branca, e semelhante a "um Próspero sórdido",[246] o pintor se lançava em peregrinações insensatas pelas ruas de Paris. Caminhava só por caminhar. Agora vestido sem cuidado, como um vagabundo, movia-se em pequenos passos, com aparente segurança. Os conhecidos o observavam ansiosos, convencidos de que a qualquer momento ele se arriscava a ser atropelado. Mas se enganavam. Degas avançava expedito, quase como se a cegueira o protegesse, desde que fosse ignorada. Volta e meia se detinha, "como que para dizer uma coisa importante".[247] A Daniel Halévy: "Eu durmo, e até muito bem… oito ou dez horas por noite… O sono e as pernas, é isso o que me resta".[248]

Depois de ter vivido ali por quinze anos, Degas teve de abandonar sua casa de três andares da Rue Victor-Massé. Todo o quarteirão ia ser demolido. Mudou-se para um apartamento pouco confortável no Boulevard de Clichy, onde jamais pintaria. Deixou tudo embalado, os quadros encostados às paredes. Agora passava o tempo em deambulações intermináveis através de Paris. Cuidava cada vez menos de seu aspecto. Com uma velha capa lustrosa pelo uso e a barba sem trato, parecia cada vez mais um "velho pobre".[249] Segundo Vollard, assemelhava-se a um retrato da escola italiana que tivesse saído da moldura. Expressão nobre, aspecto devastado. Vollard recordava: "Agora Degas passava os dias vagando por Paris, sem destino; e seus passos sempre o reconduziam para diante de sua casa em demolição. Removidos os últimos entulhos, tinham erguido ao redor umas tábuas ao longo da calçada. E podia-se ver um ancião que olhava, através das frestas do tapume, um terreno nu…".[250] Quando a guerra explodiu, ele pareceu não perceber. Certa vez, em 1915, perguntou à mãe de Daniel Halévy, enquanto passeavam: "E a guerra, acabou ou não?".[251]

Última visita de Daniel Halévy a Degas, doente dos brônquios. "Quarto nu, novo, sem passado",[252] no apartamento do Boulevard de Clichy. Degas está imóvel, deitado. Habita aquele lugar como se estivesse de passagem. Diz poucas palavras benévolas. Não há conversação. Três anos antes, Halévy já notara nele a "semiausência que anuncia a morte".[253] Agora, "a certa altura a sobrinha se aproxima, ajeita o travesseiro. Seu braço está vestido por uma manga curta e leve. De repente, Degas o agarra com as duas mãos, com uma força insuspeitada. Coloca o braço direito [da jovem] sob a luz que vem da janela. Olha com uma atenção apaixonada. Quantos braços femininos não terá olhado daquele modo, por assim dizer espiando-os na luz de seu ateliê? Eu acreditava derrotada sua força, e eis que ele ainda trabalha".[254]

Após a morte de Degas, quando tudo começou a ser posto à venda em maio de 1918 — sua coleção e suas obras, as que ele mostrava e as que não mostrava —, os amigos foram abalados por uma espécie de revelação incômoda. Reconheceram na profusão dos pastéis e dos desenhos do último estilo "uma espécie de encarniçamento na feiura, na baixeza, que surpreende e entristece".[255] Foi o que Halévy escreveu — e certamente seu julgamento era prejudicado por alguma limitada *pruderie*. Mas essa sensação também o ajudava a dizer finalmente algo sobre Degas que até então ele não tinha ousado: que toda a vida do pintor, a partir de

1870, havia sido uma "catástrofe inconfessada".[256] Desde criança, Halévy tinha escutado, anotado, admirado, venerado Degas. Mais do que qualquer outro, soubera captar o som de "sua bela voz",[257] sobretudo quando era "íntima e dolorosa" — e certamente Valéry não o superaria. Mas agora, diante da sensação de decadência que emanava daquela exibição indiferenciada de tudo o que a mão de Degas havia traçado, Halévy foi levado quase por força a empregar um tom diferente: "Admito que nessa obra há destruição, catástrofe, e para explicá-la invoco aquela doença da vida que, a partir de 1870, veio atravessar o trabalho de Degas, impedir-lhe os projetos longos, obrigá-lo à busca do fragmento, a um trabalho sempre arrancado à penumbra".[258] Palavras duras, nítidas, que fazem vislumbrar o pano de fundo daquela "gravidade lúgubre da carne"[259] que assustava na fase final de Degas. E podem ser entendidas ao contrário, porque é justamente a latência de uma "catástrofe inconfessada" que parece preservar, como em ataduras balsâmicas, a fragrância daquelas folhas. Em seguida a essas frases, um pouco à maneira de quem cria coragem após ter executado algum gesto irrefletido, Halévy agravava ainda mais suas afirmações com palavras que insinuavam sabiamente a "doença da vida" em toda a arte francesa daqueles anos, subtraindo-a a todo culto do *bonheur*: "Sim, há uma catástrofe nessa obra, como em toda a história da arte francesa a partir de 1870. Mas, nessa catástrofe, ninguém foi maior do que Degas, ninguém extraiu do próprio desespero resultados tão magníficos".[260]

6. A violência da infância

Para Baudelaire, a poesia não era um comando da vida, como às vezes Rimbaud parece requerer. E tampouco algo de irrespirável, sobretudo para si mesma, como às vezes Mallarmé parece anunciar. Para Baudelaire, a poesia ocupava mais ou menos o lugar de sempre, como para Horácio ou Racine. Inovações na forma não o atraíam. Com ele, possivelmente pela última vez, o alexandrino foi o *medium* universal. Um dia Aleksander Wat mostrou a Milosz um poema de Baudelaire ao lado de um soneto do século XVI, sem dizer quem eram os autores. "Era difícil adivinhar",[1] recorda Milosz. Tudo isso não explica — e torna mais difícil explicar — por que a palavra de Baudelaire era um pouco mais penetrante do que as outras, mais pronta a se aninhar nos recônditos da memória, por um puro fato de sensibilidade, ao qual se acrescentava — elemento decisivo — que aquela palavra provinha de alguém que podia dizer de si mesmo: "Passei a vida inteira aprendendo a construir frases".[2]

Num trechinho da "Carta do vidente", Rimbaud escondeu a objeção mais pérfida e imprevista a Baudelaire: ele teria vivido "num meio por demais artístico".[3] Era uma menção àquela teia na qual Baudelaire ficara preso por toda a vida, entre redações de revistas, cafés, teatros, ateliês. Algo que sufocava, envenenava — e talvez tivesse alguma relação com o fato de que em Baudelaire a forma "tão elogiada, é de fato mesquinha".[4] Porque "as invenções do ignoto requerem formas novas".[5] É esse o divisor de águas a partir do qual Rimbaud se precipitará para a vanguarda. E a formulação do implacável juiz adolescente é tão precisa que inevitavelmente somos tentados a lhe dar razão. Mas, passado mais de um século, as formas surradas — e talvez também um pouco "mesquinhas" — de Baudelaire suportam o embate do tempo muito melhor do que aquela lírica bastante penosa — *Accroupissements* — que Rimbaud anexava à "Carta do vidente" como exemplo de sua nova prática do verso.

Baudelaire escondia em si uma extenuação secular, mas era *bem-feito* em todos os seus elementos. Laforgue logo reconheceu isso: "Não tem nunca um vinco de canalhice, um vinco falso nas expressões com que se veste — é sempre cortês com a feiura. Comporta-se bem".[6] Rimbaud era impelido por uma energia bravia, insuprimível, mas arrastava atrás de si um lastro de sordidez, de estridores, uma herança de vida atribulada, acrimoniosa.

A obsoleta questão de onde haviam ido parar os deuses foi tratada várias vezes na França depois da Revolução. Jamais alcançando — e nem sequer aflorando — o tom vibrante de Hölderlin, a presença íntegra daquilo que sua palavra evocava. Em Paris, tudo tendia a assumir um tom *cabotin*. O número sobre os deuses pagãos se alinhava aos outros números que um poeta mantinha em repertório. O acorde inicial coubera ao príncipe dos *cabotins*, Alfred de Musset, que, em "Rolla", havia exalado:

Regrettez-vous le temps où le ciel sur la terre
Marchait et respirait dans un peuple de dieux;
Où Vénus Astarté, fille de l'onde amère,
Secouait, vierge encor, les larmes de sa mère…?[7]

Tendes saudade do tempo em que o céu sobre a terra
Avançava e respirava em um povo de deuses;
Em que Vênus Astarte, filha da onda amarga,
Removia, virgem ainda, as lágrimas de sua mãe…?

Nota-se antes de tudo o tom de memória nostálgica (*"Regrettez-vous le temps"*) que será retomado por Baudelaire ("Amo a recordação daqueles tempos nus"),[8] que, contudo, abominava Musset como adolescente retardatário — e Rimbaud reiteraria "catorze vezes"[9] essa execração. Além disso, havia a inclinação erótica do quadro: entre todos os deuses, a primeira a aparecer é uma Afrodite asiática (*"Vénus Astarté"*),[10] que deixa entrever um séquito de hierodulas dedicadas à prostituição sacra. Por fim, a acentuação oxítona (*"Astarté"*) que se propagaria anos depois, com o Parnasse, em várias Ariadné, Európé, Aphrodité (Rimbaud, como aluno diligente e insolente, também escreverá assim). Desde que seja possível diferenciar-se, tudo está bem — e também se pode partir da grafia. Mais tarde a corrente se ramificará até atingir o jovem Marcel, a quem o amigo Bloch explicava que todas as maravilhas de Racine se condensavam num verso: "A filha de Minos e de Pasiphaé".[11]

Mas como se comportara com os deuses o adolescente Rimbaud? Ele era um jovem de quinze anos de Charleville — cidade que definia como "supremamente idiota entre todas as cidades pequenas da província"[12] — quando decidiu fazer sua aparição na cena literária. A forma escolhida era canônica: a carta de um desconhecido que oferece alguns poemas seus para publicação.

O destinatário: Théodore de Banville, suficientemente velho para ter sido o primeiro companheiro literário de Baudelaire — e suficientemente novo para ser promotor do único empreendimento atraente para um poeta que desejasse estrear: o *Parnasse contemporain*.

Há uma estratégia precisa e fria na primeira iniciativa de Rimbaud: antes de mais nada, escolher o alvo certo; em segundo lugar, mentir: "tenho dezessete anos",[13] escreve na abertura, quando só cinco meses depois completará dezesseis; além disso, mostrar-se disposto à deferência ("Caro Mestre"[14] repetido três vezes em poucas linhas), mas acrescentando à devoção genérica o louvor específico, ao qual os escritores se apegam de imediato: "Porque o considero, muito candidamente, um descendente de Ronsard, um irmão dos mestres de 1830, um verdadeiro romântico, um verdadeiro poeta".[15] Bastam essas palavras para estabelecer uma cumplicidade. E o que é a vida literária, senão uma corrente de cumplicidades? Rimbaud já sabe disso muito bem, como se no seu ser selvático estivesse depositada desde sempre a secular sapiência da República das Letras. Mas Rimbaud também sabe que lhe cabe fazer sentir o *seu* tom, que o distinga de todos. E nada lhe é mais fácil. Esse tom, que pressupõe um perene ar de desafio, já se manifesta na escansão da primeira frase: "Estamos no mês de amor; tenho dezessete anos".[16] Quem mais ousaria se apresentar assim? E, sobretudo, quem mais ousaria escandir a frase com aquele ponto e vírgula? Mas Rimbaud sabe alternar magistralmente a impertinência e a gestualidade da submissão. Depois de enunciar sua declaração de fé ("pois ser poeta é ser Parnasiano, — enamorados da beleza ideal)",[17] consegue até acrescentar: "Isso é tolo [*bête*], não é mesmo?, mas enfim...".[18]

Em poucas linhas, Rimbaud compôs uma joia da arte retórica. Mas o ordálio, para o poeta novo, são os primeiros versos. Quais escolherá? Também nisso a visão é estratégica, astuta e prefigurativa: três composições, diferentes em tamanho e registros: "Sensação" — oito versos — é um prenúncio da embriaguez rimbaudiana, destinada a vastos desenvolvimentos futuros. Impõe-se de imediato a segurança do tom ("Nas tardes de verão, irei pelos vergéis/ [...]/ E o vento há de banhar-me a cabeça desnuda").[19] Enquanto o verso mais penetrante já é um aceno de estranheza total ("Calado seguirei, não pensarei em nada"),[20] que talvez ele um dia reconsiderasse, embora a aspereza seja mitigada pelo verso seguinte: "Mas infinito amor dentro do peito abrigo",[21] porque é notório que com "*l'amour*" se liquida qualquer obstáculo. Mas logo vem um apelo pouco tranquilizador à vocação nômade: "E como boêmio irei, bem longe pela estrada".[22] De fato, Rimbaud iria muito longe.

A segunda lírica, "Ofélia", é um magistral exercício de escola romântica. Serve para mostrar que, oportunamente, também esse registro seria perfeitamente dominado.

À terceira, por outro lado ("Credo in unam..." ou, com título posterior, "Sol e carne"), cabe a função de manifesto ideológico. Convém fazer Banville compreender — e, por trás dele, a magra tribo parnasiana — como o novo poeta *se situa* em relação aos antigos deuses. Questão dirimente, ao que parece. E aqui Rimbaud dá uma ulterior demonstração de sagacidade, justapondo, do início ao fim, homenagens aos maiores (sob a forma de versos decalcados, léxico tomado de empréstimo, sentenças adequadas a um aplauso fácil) e súbitos rompantes estilísticos que deixam entrever quem está escrevendo e o que tem em mente: algo que ultrapassa em muito, ou melhor, subverte, o Parnasse. Aqui, o que é rimbaudiano em Rimbaud (no sentido do *Plautinisches im Plautus* de Fraenkel) se mostra em cena pela primeira vez. Vê-se isso no quarto verso, que decalca Chénier: "Que núbil é a terra, a desejar ser mãe",[23] transformando-o em: "Que núbil é a terra, a transbordar de sangue".[24]

Essa terra que transborda de sangue já é Rimbaud. E é uma terra que aparece pela primeira vez. Nem mesmo Baudelaire havia ousado tanta crueza.

Pouco depois:

Quem me dera viver na juventude antiga
Dos faunos animais, dos sátiros lascivos [25]

retoma os frêmitos nostálgicos de Musset e de Baudelaire, evidenciando ainda mais que se trata de nostalgia erótica, mais do que teológica. E, no erótico, Rimbaud logo mostra segurança nas denominações e uma insistência nos gestos que subtrai aos "*satyres lascifs*" toda genericidade:

Que mordiam de amor a casca do arvoredo
Beijando nas ninfeias suas Ninfas louras! [26]

As "Ninfas louras" que se deixam *baiser* (com todo o duplo sentido do verbo)* num lago invadido pelas ninfeias começa a ter uma presença alucinatória. Segue-se um trecho de previsibilidade neopagã, no qual o jovem de quinze anos ainda quer tranquilizar, mostrando aquilo que sabe fazer. No entanto, aqui já se delineiam versos que, isolados, significam algo de ulterior. Sobretudo: "O puro derramar de uma vida infinita".[27] O verso, com sua intimação de uma superabundância arrebatadora, é a verdadeira, anônima, multiforme divindade à qual Rimbaud será sempre devotado. E também a única.

Os versos seguintes encerram a nova ideologia: os deuses se desvaneceram, não existem mais ("Já não há deuses! já não há!"),[28] o homem se tornou soberano ("o Homem é Rei"),[29] mas

---

* O verbo beijar em francês tem também conotação sexual. (N. T.)

ao preço de perder a capacidade de sentir ("E vai, sem nada ver e cerra os seus ouvidos").[30] No entanto, ainda existe uma salvação — e é o habitual "o Amor é a grande Fé!".[31] Amálgama de democratismo iluminado (Hugo, Michelet) e olhar de desprezo sobre o mundo tal como acabou por se reduzir (Baudelaire). Até aqui, Rimbaud age como político e propõe um honroso compromisso entre as visões divergentes (a humanidade que se liberta e a humanidade que se amesquinha). Mas logo se cansa dessas sagazes mediações e de novo explode:

Carne, Mármore, Flor, em ti, Vênus, eu creio![32]

Esses três substantivos iniciais, dotados de maiúsculas bem mais intensas do que a do antiquado *Amor* e seguidas pelo nome da deusa, abrem o caminho em direção a Mallarmé. Há uma impaciência que se impõe, uma vontade de cingir as articulações da forma. Seguem-se versos de desaprovação à feiura dos corpos modernos. Versos que não acrescentam nada de novo, exceto pelo fato de culminarem numa estocada baudelairiana:

A Mulher já não é nem mesmo Cortesã![33]

Assim se chega à terceira parte, na qual Rimbaud arrisca uma conclusão. E se os tempos antigos retornassem? Se o homem que já "esgotou seus papéis",[34] e está "exausto de partir seus ídolos",[35] descobrisse uma nova vida? Será Afrodite, que "Mostrou seu róseo umbigo onde nevam espumas",[36] a conceder ao homem "a santa Redenção".[37] Cenário frívolo e solene, erótico e humanitário. Será esta a solução? Agora Rimbaud já mostra não temer as banalidades fatais — aquelas que se impõem fortemente e se tornam quase reclames publicitários:

— Temos sede de amor: tu virás aplacá-la.[38]

Claro, Baudelaire preferiria fustigar-se a escrever um verso tão emproado e vazio. Mas Rimbaud não se preocupa com isso. Na ocasião oportuna, é o mais hábil dos *copywriters*. E logo passa a outra coisa. Cunhando na estrofe uma frase que parece um fragmento védico:

[...] O Pensamento,
Potro que há tanto, há tanto andava reprimido[39]

O pensamento como potro longamente (talvez por séculos e séculos) oprimido, que se lança de novo, irrompendo *da fronte* do homem, como os cavalos de Posêidon irromperam da rocha: é uma visão surpreendente, que o leitor quase não tem tempo de captar, porque o verso se precipita e logo se submete a imagens mais costumeiras. Mas por pouco. Erguendo os olhos na direção do céu, o que se vê?

Há um Pastor que conduz este rebanho imenso
De mundos a vagar pelo horror do espaço?[40]

Também aqui, a novidade se destaca sobretudo se os versos forem isolados do contexto. Então nota-se apenas a afasia diante do horror cósmico. E isso é puro Rimbaud — um Rimbaud pascaliano.

A quarta e última parte é uma sequência de camafeus alexandrinos, na qual desfilam Ariadne, Teseu, Europa, Zeus-touro, Leda, Zeus-cisne, Afrodite, Héracles, Selene, Endimião: em traços virtuosísticos, hábeis exemplos de como as antigas histórias estão sempre esperando ser narradas de novo. Mas nos últimos versos a tensão se eleva — e o Rimbaud de quinze anos se despede com imagens que ainda esperam ser sondadas. Tudo começa com um longínquo murmúrio de águas:

É uma Ninfa que pensa, a debruçar-se na ânfora,
Nesse belo rapaz que seu curso abraçou.[41]

Muitas vezes nos perguntamos qual seria a origem da imagem da Melancolia meditando apoiada num cotovelo. Imagem que havia encontrado sua última variante na mocinha alucinatória que aparecia a Baudelaire no fundo do corredor deserto de seu colégio (na lírica de estreia enviada a Sainte-Beuve, perfeita contrapartida do "Credo in unam…" enviado por Rimbaud a Banville). Agora, essa origem nos é mostrada: é a Ninfa, que acabou de fazer Hilas, o jovem amigo de Héracles, se afogar e já sonha com ele. A Melancolia seria então a primeira entre as amantes assassinas. Seu cotovelo se apoia sobre a ânfora da qual perenemente escorre água. Portanto, da qual escorre ela mesma. Da qual escorre a água que submergiu Hilas. São dois versos misteriosos e elípticos, nos quais o delito é apenas aludido. Já não é outro camafeu alexandrino, mas um obscuro evento mítico que ainda ameaça. E serve de limiar para os versos finais. Aqui se fala de uma "brisa de amor" que "perpassa pela noite".[42] De repente, como antes à fonte da Ninfa, somos introduzidos ao "bosque sagrado", "entre as horrendas árvores".[43] E mal conseguimos nos deter e nos perguntar: por que esse *horror*? Essa floresta é como o deserto celeste, onde o pastor guiava seu rebanho astral? Não o saberemos — mas logo, em meio à floresta, descobrimos algo que também poderia aterrorizar. Na espessura, escondem-se estátuas:

Majestosos, de pé, os Mármores sombrios,
Os Deuses, frente aos quais o Prisco faz seu ninho
— Os Deuses põem-se a ouvir os Homens e o Infinito![44]

Agora sabemos onde foram parar os deuses. São estátuas escondidas na floresta, perfuradas por ninhos de dom-fafes. E dali, como sempre, nos observam, nos escutam. Ainda que o homem ostente uma maiúscula imprópria e se declare "desprezador dos antigos jugos", além de "livre de todo temor",[45] os deuses, em seu mutismo pétreo, continuam a segui-lo, indiferentes aos cultos, às devoções, às maldições. Os deuses podem aparecer ou desaparecer aos olhos humanos, segundo os lugares onde se instalam. Mas sempre *estão* — e vigiam.

Existe em Rimbaud algo que sobe à cabeça: de repente seus comentadores se tornam exasperados, grandiloquentes, como que atiçados por um aguilhão invisível. Assim, a precisão acaba por refugiar-se num leitor como Sergio Solmi, discreto e contido, mas pronto a captar, já nos primeiros versos de Rimbaud, os sinais de uma "louca revolta infantil",[46] que era também uma "negação do mundo, ao mesmo tempo fisiológica e metafísica".[47] Solmi auscultava amorosamente, verso por verso, as primeiras experiências poéticas, e não recuava quando a forma o obrigava a reconhecer não só que "a nota predominante, neste Rimbaud em seus inícios, é a insinceridade"[48] — mas também que esta, paradoxalmente, vinha confirmar "a desconcertante afirmação de Rivière acerca de uma fundamental 'inocência' e 'pureza' de Rimbaud".[49] Tortuosos recônditos, sem saída. Mas quem pratica Rimbaud deve habituar-se a viver aí. Nele ressoava, como jamais acontecera antes, a violência da infância: um estado que incute medo, o primeiro a ser sepultado. Rimbaud, no entanto, permaneceu sempre como um daqueles "poetas de sete anos"[50] aos quais dedicou um de seus primeiros poemas. Isso explica o tom ladino, impudente e experiente com o qual o Rimbaud de quinze anos se dirigiu a Banville. Afinal, já trazia atrás de si oito anos de vida de poeta. No início, era um menino aterrorizante, cuja "alma [...] entregue a repugnâncias"[51] ninguém — e muito menos a mãe — sabia decifrar. Então se fechava "no frescor das latrinas"[52] para pensar. Brincava com as crianças malcheirosas do bairro, que falavam "com essa voz melosa dos idiotas".[53] Mas, sobretudo, "compunha histórias".[54] Sobre o quê? "Sobre a vida/ No grande deserto, onde esplende a Liberdade haurida,/ Florestas, rios, sóis, savanas!".[55] Uma paisagem e um presságio aos quais ele se ateria, sem se desviar. Um fio candente unia o romance fantasmagórico do "poeta de sete anos" à *Saison en enfer*, às *Illuminations*, à África. As correspondências se mostravam com tal evidência que não exigiam explicações. A tonalidade já se anunciava:

Vertigens, comoções, derrotas, falcatruas! [56]

Sobretudo vertigens e derrotas, na palavra e no gesto.

Ao lado do "romance", o eros. Apareceu sob a forma de uma menina que se fazia reconhecer pelo "olho castanho, louco" e usava "saias de chita".[57] Uma "pirralha infernal"[58] de oito anos, "filha do operário do lado".[59] Pulava nas costas do pequeno poeta, balançando as tranças. Depois o derrubava no chão. E o varãozinho dominado "lhe mordiscava as popas,/ Porquanto ela jamais andava de calcinhas".[60] Depois se estapeavam. No final o "poeta de sete anos" se retirava, "cheio de pontapés e socos",[61] e "trazendo esse sabor de carne para o quarto".[62] Até então a literatura vivera ignorando tudo isso. Nenhum escritor anterior, nem mesmo Baudelaire, ousara mencionar cenas desse tipo. E podemos nos perguntar como era possível dispensá-las, tão invasivas e indubitáveis são aquelas sensações, talvez já conhecidas e silenciadas por muitos. Agora, um adolescente selvático das Ardenas falava delas com a mesma segurança com que outros, durante séculos, haviam urdido cânticos amebeus.

O que acontece no Rimbaud dos primórdios (em Charleville, entre os quinze e os dezessete anos)? Um "massacre dos significados",[63] ao qual nada podia sobreviver "exceto [...] a vibração, o fulgor das puras aparências".[64] Assim escrevia Solmi, com a temeridade exata que só é bem-sucedida nos tímidos. Aquele cenário feroz e abstrato se apresenta não quando se chega a ele, mas quando já se nasce numa terra renitente a civilizar-se. São essas as suas Ardenas.

Mas pode-se reconstituir uma história interna àquele "fulgor das puras aparências" que poderia ser também a última estação da poesia? Solmi tentou fazer isso em poucas linhas, e com mão feliz, distinguindo várias fases no processo de elaboração daquelas aparências. Na primeira, "desligadas de sua coesão histórica, que por si só as constituía em máquinas de constrição e de tortura, em objetos da violência do poeta, ei-las de novo inofensivas e encantadoras como no já distante Éden infantil".[65] Isso explica a graça irrazoável e eufórica de alguns dos primeiros versos de Rimbaud. Assim, aquelas aparências doravante separadas dos significados opressivos "transluzem em vibrações e lampejos cada vez mais intensos e duradouros".[66] Num só caso (no "Bateau ivre"), "chegam a fundir-se numa visão integral".[67] O que pode seguir-se, a essa altura? A tentativa de "desencarcerar deliberadamente tais aparências — agora, melhor defini-las como aparições — e de organizá-las num sistema de objetividade visionária":[68] serão essas as *Illuminations*. Com poucos toques de crítico-poeta, Solmi havia reconstituído a sequência dos abalos naquele traçado sísmico que foi Rimbaud antes da África.

Crescido com uma mãe amargurada e avarenta, belo, dotado para a composição latina: isso basta para sustentar a cólera incondicional do adolescente Rimbaud? Ainda assim, certas palavras de Rivière soam exatas: "Rimbaud repele tudo em bloco: ergue-se contra a condição humana, ou melhor: contra a condição física e astronômica do Universo".[69] Existe algo de estridente, de cômico, nas pretensões do jovenzinho de Charleville. Mais espantoso ainda será que justamente *aquela* estridência se encontre nos seus primeiros versos. A fúria que os move tem algo de desproporcional, transbordante. Desaba sobre os velhos que frequentam a biblioteca da aldeia. São feios, e sua principal culpa é a de ficarem sentados. Também os pobres na igreja lhe inspiram horror físico. Rimbaud se detém sobre os longos dedos hepáticos[70] deles, sobre o "seio sujo"[71] e exposto das "comedoras de sopa".[72] As crianças na igreja são "guris ensebando as pilastras"[73] (em geral, tudo o que pertence à igreja é sujo). A tensão lírica só aumenta diante da imagem de um menino imóvel diante da janela, que deixa os "dedos cruéis, finos e encantadores"[74] de duas mulheres adentrarem por sua "cabeleira espessa"[75] para dali extraírem os piolhos.

"O barco ébrio" é a cerimônia inaugural da literatura que soltou as amarras. Anúncio e demonstração em andamento. "Para encontrar no Ignoto o que ele tem de *novo!*":[76] agora, o desejo com o qual Baudelaire havia encerrado *As flores do Mal* é anotação num livro de bordo. O barco navega sem tripulação, porque para guiá-lo bastam solidão monologante e frio delírio.

Entre os primeiros resultados: assim como se descarta o lixo da ponte do navio, varrem-se todas as formas de exotismo histórico — o de Flaubert, mas também o de Chateaubriand. A história é um acidente desprezível. Agora, só é possível evadir-se de uma era geológica para outra. Quaternário, Terciário, Carbonífero: é esta a paisagem. Mas que águas o barco sulca? Primeiro: terrestres e amazônicas; em seguida: celestes e siderais. Para terminar numa "fria e escura poça"[77] onde um menino triste[78] acompanha com o olhar a minúscula embarcação que ele acaba de lançar. É o "poeta de sete anos", de volta de uma aventura.

Era necessário um romeno desenraizado como Benjamin Fondane, educado na escola de Chestov, para captar na voz que fala em toda a *Saison en enfer* o timbre mais afinado àquele do "funcionário maldoso"[79] que monologa nas *Memórias do subsolo* de Dostoiévski. Claro, o funcionário é dissimulado e venenoso, ao passo que Rimbaud é insolente e maroto. As imagens do funcionário são mesquinhas, as de Rimbaud, rutilantes. Mas ambas atingem a mesma profundidade. E compartilham certas inclinações estranhas. O funcionário se lança num discurso sobre a "neve derretida".[80] Rimbaud recorda: "Deitei-me na lama".[81] Aquela lama que, nas cidades, de repente lhe parecia "vermelha e negra"[82] — e era uma das muitas transformações óticas com as quais ele tecerá as *Illuminations*. Quando o funcionário confessa: "Quanto mais consciência eu tinha do bem e de tudo que é "belo e sublime", tanto mais me afundava em meu lodo, e tanto mais capaz me tornava de imergir nele por completo",[83] Rimbaud sabe de que coisa o outro está falando e se entedia menos do que em ouvir as diatribes dos poetas parisienses. As *Memórias do subsolo* são de 1864; *Uma estadia no inferno*, de 1873. Duas vozes delirantes, que se ignoram. Aquela estrídula, penetrante, despudorada, do funcionário de Dostoiévski que anuncia a entrada da literatura em um novo continente indecoroso, que Rimbaud atravessará como um príncipe do sangue — e obviamente do "sangue ruim".[84]

"Aden é uma cratera de vulcão extinto e coberto no fundo pela areia do mar. Aqui não se vê nem se toca absolutamente em outra coisa senão em lava e areia, incapazes de produzir o mais raquítico vegetal."[85] E ainda: "Não há nenhuma árvore, nem mesmo seca, nenhuma folha de relva, nenhuma partícula de terra, nem uma gota de água doce".[86] É natureza, isso? Claro, não menos do que os valezinhos idílicos tão frequentemente descritos durante séculos. Entre todos os lugares de sua perambulação, Rimbaud parece magnetizado por Aden, "lugar onde se está apenas por

necessidade".[87] Ali fica mais tempo do que o previsto, para ali retorna. E chegará até a explicar por que, para ele, é melhor estar ali do que alhures: "Desde que ganho minha vida aqui, e já que todo homem é escravo dessa fatalidade miserável, tanto faz em Aden quanto em qualquer lugar; vale até mais em Aden que em outra parte, onde sou desconhecido, onde já me esqueceram completamente e onde eu teria que recomeçar!".[88]

Como se fosse Bouvard e Pécuchet reunidos numa só pessoa, Rimbaud pede aos seus familiares — escrevendo-lhes de Aden, mas também de Chipre —, com insistência, com pertinácia, somente *manuais* de todo tipo de disciplina: carpintaria, metalurgia, hidráulica urbana e agrícola, arquitetura naval, mineralogia, telegrafia, trigonometria, topografia, geodésia, hidrografia, meteorologia, química industrial. É ávido também por "catálogos de fábricas de brinquedos de armar, pirotecnia, prestidigitação, modelos mecânicos e de construção em miniatura etc.".[89] Para justificar seu pedido, escreve certa vez: "Sem esses livros, ficarei sem uma imensidade de informações que me serão indispensáveis. Iria me sentir como um cego; e a falta dessas coisas me prejudicaria muito".[90] Mas o apelo aflito não consegue esconder a desproporção entre os livros solicitados e o possível uso deles. Trabalhando das sete da manhã às cinco da tarde num lugar onde "um ano aqui vale por cinco em outra parte",[91] parece difícil que Rimbaud pudesse aprofundar estudos tão díspares. E para que poderiam servir os tratados de prestidigitação e pirotecnia em Aden ou em Harar?

Nas longas e prementes listas de pedidos aos familiares, jamais foi incluído um livro de literatura. À parte os tratados e os manuais, Rimbaud pede apenas um Corão (com tradução ao lado — ou mesmo sem). No entanto, várias vezes reiterava que, entre as atrocidades do local, devia ser incluída a ausência total de leituras ("Não recebemos nenhum jornal, não existem bibliotecas").[92] O ato de ler parece ter continuado essencial para Rimbaud. Mas desde que fosse totalmente desvinculado da literatura.

Embora Rimbaud faça o possível para ignorá-lo, seu dom de prosador às vezes se deflagra nas cartas da África. Sem aviso prévio, como uma alucinação não menos intensa do que aquelas que constelam as *Illuminations*, um dia ele pode evocar em poucas linhas um mapa de aventureiros, mercadores, foragidos e chefes tribais, disseminados por espaços imensos, cada um surpreendido numa postura, como figuras de cera ou já personagens de Raymond Roussel:

O Rei [*Roy*, à maneira arcaica: trata-se de Menelik] voltou a Entoto e a brilhante corte se reconstituiu, sendo Ato Petros o mestre de cerimônias.

Antonelli sifilítico jaz em Lit-Marefia — Traversi caça o hipopótamo no Hawache — M. Appenzeller conserta a ponte, dizem — Borelli está com o rei de Djimma, — M. Zimmermann esperando que o senhor chegue — Antoine Brémond aleita seus recém-nascidos em Alin Amba — Bidault peregrinando e fotografando nos montes do Harar, — o tingidor de peles Stéphane deitado na valeta diante de nossa porta etc. etc.[93]

O simples choque fônico dos nomes (Appenzeller com Alin Amba, Ato Petros com Bidault, Zimmermann com Entoto), a mobilidade das formas temporais, oscilantes entre a contração telegráfica e a gesticulação herói-cômica: é o suficiente para que a visão se delineie como num teatro de sombras. Disso é feito o mundo dos seres à deriva e, mimetizado entre eles, reconhece-se também Rimbaud, que na ocasião assinava como "negociante francês no Harar".[94]

Ao cônsul da França em Massawa, Rimbaud pareceu assim: "Alto, magro, olhos cinza-azulados, bigode quase louro, mas pequeno".[95] Os documentos dele não inspiravam confiança, e o cônsul pediu informações ao seu colega de Aden sobre aquele "indivíduo de aspecto um pouco suspeito".[96] Uma semana depois, o mesmo cônsul escreveria uma calorosa carta de recomendação para Rimbaud, agora definido como um "francês muito respeitável".[97] No intervalo, algo devia tê-lo convencido. Rimbaud tinha então trinta anos e dizia ter "os cabelos completamente grisalhos".[98] Completara-se a transformação do poeta adolescente, que desce do trem como um meteoro na Gare du Nord, em figuração de um filme com Peter Lorre, ambientado numa localidade oriental imprecisa.

Em Aden e em Harar, Rimbaud podia pensar haver eliminado qualquer vínculo com a França. Exceto um: o serviço militar, a primeira evidência da sujeição à sociedade. Esse era seu único tormento — e regularmente deixava rastros nas cartas à família. Um mês depois de lhe amputarem a perna direita, em Marselha, foi informado pela mãe de que era considerado desertor pelas autoridades ("*insoumis*", ou seja, "insubmisso"[99] era o termo técnico, o mais adequado para ele). Se permanecesse na França, com toda a probabilidade acabaria na prisão. Sem uma perna, e na cadeia por desobediência. Essa foi a perspectiva final de suas relações com o país natal.

Seis dias após a amputação, no Hôpital de la Conception de Marselha, Rimbaud quis escrever uma só carta, endereçada ao rás Mekonen, governador do Harar. Nela, assegurava que, dentro de alguns meses, voltaria àquele lugar "para exercer o comércio como antes".[100] Era o sinal de uma vocação imperiosa, que o impelia a retornar com uma perna de madeira ao país onde se habituara a lançar-se diariamente em "corridas pelos montes, as cavalgadas, os passeios, os desertos, os rios e os mares".[101]

Mas, à irmã Isabelle, esclareceu suas motivações: "Morrerei onde o destino me atirar. Espero poder voltar para lá onde estava, onde tenho amigos de dez anos, que terão piedade de mim, encontrarei trabalho junto deles, e viverei como puder. Vou ficar sempre por lá, porquanto na França, com exceção de vocês, não tenho amigos, nem conhecidos, nem ninguém".[102] Na resposta, Isabelle falava de um conhecido seu que não tinha uma perna, e que ela frequentemente via mover-se com desenvoltura. E acrescentava: "Ouvi dizer que, com sua perna de madeira, ele é o dançarino mais infatigável nas festas da aldeia".[103]

A narrativa da *vida edificante* de Rimbaud se baseia na carta de 28 de outubro de 1891 enviada por sua irmã Isabelle à mãe. Rimbaud aceitara conversar com um sacerdote. Isabelle escreve: "Aquele que vai morrer ao meu lado já não é um pobre infeliz condenado; é um justo, um santo, um mártir, um eleito!".[104] Da semente dessas palavras floresceria uma exuberante hagiografia literária. Mas a aura celestial do evento obscureceu um detalhe no relato da irmã. Após a visita do sacerdote, Isabelle, comovida, se aproxima do irmão moribundo, que lhe pergunta se ela tem fé. Segue-se, porém, uma troca de frases: "Ele ainda me disse com amargura: 'Sim, eles dizem que acreditam, fingem ter se convertido, mas é para que seja lido o que escrevem, é uma especulação!'. Hesitei, e depois respondi: 'Oh! não, eles ganhariam mais dinheiro blasfemando!'".[105] Se necessário, seria essa a prova de que, até o último momento, Rimbaud pensou não só na literatura, mas também na vida literária. Mas também a prova de que Isabelle, em sua lúcida carolice, soubera antecipar os desdobramentos de toda vanguarda do século xx. Naquele único momento, compartilhara o espírito mordaz do irmão. E se mostrara à altura dele.

Tudo o que a imaginação e o comércio podiam oferecer costumava ser apresentado sob a forma de Exposições Universais. Era uma atualização perpétua da psique, um catálogo em expansão dos elementos dela. Por isso o Crystal Palace aterrorizava Dostoiévski. Sob suas abóbadas transparentes estava abrigada, como numa estufa, uma floração indomável de simulacros. Rimbaud quis, também neste caso, seguir o caminho inverso em relação aos tempos. Quis ser já não um espectador, mas um objeto da Exposição. E o notificou seguindo a única via que se concedia: numa daquelas cartas à família que eram outros tantos monólogos. Sempre mantendo um tom prático, de comerciante: "Lamento não poder dar um giro pela Exposição este ano, mas meus ganhos estão longe de me permitir fazê-lo, e além do mais estou absolutamente só aqui, e, se parto, meu estabelecimento desaparecerá de todo. Fica, pois, para a próxima vez; e na próxima, talvez eu pudesse expor os produtos deste país, e talvez até expor a mim mesmo, pois devo estar com uma aparência excessivamente barroca depois de tão longa permanência em países como este".[106] Uma vez desembarcado de seu barco ébrio, Rimbaud conseguira se tornar um daqueles selvagens que o escoltavam das margens. Se a fortuna de sua obra foi bem além da região dos poetas, é também porque, no fim, Rimbaud foi bem-sucedido em sua intenção: *expor-se a si mesmo*, como uma amostra etnográfica capturada na selva.

7. Kamchatka

Sainte-Beuve pairava sobre a vida literária parisiense como um tio respeitável e malévolo. "O tio Beuve",[1] assim o chamavam Baudelaire e alguns outros. Uma certa deferência era obrigatória, e também a expectativa — às vezes a pretensão — de qualquer bênção crítica vinda dele, a qual podia ser de importância vital. Mas raramente era concedida, sobretudo aos escritores de grande talento. Sainte-Beuve ficava irritado e evasivo assim que farejava excelência absoluta em certos contemporâneos seus. Isso aconteceu regularmente: com Stendhal, com Balzac, com Baudelaire, com Flaubert. Ele só os mencionou para apequená-los. E às vezes mal os mencionou (Baudelaire foi o caso mais cruel), ou então os evitou totalmente (como ocorreu com Nerval). No mesmo período, mostrava-se indulgente e escrupuloso com muitos medíocres. No entanto, as palavras omissivas e redutivas de Sainte-Beuve vão mais longe, até no caso dos escritores que ele havia deslavadamente evitado, e ajudam mais a compreendê-los do que as dos primeiros admiradores deles. Mais tarde, as elisões de Sainte-Beuve se tornaram o argumento principal para eludir a obra do próprio

Sainte-Beuve, vingança póstuma das mais iníquas, que fez de *Port-Royal* um dos grandes livros menos lidos da literatura francesa.

Mas Sainte-Beuve não destilava veneno somente contra os escritores mais jovens do que ele ou seus coetâneos. Também contra os mestres que ostentava venerar, como Chateaubriand, sua corrosividade era letal — e às vezes não conseguia esconder-se. O curso sobre *Chateaubriand et son groupe littéraire sous l'Empire* pululou de *apartes* denegridores, sussurrados num canto por um velho frequentador de Mme. Récamier, que de bom grado deixou todos suspeitarem-no de conhecer em detalhes os segredos e os truques da casa, alguns dos quais praticados por ele mesmo para agradar o Enchanteur e sua dama.

Mais uma vez, Baudelaire escrevia a Sainte-Beuve e ousava pedir uma resenha. Como sempre, em vão. No pós-escrito, acrescentava que poucos dias antes, ao dirigir-se à Rue Montparnasse, onde Sainte-Beuve morava, passara diante de um vendedor de pães de especiarias — e havia sido tomado pela "ideia fixa de que o senhor devia gostar de *pain d'épice*".[2] Seguia-se uma detalhada explicação sobre como comê-lo (com vinho, à sobremesa; ou também, no caso do inglês, com manteiga e geleia). Depois, a conclusão: "Espero que o senhor não tenha encarado este pedaço de *pain d'épice*, incrustado de angélica,* como uma brincadeira de moleque, e que o tenha comido com simplicidade […] Cordiais saudações. Queira-me bem. — Estou numa grande crise".[3]

O sentimento de Sainte-Beuve em relação a Baudelaire era sobretudo de temor. O grande crítico, que tinha a tarefa de mos-

---

* O mesmo que erva-do-espírito-santo. (N. T.)

trar todas as segundas-feiras, com afabilidade e lhaneza — embora, indefectivelmente, com algum veneno escondido —, a correta atitude ante as coisas da literatura e do mundo, constatava que Baudelaire tinha *avançado demais*. Havia transposto as barreiras da sociedade civilizada e agora se instalara em algum território remoto — selva ou estepe.

Com silenciosa determinação, Sainte-Beuve decidiu não falar de Baudelaire — e nem sequer de Poe, aquele sinistro alter ego do poeta, embora seu diretor o tivesse considerado matéria digna dele. Para um crítico-juiz como foi Sainte-Beuve, mais do que qualquer outro dos que vieram depois, a decisão de *não* escrever sobre um contemporâneo é a mais grave e mais eficaz manobra política. Mas às vezes existem sobressaltos — e, por vias oblíquas, podia acontecer que o crítico se sentisse obrigado a se expressar, condensando em poucas linhas ocasionais tudo aquilo que não quisera expor amplamente.

Em mais de uma ocasião, Sainte-Beuve havia evitado, com a destreza de um símio, escrever um artigo sobre Baudelaire. Quando finalmente se decidiu, partiu tão de longe que ninguém poderia suspeitar. Na segunda-feira, 20 de janeiro de 1862, em vez de falar de um só autor, como habitualmente acontecia, publicou um artigo intitulado "Des prochaines élections à l'Académie" [As próximas eleições para a Academia]. Uma intervenção de atualidade — e sobre matéria sempre delicada. Raramente isso acontecia, e as numerosas damas ou os ilustres funcionários que Sainte-Beuve imaginava degustando suas palavras toda segunda-feira devem ter sentido um leve calafrio, naquele dia, ao tomarem nas mãos o *Constitutionnel*. A argumentação de Sainte-Beuve se apresentava, como sempre, límpida e sem oscilações. Mas um ouvido perceptivo teria captado, desde as primeiras frases, que se tratava de um discurso em várias camadas, das quais a maioria dos leitores faria bem em não se dar conta. E mais uma vez Sainte-Beuve viria ao encontro do desejo deles de não compreender, graças ao seu tom de "liberdade decente",[4] que implicava uma firme determinação de aparar todas as arestas. No entanto, a matéria era altamente arriscada. Não se tratava tanto, como Sainte-Beuve pretendia aparentar, de propor um novo procedimento para a seleção dos candidatos à Academia, mas de insinuar um julgamento nítido e peremptório sobre o que era a Academia em si. E isso, desde os tempos de Richelieu, equivalia a pronunciar um julgamento sobre o estado de saúde da República das Letras. Mestre da reticência, Sainte-Beuve era também mestre da estocada repentina e perfurante. Assim, depois de descrever os acadêmicos, com afetuosa ironia, como seres dedicados a um "ócio perfeito"[5] e subtraídos a toda incumbência servil, porque só obrigados a "tratar diretamente"[6] com o monarca, Sainte-Beuve ousava escrever: "A Academia, na pessoa de vários de seus membros importantes, tem, com efeito, um grande medo".[7] Removamos o enchimento dos incisos. O que resta? Que a Academia tem *um grande medo*. Mas quem pode ameaçá-la? Talvez a política, sempre vexatória e invasiva? Não, existe algo que inquieta ainda mais: "o temor da *Bohème* literária".[8] A essa altura, o prudente Sainte-Beuve percebe ter dito uma enormidade. E logo circunscreve a afirmação. Mas é notório que as atenuações muitas vezes acabam por agravar os enunciados. E assim acontece aqui: "É bom, porém, não exagerar a extensão dela, saber onde acaba e onde começa [a *Bohème* volta por um momento a assumir sua conotação geográfica]. A discussão sobre vários nomes considerados suspeitos ajudaria nisso [suspeitos? quem? e de quê?]. Não convém, à força de precaver-se contra a *Bohème*, abster-se de toda literatura atual e viva".[9] À força de prudência e de precauções, acaba-se por mencionar a zona de onde provém o perigo: é a "literatura atual e viva". Mas de quem se está falando? Por que os Quarenta Imortais, protegidos por suas frequentemente nobres linhagens e por suas inatacáveis posições sociais, devem ter *medo* de uma certa literatura de origem equívoca? Sainte-Beuve evita imediatamente de responder a essas indagações provocadas por ele mesmo e corta o assunto, como que assustado pelo gesto executado. E o faz usando a modesta desculpa segundo a qual o público ("com o qual sempre se deve mais ou menos acertar as contas")[10] ainda não chegou ao ponto em que "impõe imperiosamente uma daquelas escolhas nas quais a notoriedade conclamada assume quase o direito de violentar o espírito naturalmente conservador".[11] É um deslize irresistível: com cada palavra de desculpa e mitigação para o que acaba de dizer, Sainte-Beuve piora sua situação. Só lhe resta parar por aqui. E então passa-se ao exame dos candidatos a assumir a vaga de Scribe: lista constituída por três linhas de nomes hoje apagados, ao fim das quais se lê: "M. Baudelaire".[12] Para a outra vaga, a de Lacordaire, apresenta-se, ao contrário, um só candidato: o duque de Broglie. (E Sainte-Beuve explicará depois o porquê dessa solidão imperturbada: o duque é alguém que "se deu o trabalho de nascer"[13] — entendendo com isso que qualquer outro esforço, na vida de De Broglie, teria sido supérfluo.) Seguem-se breves retratos dos candidatos, todos marcados por uma bonomia letal. Sobre o crítico Cuvillier-Fleury, são emitidos louvores que, mal saem da genericidade, se tornam escarnecedores: "É um homem de mérito real, instruído, consciencioso, aplicado".[14] E logo depois: "Às vezes é engenhoso, mas com o suor de seu rosto. É mais estimável do que agradável. Nunca se deve desafiá-lo a cometer uma bisonhice, porque ele a faz por si só, sem que isso lhe seja pedido".[15] Poucos puderam competir com Sainte-Beuve na arte de massacrar elogiando.

No fim da lista, chega a vez de Baudelaire. Já que os outros candidatos foram apresentados por Sainte-Beuve como altamente respeitáveis — embora, por vários motivos, suas qualidades resultem afinal inconsistentes —, Baudelaire parece ser o único a quem pode referir-se a argumentação inicial sobre os perigos da "*Bohème* literária"[16] e sobre o medo que ela incute, conquanto para ele, que certamente não era um *bohémien* mas "um dândi perdido na *bohème*",[17] segundo a definição de Gautier, já soasse humilhante ser considerado sob essa luz.

Mas Sainte-Beuve está só no início das humilhações que se sentirá forçado a infligir ao mais velho dos seus jovens amigos. Como Baudelaire pudera simplesmente pensar em apresentar sua candidatura à Academia? Sainte-Beuve responde: "Num primeiro momento nos perguntamos se M. Baudelaire, apresentando-se, teria querido pregar uma peça na *Académie*, e fazer um epigrama; se com isso não pretendia adverti-la de que já era tempo de pensar em acolher nas suas fileiras aquele poeta e escritor tão distinto e tão hábil em todos os gêneros de dicção, Théophile Gautier, seu mestre".[18] Humilhações superpostas: fazer entender que a candidatura de Baudelaire é em si uma afronta — e, por isso, só concebível como troça; e, mesmo como tal, só compreensível se entendida como alusão a um escritor maior do que Baudelaire e seu mestre (sempre para manter as justas proporções). Há mais, porém: não só Baudelaire é menor, mas também inexistente: "Foi preciso informar, soletrar o nome de M. Baudelaire a mais de um membro da *Académie*, que ignorava totalmente sua existência".[19] Para nenhum dos candidatos precedentes Sainte-Beuve se sentiu no dever de produzir um tal certificado de inexistência. Além disso, conhecia Baudelaire o suficiente para saber o quanto ele era suscetível aos frequentes estropiamentos que seu nome podia sofrer. Também desta vez, Sainte-Beuve trata de ferir ao menos duas vezes com o mesmo golpe. Seguem-se algumas linhas de comedida apreciação sobre *As flores do Mal*, nas quais, porém, a tônica recai sobre os generosos esforços que — faz-se supor — Sainte-Beuve teria realizado para ilustrá-las: "Ao contrário do que se poderia crer, não é fácil provar a certos acadêmicos políticos e homens de Estado que em *As flores do Mal* há peças realmente muito notáveis pelo talento e pela arte".[20] É esse o ponto mais alto no elogio que Sainte-Beuve se permitirá. Mas, também aqui, ele não resiste e tem a pérfida habilidade de nos mostrar suas palavras como que pronunciadas diante da fisionomia impassível, incrédula e entediada de um acadêmico qualquer, que naquele momento está pensando num problema de Estado. Subentendendo: "Como vê, caro amigo, fizemos todo o possível".

Poderíamos pensar que, uma vez enunciado seu julgamento sobre *As flores do Mal* — e depois de definir como "joias" duas prosas do *Spleen de Paris* —, Sainte-Beuve se sinta liberado da incumbência de justificar seu comportamento morno diante do próprio Baudelaire. Mas Sainte-Beuve não era apenas um esperto navegador nas baixadas da vida literária. Era também um grande escritor, e às vezes, mesmo nos contextos mais sufocantes, conseguia desvencilhar-se da carga dos temores e das conveniências para dizer poucas palavras irremediavelmente certas, terminantes, que aqui irrompem em meio à argumentação. Não só é difícil fazer os acadêmicos esclerosados compreenderem as belezas únicas de algum poema de Baudelaire. Mais difícil ainda seria introduzi-los ao *locus* de Baudelaire. "Em suma", prossegue Sainte-Beuve, "M. Baudelaire encontrou um modo de construir, na extremidade de uma língua de terra considerada inabitável e situada além dos limites do romantismo conhecido, um quiosque extravagante, bastante ornamentado, bastante atormentado, mas sedutor e misterioso, onde se leem livros de Edgar Allan Poe, onde se recitam sonetos excelentes, onde as pessoas se inebriam com haxixe para depois discorrer a respeito, onde se consomem ópio e mil drogas abomináveis em xícaras de finíssima porcelana. Esse quiosque singular, feito em marchetaria, de uma originalidade concertada e compósita, o qual, faz algum tempo, atrai os olhares para a ponta extrema da Kamchatka romântica, eu o chamo de *a folie Baudelaire*. O autor está contente por ter feito algo impossível, no lugar aonde não se acreditava que alguém pudesse ir." [21] Esse trecho é o embasamento de tudo o que se pode dizer e foi dito sobre Baudelaire. Não substituível por qualquer outra descrição, deve ser observado em cada detalhe, como que girando em torno daquele quiosque solitário, que se destaca numa paisagem desolada. Não consta que Sainte-Beuve tivesse particulares curiosidades geográficas ou etnográficas. Para ele, a Kamchatka devia ser um nome daqueles que apareciam no *Magasin Pittoresque*, ao lado de algum desenho exótico. Mas a escolha do lugar para a transposição de Baudelaire em imagem não podia ser mais apropriada. Claro, a Kamchatka é uma delgada língua de terra (significando que Baudelaire também se assemelha mais a uma ponta acuminada do que a uma vasta floresta ciciante), mas atrás dela se escancara a imensidão da Ásia, que a sustém. Mas aquela estepe e aquela taiga intermináveis correspondem a quê? Ao "romantismo conhecido", que confina com a Europa civilizada e setecentista para depois tornar-se, aos poucos, cada vez mais "inabitável" e por fim estender-se, como numa última vibração, àquela Kamchatka perfurada por 120 vulcões, a qual seria o lugar "além dos limites"[22] do próprio romantismo. E ali surge um quiosque onde se misturam o *horror vacui* da ornamentação primitiva e a sobriedade dos produtos da civilização aperfeiçoada (a porcelana finíssima). Lugar "bastante ornamentado, bastante atormentado, mas sedutor e misterioso":[23] quadrilátero de palavras que circunscrevem o *locus* de Baudelaire, onde o prazer do ornamento se une à tortura autoinfligida, onde o mistério não pode renunciar a ser frívolo e a sedução erótica descerra as portas do mistério. No meio de um deserto habitado somente por presenças xamânicas, o que se oferece aos olhos, como uma miragem, é uma *Folie*, nome que designa não só aquilo que para sempre se subtrai à habitabilidade psíquica e ao controle racional (é essa a verdadeira origem daquele "temor à *Bohème*"[24] que era sobretudo um medo da Kamchatka), mas também certas encantadoras *maisons de plaisance*, pavilhões destinados ao ócio e ao prazer: desde os tempos do Regente e até Bagatelle, que o conde d'Artois fez erigir em dois meses — como uma fantasmagoria — para ganhar uma aposta com a juveníssima rainha Maria Antonieta, aqueles edifícios constelavam os arredores de Paris. Mais tarde absorvidos na metrópole, com frequência haviam se tornado residências das supremas *demi-mondaines*. Equívoco e louco, inabitável e voluptuoso, o quiosque de Baudelaire era um lugar autossuficiente e soberano, que seria inútil ilustrar aos *académiciens*. Eles jamais poderiam compreendê-lo. Mais tarde, aos poucos, como em ondas sucessivas de nômades que ali estabeleciam seus acampamentos, veio dispor-se em torno daquele quiosque tudo o que desde então apareceria de essencial sob o nome de *literatura*.

Superadas as memoráveis linhas sobre a Kamchatka, de imediato Sainte-Beuve sentiu necessidade de recair no seu jogo triplo, como se temesse haver se exposto demais. E, aqui, a recaída tem um som estridente como nunca: "Por acaso isso significa, a esta altura, e quando tudo foi explicado da melhor maneira a respeitáveis confrades algo espantados, que todas essas curiosidades, esses acepipes e esses refinamentos lhes parecem títulos para a *Académie*, e será que o próprio autor pôde convencer-se disso seriamente?".[25] Brusco retorno ao tema inicial: toda a obra de Baudelaire é uma curiosidade que só por brincadeira o autor pôde pensar em propor à Academia. E Sainte-Beuve quer que seus colegas fiquem bem convencidos de que esse é também seu pensamento. Mas o ápice do escárnio, que Sainte-Beuve inflige simultaneamente a Baudelaire e aos seus confrades, assim como a si mesmo, vem logo depois, em poucas palavras pronunciadas no tom pesaroso de uma peroração em favor de um bravo jovem acusado de algum estouvamento: "O certo é que M. Baudelaire ganha em ser visto, e que quando esperávamos ver entrar um homem estranho, excêntrico, encontramo-nos diante de um candidato polido, respeitoso, exemplar, um rapaz gentil, de linguagem fina e totalmente clássico na forma".[26] Fecha-se a cortina sobre isso, e o "rapaz gentil" Baudelaire volta a retirar-se para seu quiosque da Kamchatka.

Aquele posto avançado do Extremo Oriente onde Sainte-Beuve havia colocado Baudelaire — e que, de fora, mantinha uma certa graça particular, frívola e inquietante — podia revelar, se ali se pusessem os pés, muitas surpresas, de um tipo que Sainte-Beuve estava bem decidido a evitar. Nerval, exercendo seu dom de precognição, pôde *vê-lo*, num daqueles delírios proliferantes que se sucediam nele na clínica do doutor Blanche. Certa noite, sentiu-se "encerrado numa espécie de quiosque oriental. Sondei-lhe todos os cantos e vi que ele era octogonal. Um divã reinava em torno das paredes, e pareceu-me que estas últimas eram formadas por um vidro espesso, para além do qual eu via brilharem tesouros, xales e tapeçarias. Uma paisagem iluminada pela lua me aparecia através das treliças da porta, e pareceu-me reconhecer a figura dos troncos das árvores e das rochas. Eu já estivera ali em alguma outra existência, e acreditava reconhecer as profundas grutas de Ellora. Pouco a pouco, uma luz azulada penetrou no quiosque e fez surgirem imagens bizarras. Acreditei então me encontrar no meio de um vasto fossário onde a história universal estava escrita com traços de sangue".[27] Não eram visões adequadas para Sainte-Beuve.

O "quiosque" na Kamchatka era sobretudo uma cidade, sulcada por caminhos que eram regatos e vielas, subdividida em tauxias, perfurada por becos e pátios, marcada por um caráter inegavelmente "sedutor e misterioso":[28] Paris. Ninguém a atravessou com tais sapiência e congenialidade, como um guardião saturnino, ninguém a fez respirar em sua prosa e em seu verso como Baudelaire.

Sainte-Beuve-Flaubert-Baudelaire: triângulo de fios de alta-tensão. Flaubert publica *Salammbô*. Sainte-Beuve, mesmo com todos os cuidados cabíveis, dedica-lhe três artigos que o destroem. Flaubert replica, furioso. Baudelaire lê *Salammbô* e o artigo de Sainte-Beuve. Sabe que *Salammbô* é um sério desastre. Mas sempre se sentirá do lado de Flaubert, mais que daquele, do "grande homem"[29] que não sabe "estudar o crime em seu próprio coração",[30] mas "acredita poder estudá-lo somente nos outros".[31] E, assim, escreve a Sainte-Beuve: "Reli o artigo sobre *Salammbô* e a réplica. Decididamente, nosso excelente amigo tem razão em defender com seriedade o seu sonho. O senhor, rindo, tinha razão em fazê-lo sentir que, às vezes, ser muito grave é imprudente; mas, em certos pontos, o senhor talvez tenha rido um pouco demais".[32] Aqui, a navalha está no ar. Dizer a Sainte-Beuve, mestre dos meios-tons e do eufemismo, que ele "talvez tenha rido um pouco demais", com prejuízo das boas maneiras, diante de um romance de Flaubert, enquanto deixou tantos medíocres passarem indenes por suas *causeries*, equivale a fazê-lo compreender que alguém soube reconhecer em seu comportamento aquilo que Sainte-Beuve preferiria ocultar de todos os modos: a malevolência — sobretudo em relação aos próximos que podem ser suspeitos de grandeza.
Sainte-Beuve havia indubitavelmente atingido um vértice de sua insolência irônica quando Salammbô aparecera. Ela, a virgem sacerdotisa com sua pequena lira de ébano nas mãos, embranquecida pela lua; ela, sobre quem Flaubert diz que "alguma coisa

dos Deuses a envolvia como um vapor sutil", e que "suas pupilas pareciam olhar bem ao longe, além dos espaços terrestres",[33] é de imediato definida por Sainte-Beuve, como se a tivesse visto desde criancinha em casa de amigos, como "uma Elvira sentimental, que tem um pé no Sacré-Cœur".[34] E enquanto isso Salammbô caminhava solene pela *toga party* com ar pesaroso, porque os rudes mercenários, ao que parecia, haviam exterminado os peixes sagrados da família Barca.

O divino é reconhecível pela atitude, fizera entender Virgílio. Flaubert quer que recordemos isso — e ao mesmo tempo que um primeiro acorde erótico ressoe quando ele menciona os braços de Salammbô, adornados de diamantes, braços que "saíam nus da túnica sem mangas, estrelada de flores vermelhas sobre um fundo muito negro".[35] Mas eis como o despeitoso Sainte-Beuve descreve a mesma cena: "Ela desce então para o meio dos Bárbaros, caminhando em passos cadenciados e até um pouco tolhidos por causa de não sei qual correntinha de ouro que arrasta entre os pés, seguida por um cortejo de sacerdotes imberbes e efeminados que cantam com voz aguda um hino à deusa, e ela mesma deplora a perda de seus peixes sagrados".[36] Nada como aquela "não sei qual correntinha de ouro" que tolhe o passo seria tão capaz de subtrair solenidade à deploração pelo extermínio dos peixes sagrados, que Salammbô logo invocará pelos nomes, em vão: "Siv! Sivan! Tammouz, Eloul, Tischri, Schebar!".[37] Após décadas de prática da resenha, Sainte-Beuve queria mostrar de que modo, com o mínimo esforço, e quase sem que o leitor percebesse, podia-se produzir o mais desolador anticlímax. Mas certamente Flaubert percebeu — e sem dúvida rugiu.

No início de sua resenha tripartida de *Salammbô*, Sainte-Beuve fizera a si mesmo uma pergunta que devia ter ocorrido a muitos outros: como era possível que Flaubert, depois do enorme sucesso de escândalo e de admiração obtido com *Madame Bovary*, não tivesse prosseguido no mesmo caminho — o caminho das histórias modernas, de todos os dias? E inclusive das histórias mais banais, visto que havia demonstrado saber tratar magistralmente até do "elemento mais usado, mais prostituído, o realejo mais cansativo"[38] (aqui fala Baudelaire), ou seja, o adultério? Teria se "sentido humilhado por ser muito lido"[39] (bom exemplo de deboche)?

Pois bem, Flaubert não só não insistira na direção de *Madame Bovary*, como também havia buscado o extremo oposto, geometricamente calculado. E o compasso se detivera em Cartago. Fugindo do mundo presente, que oprime porque se sabe demais sobre ele, porque em cada detalhe, em cada pequenez, reafirma sua baixeza, procurava um outro que estivesse totalmente ausente, submerso, que tivesse deixado o mínimo de rastros e nem sequer fosse considerado digno de estar ao lado das glórias do passado, mas fosse simplesmente desabrochado e murchado como aquelas flores tropicais de brotação explosiva e raríssima, que pode até acontecer diante dos olhos de ninguém. Flaubert buscava um mundo selado na ausência. Cartago se prestava a isso. Não restavam textos, nem poéticos nem analíticos, da civilização púnica. Os achados arqueológicos ainda eram escassos. Podia-se duvidar de tudo, até da localização de Cartago. Mas finalmente ali se respiraria um ar estranho à civilização greco-romana, preferencialmente hostil. E então, dentro daquele mundo, um dia se desencadeara uma guerra obscura e mesquinha — entre os cartagineses e seus mercenários —, sobre a qual Políbio havia dito "não saber de nenhuma outra que tivesse levado tão longe a barbárie e a impiedade".[40] Um povo cancelado e uma guerra "*inexpiável*":[41] eis o "novo assunto, estranho, remoto, selvagem, hirsuto, quase inacessível",[42] que o tinha fascinado. E o motivo era até claro demais.

Naquele vazio da palavra, Flaubert se instalou como soberano. Nominaria tudo, até os mínimos bibelôs cartagineses, com inflexível constância, como um novo Adão. Removeria até dos nomes a versão helenizada, para reconstituir-lhes o som e a grafia em línguas das quais ignorava tudo. Aquele mundo era o avesso preciso da farmácia de Monsieur Homais. "Decididamente, não nasci para escrever coisas modernas",[43] iria lamentar-se um dia numa carta. Mas agora, com sua Cartago, dispunha do antigo ao quadrado, íngreme e incomunicante, reluzente em sua alta bijuteria, que compreendia até certos rubis "formados pela urina dos linces".[44] Sainte-Beuve, obviamente, não deixaria de assinalá--los — e Flaubert lhe respondeu que os encontrara em Teofrasto.

Perdido nesse "sonho"[45] (como o chamou Baudelaire) de laboriosíssima execução, Flaubert levava até à desenfreada paródia de si mesmo o impulso *ressurreccionista* que havia aflorado várias vezes antes dele, de Chateaubriand a Michelet. Ainda assim, não conseguiu distanciar-se de *Madame Bovary* tanto quanto gostaria. Em vez disso, Madame Bovary e Salammbô, quando ficam sozinhas, têm uma gestualidade psíquica semelhante. Verbos no imperfeito, melancolia. Madame Bovary: "Escutava, num torpor atento, repicar uma a uma as badaladas falhas do sino. Algum gato no telhado, andando lentamente, arredondava as costas aos raios pálidos do sol. O vento, na estrada principal, soprava rastros de poeira. Ao longe, por vezes, um cachorro uivava: e o sino, a tempos iguais, continuava o seu repique monótono que se perdia na campina".[46] Salammbô: "Quase sempre permanecia encolhida no fundo de seu apartamento, segurando entre as mãos a perna esquerda dobrada, com a boca entreaberta, o queixo abaixado, o olhar fixo […] Por fim, cansada de seus pensamentos, levantava-se e, arrastando as pequenas sandálias cuja sola estalava a cada passo contra seus calcanhares, vagueava a esmo pelo vasto aposento silencioso. Aqui e ali, as ametistas e os topázios do forro faziam estremecerem manchas luminosas, e Salammbô, sempre caminhando, voltava um pouco a cabeça para vê-las".[47]

Os modestos objetos que circundam Emma são um ótimo trampolim para a fantasia; ao passo que Salammbô vê ao seu redor a fantasia realizada. Terrível estorvo. Os sonhos de Emma se expandem, impelidos por longas ondas de imagens; enquanto os de Salammbô se chocam a cada vez contra alguma alfaia perfumada ou um forro cravejado de gemas. No fim, Emma Bovary se mostrará "realmente grande",[48] pelo menos aos olhos de Baudelaire, que ia além e acrescentava que, "apesar da sistemática dureza do autor",[49] Emma conseguia "participar daquele duplo caráter de cálculo e devaneio que constitui o ser perfeito".[50] Ao passo que Salammbô permanecerá sempre uma boneca de templo, incessantemente submetida aos cuidados de alguém que a enfeita e a maquila, que a despe e a veste.

É verdade, Flaubert não havia conseguido mostrar algo além disso, e o reconhece com pesar. Deveria ter dedicado mais cem páginas só a Salammbô, porque "nunca se peca pelo *excessivo*, mas pelo *não suficiente*".[51] Então, talvez tivesse conseguido apresentá-la como lhe aparecia: "Uma maníaca, uma espécie de santa Teresa".[52] Sobre esse ponto, Flaubert se sentia de fato embaraçado. Sabia que Salammbô escapara à sua preensão ("Não estou seguro de sua realidade")[53] — e, para se justificar, achou a desculpa mais desarmante e a confiou ao menos ingênuo dos seus interlocutores, Sainte-Beuve: "Nem eu, nem o senhor, nem ninguém, nenhum Antigo e nenhum Moderno pode conhecer a mulher oriental, visto que é impossível frequentá-la".[54]

Mas quais são os fragmentos que "restarão"[55] de *Salammbô*? Talvez não exatamente aqueles já indicados por Sainte-Beuve em sua resenha, que lembram um pouco Chateaubriand quando se abandona ao seu número sobre a lua para Mme. de Cambremer. Belas passagens, mas escritas por um Flaubert já posicionado, experimentando o estrondo da voz. Memoráveis, ao contrário, são certas visões de relance, fulminantes. Aqui Salammbô e seu guia cavalgam à noite rumo ao acampamento de Mâtho: "De vez em quando, um trecho de muralha meio calcinado se erguia à beira da estrada. Os tetos das cabanas haviam desabado e, no interior, distinguiam-se cacos de louça, retalhos de roupas, todo tipo de utensílio e de coisas quebradas, irreconhecíveis. Com frequência um ser coberto de trapos, com a face terrosa e as pupilas flamejantes, surgia dessas ruínas. Mas bem depressa saía correndo ou desaparecia num buraco. Salammbô e seu guia não se detinham".[56]

O ponto mais eficaz da longa carta endereçada por Flaubert a Sainte-Beuve sobre *Salammbô* não se encontra entre os argumentos de autodefesa, embora numerosíssimos, mas numa observação estrategicamente situada perto do final, quando as armas já parecem depostas. Aqui, Flaubert responde a uma crítica que Sainte-Beuve jamais explicitaria, mas sabia muito bem insinuar ao seu público respeitável, que o apoiava havia anos: um romance como *Salammbô* não poderá talvez *fazer mal*, não será *perigoso*, com todas aquelas perversões exibidas — e, além do mais, aquela "pontinha de imaginação sádica"?[57] Sainte-Beuve não diz mais do que isso, mas Flaubert capta perfeitamente o traiçoeiro subentendido e replica com palavras soberanas, que poderiam ser gravadas na soleira de toda a literatura subsequente: "E afinal meu exemplo será pouco seguido. Onde está o perigo, então? Os Leconte de Lisle e os Baudclaire são menos temíveis do que os Nadaud e os Clairville (dois medíocres, hoje esquecidos) neste doce país da França onde o superficial é uma qualidade, e onde o banal, o fácil e o simplório são sempre aplaudidos, adotados, adorados. Não se corre o risco de corromper ninguém, quando se aspira à grandeza".[58] Toda a longa carta converge e irrompe nesta última frase, que por si só bastaria.

Sainte-Beuve lamentava em tom pesaroso que Flaubert (em *Madame Bovary*) e Stendhal (em *A cartuxa de Parma*) não tivessem sabido ou querido encontrar lugar, entre seus personagens, para alguma figura de sentimentos bons, genuínos e nobres. Em *Madame Bovary*, supunha localizar os rudimentos de um tal personagem somente no pequeno Justin, aprendiz de Monsieur Homais. Mas tratava-se de uma figura quase "imperceptível".[59] Assim, chegava-se a uma grave conclusão: em *Madame Bovary* "o bem está demasiado ausente".[60] Ainda mais seco e resoluto é o julgamento sobre a *Chartreuse*. Como pretender que se imponham os bons sentimentos num romance que "de uma ponta à outra (se excluirmos o início) não passa de uma espirituosa mascarada italiana"?[61] E a essa altura Sainte-Beuve não conseguia conter-se e desafogava seu ressentimento, o qual tinha a ver com a defesa dos bons costumes, mais do que com a literatura: "Ao sair desta leitura, preciso reler algum romance bem simples e bem compacto, de boa e ampla natureza humana [quando Sainte-Beuve se refere a uma "ampla natureza humana", é sempre para esquivar-se da ponta acuminada de algum escritor que o intimida e o incomoda], no qual as tias não sejam apaixonadas pelos sobrinhos, no qual os coadjutores não se mostrem tão libertinos e tão hipócritas quanto Retz podia ser na juventude, e bem menos espirituosos; no qual o envenenamento, o embuste, as cartas anônimas, todas as baixezas, não sejam métodos corriqueiros e aceitos como indiferentes; no qual, sob o pretexto de ser simples e de evitar o grande impacto, eu não me veja lançado em complicações inacreditáveis e em mil dédalos mais apavorantes e mais tortuosos do que os da antiga Creta".[62] (Um sinal da grandeza de Sainte-Beuve: mesmo quando argumenta mal, ele deixa transparecer seu verdadeiro sentimento: neste caso, o medo.)

Anos depois, os primeiros críticos de Tchekhov não falavam de modo diferente: por que, em seus contos e em seu teatro, nunca se encontrava alguém de sentimentos bons e heroicos? Parece-nos ver a expressão cansada e resignada com a qual Tchekhov respondia a essas observações, conversando com Bunin. Onde deveria encontrar aqueles personagens ao seu redor? E o olhar corria sobre a vasta Rússia, sombria e delirante, que o circundava.

Mais alguns anos e aquelas objeções se cristalizariam na concepção soviética do *personagem positivo*. Miséria e vergonha dos tempos se revelavam a essa altura. Mas o pressuposto devia ser situado mais atrás, no já esquecido Sainte-Beuve, que, obviamente, não compartilhava nem um pouco do *animus* policialesco dos soviéticos. No entanto, havia sido o primeiro a se alarmar com uma certa facciosidade e parcialidade da arte (em Stendhal e em Flaubert, além de em Balzac e em Baudelaire). Sainte-Beuve, porém, formulava sua tese de modo mais astuto, como se a arte devesse oferecer uma imagem estatisticamente fidedigna do mundo circunstante: "A verdade, aliás, se não procurarmos outra coisa, não está toda inteira e necessariamente do lado do mal, do lado da estupidez e da perversidade humanas. Nessas vidas de província, onde há tantas amofinações, perseguições, ambições mesquinhas e alfinetadas, há também almas boas e belas, que permaneceram inocentes, mais conservadas do que alhures e mais recolhidas".[63] Com tais argumentos, agora de sociologia e não mais de literatura, Sainte-Beuve tentava transmitir uma concepção incompatível com a própria literatura, que é sempre feita de exclusões tanto quanto de inclusões, e projeta sobre o mundo uma lâmina de luz oblíqua e cortante, indiferente àquilo que abandona à escuridão, porque seu desafio é o de fazer respirar o todo, mesmo no mais desolado e desvinculado detalhe.

Sainte-Beuve não se detinha diante de nenhum obstáculo na arte de compreender, mas — para além de certo limiar — preocupava-se sobretudo em esconder, ou pelo menos deixar inaparente, aquilo que havia compreendido. Na França da Restauração, haviam agido dois espíritos extremos, ambos quase ignorados, e diametralmente opostos, a tal ponto que ninguém ousaria mencioná-los juntos: Stendhal e Joseph de Maistre. Ninguém, exceto Sainte-Beuve, que se mostrou bem decidido a não conceder excessivo relevo nem a um nem a outro, porque percebia muito bem o quanto eram perigosos na pureza intransigente de suas qualidades. Não conseguiu, porém, evitar acrescentar, aprisionando a observação numa nota para torná-la ainda mais marginal (mas sabe-se que as notas acabam por impactar mais do que o texto), o traço oculto que ligava estreitamente Stendhal e Joseph de Maistre e que ninguém, antes dele, havia nem sequer pressentido de longe: "Eu não gostaria de fazer aproximações forçadas; mas é-me impossível não notar que Beyle, numa ordem de ideias mais leve, não faz senão dirigir aos franceses o mesmo tipo de reprovações que o conde Joseph de Maistre também dirigia a eles. Ambos têm em comum isto de dizer aos parisienses muitas durezas, ou mesmo impertinências, e de preocupar-se muito com a opinião de Paris".[64] No mesmo momento em que estabelecia um nexo adamantino entre Stendhal, que pretendia ser discípulo de Cabanis e Destutt de Tracy, detestados por Maistre, e o teólogo inquisidor, que lançava na Geena todo o espírito moderno, em qualquer de suas formas, Sainte-Beuve insistia em acrescentar sua gota de veneno, que devia ter o efeito de paralisar e petrificar aqueles dois espíritos demasiado vivos dos quais estava falando. No fundo, eram dois emigrados, que continuavam a sonhar com Paris justamente porque se sabiam excluídos dela. E Sainte-Beuve, ao contrário, preferia de longe a posição de quem está aninhado no interior de Paris, como ele mesmo, que tecia sua teia num cantinho de Montparnasse.

Foi Cioran quem identificou o vínculo mais sólido entre Joseph de Maistre e Baudelaire, que não está tanto no olhar voltado para um *ordo* abismal (ao qual Baudelaire se referia somente por contragolpe, enquanto continuava a navegar nas águas turvas do moderno) — e tampouco na devoção confessional, que já em Maistre "carecia de calor",[65] e em Baudelaire era aguda, mas ocasional, habituada a conviver com gestos incompatíveis. O que os unia era outra coisa: "A incomparável arte da provocação, na qual Baudelaire iria distinguir-se quase tanto quanto Maistre".[66] Ou melhor, existe até uma frase de Maistre que soa como a mais adequada epígrafe para *Meu coração desnudado*: "Aquilo que acreditamos verdadeiro, é preciso dizê-lo e dizê-lo ousadamente; mesmo que me custasse muito, eu desejaria descobrir uma verdade feita para chocar todo o gênero humano: e a diria a ele à queima--roupa".[67] Eram poucos os exemplos em torno de Baudelaire a respeito desse *dizer à queima-roupa*. A declamação imperante servia também para suavizar as arestas. E o *flou* dos sentimentos se expandia mais, sem encontrar obstáculos sérios. Somente de viés, e em breves trechos, Benjamin Constant (no *Esprit de conquête*) e Chateaubriand (em certas passagens das *Mémoires d'outre-tombe*) haviam chegado a semelhante temeridade, que em Baudelaire era congênita, tanto quanto o movimento ondulante do verso. E é justamente a alternância entre esses dois tempos — o *prestissimo* da provocação e o *sforzato* do alexandrino — que o separa de todos os que o tinham precedido e que se lhe seguiriam.

Os escritores nunca deveriam enviar cartas às autoridades, porque com muita frequência estas não são lidas, mas acabam indefectivelmente arquivadas. O arquivo é a característica mais constante e temível do poder. Assim, logo após o fim do Segundo Império, aflorou dos papéis da família imperial uma nota secreta endereçada por Sainte-Beuve, em 31 de março de 1856, ao gabinete de Napoleão III. Liam-se ali estas palavras, que deveriam suprimir toda veleidade de contar com os intelectuais, antes mesmo que a palavra se tornasse um substantivo: "Até hoje a literatura esteve sempre abandonada a si mesma, e com isso viu-se mal; a sociedade também se viu mal. Sob a Restauração, essa literatura ainda era contida por doutrinas e por certas espécies de princípios; sob o regime dos dezoito anos, ela não teve mais nada que a contivesse, e o desejo do ganho, acrescido à necessidade de fazer barulho, produziu muitas obras que contribuíram para a dissolução dos poderes públicos e das ideias".[68] Por conseguinte, sugeria Sainte-Beuve, convinha agora que o governo — através da Société des Gens de Lettres — se adiantasse "propondo uma direção moral para as obras do espírito, indicando os temas a tratar e fazendo passar tudo isso sob a forma de auxílios concedidos aos autores pobres".[69] Em suma, Sainte-Beuve apresentava aqui suas credenciais como o primeiro entre todos os Jdanov. A carta foi descoberta poucos meses depois da morte dele — e logo depois do fim do Segundo Império. Todos sabiam que um certo pavor irremediável se instalara nas fibras de Sainte-Beuve. Mas, para alguns — até para Baudelaire —, o nome de Sainte-Beuve significava a própria literatura. À notícia de sua morte, Flaubert escreveu a Du Camp: "Agora, com quem conversaremos sobre literatura?".[70] Não estava errado. Mas evidentemente, por uma antiga maldição, associava-se à literatura uma certa inclinação para a servidão voluntária.

Coube ao "mau sujeito"[71] Barbey d'Aurevilly assestar contra Sainte-Beuve as cutiladas mais homicidas. Assim é que ele declarou, sem meios-tons, que Sainte-Beuve costumava enunciar, conversando, o oposto daquilo que escrevia: "M. Sainte-Beuve, cuja conversa é o contrário dos seus livros, elogia em seus livros M. Cousin, a quem despedaça na conversa! Mas um dia teremos a verdade. M. Sainte-Beuve aguarda a morte de M. Cousin para ir, segundo seu costume, levantar a pata contra seu túmulo".[72]

A Barbey d'Aurevilly pertenciam ao mesmo tempo o gesto do antigo mestre de sabre e o do delinquente: molesto ao máximo para Sainte-Beuve — e adequado ao máximo para ofender o mestre da cautela e dos subterfúgios. E é justamente nesse ponto que o ataque de Barbey alcança o auge da comicidade e da ferocidade: para ele, Sainte-Beuve é incuravelmente "circunspecto, consequência de sua finura, e embrulha e emplastra seu talento com reservas, subentendidos, insinuações prudentes ou pérfidas, precauções sonsas e traiçoeiras. Ele inventou os *talvez*, os *me parece*, os *poderíamos dizer*, os *me seria permitido pensar* etc., locuções abomináveis, que são a varíola de seu estilo…".[73] Atacar um escritor no estilo é o verdadeiro golpe baixo, do qual é difícil recuperar-se. Mas Barbey d'Aurevilly não se contenta com isso — e de repente, com o tom categórico que será herdado por Bloy, adianta-se com a espada flamejante: "Ele não tem as qualidades primárias. Não tem, como crítico, a impassibilidade, a consciência, a justiça. Está sempre entre uma predileção e um ressentimento… Não passa de um sistema nervoso revestido por um amor-próprio em literatura, mas uma alma, não! Aliás, o que lhe importa? Ele não acredita na alma!".[74]

Num artigo muito fraco da *Revue de Paris*, Anatole France havia recém-declarado que "toda singularidade no estilo deve ser rejeitada".[75] E isso valia como argumento para concluir que Stendhal *escrevia mal*. Proust não via France havia mais de vinte anos, mais ou menos desde quando lhe pedira — e obtivera — a primeira assinatura para o "Manifesto dos Intelectuais" em favor de Dreyfus. Mas France, afinal, continuava sendo aquele que Proust havia transformado em Bergotte, e a quem tinha dedicado o exemplar em papel *japon* de *Du côté de chez Swann* como "ao primeiro Mestre, ao maior, ao mais amado".[76] Agora, porém, estava-se em 1920. Proust acabava de se dar conta de haver assistido a um "evento súbito"[77] em sua cabeça. Descreveu-o assim: "Uma estrangeira fixou domicílio em meu cérebro".[78] Tratava-se da morte. Convinha redobrar a pressa, a velocidade, a incisividade das palavras. Convinha aproveitar os intervalos nos quais a visitante ainda se ausentava. Aquelas palavras de France, do velho mestre de tom sumamente urbano, o qual enunciava uma doutrina que era o contrário da própria literatura, soaram-lhe como uma oportunidade de dizer algo muito duro — duro como Proust sabia ser naqueles últimos meses — e irrenunciável. Ele escolheu como pretexto o prefácio que se comprometera a escrever para um jovem amigo muito mundano, Paul Morand, e falou de coisa bastante diferente: partindo dos equívocos de France, ligou-os àqueles bem mais insinuantes de Sainte-Beuve, a quem sentira necessidade de atacar anos antes, quase como num prelúdio teológico à *Recherche*. Tratava-se de dois modos de entender a literatura incompatíveis com o seu. Assim, em vez de falar das qualidades do novo escritor, quis dizer algo sobre aquilo que para ele devia constituir a qualidade de *todo* escritor.

"Já não se sabe escrever após o fim do século XVIII":[79] era outro dos apotegmas de France naquele artigo. Proust não condescende em criticar a estupidez disso. Era preciso simplesmente virar a frase pelo avesso. Não porque os grandes clássicos não fossem mestres de estilo, mas porque o estilo, exatamente no momento em que, segundo France, se perdera (com os primeiros românticos), havia ao contrário assumido um caráter diferente, não de todo implícito na literatura anterior. E era um caráter no qual o próprio Proust se reconhecia. Ele não quis declará-lo, mas tentou descrevê-lo, esboçando uma teoria que desembocava num convite à sabotagem da inteligência. Finalmente apresentava-se a oportunidade de glosar e especificar a frase inicial do *Contre Sainte-Beuve* (então desconhecida): "A cada dia que passa, eu dou menos valor à inteligência".[80] E assim escreveu algumas linhas fulgurantes, que não só justificam aquela frase como embebem, como uma coloração penetrante, toda a *Recherche*, e oferecem o salvo-conduto definitivo em direção à Kamchatka de Baudelaire, já povoada pelos vários e solitários assentamentos dos que o tinham sucedido, de Rimbaud a Mallarmé: "Em todas as artes, parece que o talento é uma aproximação do artista em relação ao objeto a exprimir. Enquanto subsiste a distância, a tarefa não se conclui. Aquele certo violinista executa muito bem sua frase de violino, mas você vê seus efeitos, você o aplaude, ele é um virtuose. Quando tudo isso tiver afinal desaparecido, quando a frase de violino já não se distinguir do artista inteiramente fundido com ela, o milagre terá se produzido. Nos outros séculos, parece que sempre houve uma certa distância entre o objeto e os mais elevados espíritos que discorrem sobre ele. Mas em Flaubert, por exemplo, a inteligência, que talvez não fosse das maiores, busca tornar-se trepidação de um barco a vapor, cor dos musgos, ilhota numa baía. Chega então um momento em que já não se encontra a inteligência (mesmo a inteligência média de Flaubert), tem-se diante de si o barco que avança 'encontrando fileiras de troncos que começavam a ondular seguindo o movimento das ondas'. Essa ondulação é inteligência transformada, que se incorporou à matéria. Ela chega até a penetrar as charnecas, as faias, o silêncio e a luz dos sub-bosques. Essa transformação da energia na qual o pensador desapareceu, e que arrasta as coisas diante de nós, não seria o primeiro esforço do escritor rumo ao estilo?".[81] Se o estilo deve ser isso, certamente não podia agradar ao cauteloso Anatole France. E certamente não deixaria de incutir algum alarme em Sainte-Beuve. O qual justamente por isso, com sua arte sutil das palavras de dois gumes, havia falado da *Folie* Baudelaire, lugar de caprichos e volúpias como toda *Folie* setecentista, mas também asilo de seres perdidos na desolação de uma terra onde só se pode ser ou xamã ou exilado ou um e outro.

Por que tanto encarniçamento contra a inteligência por parte de Proust, que a aprofundava a cada passo? Era uma manobra estratégica: tratava-se de desmontar e desarticular de maneira irremediável uma certa figura da psique já aceita, fixada e subentendida, no período entre Sainte-Beuve e Taine. Formidáveis inteligências, ambos. Mas também, por isso mesmo, deletérios, considerando que visavam reduzir a economia da psique à tarefa de traçar "os primeiros lineamentos de uma espécie de botânica literária".[82] O plano de Proust — que transparecia sobretudo naquilo em que toda pretensão se frustra: no estilo — era, ao contrário, o de destronar aquela estéril soberania da inteligência amarga. Para fazer-se entender, Proust aproveitou de imediato um passo em falso de Anatole France, o qual havia oferecido como exemplo de perfeita prosa francesa a *Lettre à l'Auteur des Hérésies imaginaires* [Cartas ao autor de Heresias imaginárias] de Racine. "Não existe nada tão árido, tão pobre, de tão pouco fôlego",[83] glosava Proust, antes de infligir o golpe letal: "Uma forma na qual se encerra tão pouco pensamento, não é difícil que seja leve e graciosa".[84] Se Racine fosse isso, teria sido esquecido logo. Mas por sorte havia nele algo mais: "Em Racine se debatia uma histérica de gênio, a qual, sob o controle de uma inteligência superior, simulou para ele em suas tragédias, com perfeição jamais igualada, os fluxos e os refluxos, a arfagem múltipla, e apesar disso totalmente apreendida, da paixão".[85] Essa definição admirável pode ser aplicada, ponto por ponto, ao próprio Proust. Ou melhor, aquela "arfagem múltipla"[86] parecia referir-se mais à sua prosa do que ao verso de Racine. Exceto pelo fato de que em Proust não se tratava somente de paixão, mas também de uma nuvem informe do não conhecimento à qual se devia restituir "a coroa suprema",[87] que, porém, seria entregue pela própria inteligência, porque, entre todas as potências, é a "única que pode conferi-la".[88] Um *chassé-croisé* metafísico: era o que Proust propunha.

De modo semelhante, em épocas remotas, os videntes védicos haviam exposto por imagens a doutrina do primado de *manas* sobre *vāc*, da Mente sobre a Palavra. Agora, quando se fechava o círculo dos tempos, o que havia sido (em *manas*) consciência absoluta se tornava um absoluto não saber, que de vez em quando, graças "a um simples acaso",[89] consegue fazer desabarem "os tabiques abalados da memória"[90] para nos restituir algo da "vida pura, conservada pura".[91] Não havia mais nada, não havia outra coisa a esperar da literatura. E, assim, também do pensamento, que para Proust estava absorvido na literatura. Quando, num estado de fúria e de impaciência, rabiscou algumas anotações sobre o *Jean-Christophe* de Romain Rolland — autor orgulhosamente ignaro de tudo isso —, Proust anotou em estenografia o que, para ele, significava pensar: "No fundo, toda a minha filosofia consiste, como toda verdadeira filosofia, em justificar, em reconstruir aquilo que é".[92] E nesse "justificar" ressoava, sem que Proust o soubesse ou se preocupasse com isso, a "*justificação* estética *da existência*"[93] sobre a qual Nietzsche escrevera. Portanto, não era a uma apressada degradação da inteligência que Proust visava, mas a um reordenamento das potências que nos regem, frequentemente menosprezadas (a "histérica de gênio"[94] que habitava Racine não era senão a possessão, agora reduzida à psicopatologia) ou supervalorizadas (a inteligência como fiadora de uma polícia interna). Somente nos meandros de *Albertine disparue* isso seria formulado da maneira mais feliz e distendida, sem as contrações polêmicas do *Contre Sainte-Beuve*: "Mas [...] o fato de a inteligência não ser o instrumento mais sutil, mais poderoso, mais apropriado para captar o verdadeiro é só uma razão a mais para começar pela inteligência e não por um intuitivismo do inconsciente, por uma fé pré-fabricada nos pressentimentos. É a vida que, aos poucos, caso por caso, nos permite observar que aquilo que é mais importante para nosso coração, ou para nossa mente, não nos é ensinado pelo raciocínio, mas por outras potências. E então é a própria inteligência que, ao dar-se conta da superioridade destas, abdica diante delas por raciocínio, e aceita tornar-se sua colaboradora e sua serva. É a fé experimental".[95] A única fé verificável de Proust — e essas linhas são a confissão disso.

Também a "fé experimental" de Proust implicava um catecismo próprio, cujos artigos vêm ao encontro — sempre de surpresa — de quem atravessar a espessura da *Recherche* e, se possível, se perder ali. Catecismo de um politeísta desenfreado — ou antes de alguém que os etnólogos de seu tempo definiriam como um fetichista, convencido de que em objetos pequenos, incontáveis e dificilmente localizáveis estão encerradas outras tantas horas da vida, como em minúsculos escrínios. Mas é inesperado o momento, imprevisível o motivo pelo qual se declaram os artigos de fé. O narrador está abandonando-se, há mais de quarenta páginas, ao périplo vertiginoso que a *matinée* da princesa de Guermantes desencadeou nele. E, até pouco antes, tudo refluía para uma descoberta, enunciada numa frase breve, linear e transparente como sempre são em Proust os teoremas e os corolários aos quais ele chega de repente, após longas ondulações, retomadas, volutas e bifurcações: "A verdadeira vida, a vida finalmente descoberta e iluminada, consequentemente a única vida plenamente vivida, é a literatura".[96] Em seguida a "arfagem múltipla"[97] recomeça, porque agora se trata de apurar qual trabalho se impõe — e sobre qual matéria — se cedermos à "grande tentação de recriar a verdadeira vida".[98] E é aqui que se encontra, após ulteriores e vertiginosas ondulações, um daqueles *theologoumenas* que assombram por sua drasticidade e pelo modo abrupto de se manifestar. Agora, tudo é dito no indicativo: "Toda pessoa que nos faz sofrer pode ser ligada por nós a uma divindade da qual ela não é senão um reflexo fragmentário e o último grau, divindade (Ideia) cuja contemplação nos dá imediatamente alegria em vez da dor que sentíamos. Toda a arte de viver está em não nos servirmos das pessoas que nos fazem sofrer senão como um grau que permite chegar à sua forma divina e assim povoar alegremente nossa vida com divindades".[99] Quem fala aqui? Plotino? Ou antes Damásio? Ou Jâmblico? É uma teurgia egípcia, de um neoplatonismo extremo, que aqui se apresenta como "arte de viver", ou melhor, como a única possível arte de viver. São fascinantes a insolência, a tranquilidade com que os juízos se enunciam, misturando-se a observações acidentais, por exemplo sobre o leve esgar que sempre acompanha a "frase falada"[100] de Sainte-Beuve. Agora, para evocar divindades pululantes, já não é preciso colocar-se em postura pagã ou parnasiana diante dos nomes de um passado remoto. Não há mais necessidade do desconexo impulso de Flaubert em direção às sonoridades cartaginesas. Basta o próprio passado, dá a entender o narrador. A matéria é mais do que adequada — e suficiente. Enquanto isso desfilam, como hierodulas e iniciadoras, as sombras de Gilberte e Albertine.

Lautréamont e Laforgue apareceram como agentes de uma conspiração celeste. Assumiram a delicada missão de extrair a paródia do reino irresponsável da opereta para instalá-la no ponto mais próximo do coração tenebroso da literatura. Agiram em paralelo, sem saber um do outro, enviados pela mesma casa matriz. Eram diferentes os registros nos quais operavam. Para Lautréamont: irritantes, malévolos e cósmicos. Para Laforgue: frívolos e desolados. Mas visando ao mesmo alvo: demolir todo respeito obrigatório pelas histórias e pelas formas antigas e modernas.

Ambos nasceram em Montevidéu, à distância de catorze anos. Ambos, quando crianças, atravessaram de veleiro o oceano, para ir à escola na França. Ambos frequentaram o mesmo liceu de Tarbes, lugar de origem das duas famílias, e compartilharam certo número de professores. Ambos bancaram suas próprias publicações. Ambos morreram antes dos trinta anos. Ambos poderiam dizer, como um personagem da *Vie parisienne*: "Sou uruguaio, tenho ouro, estou chegando de Montevidéu".

Em Montevidéu, numa praça atrás do Teatro Solis, na esquina da Calle Reconquista com a Juncal, uma caravela de bronze, "que hoje se ergue acima de uma água rançosa e de rara fetidez, contida num tanque",[101] reúne os nomes de Isidore Ducasse e Jules Laforgue no mesmo monumento ao seu "gênio renovador".[102]

Mais do que Rimbaud, mais do que Mallarmé, mais do que Verlaine, foi Laforgue o leitor congenial à fisiologia de Baudelaire. Ele a descreveu, decompôs e recompôs em anotações telegráficas que dizem sobre *As flores do Mal* aquilo que prateleiras inteiras da bibliografia subsequente não dizem. Queria fixar em palavras, frases, procedimentos, o que era a "vibração nova"[103] percebida por Hugo, velha raposa do ofício. Baudelaire geralmente detestava o *novo*[104] que o mundo produzia abundantemente ao seu redor, mas o *novo* era hóspede e demônio indispensável daquilo que ele escrevia. Intolerante a toda escola, não conseguiu evitar ser um fundador. E com ele não se foge àquele jogo que faz dizer: *Foi o primeiro a...* Laforgue soube jogá-lo, com lucidez infalível: "O *primeiro* a se expressar em tom moderado de confessional e sem assumir um ar inspirado";[105] "O primeiro a falar de Paris como cotidiano condenado da capital";[106] "O primeiro que não é triunfante, e sim se acusa, mostra suas chagas, sua preguiça, sua inutilidade entediada no seio deste século operoso e carola";[107] "O primeiro a introduzir em nossa literatura o tédio da volúpia e seu cenário bizarro: a alcova triste";[108] "O primeiro a encontrar, depois de todas as audácias do romantismo, aquelas comparações cruas, que de repente, no meio da harmonia de um período, metem os pés no prato (e não por um capricho do momento), comparações palpáveis, bem em primeiro plano, numa palavra, americanas, parece — palissandra, pacotilha desconcertante e revigorante";[109] "O primeiro poeta que fez igreja — capela. Um só volume — uma nota — dogma e liturgia. Cenário — e consequente devoção dos fiéis. E fora disso não há salvação";[110] "O primeiro a romper com o público — os poetas se dirigiam ao público — repertório humano — ele, o primeiro a dizer: A poesia será coisa de iniciados. Para o público estou condenado — Ótimo — O Público não entra aqui";[111] "O primeiro em comparações enormes:

> *Et dormir dans l'oubli comme un requin dans l'onde*
> *— Je suis un cimetière abhorré de la lune*
> *un vieux boudoir*
> *Ses yeux polis sont faits de minéraux charmants".*

E dormir no esquecimento como um tubarão nas ondas
— Eu sou um cemitério abominado pela lua
um velho toucador
Seus olhos polidos são feitos de minerais encantadores.[112]

E ainda: "Nele o anjo tem sempre um perfil de oficial de justiça".[113] Ou: "Dramatizou e enriqueceu a alcova"[114] (se pensarmos em quanto era insípido o leito dos românticos).

A cada vez, a observação de Laforgue é irrefutável. Aquilo que ele fala acontecia *pela primeira vez*, como se Baudelaire estivesse condenado àquela que Bazlen chamava de "*primavoltità*".*[115]

---

* Neologismo criado por Bazlen, algo como "primeiravezice". (N. T.)

Mas sem por isso subverter a prosódia ou a sintaxe, como exigiram mais tarde as vanguardas. Nada mais estranho às inclinações de Baudelaire. Toda a sua poesia parece *traduzida do latim*. Ou às vezes uma variação sobre o rascunho de Racine.

Traços de Baudelaire que Laforgue havia identificado — e depois dele passaram despercebidos: "Gato, hindu, ianque, episcopal alquimista".[116] É uma linha de suas notas, definição terminante e estenográfica, na qual o termo mais desconcertante é "ianque". Em que sentido Baudelaire podia ser "ianque"? Em seus escritos sobre Poe, ele havia traçado uma imagem da América sobretudo estereotipada e banal, como lugar geométrico do utilitarismo e da rusticidade moderna, uma espécie de Bélgica elefantina e estupidificante (e pensar que eram os anos de Melville, de Hawthorne, da Dickinson…). Então, em que podia consistir o "americanismo"[117] de Baudelaire? Pois bem, numa certa exasperação, na estridência desejada, na desproporção das imagens: quando Baudelaire descreve o corpo e os gestos da amada, "é americanismo aplicado às comparações do *Cântico dos Cânticos*".[118] E aqui Laforgue é clarividente: aquele excesso que é inato na América — e fará da América a terra prometida do cinema — se introduziria na literatura europeia através de Baudelaire. Compreendem-se melhor suas imagens através do cinema. Através de Max Ophuls — ou até de Von Stroheim. Ou de um filme anônimo qualquer, em preto e branco.

Mas Laforgue vai além, avalia o tecido do verso: considera o uso do superlativo em Baudelaire como um forçamento precioso, que provocaria sobressaltos em Lamartine e nem sequer Hugo havia ousado: "Ianques, seus '*três*' diante de um adjetivo".[119] E ianques são suas "paisagens contundentes"[120] ou certas comparações nas quais "se veem os arames e os truques".[121] Tudo conspira para esvaziar o verso de suas poses oratórias. O fim último? "Fazer poesias destacadas — curtas — *sem tema apreciável* (não como os outros, que faziam um soneto para contar poeticamente alguma coisa, defender uma tese etc.), mas vagas e sem razão como uma batida de leque, efêmeras e equívocas como uma maquilagem, que levam o burguês que as lê a dizer 'E então?'."[122] O *americanismo* podia servir também a isso, que é uma descrição extrema e radical daquilo que a poesia de Baudelaire tendia a ser — e à qual *As flores do Mal* só correspondem em certos trechos. Mas permanece a meta oculta do livro.

Contrariamente ao que afirmam os dicionários, "*décadence*" é palavra alemã — ou, pelo menos, a ponto de só assumir seu pleno significado se transplantada para a prosa alemã. Isso aconteceu quando Nietzsche a encontrou, em 1883, ao ler o ensaio de Paul Bourget sobre Baudelaire. Naquelas páginas, ele achou a definição do que é "um estilo de decadência",[123] linhas que viriam a ter um vasto futuro, mesmo quando Bourget já estivesse esquecido ou fosse citado apenas como romancista para senhoras: "Um estilo de decadência é aquele no qual a unidade do livro se decompõe para abrir espaço à independência da página, no qual a página se decompõe para abrir espaço à independência da frase, e a frase para abrir espaço à independência da palavra".[124] Desde então, Nietzsche tendencialmente substituiu por "*décadence*" o germânico "*Verfall*", até fazer a palavra ecoar obsessivamente na prosa extrema de *Ecce homo*. Mas já em 1886, numa carta a Fuchs, Nietzsche escrevia: "É esta a *décadence*: uma palavra que, entre pessoas como nós, obviamente, não é uma condenação, mas uma definição".[125]

Singular desvio: Bourget havia definido o "estilo de decadência"[126] pensando em Baudelaire, mas Nietzsche entendeu aquelas palavras como relacionáveis sobretudo a Wagner. Baudelaire, por sua vez, parecia-lhe o único espírito capaz de compreender Wagner até o fundo: "Terá existido alguém tão moderno, mórbido, múltiplo e contorcido o suficiente para ser considerado à altura do problema Wagner? No máximo na França: Charles Baudelaire, por exemplo".[127] Por enquanto, porém, as palavras de Bourget deviam ser aplicadas diretamente a Wagner: "*Estilo* da *decadência* em Wagner: a simples frase se torna *soberana*, a subordinação e o ordenamento se tornam casuais. Bourget, p. 25 [e justamente à página 25 dos *Essais de psychologie contemporaine* de Bourget encontra-se o trecho sobre o 'estilo de decadência'[128]]".[129] Mas é na carta a Fuchs que o sentido do "*style de décadence*" em relação a Wagner se apresenta numa argumentação mais extensa: "A fórmula wagneriana da 'melodia infinita' expressa da maneira mais encantadora o perigo, a corrupção do instinto e a boa-fé, a boa consciência nisso. A ambiguidade rítmica, devido à qual não mais sabemos e nem devemos saber se algo é cabeça ou cauda, é, sem dúvida alguma, um artifício com o qual podem ser obtidos efeitos maravilhosos: o *Tristão* é rico nisso — como sintoma de toda uma arte, porém, ela é sempre indício de dissolução. A parte predomina sobre o todo, a frase sobre a melodia, o instante sobre o tempo (também o andamento), o *páthos* sobre o *ethos* (caráter, estilo ou como quer que se chame), e por fim também o *esprit* sobre o 'sentido'".[130] Com essas palavras, Nietzsche antecipava um ponto decisivo do *Caso Wagner*, talvez o mais importante se quisermos compreender Wagner e não condená-lo: "Wagner é digno de admiração, amável somente na invenção daquilo que é menor, na elaboração poética do detalhe — tem-se todas as razões para proclamá-lo nisso um mestre de primeira ordem, como nosso maior *miniaturista* da música, que no menor espaço concentra uma infinidade de sentido e de doçura".[131] Aqui Nietzsche admite que, apesar da aplicação do "*estilo* da *decadência* [*Verfall*]",[132] subsistia em Wagner "uma infinidade de sentido".[133]

Quando Bourget, em 1881, publicou seu ensaio sobre Baudelaire, a palavra "*décadence*" ainda não se tornara um *refrain* da época. Bourget quis sublinhar em nota, assim que o ensaio saiu em coletânea: "Escrito em 1881, antes que esta teoria da decadência se tornasse a palavra de ordem de uma escola".[134] Claro, de teoria não havia muito naquelas páginas, exceto o parágrafo sobre a emancipação das partes em relação ao todo. Somente com Nietzsche a "*décadence*" se inervaria numa grandiosa articulação de pensamento.

No entanto, Bourget tocava num ponto nevrálgico. Baudelaire era um *décadent* que não objetava sê-lo: "Deu-se conta de que chegava tarde a uma civilização que envelhecia, e, em vez de deplorar essa chegada tardia, como La Bruyère e como Musset, sentiu-se alegre com isso, eu diria até honrado".[135] Mesmo percebendo a culpa em toda parte, Baudelaire não se sentia culpado por reconhecer-se *décadent*. Era um dado de fato da sensibilidade. Ser "*décadent* e *começo* ao mesmo tempo",[136] esta "dupla descendência, como do germe mais alto e do mais baixo na escala da vida",[137] seria uma insígnia não sua, mas de Nietzsche. Baudelaire contentou-se em ser *décadent*. Considerar-se também um "*início*" era demais para ele, em sua vida dominada pela inquietação. Mas a partir de que coisa se reconhece um *décadent*? Aqui, Bourget ainda pode ser útil. Se depurarmos a palavra de todas as suas penosas implicações de degenerescência biológica — tão caras àqueles anos e de algum modo adejantes também em Nietzsche —, o decadente pode apresentar-se como uma singularidade que corta os vínculos com o todo social, recusando-se a ser-lhe funcional. Esses cidadãos refratários, "inábeis para a ação privada ou pública",[138] seriam tais justamente porque "demasiado hábeis no pensamento solitário".[139] Assim aparecerão certos "'casos' de uma singularidade impressionante".[140] Baudelaire escolheu ser um deles: "Teve a coragem de adotar muito jovem essa atitude e a temeridade de mantê-la até o fim".[141] O *décadent* é semelhante ao fetichista: celebra o triunfo do idiossincrático, opõe-se a que sua singularidade seja absorvida num todo. Nisso, Baudelaire deparava somente com Max Stirner.

O homem da *décadence* descrito por Bourget, tomando Baudelaire como exemplo, é antes de tudo aquele que *avança sozinho*. Quanto mais esse novo ser se compraz com suas "singularidades de ideal e de forma",[142] mais se arrisca a "aprisionar-se numa solidão sem visitantes".[143] Formulação aplicável a Baudelaire na desolação de Bruxelas. Mas quem extraía as consequências, mais uma vez, era Nietzsche, num fragmento de novembro de 1887: "Não se deve querer por si mesmo nada que não se possa. Convém perguntar-se: quer *ir adiante*? Ou quer *ir adiante sozinho*? No primeiro caso, no máximo, o indivíduo torna-se pastor, ou seja, satisfaz uma necessidade do rebanho. No outro caso, é preciso saber fazer algo mais — *saber* andar sozinho, *saber* mover-se de outro modo e em outra direção. Em ambos os casos, é preciso saber, e, se já se sabe uma das duas coisas, não se pode querer a outra".[144] Descrição e diagnóstico de perfeita lucidez. Mas, nos treze meses seguintes, Nietzsche não seguiria o próprio conselho: iria mais longe do que nunca no "*ir adiante sozinho*" (*Ecce homo* será a culminação desse caminho) e ao mesmo tempo disseminaria proclamações pela Europa, usando o correio e também escrevendo *O Anticristo* e o *Crepúsculo dos ídolos*, como um invisível "pastor" que aguilhoa um rebanho entorpecido e relutante.

Numa lista dos "tipos da *décadence*",[145] escrita no limiar do ano terminal de 1888, Nietzsche inclui "os *brutalistas*" e "os *delicados*",[146] sem dar ulteriores especificações. Talvez Baudelaire pertencesse a ambos os tipos, fosse *obrigado* a pertencer-lhes, a misturá-los. Certamente não devia ser incluído entre "os *românticos*",[147] que na lista aparecem como o primeiro entre "os tipos da *déca-dence*". Porque eles se assemelham a George Sand e consequentemente, insinuava Nietzsche com formidável intuição, são "frios como Victor Hugo, como Balzac", frios "como todos os verdadeiros românticos".[148] E não se podia dizer isso de Baudelaire, que devia apenas preocupar-se em mimetizar na paisagem urbana sua imensa reserva de *páthos*. Lendo Baudelaire, compreende-se por que, para Nietzsche, o nervo da *décadence* estava em Paris e em nenhum outro lugar — a tal ponto que ele adotou a palavra francesa. Deslocando-se de metrópole, a *décadence* se adelgaçava e se eufemizava. Basta comparar o estilo poético dos Nineties ingleses com o verso de Baudelaire ou de Mallarmé (ou mesmo de Verlaine) para medir o abismo que os separava. Basta ver como Arthur Symons traduziu a "Invitation au voyage" numa língua insossa e vaporosa:

Là, tout n'est qu'ordre et beauté,
Luxe, calme et volupté.

Lá, tudo é paz e rigor,
Luxo, beleza e langor.[149]

Tornava-se:

There all is beauty, ardency
Passion, rest and luxury.

Cada sílaba é um disparate. T. S. Eliot comentou com justeza e frio escárnio: "Entre essas palavras, a única certa é 'beauty'".[150] Na Londres daqueles anos, a única mente impecavelmente talhada para a *décadence* era Oscar Wilde. Que acabou no exílio em Paris.

343

* * *

Moderno–novo–décadence: três palavras que se irradiam em cada frase de Baudelaire, em cada respiração. Cindi-las significaria dessangrá-las. Exatamente como acontecera com "*modernité*", a palavra "*décadence*" se apresentara com cautela — e quase pedindo desculpas — no léxico usado pelos escritores para entender a si mesmos. Precedendo Bourget em alguns anos, Gautier abrira o caminho: "O poeta de *As flores do Mal* gostava daquilo a que chamam impropriamente o estilo de decadência, e que não é outra coisa senão a arte chegada àquele ponto de maturidade extrema determinado pelas civilizações que envelhecem, quando seu sol é oblíquo: estilo engenhoso, complicado, erudito, cheio de nuances e de requintes, que recua continuamente os limites da língua, tomando empréstimos a todos os vocabulários técnicos, assumindo cores de todas as paletas, notas de todos os teclados, esforçando-se por transmitir o pensamento naquilo que ele tem de mais inefável e a forma em seus contornos mais vagos e mais fugidios, escutando, para traduzi-los, as confidências sutis da neurose, as confissões da paixão que se deprava ao envelhecer e as alucinações bizarras da ideia fixa tendente à loucura. Esse estilo de decadência é a última palavra do Verbo intimado a expressar tudo e levado às últimas consequências".[151] Esse trecho poderia estar na soleira de toda a arte que, durante pelo menos um século, ousaria definir-se como *nova*. Mas o fato de *décadence* e *modernité* terem nascido desde o início entrelaçadas e consanguíneas é demonstrado pelo próprio Gautier, pouco adiante, quando fala de Guys, o arauto leve, frívolo e noturno da modernidade. Por que Baudelaire — perguntava-se Gautier — havia privilegiado Guys com tanto empenho? Por qual motivo havia anteposto aquele ilustrador a todos os artistas rigorosos e solenes? E assim respondia: "[Baudelaire] amava naqueles desenhos a completa ausência de antiguidade, isto é, de tradição clássica, e o sentimento profundo daquilo que chamaremos *décadence*, à falta de uma palavra mais adequada à nossa ideia; mas sabemos o que Baudelaire entendia por decadência".[152] Se, afinal, alguém não o soubesse, Gautier se dispõe a explicar, recorrendo a um expediente que revela a profunda congenialidade que levara Baudelaire a lhe dedicar *As flores do Mal*. A escolha de estilo anticlássica de Baudelaire havia sido sua manobra mais arriscada no tabuleiro de xadrez da literatura. Para que a compreendam, Gautier não se reporta a um enunciado qualquer de poética a propósito de Rafael ou dos gregos ou de Homero, e prefere citar um trecho em que Baudelaire fala de *dois tipos de mulheres*. É essa a desinibição parisiense que Nietzsche gostaria de ter — e nunca alcançou. Tudo devia ser depreendido destas palavras de Baudelaire: "É como se me fossem apresentadas duas mulheres: uma, matrona rústica, repugnante de saúde e de virtude, sem estilo e sem olhar, em suma, alguém *que deve tudo à simples natureza*; a outra, uma dessas beldades que dominam e oprimem a lembrança, que unem ao seu encanto profundo e original toda a eloquência do traje, soberana em seu caminhar, consciente e rainha de si mesma — uma voz que fala como um instrumento bem afinado, e olhares carregados de pensamento do qual só deixam transparecer aquilo que qucrem. Minha escolha não teria dúvidas, e no entanto existem esfinges pedagógicas que me criticariam por desrespeitar a honra clássica".[153]

Quando o regime nazista organizou a mostra "Arte degenerada", não só não inventava nada como também retomava temas amplamente discutidos havia décadas entre os europeus bem-educados. Um dos ensaístas mais escutados do fim do século, Max Nordau, havia publicado em Berlim, em 1892, dois espessos volumes sob o título *Entartung* [Degeneração], cujo primeiro objetivo era mostrar como o iminente *fin de siècle* estava ameaçado por um contagiante estado mórbido nas artes e na cultura em geral, e que devia ser considerado sintoma de *degeneração*. Por isso, mais que de um *fin de siècle*, devia-se falar de um *fin de race*. Outros não demorariam a extrair as consequências disso.

Como declarava Nordau na premissa da obra, o termo derivava daquilo que, com sólida credulidade, era considerado ciência — e em particular por Cesare Lombroso, a quem devia-se atribuir o mérito de haver "genialmente elaborado o conceito de degeneração".[154] Coube a Nordau a tarefa de aplicá-lo, muito além do mundo dos criminosos e das prostitutas, à cultura em geral. É enorme a lista dos suspeitos e dos culpados confirmados, em grande parte coincidente com aquela que, algumas décadas depois, György Lukács organizaria em *A destruição da razão*. Só variam os argumentos, em Nordau tomados de empréstimo à psiquiatria e, em Lukács, à luta de classes. A incandescência da indignação é semelhante. Para Nordau, o pioneiro e líder de toda degeneração era Baudelaire. Todos os outros — por exemplo, Villiers de l'Isle-Adam e Barbey d'Aurevilly — podiam ser reconhecidos de imediato por uma certa "semelhança geral de família"[155] com ele. Eram as cristas numerosas, insidiosas e indomáveis da *onda Baudelaire*.

Uma notinha anunciou por equívoco a morte de Baudelaire com quinze meses de antecipação. Ele não estava morto, mas afásico. A notícia não parece ter abalado Paris. Mas na província mais tétrica, em Tournon, um jovem professor de inglês, Stéphane Mallarmé, depois de ler o jornal passou dois dias abatido pela tristeza ("Oh! que dois dias!",[156] escreveu a Cazalis).

Mallarmé, hierático até na frivolidade. Baudelaire, frívolo até na solenidade. Ambos habituados ao embate da vida, mas Baudelaire por ferimentos de ponta — incontáveis, irregulares, exasperantes. Mallarmé, oprimido por um peso constante, ameaçado de sufocação. Ambos prontos a captar presságios metafísicos, à diferença de seus predecessores Gautier e Hugo. Mas só Baudelaire tinha acesso a uma plaga de *páthos* puríssimo, indene de toda sentimentalidade, aquela de "As velhinhas" e de "A uma passante".

Já atacado pela paralisia, e reduzido a escrever "de maneira indecifrável",[157] Baudelaire ditou a Gustave Millot uma carta na qual indicava uma última intervenção sua num verso. Em "Bem longe daqui", uma de suas líricas mais leves, impregnadas e cintilantes de erotismo a cada sílaba, quis que o verso final fosse precedido por um travessão, "para dar-lhe uma forma de isolamento, de distração".[158] Assim devia ser: "— *Des fleurs se pâment dans un coin*" [— Murcham as flores de repente].[159]

Pedidos de dinheiro (inumeráveis), declarações de infelicidade cada vez mais exacerbadas, encontros furtivos, insolências ocasionais. Para Caroline, esse havia sido o filho Charles durante mais de vinte anos. E quantas coisas horríveis lhe diziam dele certos oficiais de artilharia, amigos do falecido general Aupick, que a frequentavam em Honfleur!

Mas, depois da morte de Charles, tinha havido nela uma repentina mudança de rota. Isso lhe acontecera ao receber de Sainte-Beuve uma carta de condolências. Aquela carta "arrebatou-a",[160] escrevia Asselineau a Poulet-Malassis. Com seu tom insinuante e penetrante, sussurrando uma "breve missa baixa",[161] Sainte-Beuve — o crítico de todas as segundas-feiras, o Acadêmico, o Senador — testemunhava, fora de toda dúvida, que Charles, o filho dela, havia existido. Caroline se descobriu pensando só nele. Ao redor, um semicírculo de mulheres que falavam dos corriqueiros fatos do dia, com frases às quais durante anos Caroline tinha dado uma válida contribuição. Mas, agora, limitava-se a fingir escutar. Em carta a Asselineau, velho e fiel amigo do filho, reconheceu isso abertamente, com palavras de amante abandonada: "Nada me interessa, exceto o que se liga à sua memória. Às vezes me acontece, para não me tornar insuportável às pessoas que vejo, fazer esforços inauditos a fim de parecer escutá-las e me interessar pelo que dizem, enquanto, no fundo do meu coração, me entretenho com ele e sou totalmente sua".[162]

O baque sucessivo dos feixes no calçamento dos pátios. Eram descarregados de carrinhos, casa por casa, na iminência do frio. A lenha se abate no solo e anuncia o inverno. Baudelaire está em vigília. Não é necessária outra coisa além daquele som — surdo, repetido. O sol já sabe que logo estará aprisionado "em seu inferno polar".[163] É como auscultar uma respiração laboriosa: "Tremo ao ouvir tombar cada feixe de lenha".[164]

Contava Anatole France, com o amável ceticismo que às vezes o impedia de compreender, que um dia um marinheiro mostrara a Baudelaire um fetiche africano, "uma cabecinha monstruosa talhada por um pobre negro num pedaço de madeira. — É bem feia, disse o marinheiro. E jogou-a fora com desdém. — Cuidado! disse Baudelaire, inquieto. Poderia ser o verdadeiro deus!".[165] Foi sua mais firme declaração de fé.

Notas

1. A OBSCURIDADE NATURAL DAS COISAS [pp. 11-97]

1. Carta de Charles Baudelaire a Caroline Aupick, 16 dez. 1847. In: *Correspondance*, org. de Claude Pichois, com a colaboração de Jean Ziegler. Paris: Gallimard, 1973, v. i, p. 148.

2. André Gide, "Théophile Gautier et Charles Baudelaire". In: *Essais critiques*, org. de Pierre Masson. Paris: Gallimard, 1999, p. 1144; cit. in Walter Benjamin, *Das Passagen-Werk*. In: *Gesammelte Schriften*, com a colaboração de Theodor W. Adorno e G. Scholem, org. de R. Tiedemann e H. Schweppenhäuser. Frankfurt: Suhrkamp, 1982, v. v, tomo i, p. 328. [*Passagens (1927-1940)*. Trad. do alemão de Irene Aron; trad. do francês de Cleonice Paes Barreto Mourão. Belo Horizonte–São Paulo: Editora da UFMG e Imesp, 2006.]

3. Maurice Barrès, *La Folie de Charles Baudelaire*. Paris: Les Écrivains Réunis, 1926, p. 20.

4. Charles Baudelaire, "À une heure du matin". In: *Le Spleen de Paris*. In: *Œuvres complètes*, org. de Claude Pichois. Paris: Gallimard, 1975, v. i, p. 287.

5. Jacques Rivière, "Baudelaire". In: *Études (1909-1924)*, org. de A. Rivière. Paris: Gallimard, 1999, p. 460.

6. C. Baudelaire, "Le Voyage", v. 144. In: *Les Fleurs du Mal*. In: *Œuvres complètes*, op. cit., v. i, p. 134. ["A viagem". In: *As flores do Mal*. Trad., intr. e notas de Ivan Junqueira. Rio de Janeiro: Nova Fronteira, 2006.]

7. Id., *Salon de 1859*. In: *Œuvres complètes*, op. cit., v. ii, 1976, p. 661.

8. Id., "Théophile Gautier [1]". In: *Œuvres complètes*, v. II, op. cit., p. 124.

9. Carta de Denis Diderot a Sophie Volland, 6 set. 1774. In: *Œuvres*, org. de Laurent Versini. Paris: Robert Laffont, 1997, v. V, *Correspondance*, p. 1255.

10. Denis Diderot, *Salon de 1767*. In: *Salons*, org. de J. Seznec e J. Adhémar. Oxford: Clarendon Press, v. III, 1963, p. 206.

11. Id., *Salon de 1765*. In: *Salons*, op. cit., v. II, 1960, p. 57.

12. Carta de Charles Baudelaire a Champfleury, maio 1845. In: *Correspondance*, op. cit., v. 1, p. 123.

13. Champfleury. In: *Le Corsaire-Satan*, 27 maio 1845; cit. in Claude Pichois, "Notes et variantes". In: C. Baudelaire, *Œuvres complètes*, op. cit., v. II, p. 1265.

14. C. Baudelaire, "*Prométhée delivré* par Louis Ménard". In: *Œuvres complètes*, op. cit., v. II, p. 11.

15. Carta de Charles Baudelaire a H. Hostein, 8 nov. 1864. In: *Correspondance*, op. cit., v. I, p. 299.

16. Carta de Denis Diderot a Sophie Volland, 28 out. 1760. In: *Correspondance*, op. cit., p. 287.

17. C. Baudelaire, *Salon de 1846*. In: *Œuvres complètes*, op. cit., v. II, p. 475.

18. Id., ibid., p. 459.

19. Id., *Le Peintre de la vie moderne*. In: *Œuvres complètes*, op. cit., v. II, p. 686. [*O pintor da vida moderna*, org. de Jerome Dufilho. Trad. de Tadeu Tomaz. Belo Horizonte: Autêntica, 2010.]

20. Stendhal, *Rome, Naples et Florence*. In: *Voyages en Italie*, org. de V. Del Litto. Paris: Gallimard, 1973, pp. 310-11.

21. Théophile Gautier, "Introduction". In: *L'Artiste*, XXVII, v. III, p. 4, dez. 1856 – jan.-mar. 1857.

22. C. Baudelaire, *Salon de 1859*, op. cit., p. 624.

23. Id., "Notes diverses sur *L'Art philosophique*". In: *Œuvres complètes*, op. cit., v. II, p. 607.

24. Id., *Le Peintre de la vie moderne*, op. cit., p. 722. [*O pintor da vida moderna*, op. cit.]

25. Id., ibid., p. 723.

26. Id., *Mon cœur mis à nu*. In: *Œuvres complètes*, op. cit., v. I, p. 701. [*Meu coração desnudado*. Trad. e notas de Tomaz Tadeu. Belo Horizonte: Autêntica, 2009.]

27. Id., *Salon de 1859*, op. cit., p. 642.

28. Id., ibid, p. 644.

29. Id., ibid., pp. 644-45.

30. Id., ibid., p. 645.

31. Loc. cit.

32. Loc. cit.

33. Id., ibid., p. 620.

34. Carta de Charles Baudelaire a Alphonse Toussenel, 21 jan. 1856. In: *Correspondance*, op. cit., v. I, p. 336.

35. C. Baudelaire, *Réflexions sur quelques-uns de mes contemporains: Victor Hugo*. In: *Œuvres complètes*, op. cit., v. II, p. 132.

36. Id., ibid., p. 133.

37. Id., "Le Poème du hachisch". In: *Les Paradis artificiels*. In: *Œuvres complètes*, op. cit., v. I, p. 430. ["O poema do haxixe". In: *Os paraísos artificiais*. Trad. José Saramago. Rio de Janeiro: Ediouro, 2005.]

38. Id., "Richard Wagner et *Tannhäuser* à Paris". In: *Œuvres complètes*, op. cit., v. II, p. 784.

39. Id., *Exposition universelle, 1855, Beaux-arts*. In: *Œuvres complètes*, op. cit., v. II, p. 580.

40. Friedrich Hölderlin, *Anmerkungen zum Oedipus*. In: *Sämtliche Werke*, org. de Friedrich Beissner. Frankfurt: Insel-Verlag, 1961, p. 1184.

41. Stéphane Mallarmé, *Divagations*. In: *Œuvres complètes*, org. de Bertrand Marchal. Paris: Gallimard, 2003, v. II, p. 86. [*Divagações*. Trad. Fernando Scheibe. Florianópolis: UFSC, 2010.]

42. C. Baudelaire, *Fusées*. In: *Journaux intimes*, op. cit., p. 661. ["Rojões". In: *Meu coração desnudado*, op. cit.]

43. Id., *Exposition universelle, 1855*, op. cit., p. 578.

44. Friedrich Nietzsche, *Nachgelassene Fragmente 1884-1885*. In: *Sämtliche Werke. Kritische Studienausgabe*, org. de Giorgio Colli e Mazzino Montinari. Berlim-Munique: DTV-DE; Gruyter, 1988, 2ª ed. rev., v. XI, p. 428, fr. 34[21].

45. C. Baudelaire, *Exposition universelle, 1855*, op. cit., p. 578.

46. Id., ibid., p. 577.

47. Johann Wolfgang von Goethe, *Maximen und Reflexionen*. In: *Gedenkausgabe der Werke, Briefe und Gespräche*, org. de Ernst Beutler. Zurique-Stuttgart: Artemis, 1949, v. IX, p. 571.

48. C. Baudelaire, "Le Poème du hachisch", op. cit., p. 401. ["O poema do haxixe". In: *Os paraísos artificiais*, op. cit.]

49. Id., *Fusées*, op. cit., p. 658. ["Rojões". In: *Meu coração desnudado*, op. cit.]

50. Id., "Le Poème du hachisch", op. cit., p. 401. ["O poema do haxixe". In: *Os paraísos artificiais*, op. cit.]

51. Id., "Edgar Poe, sa vie et ses œuvres". In: *Œuvres complètes*, op. cit., v. II, p. 318.

52. Id., "Le Poème du hachisch", op. cit., p. 430. ["O poema do haxixe". In: *Os paraísos artificiais*, op. cit.]

53. Vauvernagues, *Réflexions et maximes*. In: *Œuvres morales*. Paris: Plon, 1874, v. III, p. 90, 367n.

54. C. Baudelaire, "L'Invitation au voyage". In: *Le Spleen de Paris*, op. cit., p. 303.

55. Id., "Le Poème du hachisch", op. cit., pp. 430-31. ["O poema do haxixe". In: *Os paraísos artificiais*, op. cit.]

56. Id., *Fusées*, op. cit., pp. 664, 667; "Le Poème du hachisch", op. cit., p. 432. ["Rojões". In: *Meu coração desnudado*, op. cit.; "O poema do haxixe". In: *Os paraísos artificiais*, op. cit.]

57. Loc. cit.

58. Loc. cit.

59. Carta de Charles Baudelaire a Caroline Aupick, 31 dez. 1853. In: *Correspondance*, op. cit., v. I, p. 245.

60. Carta de Charles Baudelaire a Fernand Desnoyers, final de 1853 — início de 1854, ibid., p. 248.

61. Loc. cit.

62. Loc. cit.

63. Loc. cit.

64. Loc. cit.

65. Gottfried Benn, *Briefe an F. W. Oelze. 1932-1945*. Wiesbaden-Munique: Limes, 1977, pp. 92-3.

66. C. Baudelaire, "Correspondances", v. I. In: *Les Fleurs du Mal*, op. cit., p. 11. ["Correspondências". In: *As flores do Mal*, op. cit.]

67. Id., *Le Peintre de la vie moderne*, op. cit., p. 715. [*O pintor da vida moderna*, op. cit.]

68. Loc. cit.

69. Theodor Wiesengrund Adorno, *Versuch über Wagner*. Berlim-Frankfurt: Suhrkamp, 1952, p. 180.

70. W. Benjamin, *Das Passagen-Werk*, op. cit., pp. 570-71.

71. Ibid., p. 571.

72. C. Baudelaire, "Correspondances", v. III, op. cit., p. 11.

73. Carta de Charles Baudelaire a Alphonse Toussenel, 21 jan. 1856. In: *Correspondance*, op. cit., v. I, p. 335.

74. Loc. cit.

75. Carta de Charles Baudelaire a Auguste Poulet-Malassis, 14 maio 1857, ibid., p. 399.

76. Loc. cit.

77. C. Baudelaire, "À une passante", v. 8. In: *Les Fleurs du Mal*, op. cit., p. 92. ["A uma passante". In: *As flores do Mal*, op. cit.]

78. Emil Michel Cioran, *Solitude et destin*. Trad. fr. Alain Paruit. Paris: Gallimard, 2004, p. 391.

79. Maurice Barrès, *La Folie de Charles Baudelaire*, op. cit., p. 62.

80. Jules Renard, *Journal*, org. de Léon Guichard e Gilbert Sigaux. Paris: Gallimard, 1965, p. 1.

81. Julien Gracq, *En lisant en écrivant*. In: *Œuvres complètes*, org. de Bernhild Boie, com a colaboração de Claude Dourguin. Paris: Gallimard, Paris, 1995, v. ii, p. 664.

82. J. Renard, *Journal*, op. cit., p. 112.

83. C. Baudelaire, "La Destruction", v. 14. In: *Les Fleurs du Mal*, op. cit., p. 111. ["A destruição". In: *As flores do Mal*, op. cit.]

84. Id., ibid., vv. 2-3.

85. Id., ibid., "Au Lecteur", vv. 23-4. In: *Les Fleurs du Mal*, op. cit., p. 5. ["Ao leitor". In: *As flores do Mal*, op. cit.]

86. J. Renard, *Journal*, op. cit., p. 112.

87. François-René de Chateaubriand, *René*. In: *Œuvres romanesques et voyages*, org. de M. Regard. Paris: Gallimard, 1969, v. i, p. 127.

88. C. Baudelaire, "Le Poème du hachisch", op. cit., p. 431; *Fusées*, op. cit., p. 658; "Théophile Gautier [i]", op. cit., p. 118; *Exposition universelle, 1855*, op. cit., p. 580. ["O poema do haxixe". In: *Os paraísos artificiais*, op. cit.; "Rojões". In: *Meu coração desnudado*, op. cit.]

89. Marcel Proust, *Contre Sainte-Beuve*, org. de Pierre Clarac, com a colaboração de Yves Sandre. Paris: Gallimard, 1971, p. 260.

90. Id., ibid., p. 252.

91. Id., ibid., p. 259.

92. Loc. cit.

93. Loc. cit.

94. C. Baudelaire, *Le Peintre de la vie moderne*, op. cit., p. 696. [*O pintor da vida moderna*, op. cit.]

95. Id., "Edgar Poe, sa vie et ses œuvres", op. cit., p. 316.

96. Id., "Théophile Gautier [i]", op. cit., p. 122.

97. Id., *Salon de 1846*, op. cit., p. 429.

98. Id., "Un Mangeur d'opium". In: *Les Paradis artificiels*, op. cit., p. 497. ["Um comedor de ópio". In: *Os paraísos artificiais*, op. cit.]

99. Id., *Fusées*, op. cit., p. 661. ["Rojões". In: *Meu coração desnudado*, op. cit.]

100. Id., "Au Lecteur", v. 22. In: *Les Fleurs du Mal*, op. cit., p. 5. ["Ao leitor". In: *As flores do Mal*, op. cit.]

101. Id., "Spleen (*Quand le ciel bas et lourd…*)", vv. 11-12. In: *Les Fleurs du Mal*, op. cit., p. 75. ["Spleen (*Quando o céu plúmbeo e baixo…*)". In: *As flores do Mal*, op. cit.]

102. Em tradução livre: "Eu senti um funeral em meu cérebro". Emily Dickinson, *Poems*, org. de Th. H. Johnson Cambridge: The Belknap Press of Harvard University Press, 1955, v. I, p. 199, 280*n*.

103. C. Baudelaire, "Un Mangeur d'opium", op. cit., p. 498. ["Um comedor de ópio". In: *Os paraísos artificiais*, op. cit.]

104. Id., *Le Peintre de la vie moderne*, op. cit., p. 700. [*O pintor da vida moderna*, op. cit.]

105. Id., ibid., p. 704.

106. Id., *Salon de 1846*, op. cit., p. 422.

107. Id., "Théophile Gautier [I]", op. cit., p. 117.

108. Id., *Fusées*, op. cit., p. 650. ["Rojões". In: *Meu coração desnudado*, op. cit.]

109. Carta de Gustave Flaubert a Ernest Chevalier anterior a 1º jan. 1831. In: *Correspondance*, org. de Jean Bruneau.Paris: Gallimard, 1973, v. I, p. 4.

110. Carta de Charles Baudelaire a Alphonse Baudelaire, 1º fev. 1832. In: *Correspondance*, op. cit., v. I, pp. 3-4.

111. Id., ibid., p. 4.

112. Loc. cit.

113. Loc. cit.

114. Loc. cit.

115. Loc. cit.

116. Carta de Charles Baudelaire a Caroline Aupick, 6 fev. 1834, ibid., pp. 23-24.

117. Carta de Charles Baudelaire a Caroline Aupick, 3 mar. 1844, ibid., p. 105.

118. Id., ibid., p. 106.

119. Molière, *Les Précieuses ridicules*, cena IV. [*O burguês ridículo*. Trad. José Almino. Rio de Janeiro: 7 Letras, 1996.]

120. C. Baudelaire, "*Prométhée délivré* par L. Ménard", op. cit., p. 11.

121. Carta de Gustave Flaubert a Louise Colet, 27 jun. 1852. In: *Correspondance*, op. cit., v. II, 1980, p. 119.

122. C. Baudelaire, *Choix de maximes consolantes sur l'amour*. In: *Œuvres complètes*, op. cit., v. I, p. 549.

123. Loc. cit.

124. Mme. de Staël, *De l'Allemagne*, org. de Simone Balayé. Paris: Garnier--Flammarion, Paris, 1968, v. I, p. 100.

125. Carta de Charles Baudelaire a Joséphin Soulary, 23 fev. 1860. In: *Correspondance*, op. cit., v. I, p. 679.

126. Carta de Charles Baudelaire a Alphonse Baudelaire, 23 ago. 1839, ibid., p. 78.

127. Carta de Caroline Aupick a Charles Asselineau em 1868. In: Eugène Crépet, *Charles Baudelaire*. Paris: Léon Vanier, 1906, p. 255.

128. Carta de Charles Baudelaire a Caroline Aupick, 3 ago. 1838. In: *Correspondance*, op. cit., v. I, p. 61.

129. Loc. cit.

130. Charles-Augustin Sainte-Beuve, *Volupté*. Paris: Charpentier, 1881, 10ª ed. rev. e corrigida, p. 389.

131. C. Baudelaire, "*À Sainte-Beuve*", v. 51. In: *Œuvres complètes*, op. cit., v. I, p. 207.

132. Id., ibid., v. 49.

133. Marc Fumaroli, "Rhétorique de la décadence: l'À rebours de Joris-Karl Huysmans". In: *Exercices de lecture*. Paris: Gallimard, 2006, p. 721.

134. C. Sainte-Beuve, *Volupté*, op. cit., p. 1.

135. Loc. cit.

136. Loc. cit.

137. Id., ibid., p. 2.

138. Loc. cit.

139. Carta de Charles Baudelaire a Charles-Augustin Sainte-Beuve, final de 1844 – início de 1845. In: *Correspondance*, op. cit., v. I, p. 116.

140. Id. ibid., pp. 116-18.

141. Id., ibid., p. 116.

142. C. Baudelaire, "Edgar Allan Poe, sa vie et ses ouvrages". In: *Œuvres complètes*, op. cit., v. II, p. 257.

143. Loc. cit.

144. Id., "[*À Sainte-Beuve*.]", v. 32, op. cit., p. 207.

145. Claude Pichois e Jean-Paul Avice, *Dictionnaire Baudelaire*. Tusson: Du Lérot, 2002, p. 360.

146. Théodore de Banville, *Mes souvenirs*. Paris: Charpentier, 1882, p. 79.

147. Charles Asselineau, *Charles Baudelaire. Sa vie et son œuvre*. In: *Baudelaire et Asselineau*, org. de Jacques Crépet e Claude Pichois. Paris: Nizet, 1953, p. 67.

148. Théophile Gautier, "Le Club des Hachichins". In: *Revue des Deux Mondes*, n.s., XVI, v. XIII, p. 520, jan.-fev. 1846.

149. Roger de Beauvoir, *Les Mystères de l'île Saint-Louis. Chroniques de l'hôtel Pimodan*. Paris: Calmann-Lévy, 1877, v. I, p. 8.

150. T. Gautier, "Le Club des Hachichins", op. cit., p. 522.

151. Loc. cit.

152. Id., ibid., p. 422.

153. Loc. cit.

154. Id., ibid., p. 421.

155. Carta de Charles Baudelaire a Narcisse Ancelle, 30 jun. 1845. In: *Correspondance*, op. cit., v. I, p. 124.

156. Loc. cit.

157. Id., ibid., p. 125.

158. Loc. cit.

159. Philippe Berthelot, "Louis Ménard". In: *Baudelaire devant ses contemporains*, org. de William Thomas Bandy e Claude Pichois. Mônaco: Éditions du Rocher, 1957, p. 74.

160. Théophile Gautier, "Charles Baudelaire". In: *Portraits littéraires*. Paris: Aubry, 1943, p. 191.

161. Id., ibid., p. 192.

162. Carta de Caroline Aupick a Charles Asselineau, 1868. In: E. Crépet, *Charles Baudelaire*, op. cit., pp. 254-55.

163. Carta de Charles Baudelaire a Champfleury, 15 mar. 1853. In: *Correspondance*, op. cit., v. I, p. 209.

164. Carta de Charles Baudelaire a Champfleury, 4 mar. 1863, ibid., v. II, p. 292.

165. Carta de Charles Baudelaire a Champfleury, 6 mar. 1853, ibid., p. 293.

166. Loc. cit.

167. Maxime Du Camp, *Souvenirs littéraires*. Paris: Hachette, 1962, p. 205.

168. Loc. cit.

169. Id., ibid., p. 204.

170. C. Baudelaire, *Fusées*, op. cit., p. 660. ["Rojões". In: *Meu coração desnudado*, op. cit.]

171. Eugène Marsan, *Les Cannes de M. Paul Bourget et le bon choix de Philinte*. Paris: Le Divan, 1924, p. 210.

172. Id., ibid., p. 216.

173. C. Baudelaire, "Edgar Poe, sa vie et ses œuvres", op. cit., p. 306.

174. Nadar, *Quand j'étais Photographe*. Paris: Flammarion, s.d., p. 309.

175. Carta de Honoré de Balzac a *La Presse*, 17 ago. 1839. In: *La Presse*, 18 ago. 1839.

176. Albert Cassagne, *La Théorie de l'art pour l'art en France*. Paris: Lucien Dorbon, 1959, p. 29.

177. C. Baudelaire, "Je n'ai pas pour maîtresse une lionne illustre", v. 8. In: *Œuvres complètes*, op. cit., v. I, p. 203.

178. Claude P. e J. Avice, *Dictionnaire Baudelaire*, op. cit., p. 381.

179. C. Baudelaire, "Dédicace" a *Les Fleurs du Mal*, op. cit., p. 3. ["Dedicatória". In: *As flores do Mal*, op. cit.]

180. Id., "L'Œuvre et la vie d'Eugène Delacroix". In: *Œuvres complètes*, op. cit., v. II, p. 765.

181. Id., "Enivrez-vous". In: *Le Spleen de Paris*, op. cit., p. 337.

182. Loc. cit.

183. Loc. cit.

184. Loc. cit.

185. Carta de Charles Baudelaire a Gustave Flaubert, 26 jun. 1860. In: *Correspondance*, op. cit., v. II, p. 54.

186. Loc. cit.

187. Carta de Charles Baudelaire a Caroline Aupick, 11 set. 1856, ibid., v. I, p. 356.

188. Loc. cit.

189. Loc. cit.

190. Carta de Gustave Courbet a Champfleury, jan. 1855. In: *L'Intermédiaire des chercheurs et curieux*, LVIII, v. LXXXV, col. 19, primeiro semestre de 1922.

191. Carta de Jules Buisson a Eugène Crépet, fev. 1882. In: Claude Pichois, *Baudelaire. Études et témoignages*. Neuchâtel: La Baconnière, 1967, p. 41.

192. Carta de Charles Baudelaire a Caroline Aupick, 31 dez. 1853. In: *Correspondance*, op. cit., v. I, p. 244.

193. Carta de Charles Baudelaire a Caroline Aupick, 9 mar. 1858, ibid., p. 489.

194. Carta de Charles Baudelaire a Caroline Aupick, 24 maio 1862, ibid., v. II, p. 246.

195. Carta de Charles Baudelaire a Caroline Aupick, 21 maio 1861, ibid., p. 164.

196. Id., ibid., p. 163.

197. Carta de Charles Baudelaire a Caroline Aupick, 31 maio 1862, ibid., p. 248.

198. Carta de Charles Baudelaire a Caroline Aupick, 6 jun. 1862, ibid., p. 250.

199. Maxime Du Camp, *Souvenirs littéraires*, op. cit., p. 199.

200. Loc. cit.

201. Loc. cit.

202. Carta de Charles Baudelaire a Caroline Aupick, 26 mar. 1853, ibid, v. I, p. 210.

203. Loc. cit.

204. Loc. cit.

205. Carta de Charles Baudelaire a Caroline Aupick, 26 dez. 1853, ibid., p. 242.

206. Loc. cit.

207. Loc. cit.

208. Carta de Charles Baudelaire a Caroline Aupick, 26 mar. 1853, ibid., p. 216.

209. Carta de Charles Baudelaire a Caroline Aupick, 26 dez. 1853, ibid., p. 242.

210. Albert Thibaudet. *Intérieurs*. Paris: Plon, 1924, p. 18.

211. C. Baudelaire, "Le Cadre", vv. 3-4. In: "Un fantome". In: *Les Fleurs du Mal*, op. cit., p. 39. ["A moldura". In: "Um fantasma". In: *As flores do Mal*, op. cit.]

212. C. Baudelaire, "Le Cygne", v. 7. In: *Les Fleurs du Mal*, op. cit., p. 85. ["O cisne". In: *As flores do Mal*, op. cit.]

213. Id., ibid., v. 5.

214. Id., ibid., v. 6.

215. Id., ibid., vv. 41-44, p. 87.

216. Id., ibid., v. 1, p. 85.

217. Id., ibid., v. 38, p. 86.

218. Id., ibid., v. 37.

219. Théophile Gautier, "Le Nouveau Paris". In: Alexandre Dumas et. al., *Paris et les Parisiens au dix-neuvième siècle. Mœurs, arts et monuments.* Paris: Morizot, 1856, pp. 50-1; cit. in Karlheinz Stierle, *Der Mythos von Paris.* Munique-Wien: Hanser, 1993, p. 948.

220. Alfred Delvau, *Les Dessous de Paris.* Paris: Poulet-Malassis et de Broise, 1860, pp. 258-60.

221. Gérard de Nerval, *La Bohême galante.* In: *Œuvres complètes,* org. de Jean Guillaume e Claude Pichois. Paris: Gallimard, 1993, v. III, p. 237.

222. Id., ibid., p. 236.

223. Id., ibid., p. 237.

224. Loc. cit.

225. Id., ibid., p. 238.

226. Honoré de Balzac, *La Cousine Bette.* In: *La Comédie Humaine,* org. de Marcel Bouteron. Paris: Gallimard, 1950, v. VI, p. 178. [*A comédia humana* (17 volumes). Trad., intr. e notas de Paulo Rónai. Rio de Janeiro: Globo, 1992. Neste livro, a tradução dos trechos de *A comédia humana* é livre.]

227. Loc. cit.

228. Id., ibid., p. 179.

229. C. Baudelaire, "Le Cygne", v. 35, op. cit., p. 86. ["O cisne". In: *As flores do Mal,* op. cit.]

230. Id., ibid., v. 20.

231. Id., ibid., v. 22.

232. J. de Gaulle, "Le Louvre". In: A. Audiganne et al., *Paris dans sa splendeur. Monuments, vues, scènes historiques, descriptions et histoire.* Paris: Charpentier, 1861, v. I, p. 1.

233. C. Baudelaire, "Le Cygne", v. 19, op. cit., p. 86. ["O cisne". In: *As flores do Mal,* op. cit.]

234. Id., ibid., v. 45.

235. Id., ibid., v. 51.

236. Id., ibid., v. 52.

237. Loc. cit.

238. Virgílio, *Eneida,* III, 302. [*Eneida,* pref. e notas de Luiz Alberto M. Cabral, intr. de Antônio Medina Rodrigues. Trad. Odorico Mendes. São Paulo: Ateliê Editorial, 2010.]

239. C. Baudelaire, "Théophile Gautier [1]", op. cit., p. 125.

240. C. Baudelaire, "L'Esprit et le style de M. Villemain". In: *Œuvres complètes*, op. cit., v. II, p. 194.

241. Id., ibid., p. 195.

242. Carta de Charles Baudelaire a Alphonse de Calonne, 3 dez. 1860. In: *Correspondance*, op. cit., v. II, p. 108.

243. François-René de Chateaubriand, *Génie du christianisme*. In: *Essai sur les révolutions. Génie du christianisme*, org. de Maurice Regard. Paris: Gallimard, 1978, p. 599.

244. Id., ibid., p. 595.

245. C. Baudelaire, "Le Cygne", v. 9, op. cit., p. 86. ["O cisne". In: *As flores do Mal*, op. cit.]

246. Id., ibid., v. 22.

247. Id., ibid., v. 41.

248. Id., ibid., v. 43.

249. Id., ibid., v. 46.

250. Loc. cit.

251. Id., ibid., v. 48.

252. Id., ibid., v. 51.

253. Id., ibid., v. 52.

254. Loc. cit.

255. Id., ibid., v. 43.

256. Id., ibid., v. 44.

257. Carta de Charles Baudelaire a Caroline Aupick, 26 mar. 1853, In: *Correspondance*, op. cit., v. I, p. 213.

258. Claude Pichois e Jean Ziegler, *Baudelaire*. Paris: Julliard, 1987, p. 324.

259. Loc. cit.

260. Loc. cit.

261. Loc. cit.

262. Loc. cit.

263. Loc. cit.

264. Loc. cit.

265. Loc. cit.

266. Id., ibid., p. 325.

267. Em tradução livre: "Depois de uma noite de prazer e desolação, minha alma toda pertence a você". Carta de Charles Baudelaire a Apollonie Sabatier, maio 1853. In: *Correspondance*, op. cit., v. I, p. 224.

268. Em tradução livre: "Depois de uma noite de insanidade e exposição…". Rufus Wilmot Griswold, *Memoir of the author*, intr. a Edgar Allan Poe, *The works*

of the late Edgar Allan Poe. Nova York: Redfield, 1850, v. iii; cit. in Claude Pichois, "Notes et variantes". In: C. Baudelaire, *Correspondance*, op. cit., v. i, p. 828.

269. C. Baudelaire, "L'Aube spirituelle", v. 3. In: *Les Fleurs du Mal*, op. cit., p. 46. ["A aurora espiritual". In: *As flores do Mal*, op. cit.]

270. Joseph de Maistre, *Les Soirées de Saint-Pétersburg*. Paris: Librairie Grecque, Latine et Française, 1821, v. ii, p. 280.

271. Loc. cit.

272. Id., ibid., p. 283.

273. Id., ibid., pp. 253-54.

274. Id., ibid., p. 255.

275. C. Baudelaire, "Réversibilité", v. i. In: *Les Fleurs du Mal*, op. cit., p. 44. ["Reversibilidade". In: *As flores do Mal*, op. cit.]

276. Id., ibid., vv. 1-3.

277. Id., ibid., v. 24, p. 45.

278. J. de Maistre, *Les Soirées de Saint-Pétersburg*, op. cit., pp. 281-82.

279. C. Baudelaire, "À celle qui est trop gaie", v. 32. In: *Les Épaves*. In: *Œuvres complètes*, op. cit., v. i, p. 157.

280. Em tradução livre: "Infundir-te, irmã, meu veneno!". Id., ibid., v. 36.

281. Id., ibid., p. 157*n*.

282. Loc. cit.

283. Judith Gautier, *Le Collier des jours. Le second rang du collier: souvenirs littéraires*. Paris: F. Juven, s.d., pp. 182-83.

284. Carta de Charles Baudelaire a Apollonie Sabatier, 7 fev. 1854. In: *Correspondance*, op. cit., v. i, p. 266.

285. Carta de Charles Baudelaire a Caroline Aupick, 27 jul. 1857, ibid., p. 418.

286. Edmond e Jules de Goncourt, *Journal*, org. de Robert Ricatte. Paris: Robert Laffont, 1989, v. i, p. 1066.

287. Carta de Charles Baudelaire a Apollonie Sabatier, 18 ago. 1857. In: *Correspondance*, op. cit., v. i, p. 421.

288. Id., ibid., p. 422.

289. Id., ibid., p. 423.

290. Loc. cit.

291. Joseph Brodsky, *On grief and reason*. Nova York: Farrar Straus Giroux, 1995, p. 84.

292. Id., ibid., p. 88.

293. Carta de Charles Baudelaire a Apollonie Sabatier, 18 ago. 1857. In: *Correspondance*, op. cit., v. i, p. 422.

294. Loc. cit.

295. Loc. cit.

296. Loc. cit.

297. Loc. cit.

298. Loc. cit.

299. C. Baudelaire, "À celle qui est trop gaie". In: *Les Épaves*. In: op. cit., p. 156.

300. Id., ibid., v. 24, p. 157.

301. C. Baudelaire, "Que diras-tu ce soir…", v. 7. In: *Les Fleurs du Mal*, op. cit., p. 43. ["Que dirás esta noite, ó alma abandonada". In: *As flores do Mal*, op. cit.]

302. Jean Prévost, *Baudelaire*. Paris: Mercure de France, 1964, p. 186.

303. C. Baudelaire, "Confession", vv. 29-32. In: *Les Fleurs du Mal*, op. cit., p. 46. ["Confissão". In: *As flores do Mal*, op. cit.]

304. Id., ibid., vv. 39-40.

305. Carta de Apollonie Sabatier a C. Baudelaire, 13 set. [?] 1857. In: *Lettres à Charles Baudelaire*, org. de Claude Pichois, com a colaboração de V. Pichois. Neuchâtel: La Baconnière, 1973, p. 323.

306. Loc. cit.

307. Carta de Charles Baudelaire a Apollonie Sabatier, 31 ago. 1857. In: *Correspondance*, op. cit., v. I, p. 425.

308. Loc. cit.

309. Id., ibid., p. 426.

310. Carta de Charles Baudelaire a Apollonie Sabatier, 9 maio 1853, ibid., p. 225.

311. C. Baudelaire, "Un Mangeur d'opium", op. cit., p. 499. ["Um comedor de ópio". In: *Os paraísos artificiais*, op. cit.]

312. Loc. cit.

313. Loc. cit.

314. Carta de Charles Baudelaire a Auguste Poulet-Malassis, 23 abr. 1860. In: *Correspondance*, op. cit., v. II, p. 30.

315. C. Baudelaire, "Un Mangeur d'opium", op. cit., p. 499. ["Um comedor de ópio". In: *Os paraísos artificiais*, op. cit.]

316. C. Baudelaire, "La Beauté", v. 6. In: *Les Fleurs du Mal*, op. cit., p. 21. ["A beleza". In: *As flores do Mal*, op. cit.]

317. Id., ibid., v. 9.

318. Id., ibid., v. 10.

319. C. Baudelaire, "L'Amour du mensonge", v. 20. In: *Les Fleurs du Mal*, op. cit., p. 99. ["O amor à mentira". In: *As Flores do Mal*, op. cit.]

320. Id., ibid., vv. 1-4, p. 98.

321. Id., ibid., v. 2.

322. Claude Pichois, "Notes et variantes". In: C. Baudelaire, *Œuvres complètes*, op. cit., v. I, p. 1034.

323. C. Baudelaire, "L'Amour du mensonge", v. 11, op. cit., p. 99.

324. Id., ibid., v. 19.

325. Id., ibid., v. 22.

326. Friedrich Nietzsche, *Nachgelassene Fragmente 1887-1889*. In: *Sämtliche Werke*, op. cit., v. XIII, p. 500, fr. 16[40].

327. C. Baudelaire, *Fusées*, op. cit., p. 664. ["Rojões." In: *Meu coração desnudado*, op. cit.]

328. Carta de Charles Baudelaire a Caroline Aupick, 19 fev. 1858. In: *Correspondance*, op. cit., v. I, p. 451.

329. Loc. cit.

330. C. Baudelaire, "Un Mangeur d'opium", op. cit., p. 490. ["Um comedor de ópio". In: *Os paraísos artificiais*, op. cit.]

331. Loc. cit.

332. Loc. cit.

333. Loc. cit.

334. C. Baudelaire, "Le Poème du hachisch", op. cit., p. 433. ["O poema do haxixe". In: *Os paraísos artificiais*, op. cit.]

335. Id., ibid., pp. 433-4.

336. Id., ibid., p. 434.

337. Loc. cit.

338. Jean Ziegler e Claude Pichois, "Notice". In: *Carnet*. In: C. Baudelaire, *Œuvres complètes*, op. cit., v. I, pp. 1515-6.

339. Em tradução livre: "À minha cara e boa Louise, velha amizade. C. B.". Jean Ziegler, "Répertoire des personnes et des lieux cités dans le *Carnet*". In: C. Baudelaire, *Œuvres complètes*, op. cit., v. I, p. 1568.

340. C. Baudelaire, *Mon cœur mis à nu*, op. cit., p. 707. [*Meu coração desnudado*, op. cit.]

341. Loc. cit.

342. Carta de Charles Baudelaire a Caroline Aupick, 9 jun. 1857. In: *Correspondance*, op. cit., v. I, p. 410.

343. Loc. cit.

344. Id., ibid., pp. 410-11.

345. Carta de Charles Baudelaire a Caroline Aupick, 3 jun. 1857, ibid., p. 403.

346. Loc. cit.

347. Loc. cit.

348. Loc. cit.

349. Loc. cit.

350. Loc. cit.

351. Carta de Charles Baudelaire a Caroline Aupick, 6 maio 1861, ibid., v. II, p. 153.

352. Carta de Charles Baudelaire a Caroline Aupick, 10 ago. 1862, ibid., p. 254.

353. Carta de Charles Baudelaire a Auguste Poulet-Malassis, 3 set. 1858, ibid., v. i, p. 521.

354. Loc. cit.

355. Carta de Charles Baudelaire a Caroline Aupick, 13 dez. 1862, ibid., v. ii, p. 273.

356. Carta de Charles Baudelaire a Auguste Poulet-Malassis, 16 fev. 1859, ibid., v. i, p. 551.

357. Carta de Charles Baudelaire a Charles Asselineau, 20 fev. 1859, ibid., p. 552.

358. Id., ibid., p. 553.

359. Carta de Charles Baudelaire a Caroline Aupick, 6 maio 1861, ibid., v. ii, p. 151.

360. Carta de Charles Baudelaire a Caroline Aupick, fev.-mar. 1861, ibid., p. 141.

361. Loc. cit.

362. Carta de Charles Baudelaire a Alphonse de Calonne, 24 fev. 1859, ibid., v. i, p. 556.

363. Carta de Charles Baudelaire a Narcisse Ancelle, 12 fev. 1865, ibid., v. ii, p. 460.

364. Carta de Charles Baudelaire a Caroline Aupick, 10 ago. 1862, ibid., p. 254.

365. Carta de Charles Baudelaire a Caroline Aupick, 3 jan. 1863, ibid., p. 285.

366. Loc. cit.

367. Carta de Charles Baudelaire a Auguste Poulet-Malassis, 4 fev. 1859, ibid., v. i, p. 546.

368. Loc. cit.

369. Carta de Charles Baudelaire a Auguste Poulet-Malassis, 29 abr. 1859, ibid., p. 568.

370. C. Baudelaire, "Au Lecteur", v. 37, op. cit., p. 6. ["Ao leitor". In: *As flores do Mal*, op. cit.]

371. William Jesse, *The Life of Beau Brummell*. Londres: The Navarre Society, 1927, v. ii, p. 212.

372. Carta de Charles Baudelaire a Charles-Augustin Sainte-Beuve, 15 jan.-5 fev. 1866, ibid., p. 585.

373. Id., ibid., p. 584.

374. C. Baudelaire, "Pauvre Belgique!". In: *Œuvres complètes*, op. cit., v. ii, p. 952.

375. Loc. cit.

376. Loc. cit.

377. Carta de Charles Baudelaire a Caroline Aupick, 6 jun. 1862. In: *Correspondance*, op. cit., v. II, p. 249.

378. Carta de Charles Baudelaire a Narcisse Ancelle, 18 fev. 1866, ibid., p. 611.

379. Loc. cit.

380. Emil Michel Cioran, *Cahiers. 1957-1972*. Paris: Gallimard, 1997, p. 684.

2. INGRES, O MONOMANÍACO [pp. 98-143]

1. Charles Baudelaire, *Exposition universelle, 1855*. In: *Beaux-arts, Œuvres complètes*, v. II, org. de Claude Pichois. Paris: Gallimard, 1975, p. 588.

2. Théophile Silvestre, *Histoire des artistes vivants français et étrangers*. Paris: E. Blanchard, [1856], p. 33.

3. Stéphane Mallarmé, "Las de l'amer repos…", v. 15. In: *Poésies*. In: *Œuvres complètes*, op. cit., v. I, 1998, p. 12.

4. Robert de la Sizeranne, "L'œil et la main de M. Ingres". In: *Revue des Deux Mondes*, LXXXI, v. III, p. 417, maio-jun. 1911.

5. Loc. cit.

6. Paul Valéry, *Degas. Danse. Dessin*. In: *Œuvres*, org. de Jean Hytier. Paris: Gallimard, 1960, v. II, pp. 1188-9. [*Degas Dança Desenho*. Trad. Célia Euvaldo, Christina Murachco. São Paulo: Cosac Naify, 2003.]

7. Carta de Charles Baudelaire a Narcisse Ancelle, 12 fev. 1865. In: *Correspondance*, org. de Claude Pichois, com a colaboração de Jean Ziegler. Paris: Gallimard, 1973, v. II, p. 459.

8. Loc. cit.

9. Théophile Thoré, *Salon de 1846*. In: *Salons 1844, 1845, 1846, 1847, 1848*. Paris: Jules Renouard, 1870, p. 207.

10. Id., ibid., p. 240.

11. William Bürger, "Prefácio", ibid., p. VI.

12. Théophile Thoré, *Salon de 1846*, op. cit., p. 241.

13. Id., ibid., p. 245.

14. "Pintor de alta história." Jean-Auguste-Dominique Ingres, "Notes et pensées". In: H. Delaborde, *Ingres. Sa vie, ses travaux, sa doctrine*. Paris: Plon, 1870, p. 107.

15. Théophile Silvestre, *Histoire des artistes vivants français et étrangers*, op. cit., pp. 3-4.

16. Id., ibid., pp. 12-3.

17. Id., ibid., p. 12.

18. Loc. cit.

19. Loc. cit.

20. Charles Blanc, *Ingres. Sa vie et ses ouvrages*. Paris: Jules Renouard, 1870, p. 118.

21. Charles-Augustin Sainte-Beuve, *Causeries du Lundi*. Paris: Garnier Frères, s.d., v. xi, p. 495.

22. J.-A.-D. Ingres, "Notes et pensées", op. cit., p. 123.

23. Henry Lapauze, *Le Roman d'amour de M. Ingres*. Paris: Pierre Lafitte & Cie, 1910, p. 21.

24. Charles Blanc, *Ingres*, op. cit., pp. 160-61.

25. Id., ibid., p. 161.

26. Eugène-Emmanuel Amaury-Duval, *L'Atelier d'Ingres*, org. de Daniel Ternois. Paris: Arthena, 1993, p. 113.

27. Loc. cit.

28. Id., ibid., p. 99.

29. J.-A.-D., "Notes et pensées", op. cit., p. 119.

30. Loc. cit.

31. Ibid., p. 123.

32. Carta de Jean-Auguste-Dominique Ingres a Charles Marcotte, 21 dez. 1834. In: Norman Schlenoff, *Ingres. Ses sources littéraires*. Paris: Presses Universitaires de France, 1956, p. 226.

33. Stendhal, *Rome, Naples et Florence*. In: *Voyages en Italie*, org. de V. Del Litto. Paris: Gallimard, 1973, p. 519.

34. Charles Blanc, *Ingres*, op. cit., p. 10.

35. "Aparente mistério." Johann Wolfgang von Goethe, "Epirrhema", v. 6. In: *Gedenkausgabe der Werke, Briefe und Gespräche*, org. de Ernst Beutler. Zurique-Stuttgart: Artemis, 1950, v. i, p. 519.

36. E.-E. Amaury-Duval, *L'Atelier d'Ingres*, op. cit., p. 171.

37. Loc. cit.

38. Théophile Silvestre, *Histoire des artistes vivants français et étrangers*, op. cit., p. 33.

39. C. Blanc, *Ingres*, op. cit., pp. 25-6.

40. C. Baudelaire, *Exposition universelle, 1855*, op. cit., p. 589.

41. C. Blanc, *Ingres*, op. cit., p. 173*n*.

42. C. Baudelaire, *Exposition universelle, 1855*, op. cit., p. 589.

43. C. Baudelaire, "Le Musée classique du Bazar Bonne-Nouvelle". In: *Œuvres complètes*, op. cit., v. ii, p. 413.

44. Loc. cit.

45. Charles Baudelaire, *Le Peintre de la vie moderne*. In: *Œuvres complètes*, op. cit., v. ii, p. 713. [*O pintor da vida moderna*, org. de Jerome Dufilho. Trad. de Tadeu Tomaz. Belo Horizonte: Autêntica, 2010.]

46. Loc. cit.

47. Id., ibid., p. 714.

48. Id., ibid., p. 713.

49. Id., ibid., p. 714.

50. C. Blanc, *Ingres*, op. cit., p. 25.

51. Carta de Jean-Auguste-Dominique Ingres à família Forestier, 25 dez. 1806. In: Henry Lapauze, *Le Roman d'amour de M. Ingres*, op. cit., pp. 73-4.

52. *Ilíada*, I, 500-01. [*Ilíada*. Trad. de Frederico Lorenzo, intr. e apêndices de Peter Jones. São Paulo: Companhia das Letras / Penguin, no prelo.]

53. [Comte de Caylus] *Tableaux tirés de l'Iliade, de l'Odyssée et de l'Eneide de Virgile; avec des observations générales sur le Costume*. Paris: Tilliard, 1757, p. 18.

54. C. Baudelaire, "Le Musée classique du Bazar Bonne-Nouvelle", op. cit., p. 412.

55. Henry Lapauze, *Ingres. Sa vie et son œuvre (1780-1867)*. Paris: Georges Petit, 1911, p. 100.

56. Louis Gillet, "Visites aux musées de province. III. Aix-en-Provence". In: *Revue des Deux Mondes*, CII, v. XI, p. 340, 15 set. 1932, p. 340.

57. Id., ibid., pp. 340-41.

58. *Ilíada*, I, 499.

59. Henry Lapauze, *Ingres. Sa vie et son œuvre*, op. cit., p. 99.

60. Píndaro, *Ístmicas*, VIII, 69-70; Ésquilo, *Prometeu acorrentado*, 762. [*Prometeu acorrentado*. Trad. de Mario da Gama Kury. Rio de Janeiro: Zahar, 1993.]

61. H. Lapauze, *Ingres. Sa vie et son œuvre*, op. cit., p. 99.

62. C. Blanc, *Ingres*, op. cit., pp. 26-7.

63. Id., ibid., p. 27.

64. H. Lapauze, *Ingres. Sa vie et son œuvre*, op. cit., p. 519.

65. Jacques-Émile Blanche, "Quelques Mots sur Ingres". In: *Revue de Paris*, XVIII, v. III, maio-jun. 1911, p. 416.

66. Loc. cit.

67. Loc. cit.

68. Loc. cit.

69. H. Lapauze, *Ingres. Sa vie et son œuvre*, op. cit., p. 100.

70. Paul-Jean Toulet, *Notes d'art*. Paris: Le Divan, 1924, p. 9.

71. Id., ibid., p. 13.

72. Théophile Silvestre, *Histoire des artistes vivants français et étrangers*, op. cit., p. 19.

73. Sylvie Aubenas, "Eugène Delacroix et la photographie". In: *L'Art du nu au XIXe siècle*. Paris: Hazan/Bibliothèque nationale de France, 1997, p. 92.

74. C. Baudelaire, *Exposition universelle, 1855*, op. cit., p. 584.

75. Loc. cit.

76. Loc. cit.

77. Id., ibid., p. 583.

78. Id., ibid., p. 584.

79. Id., ibid., p. 585.

80. Loc. cit.

81. Loc. cit.

82. Loc. cit.

83. Loc. cit.

84. Loc. cit.

85. Id., ibid., p. 576.

86. Id., ibid., p. 585.

87. Id., ibid., p. 586.

88. Loc. cit.

89. Id., ibid., p. 577.

90. Loc. cit.

91. Id., ibid., p. 578.

92. Id., ibid., p. 577.

93. Id., ibid., p. 580.

94. Id., ibid., p. 582.

95. J.-D. Ingres, "Notes et pensées", op. cit., p. 123.

96. Robert de la Sizeranne, "L'œil et la main de M. Ingres", op. cit., p. 420.

97. C. Baudelaire, *Salon de 1846*. In: *Œuvres complètes*, op. cit., v. II, p. 459.

98. Id., ibid., p. 460.

99. Paul Valéry, *Cahiers*, org. de Judith Robinson. Paris: Gallimard,1974, v. II, 1974, p. 950.

100. J.-A.-D. Ingres, "Notes et pensées", op. cit., p. 123.

101. William Bürger, *Salon de 1866*. In: *Salons. 1861 à 1868*. Paris: Jules Renouard, 1870, v. II, pp. 311-12.

102. C. Baudelaire, *Exposition universelle, 1855*, op. cit., pp. 587-88.

103. Carta de Édouard Manet a Henri Fantin-Latour em 1865. In: Étienne Moreau-Nélaton, *Manet raconté par lui-même*. Paris: Henri Laurens, 1926, v. I, p. 72.

104. C. Blanc, *Ingres*, op. cit., p. 8.

105. Loc. cit.

106. Loc. cit.

107. "Pintor de grandes temas." J.-A.-D. Ingres, "Notes et pensées", op. cit., p. 107.

108. C. Blanc, *Ingres*, op. cit., p. 45.

109. E.-E. Amaury-Duval, *L'Atelier d'Ingres*, op. cit., p. 336.

110. Loc. cit.

111. Id., ibid., p. 117.

112. H. Lapauze, *Ingres. Sa vie et son œuvre*, op. cit., p. 506.

113. Id., ibid., p. 554.

3. VISITAS A MADAME AZUR [pp. 144-59]

1. Charles Baudelaire, *Exposition universelle, 1855*. In: *Beaux-arts, Œuvres complètes*, v. II, org. de Claude Pichois. Paris: Gallimard, 1975, p. 590.

2. Id., ibid., p. 597.

3. C. Baudelaire, "Quelquer caricaturistes étrangers". In: *Œuvres complètes*, op. cit., v. II, p. 573.

4. "Fazer a religião." Id., *Salon de 1846*. op. cit., p. 436.

5. Id., *Salon de 1859*, op. cit., p. 619.

6. Id., "L'Œuvre et la vie d'Eugène Delacroix", op. cit., p. 756.

7. "Meu caro senhor." Id., ibid., p. 759.

8. E. Marsan, *Les Cannes de M. Paul Bourget et Le Bon Choix de Philinte*. Paris: Le Divan, 1924, p. 215.

9. Loc. cit.

10. C. Baudelaire, "L'Œuvre et la vie d'Eugène Delacroix", op. cit., p. 760.

11. Id., ibid., p. 761.

12. "Homem do mundo", "sofisticado." Loc. cit.

13. Id., ibid., p. 758.

14. Id., ibid., p. 763.

15. Id., "La servante au grand cœur…", v. I. In: *Les Fleurs du Mal*. In: *Œuvres complètes*, op. cit., p. 100. ["À ama bondosa de quem tinha tanto ciúme". In: *As flores do Mal*. Trad., intr. e notas Ivan Junqueira. Rio de Janeiro: Nova Fronteira, 2006.]

16. Id., *Salon de 1846*, op. cit., p. 440.

17. *Lettres à Charles Baudelaire*, org. de Claude Pichois, com a colaboração de V. Pichois. Neuchâtel: La Baconnière, 1973, p. 112.

18. Loc. cit.

19. C. Baudelaire, "L'Œuvre et la vie d'Eugène Delacroix", op. cit., p. 766.

20. Eugène Delacroix, *Journal*. Paris: Plon, 1950, ed. rev. e ampl., v. I: *1822-1852*, p. 108.

21. Loc. cit.

22. Id., ibid., p. 58.

23. Raymond Escholier, *Delacroix et les femmes*. Paris: Fayard, 1963, p. 68.

24. Odilon Redon, *À soi-même*. Paris: José Corti, 1961, p. 180.

25. Loc. cit.

26. Loc. cit.

27. C. Baudelaire, "Richard Wagner et *Tannhäuser* à Paris". In: *Œuvres complètes*, op. cit., p. 800.

28. Loc. cit.

29. Id., "Pauvre Belgique!". In: *Œuvres complètes*, op. cit., p. 874.

30. Id., "Richard Wagner et *Tannhäuser* à Paris". In: *Œuvres complètes*, op. cit., p. 807.

31. Id., ibid., p. 792.

32. Id., ibid., p. 801.

33. E. Delacroix, *Journal*, ibid., v. III: *1857-1863*, p. 317.

34. Carta de Eugène Delacroix a George Sand, 12 jan. 1861. In: Raymond Escholier, *Delacroix*. Paris: H. Floury, 1927, v. II, p. 163.

35. O. Redon, *À soi-même*, op. cit., p. 181.

36. Loc. cit.

37. C. Baudelaire, "L'Œuvre et la vie d'Eugène Delacroix", op. cit., p. 757.

38. Loc. cit.

39. R. Escholier, *Delacroix et les femmes*, op. cit., p. 72.

40. E. Delacroix, *Journal*, op. cit., v. II: *1853-1856*, pp. 116-18.

41. C. Baudelaire, "Les Phares", v. 29. In: *Les Fleurs du Mal*, op. cit., p. 14. ["Os faróis". In: *As flores do Mal*, op. cit.]

42. Id., *Exposition universelle, 1855*, op. cit., p. 595.

43. Id., "Exposition Martinet". In: *Œuvres complètes*, op. cit., v. II, p. 734.

44. Id., *Salon de 1859*, op. cit., p. 622.

45. Id., "Exposition Martinet", op. cit., pp. 733-34.

46. Id., "L'Œuvre et la vie d'Eugène Delacroix", op. cit., p. 760.

47. Id., *Salon de 1846*, op. cit., p. 444.

48. Id., "Exposition Martinet", op. cit., p. 734.

49. Id., *Exposition universelle, 1855*, op. cit., p. 593.

50. Id., "Exposition Martinet", op. cit., p. 734.

51. George Sand, *Impressions et souvenirs*. Paris: Michel Lévy Frères, 1873, 3ª ed., p. 80.

52. Id., ibid., p. 81.

53. Loc. cit.

54. Loc. cit.

55. Loc. cit.

56. Carta de George Sand a J. Lamber, 20 abr. 1868. In: *Nouvelles Lettres d'un voyageur*. Paris: Calmann-Lévy, 1877, p. 78.

57. Carta de Eugène Delacroix a Jean-Baptiste Pierret, 7 jun. 1842. In: *Lettres de Eugène Delacroix. 1815-1863*, org. de Philippe Burty. Paris: Quantin, 1878, p. 161.

58. E. Delacroix, *Journal*, op. cit., v. i, p. 288.

59. Caroline Jaubert, *Souvenirs de Madame C. Jaubert*. Paris: Hetzel, [1881], p. 44.

60. Loc. cit.

61. E. Delacroix, *Journal*, op. cit., v. i, p. 283.

62. Id., ibid., p. 284.

63. Id., ibid., pp. 283-84.

64. C. Baudelaire, "Edgar Allan Poe, sa vie et ses ouvrages", op. cit., p. 283.

65. Loc. cit.

66. Id., "L'Œuvre et la vie d'Eugène Delacroix", op. cit., p. 761.

4. O SONHO DO BORDEL-MUSEU [pp. 160-91]

1. Carta de Charles Baudelaire a Charles Asselineau, 13 mar. 1856. In: *Correspondance*, org. de Claude Pichois, com a colaboração de Jean Ziegler. Paris: Gallimard, 1973, v. i, p. 338.

2. Charles Baudelaire, "*La Double Vie* par Charles Asselineau". In: *Œuvres complètes*, org. de Claude Pichois. Paris: Gallimard, 197, v. ii, p. 90.

3. Claude Pichois e Jean-Paul Avice, *Dictionnaire Baudelaire*. Tusson: Du Lérot, 2002, p. 88.

4. Charles Baudelaire, *Mon cœur mis à nu*. In: *Journaux intimes*. In: *Œuvres complètes*, op. cit., p. 680. [*Meu coração desnudado*. Trad. e notas de Tomaz Tadeu. Belo Horizonte: Autêntica, 2009.]

5. Id., "*La Double Vie* par Charles Asselineau", op. cit., p. 90.

6. Loc. cit.

7. Carta de Charles Baudelaire a Charles Asselineau, 13 mar. 1856. In: *Correspondance*, op. cit., v. i, p. 338.

8. Loc. cit.

9. Charles Baudelaire, "Correspondances", v. 2. In: *Les Fleurs du Mal*. In: *Œuvres completes*, op. cit., p. 11. ["Correspondências". In: *As flores do Mal*. Trad., intr. e notas Ivan Junqueira. Rio de Janeiro: Nova Fronteira, 2006.]

10. Id., ibid., v. 4.

11. Id., *Salon de 1859*. In: *Œuvres complètes*, v. ii, op. cit., p. 645.

12. Id., "L'Irrémédiable", v. 40. In: *Les Fleurs du Mal*, op. cit., p. 80. ["O irremediável". In: *As flores do Mal*, op. cit.]

13. Carta de Charles Baudelaire a Charles Asselineau, 13 mar. 1856. In: *Correspondance*, op. cit., v. I, pp. 338-41.

14. Id., ibid., p. 338.

15. Id., "*La Double Vie* par Charles Asselineau", op. cit., p. 89.

16. Carta de Charles Baudelaire a Charles Asselineau, 13 mar. 1856. In: *Correspondance*, op. cit., v. I, p. 338.

17. Carta de Charles Baudelaire a Caroline Aupick, 4 dez. 1854, ibid., pp. 300-01.

18. Carta de Charles Baudelaire a Charles Asselineau, 13 mar. 1856, ibid., p. 339.

19. Id., ibid., p. 338.

20. Carta de Charles Baudelaire a Caroline Aupick, 4 out. 1855, ibid., p. 324.

21. Loc. cit.

22. Carta de Charles Baudelaire a Charles Asselineau, 13 mar. 1856, ibid., p. 338.

23. Loc. cit.

24. Loc. cit.

25. Loc. cit.

26. Loc. cit.

27. Loc. cit.

28. Loc. cit.

29. Ibid., p. 339.

30. Loc. cit.

31. Loc. cit.

32. Loc. cit.

33. Loc. cit.

34. Loc. cit.

35. Em tradução livre: "Quase todos os antigos dão o epíteto de obscenas às coisas que eram vistas como de mau presságio". Festo, *De verborum significatione*, 16ª ed., Lindsay, p. 218.

36. Carta de Charles Baudelaire a Charles Asselineau, 13 mar. 1856. In: *Correspondance*, op. cit., v. I, p. 339.

37. Loc. cit.

38. Loc. cit.

39. Charles Baudelaire, "Le *Confiteor* de l'artiste". In: *Le Spleen de Paris*. In: *Œuvres completes*, op. cit., p. 278.

40. Id., *Salon de 1859*, op. cit., p. 653.

41. Carta de Charles Baudelaire a Charles Asselineau, 13 mar. 1856. In: *Correspondance*, op. cit., v. I, p. 338.

42. Id., ibid., p. 340.

43. Id., ibid., p. 338.

44. Loc. cit.

45. Loc. cit.

46. Loc. cit.

47. Id., ibid., p. 340.

48. Carta de Charles Baudelaire a Narcisse Ancelle, 18 fev. 1866, ibid., v. II, p. 611.

49. Loc. cit.

50. C. Baudelaire, *Salon de 1859*, op. cit., p. 653.

51. Loc. cit.

52. Id., "*Les Martyrs ridicules* par Léon Cladel". In: *Œuvres complètes*, op. cit., v. II, p. 182.

53. Id., ibid., pp. 182-83.

54. Carta de Charles Baudelaire a Charles Asselineau, 13 mar. 1856. In: *Correspondance*, op. cit., v. I, p. 339.

55. Loc. cit.

56. Id., *Salon de 1846*, op. cit., p. 443.

57. Loc. cit.

58. Loc. cit.

59. Loc. cit.

60. Carta de Charles Baudelaire a Charles Asselineau, 13 mar. 1856. In: *Correspondance*, op. cit., v. I, p. 339.

61. Id., ibid., p. 340.

62. Loc. cit.

63. Loc. cit.

64. Loc. cit.

65. Id., "*Les Martyrs ridicules* par Léon Cladel", op. cit., p. 183.

66. Carta de Charles Baudelaire a Charles Asselineau, 13 mar. 1856. In: *Correspondance*, op. cit., v. I, p. 340.

67. Id., ibid., p. 339.

68. Id., ibid., p. 340.

69. Loc. cit.

70. Walter Benjamin, *Das Paris des Second Empire bei Baudelaire*. In: *Gesammelte Schriften*, com a colaboração de Theodor W. Adorno e G. Scholem, org. de R. Tiedemann e H. Schweppenhäuser. Frankfurt: Suhrkamp, 1982, v. I, tomo II, 1974, p. 538.

71. Id., ibid., p. 539.

72. Loc. cit.

73. Carta de Charles Baudelaire a Charles Asselineau, 13 mar. 1856. In: *Correspondance*, op. cit., v. I, p. 339.

74. Loc. cit.

75. Paul Valéry, *Degas. Danse. Dessin.* In: *Œuvres*, org. de Jean Hytier. Paris: Gallimard, 1960, p. 1187. [*Degas Dança Desenho*. Trad. Célia Euvaldo, Christina Murachco. São Paulo: Cosac Naify, 2003.]

76. Loc. cit.

77. C. Baudelaire, *Mon cœur mis à nu*, op. cit., p. 701. [*Meu coração desnudado*, op. cit.]

78. Carta de Charles Baudelaire a Charles Asselineau, 13 mar. 1856. In: *Correspondance*, op. cit., v. I, p. 339.

79. Loc. cit.

80. Id., ibid., p. 338.

81. Id., ibid., p. 339.

82. Loc. cit.

83. Loc. cit.

84. Id., ibid., p. 340.

85. Loc. cit.

86. Loc. cit.

87. Loc. cit.

88. Loc. cit.

89. Loc. cit.

90. Id., ibid., p. 338.

91. Id., "*La Double Vie* par Charles Asselineau", op. cit., p. 90.

92. Carta de Charles Baudelaire a Charles Asselineau, 13 mar. 1856. In: *Correspondance*, op. cit., v. I, p. 339.

93. Id., ibid., p. 340.

94. Loc. cit.

95. Loc. cit.

96. Id., "Le Crépuscule du matin", v. 26. In: *Les Fleurs du Mal*, op. cit., p. 104. ["O crepúsculo matinal". In: *As flores do Mal*, op. cit.]

97. Carta de Charles Baudelaire a Charles Asselineau, 13 mar. 1856. In: *Correspondance*, op. cit., v. I, p. 340.

98. Loc. cit.

99. Loc. cit.

100. Loc. cit.

101. Loc. cit.

102. Loc. cit.

103. Loc. cit.

104. Loc. cit.

105. Id., ibid., p. 341.

106. Loc. cit.

107. Id., ibid., p. 340.

5. O LÁBIL SENTIMENTO DA MODERNIDADE [pp. 192-287]

1. Charles Baudelaire, *Le Peintre de la vie moderne*. In: *Œuvres complètes*, org. de Claude Pichois. Paris: Gallimard, 1975, v. II, p. 683. [*O pintor da vida moderna*, org. de Jerome Dufilho. Trad. de Tadeu Tomaz. Belo Horizonte: Autêntica, 2010.]

2. Id., ibid., p. 684.

3. Id., ibid., p. 683.

4. *Kenneth* Clark, "Ingres: peintre de la vie moderne". In: *Apollo*, XCIII, p. 357, 1971.

5. Carta de Charles Baudelaire a Édouard Manet, 11 maio 1865. In: *Correspondance*, org. de Claude Pichois, com a colaboração de Jean Ziegler. Paris: Gallimard, 1973, v. II, p. 497.

6. Carta de Charles Baudelaire a Fernand Desnoyers, final de 1853 – início de 1854, ibid., v. I, p. 248.

7. Carta de Charles Baudelaire a Auguste Poulet-Malassis, 13 dez. 1859, ibid., p. 627.

8. François-René de Chateaubriand, *Mémoires d'outre-tombe*, org. de Jean-Claude Berchet. Paris: Garnier, 1998, v. IV, p. 221.

9. Théophile Gautier, *Les Beaux-Arts en Europe. 1855*. Paris: Michel Lévy Frères, 1857, v. I, p. 19.

10. C. Baudelaire, *Le Peintre de la vie moderne*, op. cit., p. 694. [*O pintor da vida moderna*, op. cit.]

11. Arthur Stevens, *De la Modernité dans l'art. Lettre à M. Jean Rousseau*. Bruxelas: Office de Publicité et chez J. Rozez et fils, 1868. In: Claude Pichois, "Notes et variantes". In: C. Baudelaire, *Œuvres complètes*, op. cit., v. II, p. 1420.

12. Walter Benjamin, *Das Passagen-Werk*. In: *Gesammelte Schriften*, com a colaboração de Theodor W. Adorno e G. Scholem, org. de R. Tiedemann e H. Schweppenhäuser. Frankfurt: Suhrkamp, 1982, p. 286. [*Passagens* (*1927-1940*). Trad. do alemão Irene Aron; trad. do francês Cleonice Paes Barreto Mourão. Belo Horizonte-São Paulo: Editora da UFMG e Imesp, 2006.]

13. Charles Baudelaire, "Théophile Gautier [I]", *Œuvres complètes*, vol. II, op. cit., p. 123.

14. C. Baudelaire, *Le Peintre de la vie moderne*, op. cit., p. 694. [*O pintor da vida moderna*, op. cit.]

15. Loc. cit.

16. Id., ibid., p. 695.

17. Id., ibid., p. 694.

18. Loc. cit.

19. Id., ibid., p. 696.

20. Loc. cit.

21. T. Gautier, *Les Beaux-Arts en Europe. 1855*, op. cit., p. 7.

22. C. Baudelaire, *Le Peintre de la vie moderne*, op. cit., p. 698. [*O pintor da vida moderna*, op. cit.]

23. Id., ibid., pp. 698-99.

24. Id., "Comment on paie ses dettes quand on a du génie". In: *Œuvres complètes*, op. cit., v. II, p. 6.

25. Id., "Théophile Gautier [I]", op. cit., p. 120.

26. Loc. cit.

27. Loc. cit.

28. Loc. cit.

29. Loc. cit.

30. Loc. cit.

31. Id., *Le Peintre de la vie moderne*, op. cit., p. 698. [*O pintor da vida moderna*, op. cit.]

32. Arthur Rimbaud, *Une Saison en enfer*. In: *Œuvres complètes*, org. de Antoine Adam. Paris: Gallimard, 1972, p. 116. [*Uma estadia no inferno*. In: *Prosa poética*. Trad. de Ivo Barroso, 2ª ed. rev. e bilíngue. Rio de Janeiro: Topbooks, 2007.]

33. Charles Baudelaire, *Mon cœur mis à nu*. In: *Journaux intimes*. In: *Œuvres complètes*, op. cit., vol. I, p. 690. [*Meu coração desnudado*. Trad. e notas Tomaz Tadeu. Belo Horizonte: Autêntica, 2009.]

34. Id., ibid., p. 691.

35. Id., ibid., p. 698.

36. Id., ibid., p. 691.

37. Loc. cit.

38. Loc. cit.

39. Emile Dacier, *Gabriel de Saint-Aubin, peintre, dessinateur et graveur (1724-1780)*. Bruxelas: G. Van Oest, 1929, v. I, p. 14.

40. Henri Focillon, pref. a *Le Dessin français dans les collections du dix-huitième siècle*. Paris: Les Beaux-Arts, 1935, pp. 2-3. In: Pierre Rosenberg, "Boucher and Eighteenth-Century French Drawing". In: *The Drawing of François Boucher*,

org. de Alastair Laing. Nova York-Londres: American Federation of Arts-Scala, 2003, p. 17.

41. C. Baudelaire, *Le Peintre de la vie moderne*, op. cit., p. 684. [*O pintor da vida moderna*, op. cit.]

42. Edmond e Jules de Goncourt, *Journal*, op. cit., v. I, p. 345.

43. Id., ibid., pp. 345-46.

44. C. Baudelaire, *Le Peintre de la vie moderne*, op. cit., p. 683. [*O pintor da vida moderna*, op. cit.]

45. Id., ibid., p. 720.

46. Edmond e J. de Goncourt, *Journal*, op. cit., v. I, p. 347.

47. C. Baudelaire, *Le Peintre de la vie moderne*, op. cit., pp. 719-20. [*O pintor da vida moderna*, op. cit.]

48. Id., ibid., p. 721.

49. Id., ibid., p. 686.

50. Loc. cit.

51. Carta de Edgar Degas a Albert Bartholomé, 17 jan. 1886. In: *Lettres*, org. de Marcel Guérin, pref. Daniel Halévy. Paris: Grasset, 1945, ed. rev. e ampl., p. 118.

52. George Moore, "Memories of Degas". In: *The Burlington Magazine*, v. XXXII, p. 29, primeiro semestre de 1918.

53. Carta de Edgar Degas a Henri Rouart, 1886. In: *Lettres*, op. cit., p. 119.

54. Ambroise Vollard, *En écoutant Cézanne, Degas, Renoir*. Paris: Grasset, 1938, p. 103. [*Ouvindo Cézanne, Degas, Renoir*. Trad. de Clóvis Marques, pref. de Maurice Rheims. Rio de Janeiro: Civilização Brasileira, 2000.]

55. Id., ibid., p. 118.

56. Loc. cit.

57. Daniel Halévy, *Degas parle*. Paris: Éditions de Fallois, 1995, p. 199.

58. Loc. cit.

59. Id., ibid., p. 108.

60. G. Moore, "Memories of Degas", op. cit., p. 28.

61. Alice Michel, "Degas et son Modèle". In: *Mercure de France*, XXX, v. CXXXI, p. 624, jan.-fev. 1919.

62. Paul Valéry, *Degas. Danse. Dessin*. In: *Œuvres*, org. de Jean Hytier. Paris: Gallimard, 1960, p. 1205. [*Degas Dança Desenho*. Trad. Célia Euvaldo, Christina Murachco. São Paulo: Cosac Naify, 2003.]

63. Id., ibid., p. 1204.

64. Id., ibid., p. 1205.

65. Id., *Cahiers. 1894-1914*, org. de Nicole Celeyrette-Pietri e Robert Pickering. Paris: Gallimard, 2006, v. X: 1910-1911, p. 23.

66. Id., *Degas. Danse. Dessin*, op. cit., p. 1205. [*Degas Dança Desenho*, op. cit.]

67. Id., ibid., p. 1227.

68. Loc. cit.

69. Loc. cit.

70. Id., ibid., p. 1224.

71. Carta de *Benedetto* Varchi a Bronzino e a Tribolo, maio 1539, Biblioteca Nazionale di Firenze, Magliabechiano, cod. vii, 730, f. 15-6*v*.

72. P. Valéry, *Degas. Danse. Dessin*, op. cit., p. 1237. [*Degas Dança Desenho*, op. cit.]

73. Id., ibid., p. 1238.

74. Loc. cit.

75. Id., ibid., p. 1240.

76. Carta de Eugène Rouard a Paul Valéry, 27 set. 1896. In: Jean Hytier, "Notes". In: P. Valéry, *Œuvres*, op. cit., p. 1386.

77. Édmond Jaloux, "Valéry romancier". In: *Le Divan*, xiv, p. 214, 1922.

78. P. Valéry, *Degas. Danse. Dessin*, op. cit., p. 1167. [*Degas Dança Desenho*, op. cit.]

79. Id., ibid., p. 1168.

80. Carta de Paul Valéry a André Gide, 7 fev. 1896. In: André Gide e Paul Valéry, *Correspondance 1890-1942*, org. de Robert Mallet. Paris: Gallimard, 1955, p. 260.

81. D. Halévy, *Degas parle*, op. cit., p. 201. [*Degas Dança Desenho*, op. cit.]

82. *The Notebooks of Edgar Degas*, org. de Theodore Reff. Oxford: Clarendon Press, 1976, v. i, p. 109.

83. Loc. cit.

84. Loc. cit.

85. Walter Sickert, "Degas". In: *The Burlington Magazine*, v. xxxi, p. 185, nov. 1917.

86. Carta de Paul Poujaud a Marcel Guérin, 11 jul. 1936. In: Edgar Degas, *Lettres*, op. cit., p. 255.

87. "Joia rosa e negra." Charles Baudelaire, "Lola de Valence", v. 4. In: *Les Épaves*. In: *Œuvres complètes*, op. cit., vol. i, p. 168.

88. *The Notebooks of Edgar Degas*, op. cit., p. 109.

89. Carta de Paul Poujaud a Marcel Guérin, 11 jun. 1936. In: Edgar Degas, *Lettres*, op. cit., p. 255.

90. Loc. cit.

91. Stéphane Mallarmé, "Les Impressionnistes et Édouard Manet". In: *Œuvres complètes*, op. cit., v. ii, p. 464.

92. Loc. cit.

93. Loc. cit.

94. Loc. cit.

95. Félix Fénéon, *Au-delà de l'impressionnisme*, org. de Françoise Cachin. Paris: Hermann, 1966, p. 104.

96. Daniel Halévy, *Degas parle*, op. cit., p. 116.

97. Carta de Berthe Morisot a Edma Morisot, 23 maio 1869. In: *Correspondance*, org. de Denis Rouart. Paris: Quatre Chemins-Éditart, 1950, p. 31.

98. Daniel Halévy, *Degas parle*, op. cit., p. 120.

99. Loc. cit.

100. Carta de Edgar Degas a Emma Dobigny, 1869. In: "Some unpublished letters of Degas", de Theodore Reff. In: *The Art Bulletin*, v. L, p. 91, 1968.

101. Ludovic Halévy, *La Famille Cardinal*. Paris: Calmann-Lévy, 1883, p. 36.

102. Id., ibid., p. 69.

103. Id., ibid., p. 188.

104. Ludovic Halévy, *Carnets*. Paris: Calmann-Lévy, 1935, v. II, p. 128.

105. Id., anotação de 1º jan. 1882. In: "Mes carnets – III. 1881-1882". In: *Revue des Deux Mondes*, CVIII, v. XLIII, p. 399, jan.-fev. 1938.

106. Loc. cit.

107. Françoise Sévin, "Répertoire des mots de Degas". In: "Degas à travers ses mots". In: *Gazette des Beaux-Arts*, CXVII, v. LXXXVI, p. 45, jul.-ago. 1975.

108. L. Halévy, *Carnets*, op. cit., v. I, p. 213.

109. Id., ibid., p. 212.

110. Id., ibid., p. 80.

111. Id., ibid., p. 167.

112. Loc. cit.

113. Loc. cit.

114. Id., ibid., p. 120.

115. Id., ibid., p. 99.

116. Id., ibid., p. 98.

117. Joris-Karl Huysmans, "Degas". In: *Certains*. Paris: Tresse & Stock, 1889, p. 23.

118. Loc. cit.

119. Loc. cit.

120. Id., ibid., p. 24.

121. Félix Fénéon, "Les Impressionnistes en 1886". In: *Œuvres plus que complètes*, org. de Joan U. Halperin. Genebra: Droz, 1970, v. I, p. 30.

122. P. Valéry, *Cahiers. 1894-1914*, op. cit., p. 23.

123. D. Halévy, *Degas parle*, op. cit., p. 179.

124. Id., ibid., p. 140.

125. Loc. cit.

126. Loc. cit.

127. A. Vollard, *En écoutant Cézanne, Degas, Renoir*, op. cit., p. 114. [*Ouvindo Cézanne, Degas, Renoir*, op. cit.]

128. D. Halévy, *Degas parle*, op. cit., p. 180.

129. Id., ibid., p. 149.

130. Loc. cit.

131. Id., ibid., p. 150.

132. A. Vollard, *En écoutant Cézanne, Degas, Renoir*, op. cit., p. 121. [*Ouvindo Cézanne, Degas, Renoir*, op. cit.]

133. D. Halévy, *Degas parle*, op. cit., p. 243.

134. Id., ibid., p. 222.

135. Karl Kraus, *Beim Wort genommen*. Munique: Kösel, 1965, p. 341.

136. Étienne Moreau-Nélaton, *Manet raconté par lui-même*. Paris: Henri Laurens, 1926, vol. I, p. 71.

137. Carta de Édouard Manet a Henri Fantin-Latour, 1865. In: *Manet raconté par lui-même*, op. cit., p. 71.

138. Id., ibid., p. 72.

139. Loc. cit.

140. Loc. cit.

141. Théodore Duret, *Histoire d'Édouard Manet et de son œuvre*. Paris: Floury, 1902, p. 36.

142. George Moore, *Confessions d'un jeune anglais*. Paris: Albert Savine, 1889, p. 110.

143. Carta de Édouard Manet a Henri Fantin-Latour, 1865. In: Étienne Moreau-Nélaton, *Manet raconté par lui-même*, op. cit., p. 72.

144. Edmond e Jules de Goncourt, *Journal*, op. cit., v. II, p. 570.

145. Carta de G. T. Robinson a Stéphane Mallarmé, 19 jul. 1876. In: *Documents Stéphane Mallarmé*, org. de C. P. Barbier. Paris: Nizet, 1968, vol, I, 1968, p. 65.

146. A. Vollard, *En écoutant Cézanne, Degas, Renoir*, op. cit., p. 283. [*Ouvindo Cézanne, Degas, Renoir*, op. cit.]

147. Carta de Stéphane Mallarmé a Arthur O'Shaughnessy, 19 out. 1876. In: *Correspondance*, org. de Henri Mondor e Lloyd James Austin. Paris: Gallimard, 1965, v. II, p. 130.

148. S. Mallarmé, "Les Impressionnistes et Édouard Manet", op. cit., p. 444.

149. Loc. cit.

150. Id., ibid., p. 445.

151. Loc. cit.

152. Loc. cit.

153. Loc. cit.

154. Id., ibid., p. 446.

155. Id., ibid., p. 460.

156. Id., ibid., p. 452.

157. Id., ibid., p. 454.

158. Francis Carco, *Le Nu dans la peinture moderne*. Paris: Crès, 1924, p. 33.

159. Georges Duthuit, *Renoir*. Paris: Stock, 1923, p. 29.

160. A. Vollard, *En écoutant Cézanne, Degas, Renoir*, op. cit., p. 291. [*Ouvindo Cézanne, Degas, Renoir*, op. cit.]

161. Jean Renoir, *Pierre-Auguste Renoir, mon père*. Paris: Gallimard, 1981, p. 220.

162. S. Mallarmé, "Les Impressionnistes et Édouard Manet", op. cit., p. 454.

163. A. Vollard, *En écoutant Cézanne, Degas, Renoir*, op. cit., p. 105. [*Ouvindo Cézanne, Degas, Renoir*, op. cit.]

164. Félix Fénéon, *Œuvres*. Paris: Gallimard, 1948, p. 60.

165. S. Mallarmé, "Les Impressionnistes et Édouard Manet", op. cit., p. 468.

166. Id., ibid., p. 463.

167. Id., ibid., p. 461.

168. Id., ibid., p. 462.

169. Paul de Saint-Victor, "Salon de 1865". In: *La Presse*, 28 maio 1865, p. 3.

170. Théophile Gautier, "Salon de 1865". In: *Le Moniteur Universel*, 24 jun. 1865, p. 3.

171. Loc. cit.

172. W. Bürger, *Salon de 1865*. In: *Salons. 1861 à 1868*, op. cit., p. 221.

173. D. Halévy, *Degas parle*, op. cit., p. 159.

174. Alexandre-Jean-Baptiste Parent-Duchâtelet, *De la Prostitution dans la ville de Paris*. Bruxelas: Hauman, Cattoir et. Cie., 1836, p. 85.

175. Paul Valéry, "Triomphe de Manet". In: *Œuvres*, op. cit., p. 1329.

176. Carta de Gustave Flaubert a Louise Colet, 23 jan. 1854. In: *Correspondance*, op. cit., v. II, p. 514.

177. Charles Baudelaire, "À celle qui est trop gaie". In: *Les Épaves*. In: *Œuvres complètes*, op. cit., vol. I, p. 156.

178. Émile Zola, "Édouard Manet". In: *Mon Salon — Manet — Écrits sur l'art*. Paris: Garnier-Flammarion, 1970, p. 95.

179. S. Mallarmé, "Les Impressionnistes et Édouard Manet", op. cit., p. 453.

180. Id., "Le Jury de peinture pour 1874 et M. Manet". In: *Œuvres complètes*, op. cit., v. II, p. 412.

181. Edmond Texier, *Tableau de Paris*. Paris: Paulin et Le Chevalier, 1852, v. I, p. 47.

182. S. Mallarmé, "Le Jury de peinture pour 1874 et M. Manet", op. cit., p. 411.

183. Loc. cit.

184. Id., ibid., p. 412.

185. Loc. cit.

186. Loc. cit.

187. Loc. cit.

188. Loc. cit.

189. Id., ibid., p. 411.

190. Théodore de Banville, "Édouard Manet", vv. 1-4. In: *Nous Tous.* In: *Œuvres poétiques complètes*, org. de P. J. Edwards. Paris: Champion, 1997, v. VII, p. 81.

191. Carta de Berthe Morisot a Edma Morisot, 2 maio 1869. In: *Correspondance*, op. cit., p. 26.

192. Carta de M.-J.-C. Morisot a Berthe Morisot, 1869, ibid., p. 32.

193. Carta de Berthe Morisot a Edma Morisot, ibid., p. 73.

194. P. Valéry, "Triomphe de Manet". In: *Œuvres*, op. cit., p. 1332.

195. Id., ibid., p. 1333.

196. Loc. cit.

197. Loc. cit.

198. Id., "Berthe Morisot", ibid., p. 1302.

199. Carta de Édouard Manet a Henri Fantin-Latour, 26 ago. 1868. In: Étienne Moreau-Nélaton, *Manet raconté par lui-même*, op. cit., p. 102.

200. Id., ibid., p. 103.

201. Loc. cit.

202. Carta de Léon Koëlla-Leenhoff a Adolphe Tabarant, 6 dez. 1920. In: Nancy Locke, *Manet and the Family Romance.* Princeton-Oxford: Princeton University Press, 2001, p. 191.

203. Loc. cit.

204. Loc. cit.

205. Loc. cit.

206. Carta de M.-J.-C. Morisot a Berthe Morisot no verão de 1871. In: Anne Higonnet, *Berthe Morisot, une biographie.* Paris: Adam Biro, 1989, p. 93.

207. É. Zola, "Édouard Manet", op. cit., p. 362.

208. Carta de Berthe Morisot a Edma Morisot, mar. 1869. In: *Correspondance*, op. cit., p. 25.

209. F. Fénéon, "Les Impressionnistes en 1886", op. cit., p. 29.

210. Henri Perruchot, *La Vie de Manet.* Paris: Hachette, 1959, p. 231.

211. Carta de Charles Baudelaire a Caroline Aupick, 11 out. 1860. In: *Correspondance*, op. cit., v. II, p. 97.

212. Félix Fénéon, "Calendrier de Mars". In: *La Revue indépendante*, abr. 1888. In: *Œuvres plus que complètes*, op. cit., p. 102.

213. C. Baudelaire, "Le Monstre", v. 6. In: *Les Épaves*, op. cit., p. 164.

214. Id., ibid., v. 7.

215. F. Fénéon, "Calendrier de Mars", op. cit., p. 102.

216. Joris-Karl Huysmans, *L'Art moderne*. Paris: Charpentier, 1883, p. 157.

217. Carta de Berthe Morisot a Edma Morisot, 30 abr. 1883. In: *Correspondance*, op. cit., p. 114.

218. Loc. cit.

219. F. Sévin, "Répertoire des mots de Degas", op. cit., p. 31.

220. Carta de Charles Baudelaire a Théophile Thoré, 20 jun. 1864 [c.]. In: *Correspondance*, op. cit., v. II, p. 386.

221. Monique Angoulvent, *Berthe Morisot*. Paris: Albert Morancé, [1933], pp. 156-57.

222. S. Mallarmé, *Divagations*, op. cit., p. 147.

223. Id., ibid., p. 148.

224. "Morro te amando." Carta de Berthe Morisot a Julie Manet, 1º mar. 1895. In: *Correspondance*, op. cit., p. 184.

225. Id., ibid., p. 185.

226. D. Halévy, *Degas parle*, op. cit., pp. 43-4.

227. Id., ibid., p. 44.

228. P. Valéry, *Cahiers*, op. cit., p. 1046.

229. Nota de Charles Collé em dezembro de 1763. In: *Journal et mémoires* (*1748-1772*), org. de Honoré Bonhomme. Paris: Firmin Didot, 1868, ed. ampl., v. II, p. 325.

230. Loc. cit.

231. Loc. cit.

232. Marcel Proust, *Du Côté de chez Swann*. In: *À la Recherche du temps perdu*, org. de Jean-Yves Tadié. Paris: Gallimard, 1987, v. I, p. 328.

233. Id., *Le Côté de Guermantes*, ibid., v. II, 1988, p. 342.

234. Id., ibid., p. 505.

235. Loc. cit.

236. Loc. cit.

237. A. Michel, *Degas et son Modèle*, op. cit., p. 463.

238. Loc. cit.

239. A. Vollard, *En écoutant Cézanne, Degas, Renoir*, op. cit., p. 135. [*Ouvindo Cézanne, Degas, Renoir*, op. cit.]

240. Henri Loyrette, *Degas*. Paris: Fayard, 1991, p. 447.

241. Id., ibid., p. 498.

242. Loc. cit.

243. D. Halévy, *Degas parle*, op. cit., pp. 152-53.

244. P. Valéry, *Degas. Danse. Dessin*, op. cit., p. 1176. [*Degas Dança Desenho*, op. cit.]

245. Paul-André Lemoisne, *Degas et son œuvre*. Paris: Plon, 1954, p. 9.

246. D. Halévy, *Degas parle*, op. cit., p. 197.

247. Id., ibid., p. 189.

248. Loc. cit.

249. A. Vollard, *En écoutant Cézanne, Degas, Renoir*, op. cit., p. 136. [*Ouvindo Cézanne, Degas, Renoir*, op. cit.]

250. Loc. cit.

251. D. Halévy, *Degas parle*, op. cit., p. 192.

252. Loc. cit.

253. Id., ibid., p. 191.

254. Id., ibid., pp. 192-93.

255. Id., ibid., p. 196.

256. Id., ibid., p. 200.

257. Id., ibid., p. 159.

258. Id., ibid., p. 199.

259. Id., ibid., p. 202.

260. Id., ibid., p. 199.

6. A VIOLÊNCIA DA INFÂNCIA [pp. 288-307]

1. Czeslaw Milosz, *Milosz's ABC's*. Trad. ingl. de Madeline G. Levine. Nova York: Farrar, Straus and Giroux, 2001, p. 56.

2. Carta de Charles Baudelaire a Gustave Charpentier, 20 jun. 1863. In: *Correspondance*, org. de Claude Pichois, com a colaboração de Jean Ziegler. Paris: Gallimard, 1973, v. II, p. 307.

3. Carta de Arthur Rimbaud a Paul Demeny, 15 maio 1871. In: *Correspondance*. In: *Œuvres complètes*, org. de Claude Pichois. Paris: Gallimard, 1975, p. 253. [*Correspondência*. Trad. de Ivo Barroso. Rio de Janeiro: Topbooks, 2009.]

4. Id., ibid., pp. 253-54.

5. Id., ibid., p. 254.

6. Jules Laforgue, "Baudelaire". In: *Œuvres complètes*, org. de Jean-Louis Debauve, Mireille Dottin-Orsini, Daniel Grojnowski e Pierre-Olivier Walzer. Lausanne: L'Âge d'Homme, 2000, v. III, p. 165.

7. Alfred de Musset, "Rolla", vv. 1-4. In: *Poésies complètes*, org. de M. Allem. Paris: Gallimard, 1957, p. 273.

8. Charles Baudelaire, "J'aime le souvenir de ces époques nues", v. 1. In: *Les Fleurs du Mal*. In: *Œuvres complètes*, op. cit., v. I, p. 11. ["Amo a recordação da-

queles tempos nus." In: *As flores do Mal*. Trad., intr. e notas de Ivan Junqueira. Rio de Janeiro: Nova Fronteira, 2006.]

9. Carta de Arthur Rimbaud a Paul Demeny, 15 maio 1871. In: *Correspondance*, op. cit., p. 253. [*Correspondência*, op. cit.]

10. A. de Musset, "Rolla", vv. 3, op. cit., p. 273.

11. Jean Racine, *Phèdre*, ato I, cena I. [*Fedra*. Trad. de Millôr Fernandes. Porto Alegre: L&PM, 1986.]

12. Carta de Arthur Rimbaud a Georges Izambard, 25 ago. 1870. In: *Correspondance*, op. cit., p. 238. [*Correspondência*, op. cit.]

13. Carta de Arthur Rimbaud a Théodore de Banville, 24 maio 1870, ibid., p. 236. [*Correspondência*, op. cit.]

14. Id., ibid., pp. 236-37.

15. Id., ibid., p. 236.

16. Loc. cit.

17. Loc. cit.

18. Loc. cit.

19. Arthur Rimbaud, "Sensation", vv. 1-4. In: *Poésies*. In: *Œuvres complètes*, op. cit., p. 6. ["Sensation". In: *Poesia completa*. Trad. de Ivo Barroso, ed. bilíngue. Rio de Janeiro: Topbooks, 1994.]

20. Id., ibid., v. 5.

21. Id., ibid., v. 6.

22. Id., ibid., v. 7.

23. Em tradução livre: "Porque a terra é núbil e arde por ser mãe". André de Chénier, *Poésies*, org. de Henri de Latouche. Paris: Charpentier, 1840, p. 194.

24. Arthur Rimbaud, "Soleil et chair", v. 4. In: *Poésies*, op. cit., p. 6. ["Sol e carne". In: *Poesia completa*, op. cit.]

25. Id., ibid., vv. 10-1.

26. Id., ibid., vv. 12-3.

27. Id., ibid., v. 29.

28. Id., ibid., v. 35.

29. Id., ibid., v. 36.

30. Id., ibid., v. 34.

31. Id., ibid., v. 36.

32. Id., ibid., v. 48.

33. Id., ibid., v. 61.

34. Id., ibid., v. 65.

35. Id., ibid., v. 66.

36. Id., ibid., v. 42.

37. Id., ibid., v. 74.

38. Id., ibid., v. 80.

39. Id., ibid., vv. 85-6.

40. Id., ibid., vv. 92-3.

41. Id., ibid., vv. 158-59.

42. Id., ibid., v. 160.

43. Id., ibid., v. 161.

44. Id., ibid., vv. 162-64.

45. Id., ibid., v. 73.

46. Sergio Solmi, *Saggio su Rimbaud*. Turim: Einaudi, 1974, p. 11.

47. Loc. cit.

48. Id., ibid.

49. Id., ibid.

50. A. Rimbaud, "Les Poètes de sept ans". In: *Poésies*, op. cit., p. 43. ["Os poetas de sete anos". In: *Poesia completa*, op. cit.]

51. Id., ibid., v. 4.

52. Id., ibid., v. 15.

53. Id., ibid., v. 26.

54. Id., ibid., v. 31.

55. Id., ibid., vv. 31-3.

56. Id., ibid., v. 61.

57. Id., ibid., v. 36.

58. Id., ibid., v. 38.

59. Id., ibid., v. 37.

60. Id., ibid., vv. 40-1.

61. Id., ibid., v. 42.

62. Id., ibid., v. 43.

63. S. Solmi, *Saggio su Rimbaud*, op. cit., p. 15.

64. Loc. cit.

65. Loc. cit.

66. Loc. cit.

67. Loc. cit.

68. Loc. cit.

69. Jacques Rivière, *Rimbaud*. Paris: Kra, 1930, pp. 32-3.

70. A. Rimbaud, "Les Pauvres à l'église", v. 36. In: *Poésies*, op. cit., p. 46. ["Os pobres na igreja". In: *Poesia completa*, op. cit.]

71. Id., ibid., v. 13.

72. Loc. cit.

73. A. Rimbaud, "Les Premières communions", v. 2. In: *Poésies*, op. cit., p. 60. ["As primeiras comunhões". In: *Poesia completa*, op. cit.]

74. Id., "Les Chercheuses de poux", v. 8. In: *Poésies*, op. cit., p. 65. ["As cata-deiras de piolhos". In: *Poesia completa*, op. cit.]

75. Id., ibid., v. 7.

76. C. Baudelaire, "Le Voyage", v. 144. In: *Les Fleurs du Mal*, op. cit., p. 134. ["A viagem". In: *As flores do Mal*, op. cit.]

77. A. Rimbaud, "Le Bateau ivre", vv. 93-94. In: *Poésies*, op. cit., p. 69. ["O barco ébrio". In: *Poesia completa*, op. cit.]

78. Id., ibid., v. 95.

79. Fiódor Dostoiévski, *Ricordi dal sottosuolo*. Trad. it. de T. Landolfi. Milão: Adelphi, 1995, p. 13. [*Memórias do subsolo*. Trad. de Boris Schnaiderman. São Paulo: Editora 34, 2000.]

80. Id., ibid., p. 63.

81. A. Rimbaud, *Une Saison en enfer*. In: *Œuvres complètes*, org. de Antoine Adam. Paris: Gallimard, 1972, p. 93. [*Uma estadia no inferno*. In: *Prosa poética*. Trad. de Ivo Barroso, 2ª ed. rev. e bilíngue. Rio de Janeiro: Topbooks, 2007.]

82. Id., ibid., p. 97.

83. F. Dostoiévski, *Ricordi dal sottosuolo*, op. cit., p. 18. *Memórias do subsolo*, op. cit.]

84. A. Rimbaud, *Une saison en enfer*, op. cit., p. 94. [*Uma estadia no inferno*, op. cit.]

85. Carta de Arthur Rimbaud à família, 28 set. 1885. In: *Correspondance*, op. cit., p. 402. [*Correspondência*, trad. de Ivo Barroso, op. cit.]

86. Loc. cit.

87. Carta de Arthur Rimbaud à família, 16 nov. 1882, ibid., p. 353. [*Correspondência*, trad. de Ivo Barroso, op. cit.]

88. Carta de Arthur Rimbaud à família, 10 set. 1884, ibid., p. 391. [*Correspondência*, trad. de Ivo Barroso, op. cit.]

89. Carta de Arthur Rimbaud a M. Bautin, 30 jan. 1881, ibid., p. 324. [*Correspondência*, trad. de Ivo Barroso, op. cit.]

90. Carta de Arthur Rimbaud à mãe [Vitalie Cuif], 8 dez. 1882, ibid., p. 356. [*Correspondência*, trad. de Ivo Barroso, op. cit.]

91. Carta de Arthur Rimbaud à família, 14 abr. 1885, ibid., p. 398. [*Correspondência*, trad. de Ivo Barroso, op. cit.]

92. Id., ibid., p. 399.

93. Carta de Arthur Rimbaud a Ilg, 25 jun. 1888, ibid., p. 496. [*Correspondência*, trad. de Ivo Barroso, op. cit.]

94. Loc. cit.

95. Carta do cônsul da França em Massawa [Alexandre Merciniez] ao cônsul de Aden [É. de Gaspary], 5 ago. 1887, ibid., p. 429.

96. Loc. cit.

97. Carta do cônsul da França em Massawa [Alexandre Merciniez] ao marquês Grimaldi-Régusse, loc. cit.

98. Carta de Arthur Rimbaud à família, 23 ago. 1887, ibid., p. 441. [*Correspondência*, trad. de Ivo Barroso, op. cit.]

99. Carta de Arthur Rimbaud à irmã [Isabelle Rimbaud], 24 jun. 1891, ibid., p. 672. [*Correspondência*, trad. de Ivo Barroso, op. cit.]

100. Carta de Arthur Rimbaud ao rás Mekonen, 30 maio 1891, ibid., p. 668. [*Correspondência*, trad. de Ivo Barroso, op. cit.]

101. Carta de Arthur Rimbaud à irmã [Isabelle Rimbaud], 10 jul. 1891, ibid., p. 673. [*Correspondência*, trad. de Ivo Barroso, op. cit.]

102. Carta de Arthur Rimbaud à irmã [Isabelle Rimbaud], 24 jun. 1891, ibid., p. 673. [*Correspondência*, trad. de Ivo Barroso, op. cit.]

103. Carta de Isabelle Rimbaud ao irmão [Arthur Rimbaud], 30 jun. 1891, ibid., p. 676. [*Correspondência*, trad. de Ivo Barroso, op. cit.]

104. Carta de Isabelle Rimbaud à mãe [Vitalie Cuif], 28 out. 1891, ibid., p. 704.

105. Id., ibid., p. 705.

106. Carta de Arthur Rimbaud à mãe [Vitalie Cuif] e à irmã [Isabelle Rimbaud], 18 maio 1889, ibid., p. 543. [*Correspondência*, trad. de Ivo Barroso, op. cit.]

7. KAMCHATKA [pp. 308-48]

1. Carta de Charles Baudelaire a Charles Asselineau, 24 fev. 1859. In: *Correspondance*, org. de Claude Pichois, com a colaboração de Jean Ziegler. Paris: Gallimard, 1973, v. I, p. 555.

2. Carta de Charles Baudelaire a Charles-Augustin Sainte-Beuve, 1º jul. 1860, ibid., v. II, p. 56.

3. Loc. cit.

4. Charles-Augustin Sainte-Beuve, *Nouveaux Lundis*. Paris: Michel Lévy Frères, 1863, v. I, p. 384.

5. Id., ibid., p. 390.

6. Id., ibid., p. 388.

7. Id., ibid., p. 391.

8. Loc. cit.

9. Loc. cit.

10. Id., ibid., p. 392.

11. Loc. cit.

12. Loc. cit.

13. Id., ibid., p. 403.

14. Id., ibid., p. 395.

15. Loc. cit.

16. Id., ibid., p. 391.

17. Théophile Gautier, "Charles Baudelaire". In: *Portraits littéraires*. Paris: Aubry, 1943, p. 197.

18. Charles-Augustin Sainte-Beuve, *Nouveaux Lundis*. Paris: Michel Lévy Frères, 1863, v. I, p. 397.

19. Id., ibid., pp. 397-98.

20. Loc. cit.

21. Loc. cit.

22. Loc. cit.

23. Loc. cit.

24. Id., ibid., p. 391.

25. Id., ibid., p. 398.

26. Id., ibid., pp. 398-99.

27. Gérard de Nerval, *Aurélia*. In: *Œuvres complètes*, org. de Jean Guillaume e Claude Pichois. Paris: Gallimard, 1993, pp. 743-44.

28. Charles-Augustin Sainte-Beuve, *Nouveaux Lundis*. Paris: Michel Lévy Frères, 1863, v. I, p. 398.

29. Carta de Charles Baudelaire a Auguste Poulet-Malassis, out. 1865. In: *Correspondance*, op. cit., v. II, p. 532.

30. Loc. cit.

31. Loc. cit.

32. Carta de Charles Baudelaire a Charles-Augustin Sainte-Beuve, 3 set. 1865, ibid., p. 529.

33. Gustave Flaubert, *Salammbô*. In: *Œuvres*, org. de Albert Thibaudet e René Dumesnil. Paris: Gallimard, 1951, v. I, p. 718. Neste livro, a tradução dos trechos de *Salammbô* é livre.

34. Charles-Augustin Sainte-Beuve, *Nouveaux Lundis*. Paris: Calmann Lévy, 1885, v. IV, p. 45.

35. G. Flaubert, *Salammbó*, op. cit., p. 718.

36. C.-A. Sainte-Beuve, *Nouveaux Lundis*, op. cit., v. IV, pp. 45-46.

37. G. Flaubert, op. cit., p. 718.

38. Charles Baudelaire, "*Madame Bovary* par Gustave Flaubert". In: *Œuvres complètes*, op. cit., v. II, p. 80. ["Madame Bovary por Gustave Flaubert". In: *Madame Bovary*. Trad. de Mario Laranjeira. São Paulo: Companhia das Letras / Penguin, 2011.]

39. C.-A. Sainte-Beuve, *Nouveaux Lundis*, op. cit., v. iv, p. 93.

40. Políbio, *Histórias*, i, 88.

41. C.-A. Sainte-Beuve, *Nouveaux Lundis*, op. cit., v. iv, p. 35.

42. Id., ibid., p. 34.

43. Carta de Gustave Flaubert a Jules Duplan, 29 mar. 1863. In: *Correspondance*, op. cit., v. iii, 1991, p. 314.

44. G. Flaubert, op. cit., p. 829.

45. Carta de Charles Baudelaire a Charles-Augustin Sainte-Beuve, 3 set. 1865. In: *Correspondance*, op. cit., v. ii, p. 529.

46. Gustave Flaubert, *Madame Bovary*. In: *Œuvres*, op. cit., p. 349. [*Madame Bovary*. Trad. de Mário Laranjeira. São Paulo: Companhia das Letras / Penguin, 2011.]

47. G. Flaubert, *Salammbô*, op. cit., pp. 869-70.

48. C. Baudelaire, "*Madame Bovary* par Gustave Flaubert", op. cit., p. 83. ["*Madame Bovary* por Gustave Flaubert". In: *Madame Bovary*, op. cit.]

49. Loc. cit.

50. Id., ibid., p. 84.

51. Carta de Gustave Flaubert a Charles-Augustin Sainte-Beuve, 23-24 dez. 1862. In: *Correspondance*, op. cit., v. iii, p. 284.

52. Id., ibid., p. 277.

53. Loc. cit.

54. Loc. cit.

55. C.-A. Sainte-Beuve, *Nouveaux Lundis*, op. cit., v. iv, p. 72.

56. G. Flaubert, *Salammbô*, op. cit., pp. 881-82.

57. C.-A. Sainte-Beuve, *Nouveaux Lundis*, op. cit., v. iv, p. 71.

58. Carta de Gustave Flaubert a Charles-Augustin Sainte-Beuve, 23-24 dez. 1862. In: *Correspondance*, op. cit., v. iii, p. 285.

59. Charles-Augustin Sainte-Beuve, "*Madame Bovary* par Gustave Flaubert". In: *Causeries du Lundi*, op. cit., v. xiii, s.d., p. 362.

60. Loc. cit.

61. Charles-Augustin Sainte-Beuve, "M. de Stendhal", ibid., v. ix, s.d., p. 335.

62. Loc. cit.

63. C.-A. Sainte-Beuve, "*Madame Bovary* par Gustave Flaubert", op. cit., p. 362. ["*Madame Bovary* por Gustave Flaubert". In: *Madame Bovary*, op. cit.]

64. C.-A. Sainte-Beuve, "M. de Stendhal", op. cit., pp. 314-15.

65. Emil Michel Cioran, "Joseph de Maistre". In: *Exercices d'admiration*. Paris: Gallimard, 1986, p. 13.

66. Id., ibid., p. 68.

67. Id., ibid., p. 67.

68. Nota de Charles-Augustin Sainte-Beuve ao gabinete de Napoleão III, 31 mar. 1856. In: *Papiers secrets et correspondance du Second Empire*, org. de Auguste Poulet-Malassis e Auguste Ghio. Paris: [s.n.], 1983, 3ª ed., pp. 418-19.

69. Albert Cassagne, *La théorie de l'art pour l'art en France*. Paris: Lucien Dorbon, 1959, p. 94.

70. Carta de Gustave Flaubert a Maxime Du Camp, 13 out. 1869. In: *Correspondance*, op. cit., v. IV, 1998, p. 111.

71. Carta de Charles Baudelaire a Charles Asselineau, 24 fev. 1859. In: *Correspondance*, op. cit., v. I, p. 554.

72. Jules Barbey d'Aurevilly, *Les Quarante médaillons de l'Académie*. Paris: Dentu, 1864, p. 9.

73. Id., ibid., p. 127.

74. Id., ibid., p. 130.

75. Marcel Proust, "Préface de *Tendres Stocks*". In: *Contre Sainte-Beuve*, org. de Pierre Clarac, com a colaboração de Yves Sandre. Paris: Gallimard, 1971, p. 607.

76. Dedicatória de Marcel Proust a Anatole France, nov. 1913. In: Marcel Proust, *Correspondance*, org. de Philip Kolb. Paris: Plon, 1984, v. XII: 1913, p. 316.

77. M. Proust, "Préface de *Tendres Stocks*", op. cit., p. 606.

78. Loc. cit.

79. Id., ibid., p. 612.

80. Id., *Contre Sainte-Beuve*, op. cit., p. 211.

81. Id., "Préface de *Tendres Stocks*", op. cit., p. 612.

82. Id., *Contre Sainte-Beuve*, op. cit., p. 221.

83. Id., "Préface de *Tendres Stocks*", op. cit., p. 613.

84. Loc. cit.

85. Id., ibid., p. 614.

86. Loc. cit.

87. Id., *Contre Sainte-Beuve*, op. cit., p. 216.

88. Loc. cit.

89. Id., ibid., p. 211.

90. Id., ibid., p. 212.

91. Loc. cit.

92. Id., ibid., p. 309.

93. Friedrich Nietzsche, *Nachgelassene Fragmente 1882-1884*. In: *Sämtliche Werke*, org. de Friedrich Beissner. Frankfurt: Insel-Verlag, 1961, v. X, p. 238, fr. 7[7].

94. M. Proust, "Préface de *Tendres Stocks*", op. cit., p. 614.

95. Id., *Albertine disparue*. In: *À la Recherche du temps perdu*, org. de Jean--Yves Tadié. Paris: Gallimard, 1987, v. iv, p. 7.

96. Id., *Le Temps retrouvé*, ibid., p. 474.

97. Id., "Préface de *Tendres Stocks*", op. cit., p. 614.

98. Id., *Le Temps retrouvé*, op. cit., p. 475.

99. Id., ibid., p. 477.

100. Id., ibid., p. 476.

101. Jean-Jacques Lefrère, *Isidore Ducasse*. Paris: Fayard, 1998, p. 635.

102. Loc. cit.

103. Carta de Victor Hugo a Charles Baudelaire, 6 out. 1859. In: *Lettres à Charles Baudelaire*, org. de Claude Pichois, com a colaboração de V. Pichois. Neuchâtel: La Baconnière, 1973, p. 188.

104. C. Baudelaire, "Le Voyage", v. 144. In: *Les Fleurs du Mal*, op. cit., p. 134. ["A viagem." In: *As flores do Mal*. Trad., intr. e notas de Ivan Junqueira. Rio de Janeiro: Nova Fronteira, 2006.]

105. J. Laforgue, "Baudelaire", op. cit., p. 161.

106. Loc. cit.

107. Id., ibid., p. 162.

108. Loc. cit.

109. Id., ibid., p. 164.

110. Id., ibid., p. 168.

111. Id., ibid., p. 171.

112. Id., ibid., pp. 173-74.

113. Id., ibid., p. 180.

114. Id., ibid., p. 166.

115. Roberto Bazlen, "Note senza testo". In: *Scritti*, org. de Roberto Calasso. Milão: Adelphi, 1984, p. 230.

116. J. Laforgue, "Baudelaire", op. cit., p. 178.

117. Id., ibid., p. 165.

118. Loc. cit.

119. Id., ibid., p. 178.

120. Loc. cit.

121. Id., ibid., p. 179.

122. Id., ibid., p. 172.

123. Paul Bourget, *Essais de psychologie contemporaine*. Paris: Plon, 1901, ed. definitiva com apêndices, v. i, p. 20.

124. Loc. cit.

125. Carta de Friedrich Nietzsche a Carl Fuchs (provavelmente em meados de abr. 1886). In: *Sämtliche Briefe. Kritische Studienausgabe,* org. de Giorgio Colli

e Mazzino Montinari. Berlim-Munique: DTV-DE; Berlim-NovaYork: Gruyter, 1986, v. VII, p. 177.

126. P. Bourget, *Essais de psychologie contemporaine*, op. cit., p. 20.

127. F. Nietzsche, *Nachgelassene Fragmente 1887-1889*, op. cit., p. 404, fr. 15[6].

128. Id., *Nachgelassene Fragmente 1882-1884*, op. cit., p. 646, fr. 24[6].

129. Paul Bourget, *Essais de psychologie contemporaine*. Paris: Lemerre, 1833, p. 25.

130. Carta de Friedrich Nietzsche a Carl Fuchs [provavelmente em meados de abr. 1886]. In: *Sämtliche Briefe*, op. cit., v. VII, p. 177.

131. F. Nietzsche, *Der Fall Wagner*. In: *Sämtliche Werke*, op. cit., v. VI, p. 28.

132. Id., *Nachgelassene Fragmente 1882-1884*, op. cit., p. 646, fr. 24[6].

133. Id., *Der Fall Wagner*, op. cit., p. 28.

134. P. Bourget, *Essais de psychologie contemporaine*, ed. Plon, op. cit., p. 19.

135. Loc. cit.

136. F. Nietzsche, *Ecce homo*. In: *Sämtliche Werke*, op. cit., v. VI, p. 264. [*Ecce homo: Como alguém se torna o que é*. Trad. de Paulo César de Souza. São Paulo: Companhia das Letras, 1995.]

137. Loc. cit.

138. P. Bourget, *Essais de psychologie contemporaine*, ed. Plon, op. cit., p. 22.

139. Loc. cit.

140. Id., ibid., p. 21.

141. Id., ibid., p. 24.

142. Id., ibid., p. 23.

143. Loc. cit.

144. F. Nietzsche, *Nachgelassene Fragmente 1887-1889*, op. cit., p. 9, fr. 11[1].

145. Id., ibid., p. 12, fr. 11[10].

146. Id., ibid., p. 13, fr. 11[10].

147. Id., ibid., p. 12, fr. 11[10].

148. Id., ibid., p. 15, fr. 11[24].

149. C. Baudelaire, "L'Invitation au voyage", vv. 13-4. In: *Les Fleurs du Mal*, op. cit., p. 53. ["O convite à viagem". In: *As flores do Mal*, op. cit.]

150. T. S. Eliot, *Essays Ancient and Modern*. Londres: Faber and Faber, 1936, p. 71.

151. Théophile Gautier, *Baudelaire*, org. de Jean-Luc Steinmetz. Pantin: Le Castor Astral, 1991, pp. 45-6.

152. T. Gautier, "Charles Baudelaire", op. cit., p. 241.

153. C. Baudelaire, "Notes nouvelles sur Edgar Poe". In: *Œuvres complètes*, op. cit., v. II, p. 319.

154. Max Nordau, *Entartung*. Berlim: Carl Duncker, 1892, v. I, p. VII.

155. Id., ibid., v. II, 1893, p. 88.

156. Carta de Stéphane Mallarmé a Henri Cazalis, 28 abr. 1866. In: *Œuvres complètes*, op. cit., v. I, p. 697.

157. Carta de Charles Baudelaire a C. Mendès, 29 mar. 1866. In: *Correspondance*, op. cit., v. II, p. 630.

158. Loc. cit.

159. C. Baudelaire, "Bien loin d'ici", v. 14. In: *Les Fleurs du Mal*, op. cit., p. 145. ["Bem longe daqui". In: *As flores do Mal*, op. cit.]

160. Carta de Charles Asselineau a Auguste Poulet-Malassis, 6 ou 7 set. 1867. In: Eugène Crépet, *Charles Baudelaire*, op. cit., p. 276.

161. François Porché, *Baudelaire. Histoire d'une âme*. Paris: Flammarion, 1944, p. 484.

162. Carta de Caroline Aupick a Charles Asselineau, 10 jun. 1869, ibid., p. 485.

163. C. Baudelaire, "Chant d'automne", v. 7. In: *Les Fleurs du Mal*, op. cit., p. 57. ["Canto de outono". In: *As flores do Mal*, op. cit.]

164. Id., ibid., v. 9.

165. Anatole France, "Charles Baudelaire". In: *La Vie littéraire*. Paris: Calmann-Lévy, 1891, v. III, p. 23.

Este livro, como já ocorrera com *Il rosa Tiepolo*, foi acompanhado desde o início pelas iluminadoras observações de Claudio Rugafiori. Federica Ragni conduziu a obra desde o manuscrito até as provas. Maddalena Buri contribuiu, com talentoso olhar, para a preparação final. Ena Marchi e Giorgio Pinotti conferiram competentemente os textos franceses. Paolo Rossetti seguiu as várias fases da paginação. A todos, a minha gratidão.

R.C.

Créditos fotográficos

Imagens 4, 7, 38, 40, 44, 45 © Foto Scala, Firenze; imagens 5, 11, 13 © Musée Ingres, Montauban/Foto Guy Roumagnac; imagem 6 © Lessing/Contrasto; imagem 8 © RMN/René-Gabriel Ojéda/Archivi Alinari; imagens 9, 12, 14 © Bibliothèque Nationale de France, Paris; imagens 15, 16, 19 © RMN/Michèle Bellot/Archivi Alinari; imagem 17 © Foto Scala, Firenze/BPK, Bildagentur für Kunst, Kultur und Geschichte, Berlim (foto Jörg P. Anders); imagem 18 © RMN/Jean Schormans/Archivio Alinari; imagem 20 © Foto Scala, Firenze/BPK, Bildagentur für Kunst, Kultur und Geschichte, Berlim; imagem 21 © Franck Goddio/Hilti Foundation (foto Christoph Gerigk); imagens 22, 23, 24, 31, 35, 36, 39, 42, 43, 46, 47, 48 © Bridgeman/Archivi Alinari; imagens 25, 26 © Musée Carnavalet/Roger-Viollet/Archivi Alinari; imagem 27 © RMN/Gérard Blot/Archivi Alinari; imagem 28 © Museum Associates/LACMA (Mr. and Mrs. George Gard De Sylva Collection); imagens 29, 30, 37 © RMN/Hervé Lewandowski/Archivi Alinari; imagem 32 © Tacoma Art Museum (Gift of Mr. and Mrs. W. Hilding Lindberg 1983.1.8); imagem 34 © The Baltimore Museum of Art (Fanny B. Thalheimer Memorial Fund BMA 1963.9); imagem 41 © Board of Trustees, National Gallery of Art, Washington (Gift of Mrs. Horace Havemeyer in memory of her mother-in-law, Louisine W. Havemeyer); imagem 49 © The Art Institute of Chicago; imagem 50 © Photoservice Electa/AKG Images; imagem p. 416 Frontispício para um catálogo de chapéus para senhoras, bico de pena com tinta de escrever e aquarela, c. 1810-18.

Índice de nomes, lugares e obras

Adão, 97, 104, 321
Adeline, 147
Aden, 301, 302, 303, 304
Adorno, Theodor Wiesengrund, 19, 31, 56, 105; *Minima moralia*, 19
África, 67, 74, 298, 299, 303
Afrodite, 120, 290, 294, 295; *ver também* Aphrodité; Vênus
Aix-en-Provence, 118; montanha Victoire, 254
Alemanha, 203
Alexandre III, czar da Rússia, 242
Alin Amba, 304
Amanda, 259
Amaury-Duval, Eugène Emmanuel, 108, 109, 142, 143
América, 271, 338
Amimone, 258
Ancelle, Narcisse, 41, 50, 51, 53, 55, 61, 62, 63, 84, 96, 100, 168, 175
Andrômaca, 67, 68, 71, 72, 73, 74
Andromaque, 68

Angélica, 120, 220
Antonelli, Pietro, 303
Aphrodité, 290; *ver também* Afrodite; Vênus
Apolo, 264
Appenzeller, Heiri, 303, 304
Aqueloo, 116
Aquiles, 116
Ardenas, 78, 298, 299
Ariadne, 295
Ariadné, 290
Armide, 259
Arondel, Antoine-Jean-Marie, 47
Artois, Charles-Philippe, conde d', 316
Ásia, 197, 315
Aspasie, 259
Asselineau, Charles, 93, 160, 162, 163, 347, 348
Astarté, 290
Atenas, 98
Ato Petros, 303, 304

Auber, Daniel-François-Esprit, 240

Aubert, Francis, 258

Aupick, Caroline Archenbaut Defayis, 11, 39, 41, 43, 52, 60, 62, 63, 64, 65, 75, 78, 79, 85, 90, 91, 93, 94, 140, 163, 168, 171, 174, 195

Aupick, Jacques, 41, 52, 55, 61, 62, 63, 64, 90, 161, 162, 347

Austen, Jane, 142

Avignon: Musée Calvet, 220

Azur, Madame *ver* Rubempré, Alberthe de

B…, Mme., 87

Baader, Franz Xaver Benedict von, 23

Bacantes, 59, 69

Baltimore, leque de, 228

Balzac, Honoré de, 46, 54, 57, 58, 71, 88, 97, 142, 175, 199, 200, 308, 325, 343; *Louis Lambert*, 46

Balzamine, 259

Bansi, Barbara, 140

Banville, Théodore de, 32, 33, 48, 97, 264, 291, 292, 296, 297

Bara, Joseph, 220

Baratte, Mlle., 240

Barbey d'Aurevilly, Jules-Amédée, 42, 54, 328, 329, 346

Barca, família, 319

Barrès, Maurice, 12, 33

Bartholomé, Albert: *Mocinha chorando*, 246

Bartolini, Lorenzo, 109

Baudelaire, Charles: *Fusées* [*Rojões*], 88; *Le Peintre de la vie moderne* [*O pintor da vida moderna*], 193; *Le Spleen de Paris*, 314; *Les Épaves*, 274; 'À celle qui est trop gaie', 82; *Les Fleurs du Mal* [*As flores do Mal*], 12, 23, 35, 40, 42, 45, 58, 59, 76, 77, 79, 80, 81, 86, 90, 93, 95, 157, 170, 184, 200, 300, 313, 314, 336, 339, 344, 345; "À une passante" ["A uma passante"], 347; "Bien loin d'ici" ["Bem longe daqui"], 347; "Confession" ["Confissão"], 83; "Correspondances" ["Correspondências"], 23, 24, 31, 163; "L'Amour du mensonge" ["O amor à mentira"], 86; "L'Aube spirituelle" ["A aurora espiritual"], 76; "L'Invitation au voyage" ["O convite à viagem"], 343; "Le Cygne" ["O cisne"], 36, 68, 71, 74; "Le Voyage" ["A viagem"], 36, 94; "Les Petites Vieilles" ["As velhinhas"], 94, 347; "Les Phares" ["Os faróis"], 153; "Les Sept Vieillards" ["Os sete velhos"], 94; "Rêve parisien" ["Sonho parisiense"], 172; "Réversibilité" ["Reversibilidade"], 77; *Les Lesbiennes*, 137; *Les Paradis artificiels* [*Os paraísos artificiais*], 89; *Mon cœur mis à nu* [*Meu coração desnudado*], 20, 75, 171, 327; *Salon de 1845*, 15; *Salon de 1846*, 16, 17, 100, 137, 154, 177

Baudelaire, Claude-Alphonse, 39

Baudelaire, Joseph-François, 90

Bayonne, 125

Bazlen, Roberto, 337

Beatriz, 82

Beauvoir, Eugène-Auguste Roger de Bully, dito Roger de, 48

Bélgica, 42, 96, 100, 150, 338

Bellelli, família, 215, 230

Bellelli, Giovanna e Giulia, 216

Benjamin, Walter, 12, 31, 32, 66, 180, 197, 300; *Paris, capital do século XIX*, 66

Benn, Gottfried, 31

Bergotte, 329

Berry, 157

Berthelot, Philippe-Joseph-Louis, 51

Bertin, Louis-François, 132, 139

Bette, 71

Beyle, Henri, 152, 213, 326; *ver também* Stendhal

Bíblia, 14, 69; Cântico dos Cânticos, 338

Bidault de Glatigné, Édouard-Joseph, 304

Bismarck-Schönhausen, Otto, príncipe de, 242

Bitaubé, Paul-Jérémie, 116

Blanc, Charles, 107, 110, 111, 121, 124, 140

Blanche, Esprit-Sylvestre, 317

Blanche, Jacques-Émile, 126, 127, 211, 245

Blanche, Rose, 245

Blaquière, Paul: *La Femme à barbe*, 241

Bloch, Albert, 290

Bloy, Léon, 42, 176, 329

Boémia, espelho da, 49

Böhme, Jakob, 23, 26

Boissard de Boisdenier, Fernand, 49

Borelli, Jules, 303

Bósforo, 64

Boucher, François, 201, 203; *Cabeça de moça com cabelos presos, vista de costas*, 203

Bouguereau, William-Adolphe, 244

Bouilhet, Louis-Hyacinthe, 78

Boulogne, 204, 268

Bourget, Paul, 339, 340, 341, 342, 344; *Essais de psychologie contemporaine*, 340

Bouvard *ver* Flaubert, Gustave: *Bouvard et Pécuchet*

Bovary, Emma *ver* Flaubert, Gustave: *Madame Bovary*

Boyer, Philoxène, 74, 75, 76

Brâmanes, 162

Brémond, Antoine, 303

Brodsky, Iosif, 80

Broglie, Jacques-Victor-Albert, duque de, 312

Broglie, Joséphine-Eléonore-Marie-Pauline de Galard de Brassac de Béarn, princesa de, 137

Brontë, Charlotte, 142

Brontë, Emily, 142

Bronzino, Angiolo Tori, dito o, 106

Brummell, George Bryan, 54, 95

Bruno, Giordano, 23, 26, 145

Bruto, Marco Júnio, 102

Bruxelas, 93, 94, 95, 342; bairro Léopold, 94

Buda, 28

Buisson, Jules, 146, 161

Buloz, François, 168

Bunin, Ivan Alekseievitch, 324

Butroto, 67

Byron, George Gordon, lord, 88, 153

Cabanel, Alexandre, 106

Cabanis, Pierre-Jean-Georges, 326

Caen, 95

Calvados, 92, 93

Cambremer, Mme. de, 322

Cântico dos Cânticos, 338

Carco, Franciso, 251

Cardinal, Mme., 238, 239

Cardinal, Pauline, 238, 239

Cardinal, Virginie, 238, 239

Carlos v, imperador, 249

Caroline Bonaparte Murat, rainha de Nápoles, 102

Cartago, 320, 321

Cassagne, Albert, 58

Castela, 168

Castille, Hippolyte, 164, 167, 168, 169, 170

Cavé, Albert Boulanger, 237

Caylus, Anne-Claude-Philippe, conde de, 117

Cazalis, Henry, 346

Cézanne, Paul, 254

Champfleury (pseudônimo de Jules Husson), 15, 52, 54

Champollion, Jean-François, dito o Jovem, 173

Chapelle, Madeleine, 128, 132

Chardin, Jean-Baptiste-Siméon, 105

Charleville, 290, 298, 299

Chassériau, Théodore, 14, 69; *Esther*, 14

Chateaubriand, François-René de, 13, 26, 38, 43, 44, 73, 88, 95, 97, 107, 144, 196, 197, 198, 300, 309, 321, 322, 327; *Génie du christianisme*, 73; *Mémoires d'outre-tombe*, 196, 327; *René*, 43, 44, 95

Châtillon, Auguste de: *Monge vermelho*, 69

Chénier, André-Marie de, 292

Cherubini, Luigi, 132

Chestov, Lev, 300

Chevalier, Ernest, 39, 40

China, 24, 98

Chipre, 302

Chopin, Frédéric, 21, 22, 156, 157, 158, 159

Cibele, 87

Cioran, 11, 33, 97, 326

Citera, 112, 178

Clairville, Louis-François Nicolaïe, dito, 323

Claus, Fanny, 272

Clésinger, Jean-Baptiste, dito Auguste: *Mulher mordida por uma serpente*, 82

Closier, Zoé, 282, 283, 284

Clotilde, 284

Clotilde de Savoia, princesa, 125

Collé, Charles, 280, 281

Constant, Benjamin: *De l'esprit de conquête et de l'usurpation*, 327

Corão, 303

Corot, Jean-Baptiste-Camille, 69

Courbet, Gustave, 60, 125, 134, 229, 251, 259; *A origem do mundo*, 125; *Mulher com papagaio*, 259; *O ateliê do pintor*, 60

Courteline, Georges (pseudônimo de Georges-Victor Moinaux), 63

Cousin, Victor, 328, 329

Cramer, Samuel, 53

Creta, 324

Crimeia, 20

Ctésias de Cnido, 153

Cuvillier-Fleury, Alfred-Auguste, 312

Cydalise I, 69

Dalton, Mme., 284

Damásio, 335

Dante Alighieri: *Vita nuova*, 82

Daubrun, Marie, 87

Daumier, Honoré, 207

David, Jacques-Louis, 100, 102, 104, 109, 116, 119, 133, 141, 198, 220; *A morte de Joseph Bara*, 220; *Retrato de Mme. Récamier*, 140; *Retratos de Alexandre Lenoir e Adélaïde Binard Lenoir*, 140

De Quincey, Thomas, 37, 88

Degas, Hilaire-Germain-Edgar, 13, 100, 154, 155, 181, 209-49, 252, 256, 258, 265, 266, 269, 270, 277-87; *A família Bellelli*, 215, 230; *As desventuras da cidade de Orléans ver Cena de guerra na Idade Média*; *As irmãs Bellelli* (Giovanna e Giulia Bellelli), 216; *Autorretrato com a "Mocinha chorando" de Bartholomé*, 246; *Bailarinas* (leque de Baltimore), 227, 228; *Bailarinas* (leque de Tacoma), 227; *Bailarinas e cenário teatral* (leque da Suíça), 227; *Balé na Opéra de Paris*, 227; *Cena de guerra na Idade Média*, 218, 219, 233; *Interior*, 232; *Jacques-Émile e Rose Blanche*, *Jules Taschereau e mulher desconhecida*, 245; *L'Étoile*, 227; *Mulher com crisântemos*, 217; *O estupro ver Interior*; *Retrato de família ver A família Bellelli*; *Retrato de Mlle. E. F.: a propósito do balé "La Source"*, 222; *Retrato de Pierre-Auguste Renoir, sentado, e Stéphane Mallarmé, de pé*, 245

Delaborde, Henri, 122

Delacroix, Eugène, 13, 48, 100, 101, 103, 132, 136-8, 140, 144-59, 192, 193, 284; *A Liberdade guiando o povo*, 154; *A morte de Sardanapalo*, 153; *Estudo para "A morte de Sardanapalo"*, 154; *Leito desfeito*, 148; *Odalisca*, 132

Delaroche, Hippolyte, dito Paul, 58

Delibes, Clément-Philibert-Léo, 224

Della Casa, Giovanni, 160

Delphine, 259

Delvau, Alfred, 69

Denecourt, Claude-François, 29

Des Grieux, 280

Deshays, Jean-Baptiste: *O macaco pintor*, 111

Desnoyers, Fernand, 29, 31

Destutt de Tracy, Antoine-Louis-Claude, 326

Dickinson, Emily, 37, 338

Diderot, Denis: *Salons*, 201

Diomedes, 120

Djimma, 303

Dobigny, Emma, 237

Donne, John, 25, 26

Dostoiévski, Fiódor, 55, 89, 301, 306; *Memórias do subsolo*, 301

Dreyfus, Alfred, 282, 283, 329

Drolling, Michel Martin, 127

Drumont, Édouard, 283

Du Camp, Maxime, 53, 64, 65, 78, 328

Ducasse, Isidore, 336; *ver também* Lautréamont

Dumas, Alexandre, pai: *Os três mosqueteiros*, 283

Durand-Ruel, Paul, 279, 283

Duranty, Louis-Émile-Edmond, 232, 269

Dürer, Albrecht: *Buquê de violetas*, 276

Duret, Théodore, 249

Durieu, Jean-Louis-Marie-Eugène: *Retrato de Mlle. Hamely para Delacroix*, 132

Dutacq, Armand, 175

Duthuit, Georges, 252

Duval, Jeanne, 51, 55, 59, 60, 62, 84, 112, 160, 190, 274

Duvauçay, Antonia de Nittis, 257

Éden, 299

Édipo, 24

Egito, 182
Elinga, Pieter Janssens, 98
Eliot, Thomas Stearns, 343
Ellora, grutas de, 317
Elvira, 319
Empíreo, 119
Endimião, 295
Entoto, 303, 304
Epiro, 68
Espanha, 168
Europa, 26, 66, 71, 198, 315, 342
Europa (personagem mitológica), 258, 295
Europé, 290
Eva, 104
Evágrio, 59
Extremo Oriente, 317

Fanes-Cronos-Mitra, 187
Fanfarlô, 53
Fanny, 259
Fantin-Latour, Henri, 248, 249, 268
Fénéon, Félix, 235, 243, 254, 274
Festo, Sexto Pompeu, 172
Feydeau, Georges, 63
Ficino, Marsilio, 23, 26
Filipe IV, rei da Espanha, 250
Fiocre, Eugénie, 211, 222, 223, 225, 228
Flaubert, Gustave, 13, 39, 40, 42, 53, 59, 64, 78, 79, 80, 94, 97, 239, 259, 270, 300, 308, 318, 319, 320, 321, 322, 323, 325, 328, 331, 335; *Bouvard et Pécuchet*, 42, 239; *L'Éducation sentimentale* [*A educação sentimental*], 270; *Madame Bovary*, 79, 239, 319, 320, 321, 323, 324; *Salammbô*, 318, 319, 321, 322, 323
Flaxman, John: *Zeus e Tétis*, 117
Flore, 259

Florença, 141
Fludd, Robert, 23, 26
Focillon, Henri, 202
Fondane, Benjamin, 300
Fontainebleau, 29
Forain, Jean-Louis, 240
Forestier, família, 116, 140, 141
Forestier, Marie-Jeanne-Julie Sallé, 141
Fould, Achille, 90
Fourier, François-Marie-Charles, 23
Fraenkel, Eduard, 292
Fragonard, Jean-Honoré, 140, 141, 202
França, 41, 64, 71, 159, 193, 289, 304, 305, 323, 325, 336, 340
France, Anatole, 329, 331, 332, 348
Franco, Veronica, 252
Françoise, 285
Frineia, 258
Fuchs, Carl, 339
Fuchs, Eduard, 204
Fumaroli, Marc, 44

Garibaldi, Giuseppe, 248
Garnerin, André-Jacques, 140
Gatteaux, Jacques-Édouard, 111
Gauguin, Mlle., 240
Gautier, Judith, 78
Gautier, Théophile, 19, 21, 48, 49, 51, 58, 62, 64, 69, 78, 80, 84, 97, 101, 125, 135, 195, 196, 199, 200, 208, 258, 313, 344, 345, 347; *Lettres à la Présidente*, 84; *Mademoiselle de Maupin*, 101
Gavarni, Paul, 203, 204, 207
Geidan, Émile, 75, 76
Gervex, Henry: *Rolla*, 233
Gide, André, 12, 21
Gilberte *ver* Swann, Gilberte
Gillet, Louis, 119

Giorgione, 130, 131; *Vênus adormecida*, 130

Girardin, Émile de, 56, 175

Goethe, Johann Wolfgang von, 23, 27

Gógol, Nikolai, 55

Goncourt, Edmond e Jules de, 79, 203, 204, 249

Gonse, Caroline Maille, 132

Gonzalès, Eva, 265

Gounod, Charles-François: *Fausto*, 241

Goya, Francisco, 219, 256, 272; *Fuzilamentos de 3 de maio de 1808*, 219; *Maja e Celestina no balcão*, 256

Gracq, Julien, 34

Grande Mademoiselle *ver* Orléans, Anne-Marie-Louise d'

Granet, François-Marius, 118

Grécia, 192, 203

Greuze, Jean-Baptiste, 201

Griswold, Rufus, 76

Guermantes, Marie-Edwige, princesa de, 334

Guermantes, Oriane, duquesa de, 281

Guernesey, 93

Guille, Isabelle, 204

Guillemet, Antoine, 272

Guys, Constantin, 65, 113, 192, 193, 194, 195, 198, 200, 203, 204, 205, 206, 207, 208, 209, 267, 344; *Mulher turca com sombrinha*, 195

Hades, 72

Halévy, Daniel, 235, 280, 285, 286

Halévy, família, 281, 282

Halévy, Ludovic, 238, 240, 241, 242, 247, 282; *L'Abbé Constantin*, 239; *La belle Hélène*, 238, 241; *La Famille Cardinal*, 238, 239; *La Grande-duchesse de Gérolstein*, 238; *La vie parisienne*, 238, 336; *Orphée aux enfers*, 242

Hamely, Mlle., 132

Hamsun, Knut, 55

Harar, 303, 304, 305

Hawache, 303

Hawthorne, Nathaniel, 338

Haydn, Franz Joseph, 152

Heine, Heinrich, 38, 85, 153

Heitor, 68

Hélène, 147

Henrique iv, rei da França, 142

Henry, Hubert-Joseph, 283

Hera, 116, 120, 121

Héracles, 295, 296

Hércules, 116

Hesse, grão-duque de, 242

Hilas, 296

Hitchcock, Alfred: *Janela indiscreta*, 233

Hitler, Adolf, 42

Hofmannsthal, Hugo von, 211

Holanda, 264

Holbach, Paul Henri Dietrich, barão de, 16

Hölderlin, Friedrich, 24, 25, 289

Homais, Monsieur, 176, 321, 324

Homero, 68, 116, 119, 120, 345

Honfleur, 92, 93, 94, 347; igreja de Sainte-Catherine, 93

Hoop *ver* Hope, John

Hope, John, 16

Horácio, 288

Horapolo: *Hieroglyphica*, 173

Horkheimer, Max, 56

Hugo, Victor, 21, 25, 26, 38, 43, 85, 93, 94, 152, 294, 336, 338, 343, 347

Huysmans, Joris-Karl, 212, 242, 243, 277

I Ching, 150
Inácio de Loyola, santo, 50
Índia, 162
Ingres, Jean-Auguste-Dominique, 13, 17, 98-144, 181, 192, 204, 211, 212, 213, 220, 229, 230, 235, 244, 257, 258, 284; *A família Forestier*, 140; *A grande odalisca*, 132; *Adormecida de Nápoles*, 102; *Afrodite ferida por Diomedes*, 120; *Apoteose de Napoleão I*, 132; *Desenho preparatório para "A idade do ouro"* (número 2001), 132; *Estudo para o retrato de Mme. de Senonnes* (desenho número 2781), 113; *Henrique IV brincando com os filhos*, 142; *Isabelle Guille oferece o pão bento*, 204; *Joana d'Arc*, 132; *Júpiter e Antíope*, 123; *Júpiter e Tétis*, 127; *La Baigneuse Valpinçon*, 122, 123, 124, 127, 132; *Lady Harriet Montagu e Lady Catherine Caroline Montagu*, 204; *Luigi Cherubini e a musa da poesia lírica*, 132; *O banho turco*, 124, 126, 127, 128, 143; *Odalisca com escrava*, 123; *Retrato da baronesa Betty von Rothschild*, 257; *Retrato da princesa de Broglie*, 137; *Retrato de François-Marius Granet*, 118; *Retrato de Louis-François Bertin*, 132; *Retrato de Mlle. Barbara Bansi*, 140; *Retrato de Mlle. Caroline Rivière*, 257; *Retrato de Mme. de Senonnes*, 113, 114, 115; *Retrato de Mme. Duvauçay*, 257; *Retrato de Mme. Gonse*, 132; *Retrato de Mme. Moitessier*, 128, 130, 132; *Retrato do duque de Orléans*, 139; *Rogério liberta Angélica*, 220; *Vênus Anadiomene*, 132
Itália, 16, 64, 238

Jaloux, Edmond, 215
Jâmblico, 335
James, Henry, 142
Jaubert, Caroline d'Alton, 158
Jdanov, Andrei Aleksandrovitch, 328
Jeanne *ver* Duval, Jeanne
Jeanniot, Henriette, 235
Jenny *ver* Le Guillou, Jenny
Joachim Murat, rei de Nápoles, 101
Johannot, Tony, 152
Júpiter, 116, 118, 119, 123, 127; *ver também* Zeus
Justin, 324

Kamchatka, 308, 314, 315, 316, 317, 331
Kant, Immanuel, 15, 18
Karol, príncipe *ver* Roswald, Karol
Keaton, Buster, 66
Kelly, Grace, 233
Khalil-Bey, 125
Kiki de Montparnasse, 122
Kircher, Athanasius, 23, 173
Koëlla-Leenhoff, Léon, 269
Kraus, Karl, 42, 176, 248
Kuniyoshi, Utagawa, 275

La Bruyère, Jean de, 341
"La Jambe", 160
La Mésangère, Pierre de, 193, 204
La Présidente *ver* Sabatier, Apollonie
La Sizeranne, Robert de, 99, 136
Lacordaire, Jean-Baptiste-Henri, 312
Laforgue, Jules, 13, 289, 335, 336, 337, 338
Lamartine, Alphonse-Marie-Louis Prat de, 25, 81, 338
Lambert, Louis, 46
Lanzi, Luigi, 17
Laure, 147

Laurent, Méry, 260

Lautréamont, 13; *ver também* Ducasse, Isidore

Lauzun, duque de, 47

Le Guillou, Jenny, 146, 284

Leconte de Lisle, Charles-Marie-René, 97, 323

Leda, 295

Leenhoff, Suzanne, 269

Lefebvre, Jules-Joseph: *Mulher deitada*, 259

Lenoir, Adélaïde Binard, 140, 141

Lenoir, Alexandre, 140, 141

Leonardo da Vinci, 193

Leônidas, 102

Lescaut, Manon, 280

Lévi-Strauss, Claude, 149

Lévy, Michel, 168

Lit-Marefia, 303

Lombroso, Cesare, 346

Londres, 203, 343; Crystal Palace, 306

Lorre, Peter, 304

Lorry, 69

Luís Filipe, rei da França, 41, 56, 64, 175, 197

Luís XIV, rei da França, 49, 66, 75

Lukács, György, 346; *A destruição da razão*, 346

Lyon, 39, 113

Madri, 65, 248, 249; Calle de Sevilla, 249; Museu do Prado, 248, 249, 252

Maistre, Joseph de, 25, 32, 76, 77, 174, 179, 210, 326, 327

Mallarmé, Stéphane, 13, 35, 85, 99, 215, 234, 235, 245, 247, 248, 250, 251, 256, 257, 260, 261, 262, 263, 279, 280, 288, 294, 331, 336, 343, 346, 347; "Crise de vers", 256; *Diva-*

gations, 279; *Les Impressionnistes et Édouard Manet*, 250

Man Ray: *O violino de Ingres*, 122

Manet, Auguste, 269

Manet, Berthe Morisot *ver* Morisot, Berthe

Manet, Édouard, 13, 107, 119, 128, 130, 131, 139, 193, 194, 195, 203, 208, 209, 211, 219, 230, 236, 248-80, 284; *A loura de seios nus*, 254; *A morena de seios nus*, 255; *A vienense*, 253; *Argenteuil*, 256; *Bar aux Folies-Bergère*, 263; *Berthe Morisot com leque* (1872), 265, 267; *Berthe Morisot com leque* (1874), 267; *Berthe Morisot com um buquê de violetas*, 275; *Corrida de cavalos em Longchamp*, 256; *Cristo insultado pelos soldados*, 258; *Diante do espelho*, 276; *Émile Zola*, 275; *Execução de Maximiliano*, 219, 269; *La lessive*, 260; *Le bon bock*, 260; *Le déjeuner sur l'herbe*, 119, 270; *Menino com espada*, 250; *Música nas Tulherias*, 194; *O baile de máscaras na Opéra*, 261, 263; *O balcão*, 256, 270, 272; *O repouso*, 270; *O tocador de pífaro*, 250; *Olympia*, 130, 131, 257, 258, 259, 260, 270, 272; *Retrato de Berthe Morisot com o chapéu de luto*, 277; *Retrato de Constantin Guys*, 208

Manet, Eugène, 266, 269

Manet, Julie, 280

Marcel, 285, 290

Margadel, Charles-Louis de, 65

Maria Antonieta de Habsburgo-Lorena, rainha da França, 316

Marsan, Eugène, 54

Marselha, 304, 305; Hôpital de la Conception, 305
Marx, Karl, 157
Massawa, 304
Mathilde Bonaparte, princesa, 53, 79
Mâtho, 323
Meilhac, Henri, 238, 241, 242, 281, 282; *La belle Hélène*, 238; *La Grande-duchesse de Gérolstein*, 238; *La Vie parisienne*, 238
Mekonen, rás, 305
Melville, Herman, 55, 338; *Bartleby, o escrivão*, 55
Ménard, Louis, 51
Menelik II, imperador da Etiópia, 303
Menzel, Adolf: *Leito desfeito*, 148
Mérida, 187
Mérimée, Prosper, 53, 55, 97, 152, 213, 281; *Théâtre de Clara Gazul*, 281
Meurent, Victorine-Louise, 260, 269, 270
México, 154
Michelet, Jules, 294, 321
Milady de Winter, 283
Milão, 18
Millet, Désiré-François: *Quadro com mulher nua deitada de Jean-Auguste-Dominique Ingres*, 132
Millet, Jean-François, 13, 128
Millie, 147
Millot, Gustave, 347
Milosz, Czeslaw, 288
Minos, 290
Moitessier, Marie-Clotilde-Inès de Foucauld, 128, 130, 132
Molière, Jean-Baptiste Poquelin, dito, 41
Monet, Claude-Oscar, 239, 256, 279
Montagu, Catherine Caroline e Harriet Mary, 204

Montevidéu, 336; Calle Juncal, 336; Calle Reconquista, 336; Teatro Solis, 336
Montezuma, 154
Montigny, Louis-Charles-Nicolas-Maximilien de, 135
Moore, George Augustus, 249
Morand, Paul, 330
Morisot, Berthe (Mme. Manet), 236, 250, 256, 264, 265, 266, 267, 268, 269, 270, 272, 273, 274, 275, 276, 277, 279, 280
Morisot, Edma, 236, 264
Morisot, Marie-Joséphine-Cornélie Thomas, 273
Morny, Charles-Auguste-Louis-Joseph, duque de, 79, 241, 282; *M. Choufleury restera chez lui*, 282
Mozart, Wolfgang Amadeus: *A flauta mágica*, 173
Murat, Caroline *ver* Caroline Bonaparte Murat, rainha de Nápoles
Murat, Joachim *ver* Joachim Murat, rei de Nápoles
Musset, Alfred de, 25, 81, 265, 289, 290, 293, 341; "Rolla", 289
Mystères galants des théâtres de Paris, Les, 46

Nadar (pseudônimo de Félix Tournachon), 57, 208
Nadaud, Gustave, 323
Namur, 96; igreja de Saint-Loup, 96
Naná, 263
Napoleão Bonaparte, 124, 125, 132
Napoleão III, 242, 261, 327
Nápoles, 209, 281
Nerval, Gérard de, 69, 70, 71, 308, 317
Neuilly, 91; Place Saint-André-des--Arcs, 91

New Orleans, 281
Nicolet, Jean-Baptiste, 95
Nietzsche, Friedrich, 12, 13, 26, 87, 105, 193, 333, 339, 340, 341, 342, 343, 345; *Crepúsculo dos ídolos*, 342; *Ecce homo*, 339, 342; *O Anticristo*, 342; *O caso Wagner*, 340
Ninfa(s), 49, 71, 121, 228, 293, 296
Ninfa(s), 296
Nini, 255
Nodier, Charles-Emmanuel, 57
Nohant, 157
Nordau, Max, 345, 346; *Entartung*, 345
Nouredda, princesa, 223, 225

Ocidente, 222
Odette de Crécy, 85
Oelze, Friedrich Wilhelm, 31
Offenbach, Jacques, 79, 242, 281; *La belle Hélène*, 238; *La Grande-duchesse de Gérolstein*, 238; *La Vie parisienne*, 238, 336; *M. Choufleury restera chez lui*, 282; *Orphée aux enfers*, 242
Oise, 284
Olimpo, 119
Olympe, 259
Olympia, 130, 131, 257, 258, 259, 260, 270, 272
Ophuls, Max, 85, 203, 338
Oriente, 198, 203, 225
Orléans, 219
Orléans, Anne-Marie-Louise d', duquesa de Montpensier, dita a Grande Mademoiselle, 47
Orléans, Ferdinand-Philippe-Louis-Charles-Henri de Bourbon, duque de, 52, 139
Oxford Guide to Classical Mythology in the Arts, The, 122

Pablo, bufão de Valladolid, 249
Padres do Deserto, 57
Pandora, 116
Paracelso, 23
Paradol *ver* Prévost-Paradol, Lucien-Anatole
Parent-Duchâtelet, Alexandre-Jean-Baptiste, 259
Paris, 11, 26, 33, 41, 42, 47, 48, 50, 56, 64, 65, 66, 68, 71, 74, 75, 76, 78, 92, 118, 128, 137, 149, 151, 154, 162, 167, 180, 202, 203, 206, 210, 222, 227, 237, 240, 248, 258, 260, 261, 281, 282, 285, 289, 316, 318, 326, 329, 336, 343, 346; Académie des Beaux-Arts, 118; Académie Française, 55, 310, 313, 316; Avenue Montaigne, 198; bairro do Carrousel, 71; banhos Deligny, 49; Bois de Boulogne, 204; Boulevard de Clichy, 285, 286; Boulevard Montmartre, 240, 241; Café Guerbois, 232, 252; castelo de Bagatelle, 316; Champs-Élysées, 158; Chapelle des Saints-Anges, 150; École Lyrique, 240; Étoile, 158; galeria Durand-Ruel, 279; Gare du Nord, 304; Hôtel Pimodan, 46, 47, 48, 49; Hôtel Voltaire, 72; Île Saint-Louis, 47; liceu Louis-le-Grand, 45; Longchamp, 256; Louvre, 11, 68, 71, 72, 89, 146, 181, 244, 259, 264; Montparnasse, 326; Opéra da Rue Le Peletier, 225, 226; Opéra Garnier, 225, 226, 237; Palais-Royal, 68, 69, 125; Panthéon, 93; Passage Véro-Dodat, 206; Passy, 264; Place de la Concorde, 162; Place du Carrousel, 68, 69, 72, 74; Place Louis xv, 161, 162; Place Vendômc, 41; Pont du Carrousel,

72; Quai d'Anjou, 47; Quai Voltaire, 140, 143; Rue Bleue, 152; Rue d'Amsterdam, 261; Rue de Buci, 161; Rue du Doyenné, 69; Rue Frochot, 78; Rue Furstenberg, 149, 151; Rue La Rochefoucauld, 149; Rue Montparnasse, 309; Rue Richelieu, 51; Rue Victor-Massé, 285; Sacré--Cœur, 319; Saint-Sulpice, 150, 151; Sena, 41, 48, 50, 72, 187, 256; Square d'Orléans, 158; Théâtre des Bouffes--Parisiens, 242; Théâtre du Grand Guignol, 243; Tulherias, 68, 69, 161

Parnasse contemporain: recueil de vers nouveaux, 291

Parrish, Maxfield, 119

Pascal, Blaise, 51, 214

Pasiphaé, 290

Pauline, 283

Paulo, são, 59

Pécuchet *ver* Flaubert, Gustave: *Bouvard et Pécuchet*

Pei, Ieoh Ming, 68

Petrarca, Francesco, 80

Picasso, Pablo, 155

Pichois, Claude, 87

Pichon, Jérôme, 47

Picot, Monsieur, 206

Piero della Francesca: *Retábulo de Brera*, 127

Pierret, Jean-Baptiste, 157

Piranesi, Giovanni Battista, 172

Pireneus, 30

Pisa, torre de, 176

Pissarro, Camille, 256

Platão, 182

Plotino, 335

Poe, Edgar Allan, 25, 37, 46, 76, 134, 159, 166, 169, 170, 310, 314, 338

Políbio de Megalópolis, 320

Posêidon, 295

Poujaud, Paul, 232, 233

Poulet-Malassis, Auguste, 32, 92, 95, 96, 195, 347

Poussin, Nicolas, 138

Praxíteles, 244

Prévost, Jean, 83, 280, 281

Prévost-Paradol, Lucien-Anatole, 242

Privat d'Anglemont, Alexandre, 58

Prometeu, 121, 122

Próspero, 285

Proust, Marcel, 12, 13, 35, 36, 142, 159, 281, 329, 330, 332, 333, 334; *À la Recherche du temps perdu*; *Albertine disparue*, 333; *Du côté de chez Swann*, 330; *Contre Sainte-Beuve*, 333

Prudhomme, Joseph, 108

Prússia, rei da, 242

Rachel, Élisa Féliz, dita, 53

Racine, Jean, 66, 68, 188, 288, 290, 332, 333, 338; *Lettre à l'Auteur des Hérésies imaginaires et des deux Visionnaires*, 332

Rafael Sanzio, 98, 106, 108, 113, 192, 345

Récamier, Juliette, 140, 309

Redon, Ernest, 149

Redon, Odilon, 149, 151

Reff, Theodore, 232

Renard, Jules, 33, 34; *Journal*, 33

René (personagem), 44

Renoir, Aline Charignot, 252

Renoir, Jean, 252

Renoir, Pierre-Auguste, 239, 245, 251, 252, 254, 255, 256, 279

Retz, Jean-François-Paul de Gondi, cardeal de, 324

Réveil, Achille: *Baigneuse*, 125

Reynolds, sir Joshua, 113

Richelieu, Armand-Jean Du Plessis de, 283, 311

Rilke, Rainer Maria: *Os cadernos de Malte Laurids Brigge*, 55

Rimbaud, Arthur, 13, 35, 193, 200, 288-307, 331, 336; *Accroupissements*, 289; "Credo in unam…", 292, 296; *Illuminations*, 298, 299, 301, 303; "Le Bateau ivre" ["O barco ébrio"], 300, 306; "Ophélie", 292; "Sensation", 292; "Soleil et chair", 292; *Une Saison en enfer* [*Uma estadia no inferno*], 200, 298, 301

Rimbaud, Isabelle, 305, 306

Rioux de Maillou, Pedro, 51

Rivière, Caroline, 257

Rivière, Jacques, 12, 297, 299

Robert, Hubert, 49

Robespierre, Maximilien-François-Isidore de, 176

Robinson, George T., 250, 251

Rogério, 120

Rolland, Romain: *Jean-Christophe*, 333

Roma, 113, 116, 176, 198; Villa Medici, 116, 127

Roman de la rose (Lorris e Meun), 168

Ronsard, Pierre de, 70, 71, 291; *A floresta cortada*, 70

Rops, Félicien, 96

Roswald, Karol, 158

Rothschild, Betty von, 257

Rouart, Henri, 210, 215

Rousseau, Jean, 196

Rousseau, Jean-Jacques, 30, 145

Roussel, Raymond, 303

Royer-Collard, Pierre-Paul, 106

Rubempré, Alberthe de, 144, 152

Rubens, Peter Paul, 138, 193

Rússia, 242, 325

Sabatier, Apollonie, 49, 78; *ver também* Savatier, Aglaé-Joséphine

Saint-Aubin, Gabriel-Jacques de, 201, 203

Sainte-Beuve, Charles-Augustin, 13, 25, 43, 44, 45, 56, 57, 82, 95, 106, 296, 308-35, 347; *Chateaubriand et son groupe littéraire sous l'Empire*, 309; "De la littérature industrielle", 56; "Des prochaines élections à l'Académie", 310; *Port-Royal*, 309; *Volupté*, 43

Saint-Leu, 69

Saint-Martin, Louis-Claude de, 26

Salammbô *ver* Flaubert, Gustave: *Salammbô*

Sand, George, 150, 156, 157, 343; *Lucrézia Floriani*, 158

Sarah la Blonde, 69

Sardanapalo, 153, 154, 155

Sardou, Victorien, 282

Sartre, Jean-Paul, 55

Satanás, 89

Savatier, Aglaé-Joséphine, 49, 78; *ver também* Sabatier, Apollonie

Savatier, Bébé, 79

Say, Constant, 125

Scott, sir Walter, 141

Scribe, Augustin-Eugène, 312

Sebastopol, 203

Selene, 295

Seleuco I, rei da Síria, 106

Senancour, Étienne Pivert de, 30

Senonnes, Marie-Geneviève-Margherite Marcoz de, 113, 114, 115

Senonnes, visconde de, 115

Sidonie, 147, 259
Silesius, Angelus, 200
Silly, Léa, 241
Silvestre, Théophile, 98, 103, 104, 105
Simeonte, 73
Simonet, Albertine, 333, 335
Sisley, Alfred, 256
Sócrates, 102
Solmi, Sergio, 297, 299
Soulary, Joseph-Marie, dito Joséphin, 43
Source, La (balé de Delibes e Minkus), 222, 225
Staël, Mme. de, 43, 195
Stendhal, 13, 16, 17, 18, 19, 38, 45, 97, 109, 142, 151, 152, 213, 308, 323, 325, 326, 329; De L'Amour [Do amor], 18; Histoire de la peinture en Italie, 16; La Chartreuse de Parme [A cartuxa de Parma], 323; Rome, Naples et Florence, 18
Stéphane, 304
Stevens, Alfred, 265
Stevens, Arthur, 196
Stirner, Max, 342
Stravinski, Igor, 105
Strindberg, Johan August, 55, 216
Stroheim, Eric von, 338
Suíça, 227
Swann, Gilberte, 335
Swedenborg, Emanuel, 23, 26, 27, 32
Symons, Arthur, 343

Tabar, François-Germain-Léopold, 20, 21
Taine, Hippolyte, 332
Talleyrand-Périgord, Charles-Maurice, príncipe de, 46, 107, 145
Taschereau, Jules, 245
Tchekhov, Anton, 324

Têmis, 121, 122
Teofrasto de Eresos, 321
Teresa d'Ávila, santa, 178, 322
Teseu, 295
Teste, Monsieur, 214, 215, 283
Tétis, 116, 117, 118, 119, 120, 121, 122, 127, 257
Texas, 37
Texier, Edmond-Auguste, 261
Thérésa (nome artístico de Emma Valendon), 241
Thibaudet, Albert, 66
Thiers, Adolphe, 96, 108
Thoré, Théophile, 100, 101, 102, 103, 105, 139, 154, 258
Tintoretto, Iacopo Robusti, dito o, 252, 255
Tissot, Jacques-Joseph, dito James, 234, 259; Japonaise au bain, 259
Tiziano Vecellio, 130, 131, 193, 249, 258, 264; Vênus de Urbino, 130, 131, 258
Torrentius, Jan Simonsz, 98
Toulet, Paul-Jean, 128
Toulouse-Lautrec, Henri de, 205
Tournon, 346
Toussenel, Alphonse, 22, 32
Traversi, Leopoldo, 303
Troia, 67, 68, 74
Turner, Jopseh Mallord William, 275

Valéry, Paul, 100, 138, 212, 213, 214, 215, 243, 259, 267, 268, 280, 283, 284, 287; Degas Dança Desenho, 212, 214; Monsieur Teste, 214, 283
Valette, Charles-Jean-Marie-Félix, marquês de La, 282
Valpinçon, Hortense, 284
Valpinçon, Marguerite-Clare Brinquant, 217

Van Dyck, Anton, 258

Varchi, Benedetto, 213

Velázquez, Diego Rodríguez de Silva y, 139, 204, 248, 249, 250, 258, 279; *O bufão Pablo de Valladolid*, 249

Vênus, 130, 131, 132, 255, 257, 258, 290, 294; *ver também* Afrodite, Aphrodité

Vénus aux carottes, 241

Verdurin, Sidonie, 201

Verlaine, Paul, 336, 343

Vermeer, Jan, 100, 105, 122

Vernet, Antoine-Charles-Horace: *Incroyables et merveilleuses*, 204

Veronese, Paolo Caliari, dito o, 264

Versalhes, 66, 75, 76, 77

Viena, 176, 197

Vigne, Georges, 128

Vigny, Alfred de, 25, 97

Villedieu, Louise, 89

Villemain, Abel-François, 96

Villiers de l'Isle-Adam, Philippe-Auguste-Mathias, conde de, 346

Virgílio, 44, 73, 319; *Eneida*, 68, 73

Volland, Sophie, 16

Vollard, Ambroise, 244, 246, 252, 285

Voltaire, François-Marie-Arouet, dito, 145

Vulcano, 116

Wagner, Wilhelm Richard, 23, 105, 150, 340, 341; *Tristão e Isolda*, 340

Washington, 128

Wat, Aleksander, 288

Watteau, Antoine: *Partida para a ilha de Citera*, 112, 178

Weegee, 260

Whistler, James Abbott MacNeill, 253

Wilde, Oscar, 193, 343

Winckelmann, Johann Joachim, 113, 134

Württemberg, 196

Würzburg, 201

Xangai, 135

Zélie, 259

Zeus, 116, 117, 118, 119, 120, 121, 122, 295; *ver também* Júpiter

Ziegler, Jean, 89

Zimmermann, Ernest, 303, 304

Zoé *ver* Closier, Zoé

Zola, Émile, 224, 232, 233, 261, 272, 275, 279; *Madeleine Férat*, 232; *Thérèse Raquin*, 232, 233

Zulma, 259

CADERNO DE IMAGENS

1. Hôtel Pimodan, o segundo aposento do apartamento de Baudelaire, no terceiro andar [p. 47]

2. Hôtel Pimodan, o salão com a tribuna dos músicos [p. 48]

3. Gustave Courbet
Pentimento de *Ateliê do pintor*, 1854-55
Óleo sobre tela
Musée d'Orsay, Paris
[p. 61]

4. Jean-Auguste-Dominique Ingres
Retrato de Mme. de Senonnes, 1814-16
Óleo sobre tela
Musée des Beaux-Arts, Nantes
[p. 114]

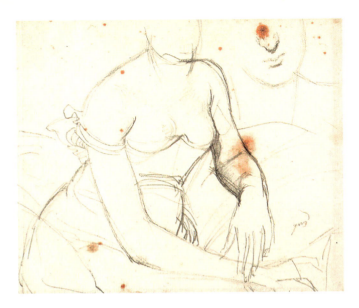

5. Jean-Auguste-Dominique Ingres
Estudo para o retrato de Mme. de Senonnes, 1814-16
Grafite sobre papel
Desenho n. 2781
Musée Ingres, Montauban
[p. 115]

6. Jean-Auguste-Dominique Ingres
Júpiter e Tétis, 1811
Óleo sobre tela
Musée Granet, Aix-en-Provence
[p. 117]

7. Jean-Auguste-Dominique Ingres
La Baigneuse Valpinçon, 1808
Óleo sobre tela
Musée du Louvre, Paris
[p. 126]

8. Jean-Auguste-Dominique Ingres
La petite baigneuse.
Intérieur de harem, 1828
Óleo sobre tela
Musée du Louvre, Paris
[p. 126]

9. Jean-Auguste-Dominique Ingres
Baigneuse, 1808
Gravura
Musée du Louvre, Paris
[p. 126]

10. Jean-Auguste-Dominique Ingres
Baigneuse Bonnat, 1864
Grafite e aquarela sobre papel
Musée Bonnat, Bayonne
[p. 126]

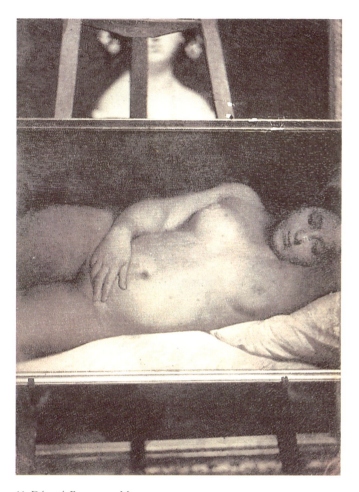

11. Désiré-François Millet
*Quadro com mulher nua deitada,
de Jean-Auguste-Dominique Ingres*, c. 1852
Daguerreótipo
Musée Ingres, Montauban
[p. 129]

12. Mlle. Hamely retratada por EUGÈNE DURIEU para Delacroix, c. 1854
Fotografia
Bibliothèque Nationale de France, Estampes, Paris
[p. 131]

13. JEAN-AUGUSTE-DOMINIQUE INGRES
Desenho preparatório para "A idade do ouro"
Grafite sobre papel
Desenho n. 2001
Musée Ingres, Montauban
[p. 131]

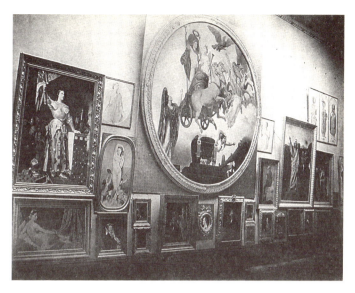

14. *A sala Ingres na Exposition Universelle de 1855*
Fotografia anônima
Bibliothèque Nationale de France, Paris
[p. 133]

15. Jean-Auguste-Dominique Ingres
A família Forestier, 1806
Grafite sobre papel
Musée du Louvre, Paris
[p. 141]

16. Eugène Delacroix
Leito desfeito, 1827
Tinta de escrever negra e grafite
Musée National Eugène Delacroix, Paris [p. 147]

17. Adolf Menzel
Leito desfeito, c. 1845
Giz preto sobre papel
Kupferstichkabinett, Berlim [p. 148]

18. Eugène Delacroix
Estudo para "A morte de Sardanapalo", 1826-27
Pastel, grafite, sanguina, lápis preto, giz branco sobre papel bege
Musée National Eugène Delacroix, Paris [p. 155]

19. Eugène Delacroix
Estudo para Sardanapalo, c. 1827
Tinta de escrever marrom e preta, grafite,
bico de pena (desenho), realces em aquarela
Musée du Louvre, Paris [p. 156]

20. *Fanes*
Estátua em mármore,
proveniente do templo de Mitra em Mérida, séc. II d.C.
Museo Nacional de Arte Romano, Mérida [p. 188]

21. *Agathodaimon*
Granito negro, séc. III-I a.C.
The Maritime Museum, Alexandria
[p. 190]

22. ÉDOUARD MANET
Música nas Tulherias, 1862 (detalhe)
Óleo sobre tela
National Gallery, Londres
[p. 194]

23. François Boucher
Cabeça de moça com cabelos presos, vista de costas, c. 1740-41
Giz vermelho, preto e branco sobre papel amarelo
Coleção particular, Suíça
[p. 202]

24. Jean-Auguste-Dominique Ingres
Lady Harriet Mary Montagu e Lady Catherine Caroline Montagu, 1815
Lápis sobre papel
Coleção particular
[p. 205]

25. CONSTANTIN GUYS
Entrada de uma casa de encontros, c. 1865-67
Bico de pena e aquarela
Musée Carnavalet, Paris
[p. 206]

26. Constantin Guys
Estudo de mulher de pé,
c. 1860-64
Aquarela, lápis e
tinta de escrever
sobre papel vergê
Musée Carnavalet, Paris
[p. 207]

27. Edgar Degas
A família Bellelli, 1858-59
Óleo sobre tela
Musée d'Orsay, Paris
[p. 216]

28. EDGAR DEGAS
As irmãs Bellelli (Giovanna e Giulia Bellelli), 1865-66
Óleo sobre tela
Los Angeles County Museum of Art, Los Angeles
[p. 217]

29. Edgar Degas
Cena de guerra na Idade Média, 1865
Óleo sobre papel
Musée d'Orsay, Paris
[p. 220]

30. Jacques-Louis David
A morte de Joseph Bara, 1794
Óleo sobre tela
Musée Calvet, Avignon
[p. 221]

31. EDGAR DEGAS
Retrato de Mlle. E. F.: a propósito do balé La Source, 1867-68
Óleo sobre tela
Brooklyn Museum of Art, Nova York
[p. 224]

32. EDGAR DEGAS
Bailarinas (leque), c. 1879
Guache, óleo, pastel sobre seda
Tacoma Art Museum, Tacoma
[p. 226]

33. EDGAR DEGAS
Bailarinas e cenário teatral (leque), c. 1878-80
Guache com realces dourados sobre seda, montado sobre papel
Coleção particular, Suíça
[p. 227]

34. EDGAR DEGAS
Bailarinas, c. 1879
Desenho para leque, guache (ou têmpera) com ouro e carvão sobre seda
The Baltimore Museum of Art, Baltimore
[p. 228]

35. EDGAR DEGAS
Interior (O estupro), c. 1868
Óleo sobre tela
Philadelphia Museum of Art, Filadélfia [p. 231]

36. EDGAR DEGAS
Retrato de Pierre-Auguste Renoir, sentado, e Stéphane Mallarmé, de pé, 1895
Fotografia
The Museum of Modern Art, Nova York
[p. 246]

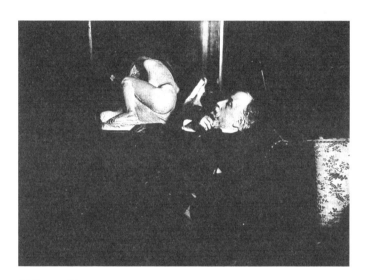

37. Edgar Degas
Autorretrato com a "Mocinha chorando" de Bartholomé, 1895
Fotografia
Musée d'Orsay, Paris
[p. 247]

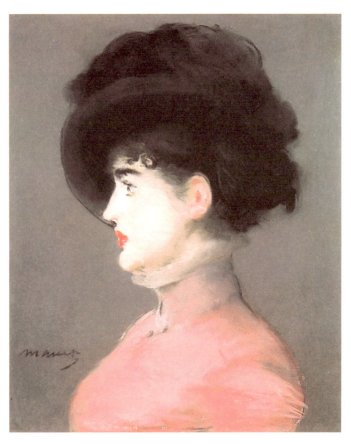

38. Édouard Manet
A vienense, c. 1880
Pastel sobre cartão
Musée du Louvre, Paris
[p. 253]

39. Tintoretto
Dama descobrindo o seio,
c. 1570
Óleo sobre tela
Museo del Prado, Madri
[p. 254]

40. Édouard Manet
Loura de seios nus, 1878(?)
Óleo sobre tela
Musée d'Orsay, Paris
[p. 255]

41. ÉDOUARD MANET
Baile de máscaras na Opéra, 1873-74
Óleo sobre tela
National Gallery of Art, Washington [p. 262]

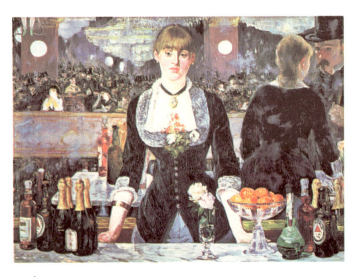

42. ÉDOUARD MANET
Bar aux Folies-Bergère, 1881-82
Óleo sobre tela
Courtauld Institute Galleries, Londres [p. 264]

43. ÉDOUARD MANET
Berthe Morisot com um buquê de violetas, 1872
Óleo sobre tela
Musée d'Orsay, Paris
[p. 266]

44. ÉDOUARD MANET
Berthe Morisot com leque, 1872
Óleo sobre tela
Musée d'Orsay, Paris
[p. 268]

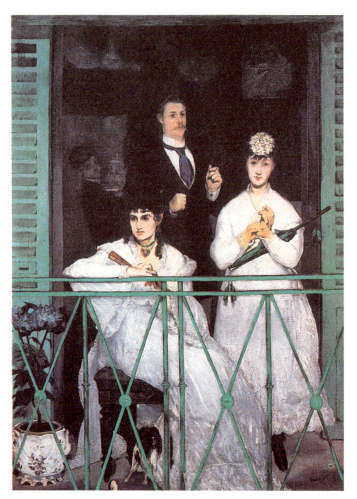

45. Édouard Manet
O balcão, 1868-69
Óleo sobre tela
Musée d'Orsay, Paris
[p. 271]

46. ÉDOUARD MANET
A amante de Baudelaire reclinada, 1862
Óleo sobre tela
Szépművészeti Múzeum, Budapeste
[p. 273]

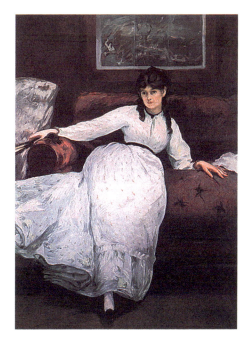

47. ÉDOUARD MANET
O repouso, 1870
Óleo sobre tela
Museum of Art, Providence
[p. 274]

48. ÉDOUARD MANET
O buquê de violetas, 1872
Óleo sobre tela
Coleção particular [p. 275]

49. ÉDOUARD MANET
Berthe Morisot com leque, 1874
Aquarela
The Art Institute of Chicago, Chicago
[p. 276]

50. Édouard Manet
Retrato de Berthe Morisot com o chapéu de luto, 1874
Óleo sobre tela
Coleção particular, Zurique
[p. 278]

51. Aden, com o embarcadouro e o semáforo de Steamer Point, c. 1880 [p. 302]